“十三五”国家重点出版物出版规划项目

现代电子战技术丛书

目标衍生属性光电侦察技术

Photoelectric Reconnaissance Technology on Derived Attributes of Targets

胡以华　杨星　著

国防工业出版社

·北京·

图书在版编目(CIP)数据

目标衍生属性光电侦察技术 / 胡以华，杨星著. —
北京 ：国防工业出版社，2018. 12
（现代电子战技术丛书）
ISBN 978 - 7 - 118 - 11769 - 1

Ⅰ. ①目… Ⅱ. ①胡… ②杨… Ⅲ. ①光学侦察 - 研
究 Ⅳ. ①E87

中国版本图书馆 CIP 数据核字(2019)第 022222 号

※

国防工业出版社出版发行
（北京市海淀区紫竹院南路 23 号　邮政编码 100048）
三河市腾飞印务有限公司印刷
新华书店经售

*

开本 710 × 1000　1/16　**印张** 19¼　**字数** 295 千字
2018 年 12 月第 1 版第 1 次印刷　**印数** 1—2000 册　**定价** 99. 00 元

国防书店：(010)88540777　　发行邮购：(010)88540776
发行传真：(010)88540755　　发行业务：(010)88540717

致 读 者

本书由中央军委装备发展部**国防科技图书出版基金**资助出版。

为了促进国防科技和武器装备发展,加强社会主义物质文明和精神文明建设,培养优秀科技人才,确保国防科技优秀图书的出版,原国防科工委于 1988 年初决定每年拨出专款,设立国防科技图书出版基金,成立评审委员会,扶持、审定出版国防科技优秀图书。这是一项具有深远意义的创举。

国防科技图书出版基金资助的对象是:

1. 在国防科学技术领域中,学术水平高,内容有创见,在学科上居领先地位的基础科学理论图书;在工程技术理论方面有突破的应用科学专著。

2. 学术思想新颖,内容具体、实用,对国防科技和武器装备发展具有较大推动作用的专著;密切结合国防现代化和武器装备现代化需要的高新技术内容的专著。

3. 有重要发展前景和有重大开拓使用价值,密切结合国防现代化和武器装备现代化需要的新工艺、新材料内容的专著。

4. 填补目前我国科技领域空白并具有军事应用前景的薄弱学科和边缘学科的科技图书。

国防科技图书出版基金评审委员会在中央军委装备发展部的领导下开展工作,负责掌握出版基金的使用方向,评审受理的图书选题,决定资助的图书选题和资助金额,以及决定中断或取消资助等。经评审给予资助的图书,由中央军委装备发展部国防工业出版社出版发行。

国防科技和武器装备发展已经取得了举世瞩目的成就,国防科技图书承担着记载和弘扬这些成就,积累和传播科技知识的使命。开展好评审工作,使有限的基金发挥出巨大的效能,需要不断摸索、认真总结和及时改进,更需要国防科技和武器装备建设战线广大科技工作者、专家、教授,以及社会各界朋友的热情支持。

让我们携起手来,为祖国昌盛、科技腾飞、出版繁荣而共同奋斗!

国防科技图书出版基金
评审委员会

国防科技图书出版基金
第七届评审委员会组成人员

“现代电子战技术丛书”编委会

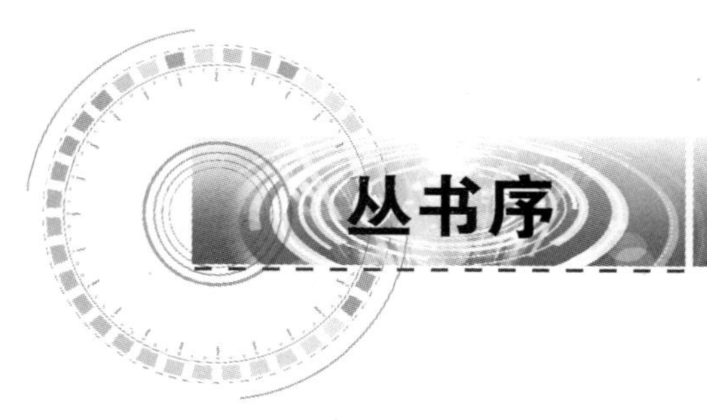

丛书序

新时代的电子战与电子战的新时代

广义上讲，电子战领域也是电子信息领域中的一员或者叫一个分支。然而，这种“广义”而言的貌似其实也没有太多意义。如果说电子战想用一首歌来唱响它的旋律的话，那一定是《我们不一样》。

的确，作为需要靠不断博弈、对抗来“吃饭”的领域，电子战有着太多的特殊之处——其中最为明显、最为突出的一点就是，从博弈的基本逻辑上来讲，电子战的发展节奏永远无法超越作战对象的发展节奏。就如同谍战片里面的跟踪镜头一样，再强大的跟踪人员也只能做到近距离跟踪而不被发现，却永远无法做到跑到跟踪目标的前方去跟踪。

换言之，无论是电子战装备还是其技术的预先布局必须基于具体的作战对象的发展现状或者发展趋势、发展规划。即便如此，考虑到对作战对象现状的把握无法做到完备，而作战对象的发展趋势、发展规划又大多存在诸多变数，因此，基于这些考虑的电子战预先布局通常也存在很大的风险。

总之，尽管世界各国对电子战重要性的认识不断提升——甚至电磁频谱都已经被视作一个独立的作战域，电子战(甚至是更为广义的电磁频谱战)作为一种独立作战样式的前景也非常乐观——但电子战的发展模式似乎并未由于所受重视程度的提升而有任何改变。更为严重的问题是，电子战发展模式的这种“惰性”又直接导致了电子战理论与技术方面发展模式的“滞后性”——新理论、新技术为电子战领域带来实质性影响的时间总是滞后于其他电子信息领域，主动性、自发性、仅适用

于本领域的电子战理论与技术创新较之其他电子信息领域也进展缓慢。

凡此种种,不一而足。总的来说,电子战领域有一个确定的过去,有一个相对确定的现在,但没法拥有一个确定的未来。通常我们将电子战领域与其作战对象之间的博弈称作“猫鼠游戏”或者“魔道相长”,乍看这两种说法好像对于博弈双方一视同仁,但殊不知无论“猫鼠”也好,还是“魔道”也好,从逻辑上来讲都是有先后的。作战对象的发展直接能够决定或“引领”电子战的发展方向,而反之则非常困难。也就是说,博弈的起点总是作战对象,博弈的主动权也掌握在作战对象手中,而电子战所能做的就是在作战对象所制定规则的“引领下”一次次轮回,无法跳出。

然而,凡事皆有例外。而具体到电子战领域,足以导致“例外”的原因可归纳为如下两方面。

其一,“新时代的电子战”。

电子信息领域新理论新技术层出不穷、飞速发展的当前,总有一些新理论、新技术能够为电子战跳出“轮回”提供可能性。这其中,颇具潜力的理论与技术很多,但大数据分析与人工智能无疑会位列其中。

大数据分析为电子战领域带来的革命性影响可归纳为**“有望实现电子战领域从精度驱动到数据驱动的变革”**。在采用大数据分析之前,电子战理论与技术都可视作是围绕“测量精度”展开的,从信号的发现、测向、定位、识别一直到干扰引导与干扰等诸多环节,无一例外都是在不断提升“测量精度”的过程中实现综合能力提升的。然而,大数据分析为我们提供了另外一种思路——只要能够获得足够多的数据样本(样本的精度高低并不重要),就可以通过各种分析方法来得到远高于“基于精度的”理论与技术的性能(通常是跨数量级的性能提升)。因此,可以看出,大数据分析不仅仅是提升电子战性能的又一种技术,而是有望改变整个电子战领域性能提升思路的顶层理论。从这一点来看,该技术很有可能为电子战领域跳出上面所述之“轮回”提供一种途径。

人工智能为电子战领域带来的革命性影响可归纳为**“有望实现电子战领域从功能固化到自我提升的变革”**。人工智能用于电子战领域则催生出认知电子战这一新理念,而认知电子战理念的重要性在于,它不仅仅让电子战具备思考、推理、记忆、想象、学习等能力,而且还有望让认知电子战与其他认知化电子信息系统一起,催生出一种新的战法,即,

“智能战”。因此,可以看出,人工智能有望改变整个电子战领域的作战模式。从这一点来看,该技术也有可能为电子战领域跳出上面所述之“轮回”提供一种备选途径。

总之,电子信息领域理论与技术发展的新时代也为电子战领域带来无限的可能性。

其二,“电子战的新时代”。

自1905年诞生以来,电子战领域发展到现在已经有100多年历史,这一历史远超雷达、敌我识别、导航等领域的发展历史。在这么长的发展历史中,尽管电子战领域一直未能跳出“猫鼠游戏”的怪圈,但也形成了很多本领域专有的、与具体作战对象关系不那么密切的理论与技术积淀,而这些理论与技术的发展相对成体系、有脉络。近年来,这些理论与技术已经突破或即将突破一些“瓶颈”,有望将电子战领域带入一个新的时代。

这些理论与技术大致可分为两类:一类是符合电子战发展脉络且与电子战发展历史一脉相承的理论与技术,例如,网络化电子战理论与技术(网络中心电子战理论与技术)、软件化电子战理论与技术、无人化电子战理论与技术等;另一类是基础性电子战技术,例如,信号盲源分离理论与技术、电子战能力评估理论与技术、电磁环境仿真与模拟技术、测向与定位技术等。

总之,电子战领域100多年的理论与技术积淀终于在当前厚积薄发,有望将电子战带入一个新的时代。

本套丛书即是在上述背景下组织撰写的,尽管无法一次性完备地覆盖电子战所有理论与技术,但组织撰写这套丛书本身至少可以表明这样一个事实——有一群志同道合之士,已经发愿让电子战领域有一个确定且美好的未来。

一愿生,则万缘相随。

愿心到处,必有所获。

2018年6月

杨小牛,中国工程院院士。

前言

人类社会自从有了战争，目标侦察就应运而生。目标侦察是军队为获取军事斗争，特别是战争所需敌方或有关战区情况（包括人员、武器装备、地形地物及作战结果等）而采取的措施，是实施正确指挥、取得作战胜利的重要保障。从远古战场以人为主体的侦察手段，发展到几个世纪以前以望远镜等简单器件为代表的侦察方法，再到现代战争中广泛使用的基于电磁波的信息化侦察设备，目标侦察对获取战争制胜权的支撑作用发挥得淋漓尽致。

第二次世界大战期间，英国在海岸线上建起了早期的雷达防御网络，使英国人能够不断地成功抗击德军破坏性的空中和海底袭击，随即雷达侦察和告警技术迅速得到各国重视，迎来飞速发展的时期。至今，各种体制的侦察雷达系统已被列为各军种的主战侦察装备。20 世纪 60 年代以来，战争的模式和手段不断发生深刻变化。现代化作战平台，如卫星、飞机、舰船、坦克等普遍装备了可见光照相系统、前视红外系统、红外热像仪以及激光测距机等光电装备。这些光电侦察装备构成了战场情报的基础，构建起现代作战的支持体系。随着光电侦察技术的广泛应用，尤其是在电磁环境的日益恶化和电子对抗手段的飞速发展严重制约了工作频率在 300GHz 以下的雷达侦察系统效能发挥的情况下，各种光电侦察系统作为补充和替代手段已密集应用于战场。由于具有成像分辨力高、目标图像清晰直观、隐蔽性好、作用范围大、抗电磁干扰性能好、工作频段齐全，以及应用方式灵活等优点，光电侦察迅速在目标侦察高技术领域脱颖而出。

随着光电侦察在战场情报获取方面的优势日益显著，各种反光电侦察的措施

和装备得以迅速发展，尤其是隐身、示假、伪装等反侦察技术被成功应用于各种陆海空天作战平台，光电侦察技术的发展面临前所未有的挑战。目前，大部分常规光电侦察方法只探测目标本体的反射或者辐射的光信号，以测定目标的结构形态和运动特征，进而确定目标属性，其侦察效果明显受到目标隐身、示假、伪装、机动等影响。其实，有诸多目标本体以外的衍生属性，都与目标属性存在着直接联系。所述目标衍生属性是指除目标本体结构形态、运动属性、整体电磁特性以外的，包括目标附属部分、由目标附带产生以及目标特征合成，且能够基本反映其本质特征的属性，定义为目标衍生属性。例如空中运动目标的大气风场扰动和尾涡、空中运动目标的大气成分扰动、目标平台上的逆反射体或标识、空天一体高光谱合成属性、舰船的气味或尾流气泡等。研究目标衍生属性的光电侦察技术在探索新的侦察模式和提高侦察设备的反隐身、反示假、反伪装、反干扰等综合性能方面具有重要的意义。目前，国内外对目标衍生属性侦察的研究尚处于初级阶段，尤其是在侦察方法和设备方面还需要进行全面深入的研究。作者及其团队自 21 世纪初即已从事目标衍生属性光电侦察方面的研究，先后主持完成多项国家国防科研项目，组织或参与研制了多种目标衍生属性侦察系统，积累了大量的第一手资料，并发表了一系列研究论文。作者整理多年研究成果出版此书，旨在介绍目标衍生属性光电侦察的概念和内涵，讨论几种典型目标衍生属性光电侦察方法的原理和实现途径，为目标衍生属性光电侦察技术的运用研究提供有效探索，供光电侦察的研究人员以及立志于该领域的研究生参考。

本书从目标衍生属性侦察技术的概念和内涵出发，重点介绍几种典型目标衍生属性光电侦察方法的基本原理、技术实现、验证实验。内容分为 4 个部分共 6 章。第 1 章介绍目标衍生属性提出的背景、概念内涵、产生与分类，以及典型的侦察方法；第 2、3 章着重论述空中运动目标衍生属性的激光侦察，涉及大气风场扰动、尾涡和大气成分扰动 3 种衍生属性；第 4、5 章系统阐述目标载体逆反射和标识 2 种衍生属性的可见光成像侦察；第 6 章则针对图像合成属性侦察的关键，作为一个典型实例，重点探讨典型地/海面目标的空天一体图像合成属性侦察处理问题。

从 21 世纪初开始，凌永顺院士、吕跃广院士一直对作者从事本书所涉及的研究工作给予了精心指导和大力支持，郭光灿院士、刘文清院士对作者的研究工作和书稿提出了非常宝贵的意见建议，在本书撰写过程中，也得到他们热情的鼓励和支持。本书所涉及的部分研究工作是作者在国防科技大学电子对抗学院（原解放军电子工程学院）完成的，一直得到机关及团队雷武虎、郝士琦、赵楠翔、方胜良、杨华、路远等同志的关心和帮助。作者的研究团队成员及其他同事、研究生参与完成了部分研究工作，并对本书完成提出有益建议。在本书的撰写过程中，石亮、徐世龙、郑超、陶会锋、董骁、李乐、郭力仁、谷雨、赵欣颖、刘莹、于磊等参与资料收

集整理和文字排版工作。在此，对他们的支持、关心和帮助表示衷心的感谢！本书在撰写过程中参考了诸多有价值的中外文献，在此对文献的作者表示诚挚的谢意。最后，对在本书出版中给予资助的国防科技图书出版基金评审委员会，以及国防工业出版社的评审、推荐专家和编辑所付出的辛勤劳作表示衷心的感谢。

由于本书内容较为新颖，有些问题还有待更进一步深入探讨，加之作者学识水平有限，难免存在缺点和不足之处，恳请专家、读者不吝指正和赐教。

作者

2018 年 3 月

CONTENTS

目录

Contents

第 1 章

绪　　论

1.1　目标侦察概述

现代科学技术的飞速发展,使军事侦察技术水平和能力有了极大提高。现代侦察器材设备或侦察探测系统主要有电子、光电、声学等,并可部署在地面、海上、水下和空中、太空。利用高性能的侦察探测系统可进行全时域、大空域及覆盖全球的侦察与监视,可迅速、准确、全面掌握敌方情况。世界各国都非常重视侦察监视技术的发展,现代侦察监视技术已成为军事高科技的重要领域。

1.1.1　目标侦察

1.1.1.1　基本概念

目标侦察监视通常简称为目标侦察,是军队为获取军事斗争,特别是战争所需敌方或有关战区情况(包括人员、武器装备、地形地物及作战结果等)而采取的措施,是实施正确指挥、取得作战胜利的重要保障。侦察监视技术是指发现、识别、监视、跟踪目标并对目标进行定位所采用的技术。现代侦察与监视系统是根据现代战争的需要,把各种高新技术设备有机结合起来,以实现各种侦察目的的情报保障系统[1]。发现通常指目标探测,确定目标的出现与否,即依据目标与周围背景的不连续性,将目标提取出来,确定某个地方有目标。理论上,自然界中任何实物目标及其所产生的现象总会有一定的特征,并与其所处的背景有差异。目标与背景之间的任何差异,如外貌形状差异,或在声、光、电、磁、热、力学等物理特性方面的差异,都可直接由人的感官或借助一些技术手段加以区别,这就是目标可以被探测到的基本依据。侦察系统根据目标的特征信息,包括声、光、电、磁、热、力学等特征信息完成任务。识别指确定目标的真假和区分真目标的类型。监视指严密关注目标的动静, 尤其是运动状态的改变。跟踪则表现在对目标进行连续不断的监视。

定位指按照一定的精度探测确定出目标的位置,即方位、高度和距离。其中,发现和识别是目标侦察的基础,也是监视、跟踪、定位过程得以顺利进行的条件。通常这5个阶段均伴随着对目标运动状态的分析,包括速度、方位、高度和距离等。而这些阶段的结果可以独立输出也可以联合输出,共同作为作战指挥决策的依据。

1.1.1.2 侦察类型

现代侦察有多种分类方法,比如按照运载平台的活动空域、侦察任务范围、侦察活动方式、不同兵种的任务范围、侦察手段、实现探测和识别的技术原理等[2]。按运载平台的活动空域可分为地面、空中、水下、航天侦察4类;按侦察任务范围可以分为战略、战役、战术侦察3类;按侦察活动方式可以分为武装、谍报、技术侦察3类;按不同兵种的任务范围可以分为陆军、海军、空军、火箭军侦察4类;按侦察手段可以分为观测窃听、搜索俘获、火力侦察、照相侦察、雷达侦察、无线电侦察、调查询问、资料收集等类别。此外,按照实现探测和识别的技术原理区分是最常见的分类方式,主要包括电子侦察、声学侦察、光电侦察等类别。其中电子侦察包括雷达侦察、无线电探测,光电侦察包括紫外、可见光、红外、激光、微光、多光谱侦察等。

1.1.2 侦察技术对作战的影响及其发展趋势

1.1.2.1 侦察技术对作战的影响

侦察技术的发展及其在战场上的应用,使战场侦察与监视能力显著改善。侦察手段多样化,各种手段综合运用,大大提高了大面积监视能力、精确侦察能力、夜间或复杂条件下全天候侦察能力、实时或近实时侦察能力和识别伪装的能力,对作战也产生深刻影响[3]。

1)作战空间扩大

千里眼,顺风耳。现代侦察技术装备可以覆盖整个战场并在全球范围内进行全纵深、大面积的侦察和监视。陆战场侦察系统侦察纵深可达150km以远;高空侦察机飞行距离4800km,值勤时间12h,每小时侦察能力达38.9万km^2;卫星侦察可覆盖数百万平方千米,作战侦察距离的增大,为实施远距离作战提供了条件,又使传统近战战法受到严重挑战,必须探索新的对敌作战方式。

2)信息获取手段改善

装备先进,手段多样。侦察技术的发展,使现代战争的情报侦察方式发生了变革,过去战场侦察主要是依靠侦察兵或特工人员使用目视观察器材进行侦察,而现代战争的情报侦察主要是使用配备有先进的光、电、磁传感器的侦察设备,获取军事情报,为制定作战计划和作战行动提供依据。使用现代侦察手段,可以深入敌人后方,全面详细地了解掌握战场的情况。

3)指挥质量提高

情报准确,及时性强。现代战场复杂多变,实时获得高质量的情报信息越来越显重要。现代侦察技术特别是卫星、遥感技术应用于军事领域后,使获取信息的范围显著增大,速度和准确率也大大提高。海湾战争中,为了对付伊拉克的"飞毛腿"导弹,美军使用的预警卫星能在"飞毛腿"发射后90~120s内捕获目标并判明弹着点,3min即可将信息传至海湾的防空导弹部队,可以提供90~120s的预警时间,为实施指挥和反击赢得时间。高技术侦察装备这种实时、快速、准确传递信息的能力和手段,极大提高了作战指挥的时效性。

现代侦察系统不仅能为指挥员提供直读、直观、直闻的不同距离的、全方位的、有声有色的情报,而且可用计算机的逻辑功能帮助计算、分析和判断,可对指挥员做出的计划方案进行"对抗模拟",比较方案的可行性,以便于选择最佳方案,提高了指挥质量。

4)促进反侦察技术发展

以假乱真,以假当真。侦察技术在战场上的运用,促进了反侦察技术的发展。战场"透明度"越来越大,部队隐蔽行动更加困难,必须探索新的伪装方法和行动方法。如常用的伪装方法对目视侦察和微光侦察有效,但热成像器材出现后,这些方法失去了作用。高技术侦察设备大量使用,使战场目标的生存面临更大的威胁。为提高战场目标的生存能力和达成战役战斗的突然性,必须发展反侦察技术。

1.1.2.2 侦察技术的发展趋势

随着世界新军事变革的展开和战争模式的变化,现代侦察技术呈现出如下的发展趋势:

1)空间上立体化

全空域。由于现代武器的射程急剧增加,部队的机动能力迅速提高,现代战争必须是大纵深的立体战争。为了适应这种特点,侦察体制必须是由空间、空中、地(水)面、水下组成的"四合一"系统。

2)速度上实时化

全时域。现代战争快速多变,要求侦察所用的时间尽量最短。因此,信息处理和传输速度是关键。随着遥感技术和计算机技术的发展,必须借助以计算机为核心的遥感图像自动分类和识别技术,提高处理速度。

3)手段上综合化

随着侦察技术的不断改进,各种反侦察设备和伪装干扰技术也得到了发展。为了识别伪装,提高侦察效果,要加速研制新的红外、激光、微波遥感器,使用多种遥感器同时观测同一地区,这样既能获得多种信息,又能增加侦察效果。

4）侦察与攻击一体化

侦察与攻击系统一体化就是将部队的侦察系统与武器装备有机地结合起来，构成一个合理的整体，以便及时发现和摧毁目标。如有的遥控飞行器携带侦察、跟踪、瞄准装置和弹药，侦察发现目标后，能很快将目标摧毁。

5）提高侦察系统生命力

各种反侦察武器特别是精确制导武器的出现，对侦察系统构成了严重的威胁。侦察系统本身的生存能力，成了完成任务的重要因素。因此，提高整个侦察系统自身的生存能力，又成了迫切需要解决的新课题。

1.1.3 电子侦察与声学侦察

1.1.3.1 无线电通信侦察

我们将接收无线电通信信号和接收雷达信号的侦察方式统称为电子侦察，因此电子侦察一般分为无线电通信侦察（简称无线电侦察）和雷达侦察。

无线电侦察是使用无线电收信器材，截收和破译敌方无线电通信信号，查明敌方无线电通信设备的配置等情况。具有侦察距离远，速度快，工作隐蔽，受环境、地形、气候等自然条件影响小的特点。包括侦听和测向定位 2 个方面。无线电通信侦听主要是运用电波传播、信号及联络 3 个规律来实施侦察，其侦听设备主要是无线电接收机。按照侦听规律可以将无线电通信侦听分为信号规律侦听和联络规律侦听 2 类。无线电波所传播的信号，必然由通信双方按一定的规则制定信号的形式。从信号的调制上看，为使无线电通信的每一个信号都能代表某一信息，必须对发射的无线电波进行某种调制。调制的方法通常有调辐、调频、调相等。用不同的方法调制的信号将具有不同的频谱特性，因此在接收时必须采用与之对应的不同的解调方法。从信号的组合上看，各种无线电通信信号的组合形式虽然不同，但均用电流脉冲的有无、长短和大小表示，它们同样存在着变化规律。同样的电码组合，在各种文字中可表示不同的含义。从波形上看，无线电波也有不同的形式，如连续波、断续波、矩形波等。通过对不同的波形及波纹的分析，可以查明敌方通信信号的技术规格、调制方式、排列方式和组合规律等技术参数。在无线电通信中，除发射载有信息的无线电波外，还必须相互规定呼号、频率、联络时间等通信诸元和勤务用语，联络规律侦听就是利用这些规律开展工作。无线电通信测向是指利用无线电定向接收设备（又称无线电测向仪）来确定正在工作的无线电发射台方位，通过测向能确定通信电台的方位，实现侦察目的。无线电通信测向的种类较多：按显示方法不同可分为听觉测向和视觉测向；按使用方式不同可分为固定测向、半固定测向和移动式测向；按测向机的用途可分为空中测向、海上测向和地面测向；按适用波长不同可分为长波测向、中波测向、短波测向和超短波测向；等等。

1.1.3.2 雷达侦察

雷达侦察是利用物体对无线电波的反射特性来发现目标和测定目标状态（距离、高度、方位角和运动速度）的一种侦察方式，是目前研究最成熟、应用最广泛的侦察手段。雷达侦察具有作用距离远、测速快、精度高、全天候使用等特点，在战场上应用十分广泛，成为现代战争的核心侦察手段。雷达种类繁多，用途各异，根据任务或用途的不同，可分为：①警戒与引导雷达，包括对空情报雷达、对海警戒雷达、机载预警雷达、超视距雷达、弹道导弹预警雷达；②武器控制雷达，包括炮瞄雷达、导弹制导雷达、鱼雷攻击雷达、机载截击雷达、机载轰炸雷达、末制导雷达、弹道导弹跟踪雷达；③用于侦察的雷达，包括战场侦察雷达、炮位侦察校射雷达、活动目标侦察校射雷达、侦察与地形显示雷达；④航行保障雷达，包括航行雷达、航海雷达、地形跟随与地物回避雷达、着陆（舰）雷达。

1.1.3.3 声学侦察

声波是一种弹性波，声波在不同的介质中的传播速度不同。利用声波在不同介质中的传输特点进行目标侦察的方式称为声学侦察。声学侦察设备主要有声响传感器和水下探测设备等。声响传感器使用很普遍，它的探测器是一个传声器，是一种声/电转换器。工作原理与传声器相同。最大优点是分辨力强，处理后能重现目标运动时所发出的声响特征。如果运动目标是人员，则不仅可以直接听到声音，还能根据话音查明其国籍、身份和谈话内容；如果运动目标是车辆，则可根据声响判断车辆的种类。同时它还能排除自然干扰。声响传感器的探测范围也较大，对人正常对话40m，对运动车辆达数百米。声呐是利用水声传播特性对水中目标进行传感探测的技术设备。海洋中使用的声波，水中传播速度达1450m/s以上。声波在水中的传播速度受温度、盐度及海水静压力（即深度）的影响，温度越高，声速越大；盐度及静压力的增加，也会引起声速的增大。声波在海洋中传播主要有以下特点：透射与绕射、反射与折射、散射与混响、衰减、声道。声呐用于搜索、测定、识别和跟踪潜艇及其他水中目标。声呐按工作方式分被动式声呐和主动式声呐。被动式声呐又称噪声声呐，主要搜索来自目标的声波，特点是隐蔽性、保密性好，识别目标能力强，侦察距离远，但不能侦察静止无声的目标，也不能测出目标距离。主动式声呐又称回声声呐，可以探测静止无声的目标，并能测出其方位和距离。但容易被敌方侦听而暴露自己，且探测距离短。声呐的类型根据使用对象不同，分水面舰艇声呐、潜艇声呐、航空声呐和海岸声呐等。

1.1.4 光电侦察

20 世纪 60 年代以来,战争的模式和手段不断发生深刻变化。现代化作战平台,如卫星、飞机、舰船、坦克等普遍装备了可见光照相系统、前视红外系统、红外热像仪以及激光测距机等光电装备。这些光电侦察装备构成了战场情报的基础,构建起现代作战的支持体系。随着光电侦察技术在现代战场上的广泛应用,尤其是在电磁环境日益恶化和电子对抗手段飞速发展,严重制约了工作频率在 300GHz 以下的雷达侦察系统效能发挥的情况下,各种光电侦察系统作为补充和替代手段已密集应用于战场。

1.1.4.1 光电侦察原理和特点

光电侦察是利用光源在目标和背景上的反射或目标、背景本身辐射光波的差异来进行目标探测、识别、跟踪、瞄准、监视的军事手段。它包括的内容非常广泛,只要是利用敌方目标产生的光频段的信号所进行的侦察都属于该范畴。它可以是在星载、机载或水面、陆地等各种平台上进行的,也可以是单兵操作。可以是实时或非实时的,其对象可以是敌方的任何有价值的目标,采用的手段则可以是各种工作于光频段的设备。

光电侦察的主要优点:成像分辨力高,提供的目标图像直观、清晰,这是其他侦察方式无法比拟的;以被动侦察为主,隐蔽性好,不容易被敌方探测,作用范围相对较大;抗电磁干扰性能好[4]。在强电磁对抗环境中,雷达无法工作,光电侦察仍能担负主要侦察任务;工作频段齐全,目前已横跨红外、可见光、紫外等光频段;应用方式灵活,可广泛应用于卫星、无人驾驶侦察机、固定翼飞机、直升机、地面机动车辆和固定侦察阵地、单兵便携等平台和场合,并可与雷达、声呐、电子战等侦察器材配套使用,构成一体化系统。光电侦察的缺点有三:①光波波长短,在传播过程中易受雨、雪、雾、风沙等不良天候条件以及其他因素的影响,使光能量损失和波面、偏振等状态发生畸变;②光沿直线传播,基本没有绕射能力,易受地理环境的遮挡、阻断;③光电设备上的光敏器件等实体通常比较脆弱,它所能接受的光强度有一定的限制,一旦超过限值,就会使光敏器件饱和、过载、失效,甚至完全被破坏。随着光电子技术的进步,这些情况将得到逐渐改观。作为可先敌发现的手段,光电侦察可克服雷达在低空方面的局限性,可识别雷达假目标、诱饵等[5]。

1.1.4.2 光电侦察分类

按实现原理可以将光电侦察分为可见光侦察、微光侦察、激光侦察、紫外侦察、红外侦测,以及多光谱侦察等。

1）可见光侦察

根据波长或频率不同可以将电磁波分为无线电波、微波、红外线、可见光、紫外线、X射线、Y射线等。可见光的波长范围覆盖0.4～0.76μm，物体对可见光不同的反射特性决定了它们本身的颜色。可见光侦察的原理是利用目标对可见光的反射进行直接观察或成像，从而实现探测、识别、跟踪、监视等目的。可见光侦察装备主要用于白天侦察，主要有光学观察仪器、光学照相机、昼光电视等，包括侦察卫星上使用的大型可见光相机。在设计和工艺上已成熟，在原理上没有新的发展，主要趋向是在光学系统和结构方面的改进，提高作用距离，增加稳像系统和镀防激光膜等。事实上，有的微光和激光侦察设备也使用了可见光波段，但由于其工作原理的特殊性，一般对其单独分类。

2）微光侦察

微光侦察技术是基于光电效应的电子倍增原理实施工作的。微光侦察器材利用低照度条件下目标反射的低亮度的夜天光、星月光、大气辉光等自然光或其他光线，将其增强放大到几十万倍，从而达到适于低照度观测或成像的目的。微光侦察设备主要是利用可见光和近红外波段的夜天光进行工作的，属被动方式，具有较好的隐藏性。目前，主流装备使用的微光器材属于第二、三代产品，产生于20世纪70年代初期美国研制出微通道板像增强器和20世纪80年代美国研制出采用负电子亲和势砷化镓光电阴极的第三代微光像增强器的背景下，以飞行员夜视眼镜为代表。21世纪初，美国已改进到第四代，其亮度增益可高达十几万倍至几十万倍，以陆军夜视装备AN/PVS系列为代表[6]。

3）激光侦察

20世纪60年代，激光器的问世给军事领域带来了最深刻和广泛的冲击，以激光测距机为代表的激光侦察设备得以迅速发展。激光测距机目前已经发展了三代，CO_2激光测距机、二极管泵浦固体激光测距机、新型固体激光测距机和拉曼频移型激光测距机等为代表。工作在10.6μm、1.54μm等波段的第三代激光测距机，对人眼安全性好，已成为现代武器系统一个必要的组成部分[7]。其次，激光雷达作为另一种主动式探测手段，与普通雷达比，除了天线尺寸小，角分辨力、距离分辨力和速度分辨力高，跟踪和瞄准精度高，成像分辨力高等优点外，还能完成普通雷达不能完成的任务，如探测隐身飞机、潜艇、水雷、毒气云和生物战剂等。被动式激光探测设备主要用于激光侦察告警，目前也普遍安装在作战飞机、舰船和地面重点设施等处，通过利用激光威胁源辐射或散射的激光对目标进行侦察告警。目前，激光侦察技术已成为战场侦察的重要手段，广泛应用于测距、测速、夜间目标成像与识别、目标精确跟踪和瞄准、武器精确制导等[8]，主要仪器有激光测距机、激光测速仪、激光雷达、激光扫描相机、激光电视、激光目标指示等。

4）紫外侦察

紫外光是波长在0.01～0.4μm之间的电磁波，紫外侦察是利用敌方导弹的发射和进入时的紫外辐射特征进行探测、定位、分析并判断来袭导弹威胁的一种侦察技术。紫外侦察设备能有效排除战场环境中各类人工、自然干扰及非逼近导弹，低虚警地探测来袭导弹，并在多威胁状态下，依据威胁程度快速建立多个威胁的优先级。紫外侦察先期发展了概略型紫外告警，目前成像型紫外告警的显著作战效能使其成为光电告警领域发展迅猛的一个亮点。典型型号有美国的AN/AAR－54系统和德法联合研制的MII DS－2系统。

5）红外侦察

红外侦察是根据物体在红外波段的热辐射，侦察、探测目标。任何物体温度高于绝对零度时，不断以电磁波形式向外释放能量，称热辐射。同一物体不同温度时，热辐射能量按波长的分布也不同。温度高，热辐射总能量增大，能量多数分布在波长短的一侧。温度越高，峰值波长越短。一般军事目标温度在－15～37℃之间，辐射波长为9～10μm，处于红外波段。多数目标在常温下的热辐射波长都在红外波段，即使夜间，也能通过接收物体红外辐射来进行侦察。红外线分近红外（0.76～3μm）、中红外（3～6μm）、中远红外（6～20μm）和远红外（20～1000μm），其中近、中、中远红外波段被各类红外侦察器材所利用。红外侦察设备主要分成像红外探测器和不成像红外探测器2种。成像红外探测器主要有红外照相机、红外夜视仪、热成像夜视仪等，不成像红外探测器主要有红外预警探测器。

红外照相机与普通可见光照相机成像方式一样，不同的是要采用只能透过红外辐射的特制镜头，而且要采用对红外辐射敏感的专门的红外胶卷。红外胶卷有2类：红外黑白胶卷和红外彩色胶卷。根据所拍摄的红外黑白照片的色调变化或红外彩色照片的色彩变化，就能识别伪装，发现隐蔽的目标。与可见光照相相比还有个优点是能在夜间或浓雾等不良条件下拍摄远距离的景像，目前只能制造出对近红外区敏感的红外胶卷，而常温下物体近红外辐射能力很弱，所以夜间照相时必须用强光源照射目标。因为目前只能制造对近红外辐射敏感的红外照相胶卷，而军事目标中的中、远红外辐射能力却很强，很难对这些目标进行照相侦察，于是出现热敏照相。常用的红外扫描装置，利用光学扫描技术和对中、远红外辐射敏感的半导体材料，将地物辐射的红外能量转变成电信号，进行处理放大后再转变成可见光图像。此外，红外传感器是无源被动式红外探测器。当目标经过时，红外探测头吸收目标发出的红外辐射，能发现视角扇面内20～50m以内的目标[9]。

6）多光谱侦察

多光谱侦察是指同时、分别在各个不同的光谱带上对同一目标进行照相或扫描，并对获得的图像进行处理分析，根据物体光谱和辐射能量的差异实现目标探测、识别、跟踪、监视的侦察手段。例如,在多光谱侦察获得的图像上,生长旺盛的活体植物呈现红色,伪装用的砍伐植物呈现蓝色,涂绿漆的金属物体呈现黑色。多光谱照相机由于受感光胶片光谱响应的限制,其工作范围一般在0.35~0.9μm波段,至多不超过1.35μm。

采用多光谱成像技术能充分揭示出目标隐含的光谱反射特性,多幅图像的光谱分析更能反映目标内在的真实特性,提高光电设备对目标的侦察识别能力。洛克希德·马丁公司的"赛尔斯"光电侦察系统采用多光谱传感器,能提供高清晰度的7频段视频和红外图像。超光谱成像通常是利用隙缝和棱镜或光栅分光计获得,可提供特殊目标鉴别用的很窄光谱特性,或对数量较少或较宽的频带进行自适应测量。超光谱传感器在巴尔干冲突中初次露面,其最佳用途是对照自然背景发现人工目标。目前,BAE系统公司向美军交付的AURORA型第四代超光谱传感器,含有一个600万像素的超光谱传感器,用于RQ27"影子"无人机探测简易爆炸装置。美国TRW公司的TRWIS23超光谱成像仪,波段范围在014~215μm,有84个连续光谱通道,且可见光近红外带宽仅5nm,短波红外也只有6125nm,信噪比很高,有极强的目标鉴别能力;光谱分辨力高,对识别伪装、分辨敌友、目标定类和地雷探测等非常重要,已安装在"影子200""猎人""捕食者"或"全球鹰"上[10]。

1.1.4.3 光电侦察面临的挑战

随着光电侦察在战场情报获取方面优势日益显著,各种反光电侦察的措施和装备得以迅速发展,在保护己方作战平台、战略战术意图方面显现出重要的作用。光电侦察面临的首要挑战即这些反光电侦察措施和装备。反光电侦察就是抓住光电侦察系统的薄弱环节,使敌方的光电侦察装备无法"看见"我方的军事设施,最终一无所获。反光电侦察有积极和消极2种方式,主要有伪装与隐身、遮蔽、欺骗3种方法。反光电侦察的这3种措施可以互为补充使用。理想的伪装与隐身,应使己方目标无法被光电侦察系统和红外寻的器"看见",但通常达不到理想效果,一般使其达到某种隐身程度,再让欺骗来发挥作用。红外烟幕也必须有强烈吸收红外辐射的特点,但在布设烟幕的同时,也遮挡住己方红外系统的视线。反光电侦察技术主要包括烟幕、光箔条、伪装、隐身、假目标、摧毁与致盲等。应该说,反光电侦察和光电干扰在分类上是相互涵盖的,特有的反光电侦察措施主要指编码技术。在抗光电干扰前,如果实施了反侦察,对方可能就没有机会释放干扰,所以反侦察优先于抗干扰,对攻击方具有重要作用[11]。

烟幕与光箔条等技术采用遮蔽的方式进行反光电侦察。烟幕干扰是通过在空中施放大量气溶胶微粒,来改变电磁波的介质传输特性,以实施对光电探测、观瞄、制导武器系统干扰的一种技术手段,具有"隐真"和"示假"双重功能。而光箔条干扰的原理与雷达箔条干扰的原理类似,通过在空中释放云状、低速降落光箔条,遮蔽目标辐射的光信号或散射有源侦察与制导武器的光信号，也具有“隐真”和“示假”双重功能。伪装、隐身、假目标等技术主要采用降低目标辐射的光信号或模拟目标辐射光信号的方式工作，来降低光电侦察、探测和识别系统对目标的发现概率或提高误判率。例如，红外干扰机辐射出与目标发动机及其他发热部件峰值波长相近但强度很高的红外光波，经过多次调幅，由光学天线发射出去。这样在导引头视场内出现2个“热”目标，经调制盘加工后同时进入跟踪回路，诱使导弹偏离真目标[12]。摧毁与致盲是指利用激光等高能武器，干扰致盲以致摧毁敌方光电设备的反侦察方式。当强激光照射时，光电传感器过载饱和，损坏或热分解、汽化、熔化，甚至毁掉，使设备武器失效，如照射人眼产生致眩或致盲，使操作人员失去作战能力和作战机会[13]。

根据现代新技术的发展或现代高技术局部战争战例，可以预见光电侦察将有长足发展，并将向高精度、综合化、侦察攻击一体化、与其他侦察手段融合化等趋势发展。这些趋势对光电侦察的发展提出新的挑战。另外，探索新的光电侦察手段和体制具有强烈的必要性和迫切性，是面临目前反侦察手段时取得优势的核心动力，也是推动上述发展趋势的有力保证。

1.2 目标衍生属性侦察

1.2.1 目标衍生属性概念

近年来，隐身、伪装、欺骗等反侦察技术迅猛发展，形成一批性能优越的陆、海、空、天作战平台，侦察技术的发展面临前所未有的挑战。目前，大部分常规侦察方法直接探测目标本体的反射或者辐射的电磁信号，以测定目标的结构形态和运动特征，进而确定目标属性，其侦察效果明显受到目标隐身、示假、伪装、机动等影响。比如可见光或微光侦察中，对目标进行直接观察或成像，是根据目标的外观和形状识别出飞机、坦克、舰船等具体属性。而外观和形状属于目标的本体属性，容易被模拟和仿照，伪装和假目标对侦察效果的影响非常显著。再比如激光测距机、激光测速仪、激光雷达等侦察仪器是根据目标的距离、速度、方位等运动特征判定目标属性的，而这些运动特征同样是目标的本体属性，易受到目标隐身、机动的影响。其实，有诸多目标本体以外的属性，例如运动目标的大气成分和振动扰动、电磁扰动、声扰动，目标放电，目标上依附的特殊部分等，都与目标属性存在着直接联系。研究此类侦察技术对提高侦察设备的反隐身、反伪装、反欺骗等综合性能具有重要的意义。

本书对目标属性的描述均限定在侦察层面，在此将目标的结构形态、运动属性、整体电磁特性定义为目标侦察的本体属性。将目标本体结构形态、运动属性、整体电磁特性以外的，目标附属部分或由目标附带产生，且能够基本反映其本质特征的属性定义为目标衍生属性。从定义上看，目标衍生属性有2个核心特点：①它是一种新的侦察属性，所谓“新”的含义可以有两种情况，第1种是由目标附带产生的新属性，第2种则是常规侦察手段并不重点关注，但对形成某些新兴侦察手段具有潜在支撑的目标附属部分；②它能够反映目标的某些本质特征，所谓“反映”的范围就比较宽泛，如通过它能映射出目标的运动状态、结构甚至类型等，均满足“反映”的标准。这两个特点既是目标衍生属性的性质，也是其判定标准。依据这一标准，可以迅速判定诸多目标衍生属性。以本书第2章介绍的风场扰动、第3章介绍的大气成分扰动2种衍生属性为例，首先它们属于空中运动目标产生的新属性，同时通过这2种属性可以推断目标的速度、方位等特征。又如，第4章介绍的逆反射体、第5章介绍的标识2种衍生属性，首先它们是常规光电侦察手段并不重点关注的，但对形成新光电侦察手段具有潜在支撑的目标附属部分，同时又能反映出目标的敌我身份、类型等特征。

1.2.2 目标衍生属性内涵

从定义出发，可以得到2种基本的衍生属性产生方式——目标依附或目标派生。依附方式的目标衍生属性可以表述为目标本体的局部显著特性，如目标载体上的逆反射体或标识、空中运动目标的发动机尾喷管、舰船雷达、坦克炮管等。派生方式的目标衍生属性可以表述为目标处于工作状态时产生的新属性，如空中运动目标产生的风场扰动或尾涡，目标放电，目标引起的电磁扰动、声扰动、大气扰动、水面扰动、味觉扰动等。值得注意的是，无论是派生还是依附方式产生的属性，只有其在侦察背景下反映目标的本质特征时才能称为目标衍生属性。此外，根据定义的2个标准，还有另一种衍生属性产生方式——目标特征合成，其产生的衍生属性称为合成类衍生属性。近年来，信息融合、数据融合、图像融合的理论和应用迅猛发展，大幅提高了信号与数据处理、分析的效率和精度，在信号与信息处理、模式识别、人工智能等领域脱颖而出，成为一种信息化生产的常用手段。诸多信息化武器装备，尤其是探测、侦察、制导等作战平台通常都采用此类融合处理方式。那么侦察方面的数据与图像融合就产生合成类衍生属性。首先，数据与图像融合产生区别于目标本体特征的新属性，即合成特征，满足衍生属性“新”的标准。其次，数据与图像融合的目的是产生分辨性、鲁棒性更强的信号、特征甚至决策权重，从而提高目标探测、定位、识别等侦察活动的效果，直接揭示目标的本质属性，也满足衍生属性“反映”的标准。因此，虽然这种数据与图像融合的方式带有显著的人工特色,但符合目标衍生属性的定义,我们将其确立为合成类衍生属性。为此,本书第6章将介绍一种具体的合成类衍生属性光电侦察实例——典型地海面目标的空天一体图像合成属性侦察处理,进一步说明此类衍生属性侦察的关键方法。综合目标依附、目标派生、目标特征合成3种衍生属性产生方式的特点,可以进一步完善目标衍生属性的定义:将目标本体结构形态、运动属性、整体电磁特性以外的,目标附属部分、由目标附带产生以及目标特征合成,且能够基本反映其本质特征的属性定义为目标衍生属性。

虽然目标衍生属性与本体属性存在一定差别,但实质上均属于目标的侦察属性,因此既可以根据衍生属性的特点提出新的分类方法,也可以沿用本体属性的分类方法。目标衍生属性的产生方式分为目标依附、目标派生、目标特征合成3种,形象地描述了3类衍生属性特点,则依据产生方式就可以对衍生属性进行合理的分类。另外,本体属性的分类一般依据侦察手段,已形成了被广泛认可的分类方法。沿用这些方法,也将得到衍生属性的合理分类。依据宏观的侦察手段,可以将衍生属性分为电子侦察、声学侦察、光电侦察。电子侦察类又可以细分为无线电通信侦察与雷达侦察。同理,光电侦察类按照实现原理可以细分为可见光侦察、微光侦察、激光侦察、紫外侦察、红外侦察以及多光谱侦察等。当然,按照传统方式还可以得到进一步的细分类,本节重点仅在于提出合理的分类方法。综上所述,目标衍生属性可以按照产生方式与侦察手段分为2个基本类,然后按照各自特点再进一步细分,如图1.1所示。在此分类的基础上,也可以考虑将产生方式与侦察手段的细分类进行组合分类,如目标依附光电侦察或目标派生激光侦察属性,这样将形成更为具体、特点鲜明的细分类。

1.2.3 典型目标衍生属性光电侦察方法

目标衍生属性光电侦察技术是一种通过光电手段获取目标附属部分或由目标附带产生或目标特征合成,且反映其本质特征的衍生属性来进行目标探测、识别、跟踪和监视的新型目标侦察方法。对某些衍生属性,如目标载体上的标识、空中运动目标的发动机尾喷管或尾焰、坦克炮管等,可以采用目前比较成熟的可见光或红外侦察手段。对另一些衍生属性,如空中运动目标产生的尾涡和大气扰动、载(停)机平台的逆反射体、空天一体高光谱合成属性、舰艇的味觉浓度等,需要研究新的侦察技术和设备。此外,也有一些衍生属性,如舰艇的尾流,既可以采用比较成熟的声学、红外侦察手段,也可以采用尾流气泡激光侦察等新手段。目前,对目标衍生属性侦察的研究尚处于初级阶段,即使同类型的衍生属性在侦察方法上很可能完全不同,总结性的方法归纳意义并不显著,因此本小节仅简单列举几种典型的目标衍生属性侦察方法。

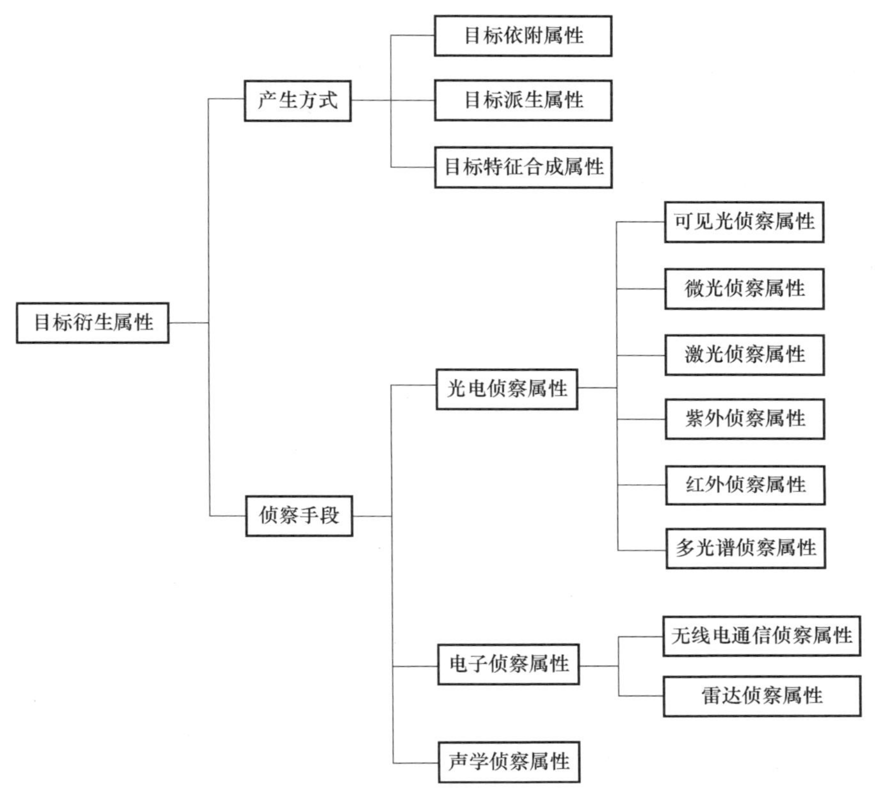

图1.1 目标衍生属性分类

1.2.3.1 空中运动目标风场扰动激光侦察

飞机等空中目标在运动时会产生强烈的大气风场扰动,包括翼尖涡流、喷射气流和附面层湍流。这些扰动是典型的派生类衍生属性,它们具有扰动强度大(每秒几十米)、存留时间长(可达几十秒至几百秒)、扩展距离远(可达几十千米)等便于探测发现的特点。另外,随着当前多普勒激光测风雷达远距离、高精度、高分辨力探测风场技术的日趋成熟,高空三维风场信息的获取能力已经极大增强,其风速测量的精度可达1m/s,探测距离可至几十千米。基于这2方面的优势,本书作者的团队着眼于空中运动目标的传统探测手段的不足,结合目标运动时产生的大气扰动和激光雷达在风场探测中的优良特性,研究了风场扰动激光雷达探测的空中运动目标侦察手段,其核心是整体风场扰动[14]和尾涡的探测方法[15],论证了空中运动目标风场扰动激光侦察的可行性。

1.2.3.2 空中运动目标扰动大气成分激光侦察

飞机等空中目标燃油燃烧后大量排放的尾气迅速改变了周围大气成分的浓度

特性，尤其是 CO_2 和水汽的含量显著上升。这种大气成分扰动属于典型的派生类衍生属性，为空中运动目标的侦察提供了便利条件。激光雷达具有角分辨力、距离分辨力高等特点，不仅能够用于大气风场探测，也能够用于大气 CO_2 和水汽浓度的探测。激光雷达探测目标的常规模式是对探测区域内进行密集扫描，以对目标本体强回波的检测而发现目标的存在，但这种模式由于激光雷达技术水平的限制，在大的扫描空域内一般很难高概率地探测到目标本身。然而，由目标引起的大气成分扰动却存在着非常大的空间扩散区域和时间耗散周期，因而可以利用激光雷达探测目标引起的大气成分扰动及扩散实现目标侦察。基于上述优点，本书作者的团队研究了大气 CO_2 和水汽浓度的激光探测手段，论证了空中运动目标扰动大气成分激光侦察的可行性[16]。

1.2.3.3 目标逆反射属性主动成像侦察

为提高夜间作业安全，逆反射体广泛应用于舰船、机场等飞机起降平台，以及车库、机库、船库等运动平台洞库的跑道、指示标志、防撞标志，属于典型的依附类衍生属性，通过探测逆反射体可以实现上述目标的探测、识别、定位等侦察活动。逆反射体能够将入射光线在很小的立体角内沿入射方向反射回去，这一特性将它与所依附目标本体和背景严格区别开来，如果能够通过光电手段成功地捕获这种特性，将形成一种新的对复杂背景保持强鲁棒性的目标侦察手段。为此，本书作者的团队提出利用主动成像将逆反射属性量化成易于分析和处理的亮度信息，并成功应用于逆反射体探测，论证了目标逆反射属性主动成像侦察的可行性[17]。

1.2.3.4 目标标识属性被动成像侦察

飞机、车辆等目标上一般都有表达各种含义的可视标识，如各种字母数字编号、图案等，是目标载体的重要组成部分。它们依附于目标载体，属于典型的依附类衍生属性，识别这些标识不仅可以协助目标探测，还可以为目标识别、跟踪、综合分析等侦察活动提供支持。标识图像随着运载平台的运行状态、拍摄角度、光照等变化，在噪声、尺度、仿射变化等方面表现出较大的动态范围，为了成功检测与识别，对标识图像的对比度以及算法在噪声、光照变化、仿射变化等方面的鲁棒性提出了很高的要求。为此，本书作者的团队一方面研究了颜色分立特征灰度化在提高标识图像对比度方面的效能[18]，另一方面利用尺度不变特征变换（SIFT）算子在噪声、光照变化的稳定性，以及对仿射变化的不变性，研究了强鲁棒性的标识识别方法[19]，论证了目标标识属性被动成像侦察的可行性。

1.2.3.5 目标空天一体高光谱合成属性侦察

现代信息化战争中的目标侦察，正越来越受到目标活动范围大、分布区域广、隐身能力强的挑战，尤其在远距离大范围精确打击军事行动中，对目标发现、识别和定位侦察提出了更高的要求。多种侦察平台、多种侦察数据的融合正成为目标侦察情报处理的发展趋势，而这些融合数据属于我们关注的合成类衍生属性。根据航天平台侦察范围广、效率高，航空平台侦察数据全、精度好，以及高光谱成像侦察谱段多、准确度高等特点，本书作者的团队提出一种适用于空天高光谱图像融合的侦察处理方法，解决了以航天侦察为主体的大范围、高精度、高效率目标侦察问题，有效提升了航空航天高光谱图像侦察的精度、速度、效率和智能化水平，论证了目标空天一体高光谱合成属性侦察的可行性[20]。

1.2.3.6 舰艇气味信息侦察

舰艇航行时，其后部会形成明显带有油污的尾流，这种尾流包含丰富的舰艇气味信息，形成了独特的尾流味道。这种尾流味道属于典型的派生类衍生属性，其来源可以分为两类：一类是舰艇外壳造成的，比如抗腐蚀作用的保护油、吸附或衰减雷达波的附加涂层、潜艇外壳表面的消声瓦、长期浸泡带来的生物或非生物附着物等都可以成为舰艇气味源，舰艇尾流会不可避免地掺入这些气味信息，形成特殊的味道；另一类来自舰艇内部，比如舰艇内部机械工作时漏入水中的部分机油，核潜艇反应堆工作时排出的冷却水等特殊物质，这些又加剧了舰艇尾流的味道特征，而且舰艇尾流可以在水中保持相当长的时间和可观的尺度规模，这就为通过尾流味道来探测舰艇带来可能。实际上，舰艇的气味信息不仅存在于尾流中，舰艇周围的水域，包括艇首的前方、舰弦的两侧、即舰艇的四周都弥漫着浓烈的舰艇气味，当这些气味溶到水中时，相应的水体就带有独特的味道，通过获取水体味道信息并进行反演就能得到溶入水中的气味信息，进而导出一定的舰艇信息以探测目标舰艇。现代传感器技术水平已经可以检测微弱气味信息，这就为通过气味信息探测舰艇创造了可能[21]。

1.2.3.7 舰船尾流气泡激光侦察

舰船在海洋中运动都会对海水产生扰动，螺旋桨的空化、海面波浪的破碎以及船体吃水线部分大量空气的卷入会在船后形成尾流。尾流属于派生类衍生属性，为舰船目标侦察提供了有利条件。尾流中的气泡群是由直径不同的气泡组成，气泡密度随深度和时间变化。由于海水压力和气泡中的气体扩散，大气泡以较快的速度浮升到水面破裂，而小气泡可以存活较长时间，在尺度谱上主要为 160μm 以下的小尺度、低密度气泡群。这类气泡群对海水后向散射的贡献可达 10%，因此可以利用光波在尾流中的传输特性与在海水中的传输特性的差异作为探测尾流的依据。激光雷达的高灵敏特性为尾流的高精度探测提供了条件，因此各国对激光尾流制导武器投入了大量的研究力量[22]。

参考文献

[1] 曾华锋. 现代侦察监视技术[M]. 北京:国防工业出版社,1999.
[2] 刘志春. 光电侦察告警技术的装备与发展[J]. 激光与红外, 2008, 38(7): 629 - 632.
[3] 雷厉. 侦察与监视——作战空间的千里眼和顺风耳[M]. 北京:国防工业出版社, 2008.
[4] 陈福胜. 军用光电系统技术发展的战略思考[J]. 舰船科学技术, 2005, 27 (4): 5 - 8.
[5] 李朝木, 陈群霞. 机载光电侦察系统的应用研究[J]. 航天电子对抗, 2007 (2): 25 - 27.
[6] 艾克聪. 微光夜视技术的进展与展望[J]. 应用光学, 2006, 27(4): 303 - 307.
[7] 马锐. 激光制导武器的发展分析[J]. 红外与激光工程, 2008, 37(s3): 266 - 270.
[8] 胡以华. 激光成像目标侦察[M]. 北京: 国防工业出版社, 2013.
[9] 赵江. 红外探测技术的现状与发展趋势[J]. 舰船电子工程, 2007,27(1): 32 - 36.
[10] Rockwell D L. Targeting, navigation, and ISR system converge[J]. Journal of Electronic Defense, 2005, 28(10):42 - 50.
[11] 刘松涛, 高东华. 光电对抗技术及其发展[J]. 光电技术应用, 2012, 27(6): 1 - 9.
[12] 胡以华. 对红外成像的定向干扰技术初探[J]. 电子工程学院学报, 2001, 20(1): 18 - 21.
[13] 胡以华, 江灏. 卫星成像侦察及其对抗[J]. 电子对抗学术, 2003(4): 30 - 32.
[14] 吴永华, 胡以华, 顾有林, 等. 一种新型的空中运动目标信息获取算法的研究[J]. 光学学报, 2010, 30(s1): 9 - 13.
[15] 吴永华, 胡以华, 戴定川, 等. 基于 1.5μm 多普勒激光雷达的飞机尾涡探测技术研究[J]. 光子学报, 2011, 40(6): 811 - 817.
[16] 高坡, 胡以华, 赵楠翔, 等. 全光纤差分吸收激光雷达大气成分探测精度分析[J]. 光学学报, 2013, 34(3): 0301003 - 1 - 0301003 - 5.
[17] 杨星, 吕栋雷, 胡以华, 等. 一种逆反射体激光探测碰撞预警方法:201610380057.8[P]. 2016 - 06 - 01.
[18] Yang X, Ling Y S, Li S, et al. Graying for Images with Color - discrete Characteristic[J]. International Journal for Light and Electron Optics, 2011, 122(18): 1633 - 1637.
[19] Chen H L, Hu B, Yang X, et al. Chinese Character Recognition for LPR Application[J]. International Journal for Light and Electron Optics, 2014, 125(18): 5295 - 5302.
[20] Chen S J, Hu Y H, Xu S L, et al. The k - Nearest - Neighbor Simplex Based on Adaptive C - Mutual Proportion Standard Deviation Metric for Target Clustering of Hyperspectral Remote Sensing Imagery[J]. Journal of Applied Remote Sensing, 2014, 8(1):083578 - 1 - 083578 - 18.
[21] 余扬, 王江安, 马治国, 等. 一种新的探测舰艇的方法[J]. 舰船科学技术, 2009, 31(5): 49 - 51.
[22] 王向伟, 周田华, 陈卫标. 舰船尾流激光后向散射特性研究[J]. 光学学报, 2010, 30(1): 14 - 18.

第 2 章

空中运动目标风场扰动激光侦察

如何有效探测空中低可探测目标是现代防空预警系统亟待解决的重大难题。由于此类目标大都采用复合隐身技术，并且拓宽了隐身波段，已极大削弱目标的可探测性特征。通常，空中目标运动时引起的周围环境特性变化主要有放电、电离、电磁和大气扰动等，大气扰动主要包括大气成分场扰动、温度场扰动以及风场扰动，风场扰动是指空中目标飞行时引起的周围大气风场的变化，包括整体风场扰动和尾涡。对于飞机而言，由两侧机翼引发的尾涡扰动则非常剧烈，具有很强的扩散特性，而且还与飞机之间存在着极其重要的多特征关联。由于激光的高亮度、高准直度和短脉冲等特性，使得激光雷达成为当前远距离、高精度、高分辨力获取大气风场信息的最佳手段，通过探测整体风场扰动或尾涡而间接达到发现和识别空中运动目标的目的。本章着重对大气风场特性和目标扰动信息获取、目标大气风场扰动探测系统、飞机尾涡特性及其激光探测与识别等进行了阐述。

2.1 大气风场特性和目标扰动信息获取

基于背景大气风场特性，能够通过激光雷达探测空中目标飞行过程中对大气风场产生的扰动，来获取空中运动目标信息。本节介绍大气风场特性，给出基于风场扰动的运动目标信息获取的基本原理和主要流程，并验证该新型目标探测手段切实可行，为未来空中运动目标的高效探测发现提供了一种崭新的途径[1]。

2.1.1 大气风场特性

风是自然界空气流通的结果，是由地球本身的转动以及地球上各地区温度不同所造成压力不同而形成的。其具有易变性和不可控性。风速虽有多变性，但风速的变化和分布也是有一定规律可循的，自然界的风看似随机，实际上也遵循着某一个统计规律[2]。

大气中不稳定的气流急速运动称为湍流，颠簸是湍流的一种。风切变是比颠簸更危险的一种湍流，它是风速、风向突然改变的局部大气现象。晴空湍流是湍流的又一种形式，它出现在天气晴朗的高空，是一种强烈的气流扰动，出现前没有征兆。风切变和晴空湍流虽然危害性很大，但在边界层上空出现的概率都非常小。

对于小尺度、短时间内的大气风速，可以分解为平均风速与脉动风速之和。平均风速是一段时间内不随时间改变的量，而脉动风速则是随着空间与时间随机变化的量。平均风速随高度的大致变化规律为：在对流层顶（9～12km）以下，风速随高度而增大，在对流层顶（12km）达到最大，而后随高度减小，在20～25km达到最小，再向上风速又逐渐增大。在梯度高度 z_G 下，根据“能量法则”变化，高度 h 处的平均风速为[3]

$$\bar{v}_h = \begin{cases} \bar{v}_{10}\left(\dfrac{h}{10}\right)^{\alpha} & h \leqslant z_G \\ \bar{v}_{10}\left(\dfrac{z_G}{10}\right)^{0.19} & h > z_G \end{cases} \tag{2.1}$$

式中：$\bar{v}_{10}$为地表10m的风速，指数 α 与地表粗糙度参数 z_0有关。对于开阔的草原（同大多数机场），当 $z_0=0.1$ 而 $\alpha=0.19$ 时梯度高度可表示为

$$z_G = 1000 z_0^{0.19} = 660.7\text{m} \tag{2.2}$$

因而，在排除风切变、晴空湍流等小概率的影响后，背景大气风场在高空分布是趋于连续和平稳的，随机脉动比较小。此外，由于对流层受地面起伏、干湿、冷暖的影响很大，对流层顶附近气温随高度升高变化的幅度发生突变，对大气垂直运动有很强的阻挡作用，造成对流层的风速没有一个恒定的值。

通过分析合肥气象网发布的数据（图2.1所示为1971年到2000年的地面风速每月统计平均值，图2.2为1971年到2000年各月各风向频率统计）[4]发现，合肥近30年来平均风速在1.6～3.3m/s之间，整体风速分布趋于比较平稳，但各月各风向频率起伏较大。因此，大气风场存在晴空湍流及风切变等扰动现象，大气平均风速随高度增长而变化。以合肥地区为例，风向随季节变化明显。

2.1.2 运动目标信息获取算法原理

基于激光探测风场扰动来获取运动目标信息的基本原理如图2.3所示[1]，主要包括风场建模、风场探测和运动目标检测3个部分。其中：

风场建模主要是通过长期观察监测某地区的背景大气条件和统计研究风场分

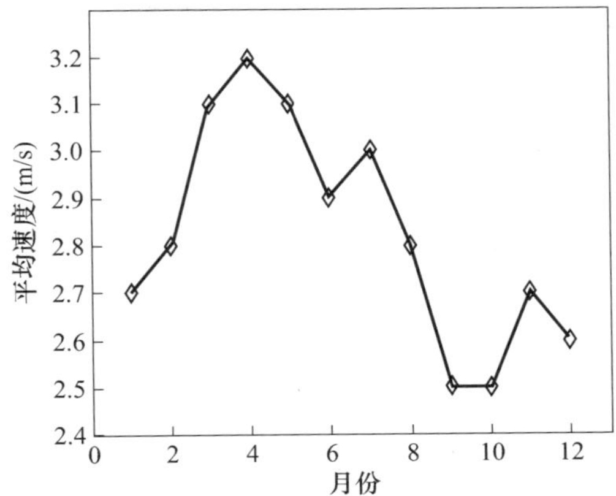

图 2.1　合肥近 30 年来各月风速平均值

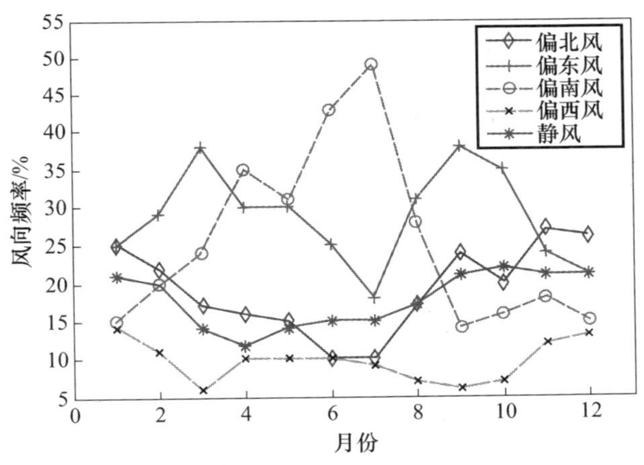

图 2.2　合肥近 30 年来各月各风向频率统计图(见彩图)

布数据，获取该空域大气风场运动变化规律，进而完成背景风场建模和背景风场数据库创建的工作。

风场探测主要是基于激光雷达系统扫描特定空域，通过接收反射的激光回波信号，反演出径向和水平风速分量，进而获得扫描扇面上的风场分布。

运动目标检测通过滤除背景风场对扫描风场的影响，获得扫描空域内的扰动风场分布；基于扰动检测原理，提取出扰动位置、强度以及形状等信息，并结合此扰动信息，判断该扰动是否由运动目标引发的，若否，则说明扫描空域内无目标存在，若是，则说明可能存在运动目标；进而，基于扰动与运动目标的内在关联，完成运动目标的可能位置和大致属性等信息获取。

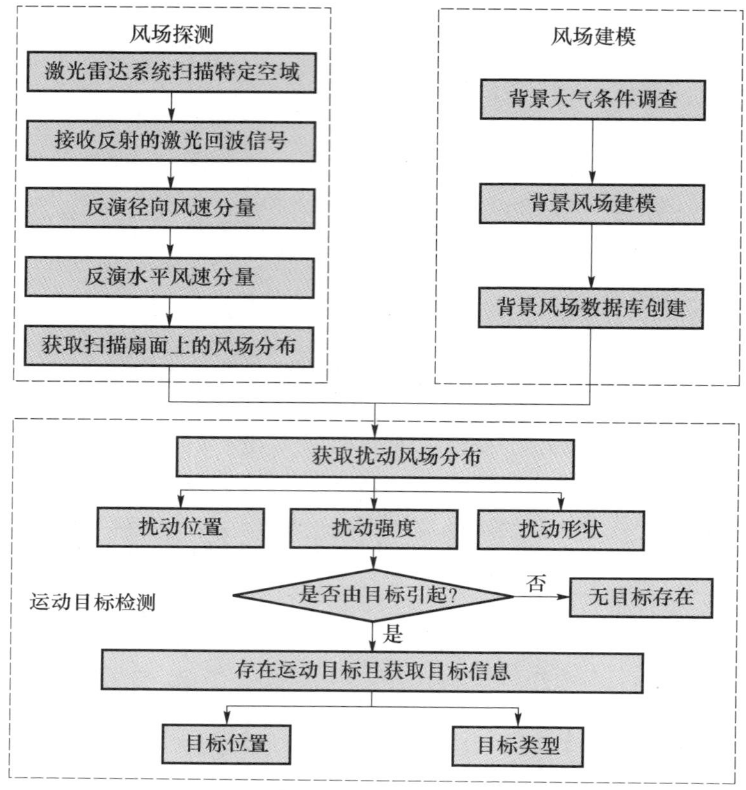

图 2.3 基于激光探测风场扰动的运动目标信息获取流程图

2.1.3 大气风场分布反演算法

2.1.3.1 风场的径向风速反演

激光多普勒雷达探测大气风速是通过测量大气分子的多普勒频移得到的。大气分子的激光脉冲回波信号被望远镜接收后,通过碘分子滤波器把大气回波信号的多普勒频移检测转换为信号强度检测,即把频率微小变化转换为较强的信号强度变化,进而进行非相干脉冲激光多普勒测速[5]。径向风速 v_{wr} 与多普勒频移 Δf_d 关系为

$$\Delta f_d = \frac{2v_{wr}}{\lambda}\cos\theta \tag{2.3}$$

式中:v_{wr} 为径向风速;Δf_d 为多普勒频移,其值为激光脉冲多普勒回波信号的频率与雷达发射频率的频差;λ 为激光雷达发射的波长。

碘分子滤波器测量多普勒频移的原理如图2.4所示。若大气后向散射光谱分布为$h(f)$，所选碘分子吸收滤波器一条吸收线边缘的光谱分布为$F(f)$，则图2.4中的透射率函数$T(f)$为$h(f)$和$F(f)$的卷积，即

$$T(f)=\int_{-\infty}^{+\infty}h(f-f')F(f')\mathrm{d}f' \tag{2.4}$$

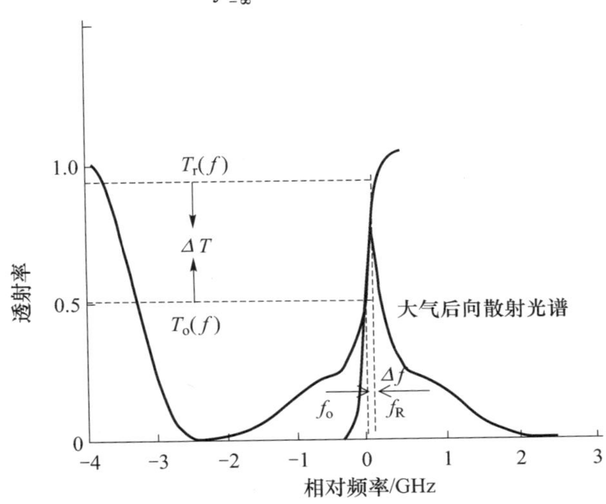

图2.4　基于碘分子滤波器测量多普勒频移示意图

由激光雷达方程，假设脉冲激光发射的光子数为N_0，则光电探测器1、光电探测器2接收到的光子数N_1和N_2分别为

$$N_1(r)=\frac{N}{2}\eta_1\frac{A}{r^2}\Delta r[\beta_a(r)+\beta_m(r)]\times\exp\{-2\int_0^r[\alpha_a(r')+\alpha_m(r')]\mathrm{d}r'\} \tag{2.5}$$

$$N_2(r,\nu)=\frac{N}{2}\eta_2\frac{A}{r^2}\Delta r[\beta_a(r)F_a(f)+\beta_m(r)F_m(f)]\times\exp\{-2\int_0^r[\alpha_a(r')+\alpha_m(r')]\mathrm{d}r'\} \tag{2.6}$$

式中：η_1、η_2分别为2个通道的各自的光学效率与光电探测器量子效率的乘积；A为激光雷达系统接收面积；Δr为激光雷达系统探测距离分辨力；r为探测距离；β_a为大气气溶胶后向散射系数；β_m为大气分子后向散射系数；α_a为大气气溶胶消光系数；α_m为大气分子消光系数。

在式(2.6)中定义

$$F_a(f)=\int_{-\infty}^{+\infty}T(f')h_a(f-f')\mathrm{d}f' \tag{2.7}$$

$$F_m(f) = \int_{-\infty}^{+\infty} T(f')h_m(f-f')\mathrm{d}f' \tag{2.8}$$

式中：h_a为大气气溶胶后向散射光谱分布；h_m 为大气分子后向散射光谱分布；$F_a(f)$和 $F_m(f)$分别为大气气溶胶后向散射和大气分子后向散射透过碘分子吸收滤波器的光谱响应。由式(2.5)、式(2.6)可得到碘分子吸收滤波器光谱透射率为

$$T(r,f) = \frac{N_2(r,f)}{N_1(r)} = K_1 \frac{\beta_a(r)F_a(f) + \beta_m(r)F_m(f)}{\beta_a(r) + \beta_m(r)} \tag{2.9}$$

式中：K_1 为系统校正参数。大气后向散射比 $R_b(r)$一般定义为

$$R_b(r) = \frac{\beta_a(r) + \beta_m(r)}{\beta_m(r)} \tag{2.10}$$

将式(2.10)代入式(2.9)，得

$$T(r,f) = K_1 \frac{[R_b(r) - 1]F_a(f) + F_m(f)}{R_b(r)} \tag{2.11}$$

当激光发射频率为f_o时，对应的碘分子吸收滤波器光谱透射率为 $T(r,f_o)$。由于大气振动的作用，大气气溶胶后向散射信号和分子后向散射信号相对于激光发射频率f_o会产生多普勒频移 Δf_d，此时对应的碘分子吸收滤波器光谱透射率为 $T(r,f_o+\Delta f_d)$ 。将 $T(r,f_o+\Delta f_d)$在 v_{out}处展开成泰勒级数，并忽略高阶导数项，得

$$T(r,f_o+\Delta f_d) + \mathrm{d}T(r,f_o)/\mathrm{d}f\Delta f \approx T(r,f_o) + \frac{K_1}{R_b(r)} \times \left\{[R_b(r)-1]\frac{\mathrm{d}F_a(f)T(r,f_o+\Delta f_d)}{\mathrm{d}f} + \frac{\mathrm{d}F_m(f)}{\mathrm{d}f}\right\}\Delta f \tag{2.12}$$

从式(2.12)可以得到

$$\Delta f_d \approx \frac{T(r,f_o+\Delta f_d) - T(r,f_o) - R(r,v_{out})}{\frac{K_1}{R_b(r)}\left\{[R_b(r)-1]\frac{\mathrm{d}F_a(f)}{\mathrm{d}f} + \frac{\mathrm{d}F_m(f)}{\mathrm{d}f}\right\}} \tag{2.13}$$

这样就可以反演出径向风速

$$v_{wr} = \frac{c}{2f_o}\Delta f_d = \frac{T(r,f_o+\Delta f_d) - T(r,f_o)}{\frac{K_1}{R_b(r)}\left\{[R_b(r)-1]\frac{\mathrm{d}F_a(f)}{\mathrm{d}f} + \frac{\mathrm{d}F_m(f)}{\mathrm{d}f}\right\}} \times \frac{c}{2f_o} \tag{2.14}$$

2.1.3.2 风场的水平风速反演

水平风场反演方法很多，主要有速度方位显示(VAD)、体积速度处理(VVP)、速度方位处理(VAP)等方法[6]，由于 VAP 方法计算简便、计算量小，易于在计算机

上实现，反演结果可靠，是单多普勒雷达反演风场的一种方便的方法。此处拟采用 VAP 方法进行水平风场的反演，该方法假定相邻方位角速度相等即局地均匀，从各个距离圈上的多普勒速度随方位角分布的廓线计算风向、风速。VAP 原理如图 2.5 所示。

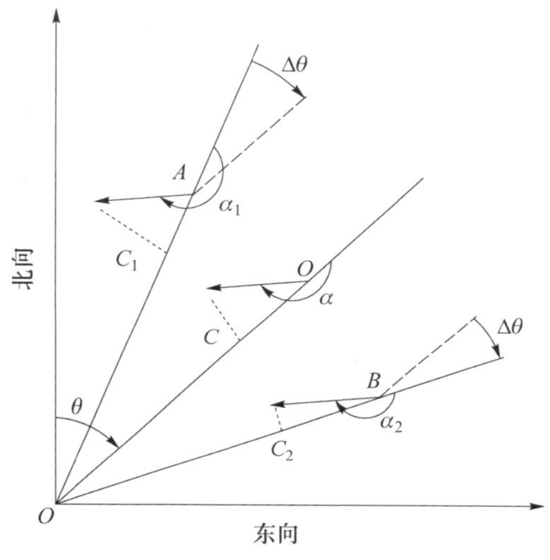

图 2.5　VAP 方法原理示意图

规定 $v_{wr}>0$，风趋近雷达，$v_{wr}<0$，风远离雷达。v_{wr1} 和 v_{wr2} 分别为反演点相邻水平径向速度，α 为水平径向速度与风矢量的夹角，θ 为方位角。当扫描仰角很低时，可忽略下落垂直速度，则可以从距离圈上的多普勒速度随方位分布的廓线上计算出。则水平风速为

$$v_w = \left|\frac{v_{wr1}-v_{wr2}}{2\sin\alpha\sin\Delta\theta}\right| \tag{2.15}$$

水平风向为

$$\tan\alpha = -\frac{v_{wr1}-v_{wr2}}{v_{wr1}+v_{wr2}}\cot\Delta\theta = A \tag{2.16}$$

可求出 α 值为

$$\begin{cases}\alpha=\arctan A & v_{wr1}-v_{wr2}>0, v_{wr1}+v_{wr2}>0\\ \alpha=\arctan A+\pi & v_{wr1}-v_{wr2}>0, v_{wr1}+v_{wr2}<0\\ \alpha=\arctan A & v_{wr1}-v_{wr2}<0, v_{wr1}+v_{wr2}>0\\ \alpha=\arctan A-\pi & v_{wr1}-v_{wr2}<0, v_{wr1}+v_{wr2}<0\end{cases} \tag{2.17}$$

2.1.4 运动目标信息获取算法

2.1.4.1 风场扰动信息获取

通过前期风场建模获得的某地区大气风场分布的统计数据,来滤除背景风场对激光雷达实时获取的扫描风场的影响,进而获得扫描空域内的扰动风场分布。基于扰动检测原理,在探测空域的扰动风场内寻求各方向上数据变化最大值点并判断是否超出阈值(门限),对于数据变化值没有超过阈值(门限)的不予考虑,仅考虑超出阈值(门限)部分的值,进而提取出扰动位置、强度以及形状等信息。其中,该阈值是预先设定的。其随探测地点、距离、角度以及背景大气条件的具体状况而变化,实际应用中可通过理论上的建模仿真、外场探测实验以及背景知识积累共同确定。

2.1.4.2 运动目标信息获取

对于获取的风场扰动信息,首先要进行扰动种类判别,确认其是由空中目标运动引发的目标扰动还是大气自然突发的大气突变或自然湍流。虽然两者的某些参数比较相似,但在很多方面则有显著的不同。这里主要提出了两个判决准则:

1) 基于扰动的不同结构特征进行定性判断

飞机等空中目标运动时产生的大气扰动主要是由 2 个相反方向旋转的圆柱状涡流组成,从卷成截面上来看,其是 2 个相互对称且强度相同转向相反的螺线旋转结构[7]。但通常的大气突变(如离散阵风、高空风切变)的结构特征单一,与运动目标产生的扰动结构迥异。

2) 基于定义的风场速度结构系数 C_v^2 进行定量判断

根据风场激光探测原理,大气中散射粒子产生的光电流功率谱是单个散射粒子产生的单个功率谱的叠加,并且多普勒频率与散射粒子速度矢量投影成正比,从而谱密度可被看作速度的函数。基于光电流谱宽度积分的平方平均值与风的速度场间的特定关系,可引入如下的风场速度结构系数 C_v^2[8]:

$$C_v^2 = <\Delta \boldsymbol{v}_s^2>/(11\mathrm{m}^{2/3}) = \iiiint <[v_{wr}(r_1,t_1) - v_{wr}(r_2,t_2)]^2> \times W(r_2,t_2)\mathrm{d}r_1\mathrm{d}t_1\mathrm{d}r_2\mathrm{d}t_2/(11\mathrm{m}^{2/3}) \tag{2.18}$$

式中:$\Delta \boldsymbol{v}_s^2$ 为光电流谱宽度积分的平方平均值;$v_{wr}(r,t)$ 为 t 时刻 r 处的径向风速值;$W(r,t)$ 为表征激光雷达外差效率和探测光束中功率分布的函数,其仅依赖于激光雷达自身参数。有实验究表明:平静气候条件下的大气的自然扰动等级选用 C_v^2 表示时,其数值大致处在 $0.005 \sim 0.1\mathrm{m}^{4/3}/\mathrm{s}^2$ 范围,而飞过飞机后的 C_v^2 取值范围是 $2 \sim 6\mathrm{m}^{4/3}/\mathrm{s}^2$,2 者取值相差得很多。因而,$C_v^2$ 可作为区分运动目标扰动和自然扰动

的重要参数。

在完成扰动属性判决后，便进行运动目标的信息获取，将从扫描风场上提取的扰动位置、强度以及形状等扰动信息与风场扰动数据库中之前一段时间内存储的该点处的风场扰动数据进行比较，进而通过扰动与运动目标间的内在关联，完成运动目标的可能位置和大致属性等信息获取。

2.1.5　实验验证

为验证基于风场扰动激光探测的运动目标检测算法的可行性，在天气条件为晴空无云、微风、能见度较高的某天下午，选择了某民航机场开展空中运动目标探测实验。利用激光雷达对指定的空域进行扫描并获取了目标飞机未飞入指定区域以及飞离指定区域两种条件下的风场数据。其中，风场扫描时间通常与雷达自身参数（如扫描速度）以及扫描空域大小等有关，本实验中扫描时间约为 13s。图 2.6 给出了运动目标经过前后的风场分布示意图。

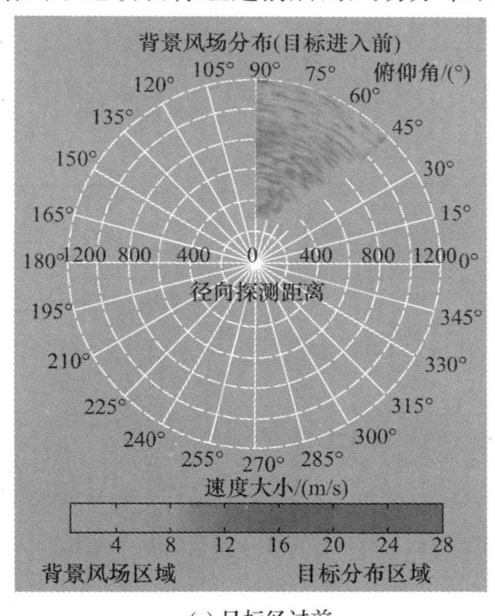

(a) 目标经过前

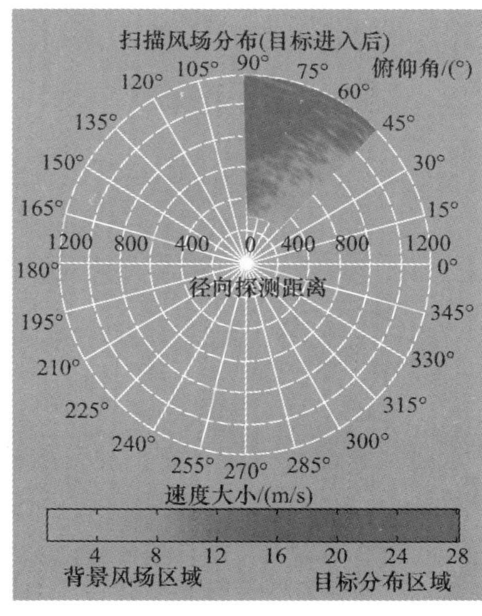

(b) 目标经过后

图 2.6　运动目标经过前后的风场分布示意图（见彩图）

从图 2.6（a）可看出，运动目标经过前，雷达扫描扇区内背景风场的速度分布基本处在 0 ~ 10m/s 内，与背景风场数据库内所存数据比较接近。从图 2.6（b）可看出，运动目标经过后，扇区内部分区域风场因运动目标而受到明显扰动，其速度分布扰达到 20 ~ 28m/s 左右。

图 2.7 给出的是滤除背景风场对扫描风场的影响后获得扫描空域内的扰动风场分布。基于扰动检测原理可分析出，扰动的中心点位于径向距离 800m，仰角 82°处，强度达 18m/s 左右，并呈圆状向四周扩散，已基本覆盖径向距离［700m，1100m］和俯仰角度［75°，90°］的区域。基于运动目标检测算法，检测出运动目标为飞机，可能位于径向距离 800m，仰角 82°的位置点附近。此结果与先前实验记录的飞机飞经该扫描扇面的位置点坐标基本吻合。

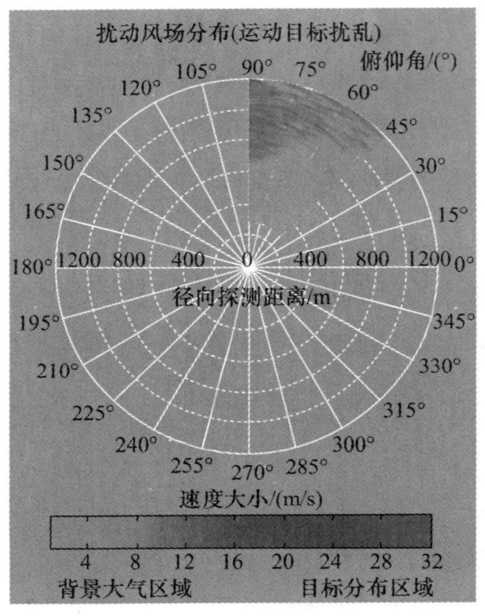

图 2.7　经运动目标扰动的扰动风场分布示意图（见彩图）

2.2　目标大气风场扰动探测系统与性能分析

本节基于空中运动目标风场扰动的激光探测的总体要求，对所设计的激光风场探测系统进行针对性的优化设计与系统性能分析，为设计实用型的空中目标扰动风场探测系统奠定了基础。

2.2.1　探测系统结构

为实现对大气风场和成分场的联合探测，设计了相应的相干激光雷达系统。其中，激光雷达相干探测成分场，主要指对大气中 CO_2 浓度的测量，主要基于差分吸收原理，具体可见文献［9］。

研究表明，无论是相干、还是非相干多普勒激光雷达系统都能够测量获取空中目标风场扰动信息，但这两种方法各有其优缺点。相干探测较非相干探测的优点：①高信噪比，等效噪声功率接近理论极限。这是因为本振激光可以提供足够的信号能量；②相干探测仅对信号中的频率信息敏感，对信号能量起伏不敏感；③相干探测得到中频信号可减小系统接收带宽，这样既可以压缩信号带宽，又便于频率探测。当然，相干探测较非相干探测也有一定的局限性，主要表现在：相干探测的光学准直要求十分严格，接收视场角的失准会严重影响相干效率。因而，对于短波长的相干多普勒激光雷达系统来说，校准的要求更为苛刻[10]。

目标大气风场扰动探测系统结构如图2.8所示。采用MOPA（主控振荡器的功率放大器）结构，使用单台激光器作为频率基准振荡器，使用声光调制器件AOM对其输出进行频移后用于发射，同时通过光纤耦合器直接从激光器抽出少部分功率作为本振信号。通过望远镜发出的光束经过飞机尾涡中空气分子与气溶胶的后向散射被望远镜再次接收。回波信号通过窄带滤光片滤光后，在平衡探测器中与经过长光纤到达探测器的本振光混频，经过中频放大后进入数据采集系统。所采集数据经过后续处理最终得到飞机尾涡的相关信息[11]。

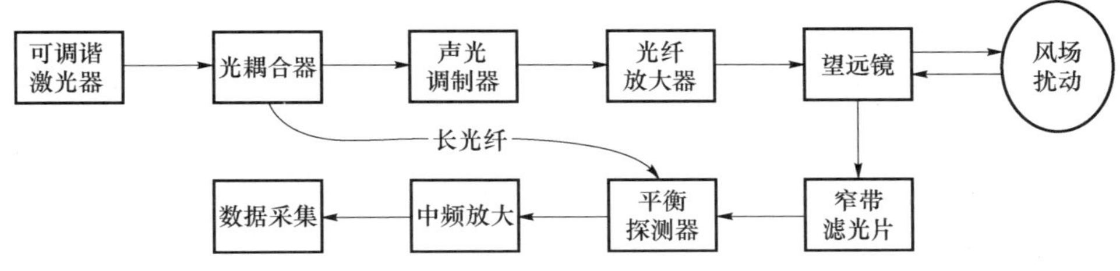

图2.8　目标大气风场扰动探测系统结构

2.2.2　探测系统性能分析

通常，风场扰动激光探测性能主要包括探测信噪比和探测精度。本节将结合前面设计的激光雷达系统参数来仿真计算探测信噪比和探测精度，以验证风场扰动的相干多普勒激光探测手段具有高精度、远距离的探测优势[12]，有利于后续的空中目标的大范围搜索和远距离发现。仿真中所使用的探测系统参数具体见表2.1。

表2.1　风场扰动激光探测系统仿真参数

参数名称	参数取值	参数名称	参数取值
波长 λ/nm	1550	光学收集效率 η	0.20
输出能量 P_o/mJ	0~50	接收口径 D/cm	30

（续）

参数名称	参数取值	参数名称	参数取值
脉冲宽度 τ/ns	400	采样间隔 ΔT/ns	2
探测带宽 B/MHz	80	扫描速度 $\omega/(°)\cdot s^{-1}$	4
重复频率 f_{PRF}/Hz	500	滤波器波长宽度 $\Delta\lambda$/nm	0.1
脉冲积累数 M	25	光谱辐射出射度 $S_b(\lambda)/W\cdot m^{-2}sr^{-1}nm^{-1}$	1
量子效率 $\xi/A\cdot W^{-1}$	0.2	接收视场角 θ/mrad	0.5

2.2.2.1 探测信噪比

风场扰动的相干多普勒激光探测技术中，探测信噪比是表征探测灵敏度的重要参量，信噪比越高，探测灵敏度也越高。根据相干检测原理，经过与本振光混频相干并被探测器接收后，得到在考虑本振光的散粒噪声条件下的系统信噪比[13]

$$\mathrm{SNR}=\frac{\sqrt{M}(2\chi\sqrt{P_{\mathrm{echo}}(R)P_0})^2}{2B[e\chi(P_{\mathrm{echo}}(R)+P_0+P_b)+2kT/R_0]} \tag{2.19}$$

式中：M 为脉冲积累数；χ 为探测器的响应率；B 为探测器的带宽；T 为系统工作温度；R_0为系统电阻；e 为电子电量；k 为波耳兹曼常数；P_0为本振光功率；P_b 为天空背景光辐射功率。P_b 可表示为

$$P_b=\frac{\pi}{4}\theta^2\eta AS_b(\lambda)\Delta\lambda \tag{2.20}$$

式中：θ 为探测器的接收视场角，η 为光学系统利用率，$S_b(\lambda)$为背景光谱辐射率，$\Delta\lambda$ 为窄带滤波器带宽。

此外，$P_{\mathrm{echo}}(R)$为距离 R 处（R 代表激光雷达与尾涡区域间的距离）的回波信号功率，可由下式表示

$$P_{\mathrm{echo}}(R)=P_0\eta\Delta r(A/R^2)\beta(R)T^2(\lambda,R) \tag{2.21}$$

式中：Δr 为积分距离（$\Delta r=c\tau/2$，c 为光速，τ 为脉冲宽度）；A 为探测器的有效接收面积；$\beta(R)$为距离 R 处大气分子和气溶胶粒子的总后向散射系数，可表示为

$$\beta(R)=\beta_m(R)+\beta_a(R) \tag{2.22}$$

$T^2(\lambda,R)$为双程大气透过率，可表示为

$$T^2(\lambda,R)=\exp\left[-2\int_0^R(\alpha_m(z)+\alpha_a(z))\mathrm{d}z\right] \tag{2.23}$$

式中：$\beta_m(R)$和 $\beta_a(R)$分别为大气分子和气溶胶粒子的后向散射系数（单位是 km^{-1}/sr）；$\alpha_m(z)$和 $\alpha_a(z)$（z 代表距离的积分变量）分别为大气分子和气溶胶粒子

的消光系数(单位是 km^{-1})。

基于 532nm 波长处大气分子和气溶胶粒子消光模式的研究成果,1572nm 波长下的消光模式可推导如下[14]。

已知 532nm 波长处大气分子和气溶胶粒子的后向散射系数、消光系数如下式所示

$$\beta_m(z)_{532} = 1.54 \times 10^{-3}\exp(-z/7) \tag{2.24}$$

$$\beta_a(z)_{532} = 2.47 \times 10^{-3}\exp\left(\frac{-z}{2}\right) + 5.13 \times 10^{-6}\exp(-(z-20)^2/36) \tag{2.25}$$

$$\alpha_m(z)_{532} = \beta_m(z)_{532} \times 8\pi/3 \tag{2.26}$$

$$\alpha_a(z)_{532} = \beta_a(z) \times 50 \tag{2.27}$$

并且,大气分子和气溶胶粒子的后向散射系数与光波长之间存在如下关系:

$$\beta_m(\lambda_1)/\beta_m(\lambda_2) = (\lambda_1/\lambda_2)^{-4} \tag{2.28}$$

$$\beta_a(\lambda_1)/\beta_a(\lambda_2) = (\lambda_1/\lambda_2)^{-1} \tag{2.29}$$

因而,可推导出 1572nm 波长下大气分子和气溶胶粒子的消光模式:

$$\beta(R)_{1572} = \beta_m(R)_{1572} + \beta_a(R)_{1572} \tag{2.30}$$

$$\begin{aligned}\beta(R)_{1572} = {} & 2 \times 10^{-5}\exp(-R/7) + 8.398 \times 10^{-4}\exp(-R/2) + \\ & 1.74 \times 10^{-6}\exp(-(R-20)^2/36)\end{aligned} \tag{2.31}$$

$$\alpha(z)_{1572} = \alpha_m(z)_{1572} + \alpha_a(z)_{1572} \tag{2.32}$$

$$\begin{aligned}\alpha(z)_{1572} = {} & 1.67 \times 10^{-4}\exp(-z/7) + 4.2 \times 10^{-2}\exp(-z/2) + \\ & 8.7 \times 10^{-5}\exp(-(z-20)^2/36)\end{aligned} \tag{2.33}$$

此处,可以参照表 2.1 中相应的 1.5μm 脉冲相干多普勒激光雷达系统参数,用于仿真风场扰动的相干多普勒激光探测信噪比。将参数代入上述公式,计算出如图 2.9 所示的风场扰动探测信噪比随探测距离和输出能量的变化关系。

由于信号平均技术充分利用了信号前后相关依附性和噪声相关性差的特点,通过采样积累检测能够恢复深埋在噪声中的微弱信号,其输出功率信噪比的改善正比于脉冲积累数 M[15]。因而,该激光雷达以 500Hz 的重复频率发射的脉冲信号,在 0.5s 的时间内经过 250 次脉冲的累积平均后,探测信噪比会得到大幅度改善。分析图 2.9 看出,基于脉冲多普勒激光雷达的风场扰动相干探测,在距离 0 ~ 25km内的探测信噪比取值处在 0 ~ 100 之间,在距离 25km 处,输出能量 0.1J 时探测信噪比可达 2.88,输出能量 2J 时可达 15.89。

2.2.2.2 探测精度

基于 1.5μm 脉冲相干多普勒激光雷达探测风场扰动主要是根据脉冲对的自

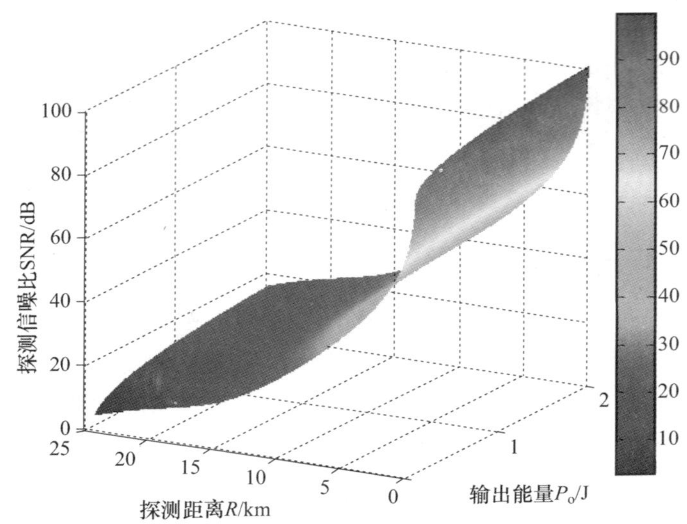

图 2.9　风场扰动探测信噪比随探测距离和输出能量的变化关系图(见彩图)

相关运算原理(PPP 法),进而测量出风场扰动中的大气分子和气溶胶粒子运动速度的精度 δv_{w},其可由下式表示

$$\delta v_{w}=\frac{\lambda}{4\pi}\left(\frac{f_{\mathrm{cmax}}}{2ML\tau}\right)^{\frac{1}{2}}\left(2\pi^{\frac{3}{2}}\Delta B+\frac{16\pi^{2}\Delta B^{2}}{\mathrm{SNR}}+\frac{1}{\mathrm{SNR}^{2}}\right)^{\frac{1}{2}} \tag{2.34}$$

式中:$f_{\mathrm{cmax}}=2v_{\max}/\lambda$ 为最高采样频率;M 为脉冲积累数;L 为门采样时间间隔与脉冲长度 τ 之比;ΔB 为回波信号频率展宽;SNR 为信噪比。分析上式不难发现,信噪比与多普勒回波信号展宽对测速精度影响较大。信噪比越高,测速精度越高。多普勒展宽越窄,测速误差越小。同理,代入上述参数仿真计算出如图 2.10 所示的风场扰动激光探测精度随探测距离和输出能量的变化关系。

分析图 2.10 可以发现,基于该激光雷达的风场扰动相干探测在输出能量 0.1J 时,距离 25km 处的精度可达 1.310m/s;在输出能量 2J 时,距离 25km 处的精度可达 0.558m/s。进一步理论分析得出,若输出的激光能量更大,或者累积的脉冲数目更多,则 50km 以外的风场扰动探测仍然具有较高的精度。

因此,基于 1.5μm 脉冲相干多普勒激光雷达的风场扰动探测手段具有高精度、远距离的探测优势,完全可以满足后续空中目标检测处理工作的需求。但在实际应用中,如果要实现更远距离的风场扰动精确探测还有待未来激光器件性能的进一步改进突破。

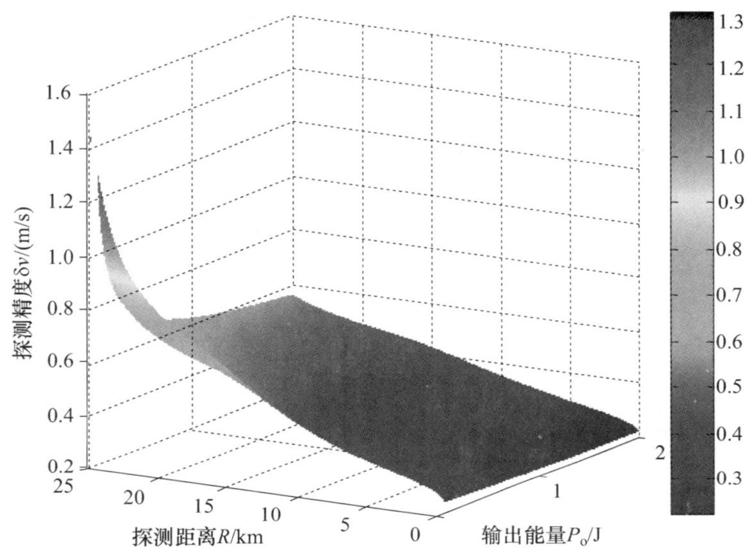

图 2.10　风场扰动激光探测精度随探测距离和输出能量的变化关系图(见彩图)

2.3　尾涡扰动场产生机理与特性

空中飞机飞行时会引起周围大气风场的剧烈扰动,主要包括尾喷和尾涡两种。其中,尾喷是飞行中飞机发动机向后喷射产生的气流,比较容易消散,持续时间较短。尾涡是由飞机两侧机翼引发的剧烈风场扰动,一则会对其后继飞机的飞行安全构成巨大威胁,是国内外航空领域频发空难事故和限制机场容量的重要原因;再则,其会完全曝露飞机存在的位置以及其他重要特征,并且相对目标本体,具有更利于探测发现的时空扩展特性。为此,主要针对飞机尾涡这种特殊的空中目标风场扰动进行研究。

2.3.1　尾涡扰动场产生机理

由空气动力学原理可知,当三维机翼产生升力的同时,机翼下表面的压强高于上表面,在两个翼尖处气流会由下表面绕过翼尖流到上表面。同时由于气流仍具有相对向后的流动速度,在两个机翼后方会形成两个漩涡。漩涡中的气流一边旋转一边向后流动形成飞机尾涡。由于两个漩涡的旋转方向相反,有时也称为翼尖涡流。由于漩涡相互之间的诱导作用和重力的原因,漩涡形成之后一边旋转扩散,一边以一定的速度下降。尾涡的强度由产生尾涡的飞机重量、飞行速度和机翼形状等参数所决定。图 2.11 给出了飞行中飞机所产生尾涡的示意图。

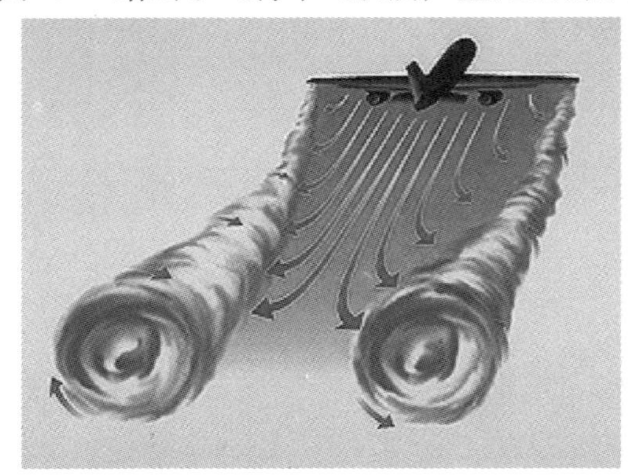

图 2.11　飞行中飞机产生尾涡示意图

根据尾涡的流动特性,尾涡的变化可以分为 4 个阶段[16]:一是产生阶段;二是稳定阶段,尾涡的速度分布和形态基本不变;三是减弱阶段,摩擦效应将逐步减弱最大垂直速度并使涡旋核心扩大;四是消逝阶段,由于外旋速度很大,尾涡带动尾涡周围具有黏性的空气一道旋转,能量不断消耗,最终逐渐衰减并消失于大气的随机乱流中(图 2.12)。理论研究表明,在相同的大气条件下尾涡越强其衰减耗散越慢,反之则越快。周围空气的紊流强度和气温高低会影响尾涡与周围空气的能量交换,促使或延缓尾涡消散。

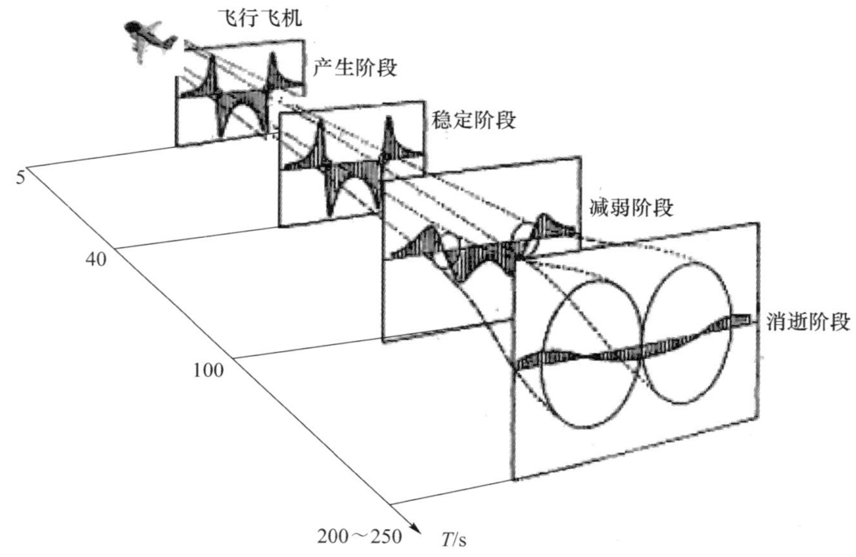

图 2.12　飞机尾涡变化周期示意图

2.3.2　尾涡扰动场解析模型

通常，飞机尾涡包括两个旋向相反的闭合漩涡，其特征可用尾涡卷成面上的切向速度分布来描述，因而，可以通过切向速度 $v_{vt}(r)$ 模型来研究尾涡特性。其中，常用的经典尾涡模型为哈洛克 - 伯纳姆（Hallock - Burnham）切向速度模型，其具有简洁的表达式，并最为接近实际情况。若以单个尾涡（左尾涡或右尾涡）为例，距离尾涡涡核中心 r 处的切向速度为[5]

$$v_{\text{vtsingle}}(t,r)=\frac{\Gamma(t)}{2\pi r}\frac{r^2}{r^2+r_c^2}\tag{2.35}$$

式中：$\Gamma(t)$ 为尾涡的涡流环量；Γ_0 为尾涡刚卷成时的根部涡流环量（$t=0$）；r_c 为尾涡的涡核半径；r 为尾涡卷成面上点与涡核中心间的距离；t 为尾涡卷成后的时间。为研究简便起见，仅考虑尾涡刚卷成时（$t=0$）的切向速度分布特性，$v_{\text{vtsingle}}(r,t)$ 可简化成 $v_{vT}(r)$ 形式。并且，当 $t=0, r=r_c$ 时，刚卷成尾涡的切向速度将会达到最大值 v_{vtmax}

$$v_{\text{vtmax}}=\Gamma_0/4\pi r\tag{2.36}$$

式中：根部涡流环量 Γ_0 代表着机翼卷成尾涡的强度，与飞机机型参数、飞行参数以及环境参数等密切相关，可表示为

$$\Gamma_0=\frac{mg}{\rho v_p s_1, l_{ws}}\tag{2.37}$$

式中：m 为飞机质量；g 为当地重力加速度；ρ 为空气密度；v_p 为飞机飞行速度；l_{ws} 为飞机翼展；s_1 为机翼的载荷因子，其与当地的涡流环量有关，可表示为

$$s_1=\frac{2}{l_{ws}}\int^{l_{ws}/2}\frac{\Gamma(y)}{\Gamma_0}\,dy\tag{2.38}$$

通常，机翼按椭圆形载荷分布给定：$\Gamma(y)=\Gamma_0\sqrt{1-y^2}$，这样可以得出 $s_1=\pi/4$。此外，初始卷成的翼尖尾涡的涡核间距 $b_0=\pi l_{ws}/4$。涡核半径大小为 $r_c\approx 0.052b_0$。翼尖尾涡卷成后，将形成其诱导速度场，同时有向下的漂移运动，尾涡形成过程中整体速度场由这两部分合成得到。其中，尾涡的向下漂移速度表示为

$$\omega_0=\frac{\Gamma_0}{2\pi b_0}=\frac{2\Gamma_0}{\pi^2 l_{ws}}\tag{2.39}$$

图 2.13 所示为某民航客机真实的尾涡剖面照片，可以观察到尾涡的分布情况。本节所有公式对应的坐标原点处在左右两涡核的连线中心，Y 轴为水平方向且位于涡核连线上（或称为截面横向），飞机沿 X 轴正向飞行，Z 轴沿竖直方向（或称截面纵向）。此外，在此直角坐标下尾涡的诱导速度可表示为[7]

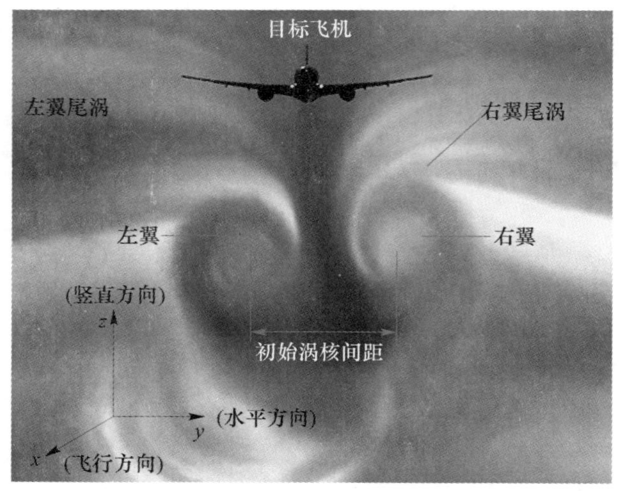

图 2.13 某民航客机的尾涡剖面照片(见彩图)

$$v_y = \frac{\Gamma_0}{2\pi r_1}\left\{1 - \exp\left[-1.2526\left(\frac{r_1}{r_c}\right)^2\right]\right\}\frac{z}{r_1} - \frac{\Gamma_0}{2\pi r_2}\left\{1 - \exp\left[-1.2526\left(\frac{r_2}{r_c}\right)^2\right]\right\}\frac{z}{r_2} \tag{2.40}$$

$$v_z = \frac{-\Gamma_0}{2\pi r_1}\left\{1 - \exp\left[-1.2526\left(\frac{r_1}{r_c}\right)^2\right]\right\}\frac{y - \frac{b_0}{2}}{r_1} + \frac{\Gamma_0}{2\pi r_2}\left\{1 - \exp\left[-1.2526\left(\frac{r_2}{r_c}\right)^2\right]\right\}\frac{y + \frac{b_0}{2}}{r_2} \tag{2.41}$$

$$r_1 = \sqrt{\left(y - \frac{b_0}{2}\right)^2 + z^2} \tag{2.42}$$

$$r_2 = \sqrt{\left(y + \frac{b_0}{2}\right)^2 + z^2} \tag{2.43}$$

式中：v_y为沿水平方向的诱导速度；v_z为沿竖直向下的诱导速度；r_1、r_2表示测量点与两涡核之间的距离[17]。

此外，由于飞机尾涡是由相对旋转的两个左右翼尾涡构成，因此尾涡的整体切向速度可以看作是两个旋向相反的涡旋的重合叠加，可以描述为

$$v_{\text{vtdouble}}(r,t) = v_{\text{vt}}[r - r_{O2}(t)] - v_{\text{vt}}[r - r_{O1}(t)] \tag{2.44}$$

式中：$r_{O1}(t)$，$r_{O2}(t)$分别为左右翼尾涡的涡核中心，该公式通过矢量叠加近似地描述了左右翼两个涡旋的动力学状态，基于上述尾涡解析模型，利用 Fluent 软件绘制出尾涡涡核竖直剖面的速度流线图，如图 2.14 所示，其表征了涡核各点处的速度

旋转方向。

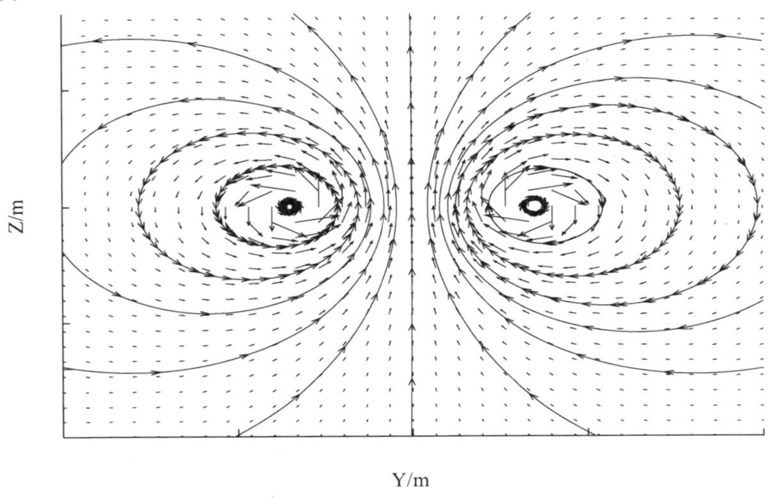

图 2.14　尾涡涡核竖直剖面(垂直于飞机轴线)的速度流线示意图

此外,根据文献[11]可知,尾涡卷成距离 S_{jw} 以及下洗角 ε 能够表征卷成时两翼尖涡核的大体位置,且可以由式(2.45)、式(2.46)计算

$$S_{jw}=0.28\lambda\varepsilon l_{st}/C_y \tag{2.45}$$

$$\varepsilon=57.3\frac{C_y}{\pi}\left(\frac{1}{\lambda_\varepsilon}+0.025\right) \tag{2.46}$$

式中:λ_ε 为机翼的展弦比,$\lambda_\varepsilon=l_{ws}^2/A_1$($A_1$ 为机翼面积);C_y 为升力系数,受翼型、迎角、机翼形状、飞机表面光滑度和流线型等影响,对一定机型来说,C_y 为常数,可以取为 1。

2.3.3　尾涡扰动场特征参量

结合上述尾涡扰动场解析模型,现主要从尾涡涡流环量、涡旋速度、下降速度以及衰减速度几个物理量角度,重点分析空中飞机目标的尾涡风场扰动特征的变化情况[18]。

1) 尾涡涡流环量 Γ_0

Γ_0 是表征尾涡强度的重要参量,主要受飞机质量 m、翼展 l_{ws} 和飞行速度 v_p 等参数的影响。分析式(2.37)发现,一般在相同飞行状态下,飞机质量 m 越大,尾涡涡流环量 Γ_0 也越大,风场扰动也就越强。通常,重型飞机的尾涡强度要大于中型飞机,而中型飞机尾涡又远大于轻型飞机。表 2.2 所列为基于 ICAO(国际民航组织）的尾涡强弱等级划分[19]。此外，同一架飞机在低速飞行时引发的尾涡风场扰动要强于高速飞行时。

表 2.2　基于 ICAO 的尾涡强弱等级划分

尾涡等级	飞机种类	具体划分标准
较弱	轻型机	$m<7000\text{kg}$
中等	中型机	$7000\text{kg}<m<136000\text{kg}$
很强	重型机	$m>136000\text{kg}$

2）尾涡涡旋速度 $v_{vt}(r)$

这 v_{vt} 是指尾涡剖面上各点的切向速度，其直观表征尾涡强度，并与涡流环量 Γ_0 成正比关系。图 2.15 所示为飞机机翼生成的左右尾涡旋转示意图。

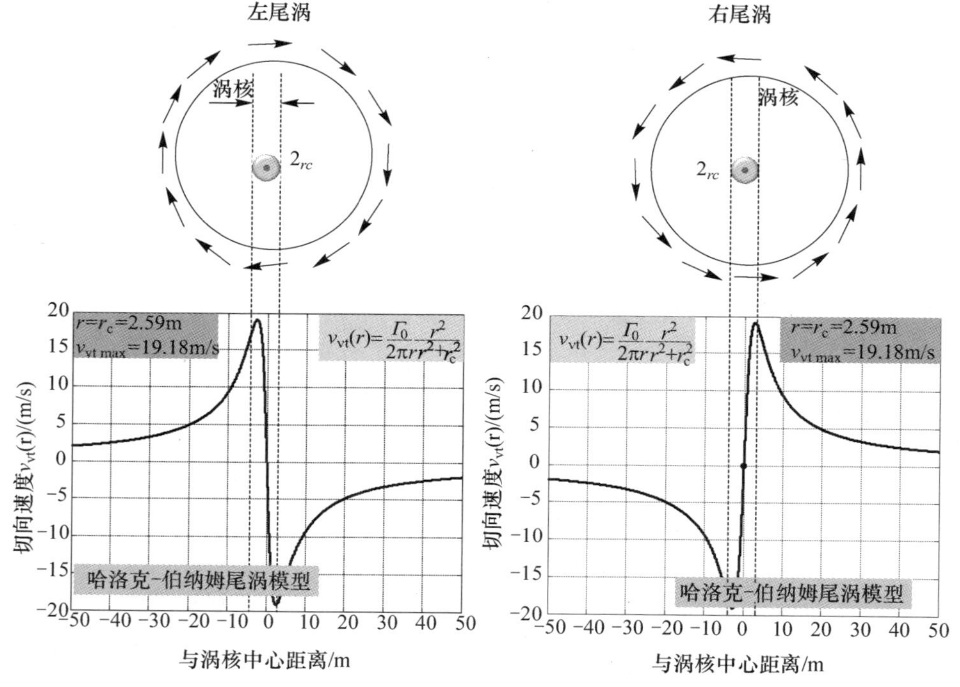

图 2.15　飞机机翼生成的左、右尾涡旋转示意图（见彩图）

通过图 2.15 能够发现，左翼尾涡以顺时针方向旋转，右翼尾涡以逆时针方向旋转，并且左右涡旋的切向速度分布关于中间竖轴成轴对称，而单个涡旋的速度分布关于涡核成中心对称。此外，涡核中心处速度为零，涡核半径处 r_c 具有最大速度 v_{vtmax}，离涡核中心越远处（r 值越大）的切向速度将以 $1/r$ 下降。此外，在翼尖尾

涡卷成后，尾涡涡核半径 r_c 会随时间变化而增大，而最大速度 v_{vtmax} 随着时间变化而减弱，这两者随时间的变化过程反映了尾涡变化的 4 个阶段（产生阶段、稳定阶段、减弱阶段、消逝阶段）的特性。

3）尾涡下移速度 v_0

这 v_0 是指尾涡离开飞机后向下移动的速度，是因尾涡之间的诱导作用引起的。通过分析式(2.39)发现，尾涡强度越大，其向下漂移的速度也越快；大型飞机尾涡下移速度要比小型飞机尾涡快得多。有飞行实验表明[11]，在无风时尾涡的下移速度是逐渐减少的，最后悬空不再下降。

4）尾涡衰减速度 ξ

由于尾涡外旋速度很大会带动尾涡周围的具有黏性的空气一道旋转，能量不断消耗而逐渐衰减以至最终消散。通常，周围空气的紊流强度和气温高低会影响尾涡与周围空气的能量交换，促使或延缓尾涡的消散。在相同的大气条件下尾涡越强衰减耗散越慢，生存时间就会越长，反之则快。此外，地面摩擦和风速都会影响尾涡的寿命。

2.3.4 仿真分析

结合尾涡扰动场的解析模型，利用 Matlab 软件分别计算民用、军用飞机的尾涡特征参数，并基于 Fluent 平台编程计算出尾涡的诱导速度场，分析研究其时空扩散特性。

此处，以典型的民航客机 A340 为例，基于 Matlab 软件平台计算出典型飞行工况下空客 A340 引发的尾涡风场扰动特征参数。表 2.3 典型飞行工况下 A340 尾涡仿真参数所列的是用于模型仿真计算的输入参数。

表 2.3　典型飞行工况下 A340 尾涡仿真参数

参数种类	参数名称	参数取值
机型参数	飞机型号 Type	空客 A340
	飞机质量 m/kg	368000
	飞机翼展 l_{ws}/m	63.45
飞行参数	飞行高度 H/km	1
	飞行速度 v_p/m · s^{-1}	100
环境参数	空域大气密度 ρ/kg · m^{-3}	1.16
	当地重力加速度 g/m^2 · s^{-1}	9.81

通过输入 A340 的机型参数、飞行参数以及环境参数，模型计算输出典型飞行工况下 A340 的尾涡特征参数，如表 2.4 所列。

表 2.4 典型飞行工况下 A340 尾涡特征参数

参数种类	参数名称	参数取值
尾涡特征参数	涡核半径 r_c/m	2.591
	涡核间距 b_0/m	49.808
	根部涡流环量 $\Gamma_0/m^2 \cdot s^{-1}$	624.507
	最大切向速度 $v_{vtmax}/m^2 \cdot s^{-1}$	19.178

图 2.16 是仿真输出的 A340 尾涡刚卷成时的剖面切向速度等值线图，图中各点颜色值对应着尾涡相应点处的速度值，比较直观地展示了竖直剖面上尾涡的强度分布。图 2.17 为仿真输出的尾涡刚卷成时的剖面切向速度分布曲线，反映了左翼和右翼尾涡间的相互作用而导致尾涡速度分量发生改变的特性。

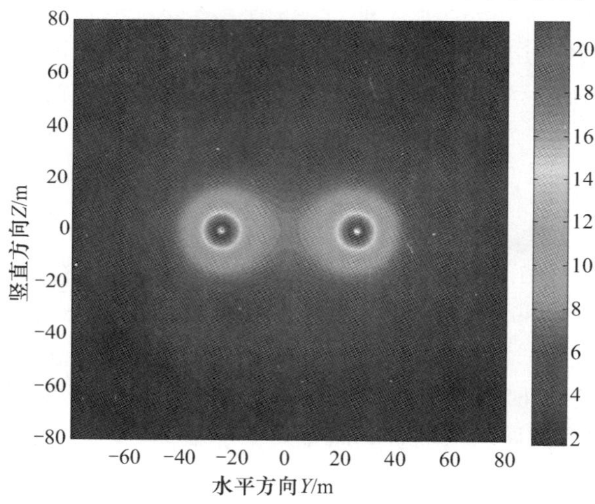

图 2.16 A340 尾涡剖面的切向速度等值线图（见彩图）

分析图 2.16 发现，飞机尾涡剖面速度分布具有很明显的对称性，越靠近涡核的位置速度越大，并且等速度线越密集，而距离涡核越远的地方速度越小，以至在较远处，涡核影响基本可以忽略。分析图 2.17 发现，在考虑左右涡旋之间相互作用后所得到的双涡整体的切向速度分布曲线，与左右涡旋单独计算时所得的速度曲线存在着较大不同，涡核半径处的最大速度值已发生改变，尤其两涡核间的速度由于其间的相互作用而变得更大。

上面已经结合尾涡的解析模型，利用 Matlab 软件计算出 A340 的尾涡特征参数，主要是尾涡刚卷成时的。此处，进一步利用 Fluent 平台进行编程计算，着重仿真出飞机尾涡扰动随时间或距离的扩散与衰减特性，图 2.18 所示为不同时刻处（$t=0.0s$，$10.0s$，$30.0s$，$100.0s$，同时也对应着飞机飞过的不同距离 $s=0m$，$1km$，

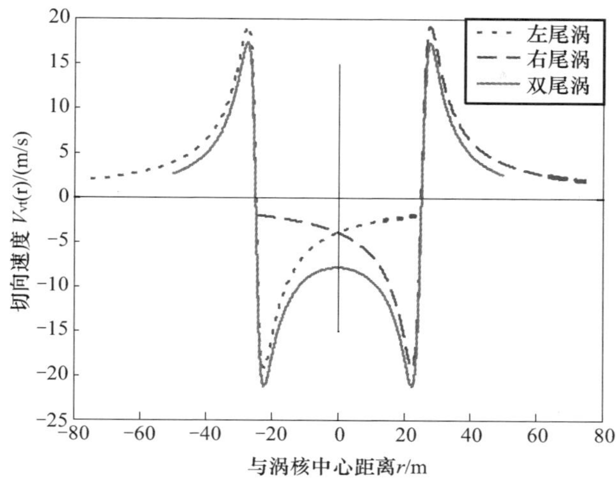

图2.17 A340尾涡剖面的切向速度分布曲线(见彩图)

3km, 10km)A340尾涡涡核剖面速度分布等值线图。

通过分析典型飞行工况下空客A340的尾涡风场扰动仿真计算结果,可以初步总结获取空中目标风场扰动具有如下显著特性(具体参见表2.5)。

表2.5 空中飞机目标尾涡风场扰动特性统计

参数种类	参数名称	参数名称和单位	参数取值
风场扰动	扰动强度	$V_{T\max}/m\cdot s^{-1}$	约20 m/s左右
		$\Gamma_0/m^2\cdot s^{-1}$	300m²/s以上
	持续时间	T_s/s	100s以上
	扩散距离	D_s/km	十几千米左右
	横向范围	L_s/m	100m以上

(1) 扰动强度大。研究表明,高空背景大气风场分布连续且平稳,随机脉动比较小,通常处在轻风的风力等级($v_w=1.6\sim3.3m/s$);而空中飞机目标因尾涡引发的风场扰动速度等级要远远大于背景风场的风力等级。通过A340的尾涡仿真得出,刚卷成时的A340尾涡最大涡旋速度$v_{vtmax}=19.178m/s$,涡流环量$\Gamma_0=624.507m^2/s$。此外,若飞机质量m更大,或飞行速度v_p更小,其尾涡风场扰动也就会更强。

(2) 持续时间长。仿真表明:在100s后A340的尾涡扰动才逐渐衰减消散完毕,开始与周围背景大气风场趋于融合。此外,国外开展的B747的尾涡消散拍摄实验也同样表明[7]:尾涡在90s左右开始大幅扩散,至130s后才基本消失。

(3) 扩散距离远。分析发现:A340尾涡的生存时间可达100s,飞机速度为

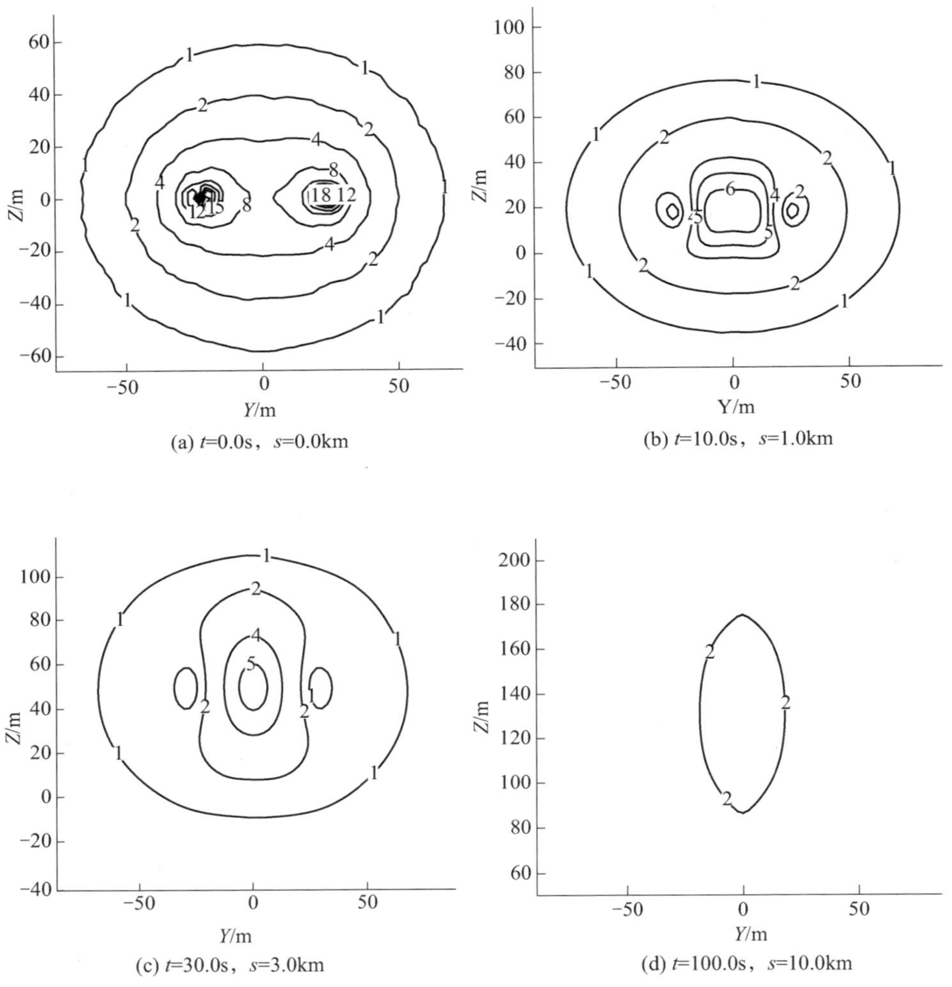

图 2.18　A340 涡核剖面速度分布等值线图

100m/s，则其尾涡风场扰动扩散距离可达 10km 左右。此外，国外研究发现[18]：一些跨声速飞机后面 50～500m 的距离内，尾涡强度没有明显减弱，直到飞机后 1500～2000m 距离，尾涡强度才减弱二分之一，而尾涡的完全消失，则要在十几千米或更远的距离处。

（4）横向范围宽。分析 A340 仿真结果还可以发现，尾涡风场扰动在横向截面上扩散也很明显，扩散截面圆直径已达 120m 以上（相当于飞机翼展的两倍多）。因此，若从横向截面角度考虑，尾涡风场扰动横向扩散的范围要远远大于飞机目标本体截面积。

2.4　基于相干多普勒激光雷达的尾涡探测

前面已经通过建模仿真对空中目标风场扰动进行了定量研究，分析发现其具有扰动强度大、存留时间长、扩展距离远以及横向范围宽等便于探测发现的优点。此外，鉴于当前多普勒激光测风雷达远距离、高精度、高分辨力探测大气风场技术的日趋成熟和广泛应用，综合考虑相干探测体制要比非相干探测具有更高的探测信噪比和探测距离等诸多优势，采用 1.5μm 脉冲相干多普勒激光雷达探测空中目标的风场扰动——尾涡扰动场，以实现高精度、远距离快速获取风场扰动的数据分布和特征信息。

2.4.1　飞机尾涡的相干多普勒激光探测原理

图 2.19 为空中目标风场扰动（尾涡扰动场）的相干多普勒激光探测原理示意图。其中，地基 1.5μm 相干脉冲多普勒激光雷达以一定的重复频率发射激光脉冲，在垂直目标飞行方向的平面内对大气风场进行不间断的俯仰扫描，并通过接收处理大气分子或气溶胶粒子对后向散射的激光回波信号，反演出扫描扇面上各点的速度分布，然后再基于风场扰动鉴别算法和尾涡扰动场解算算法，提取出扫描扇面上尾涡扰动信息，进而完成目标尾涡扰动场的激光探测。图 2.19 中，X 轴正向被定义为基准方向，飞机沿该方向飞行，Z 向为与基准方向垂直的截面纵向，Y 向为与基准方向垂直的截面横向。YOZ 面以及与其平行的无数平面，构成了飞机飞过不同距离处的尾涡截面切片[10]。

探测空域内，由于大气分子的热运动和气溶胶粒子的布朗运动使得大气后向散射信号产生多普勒展宽，而粒子的整体平均运动速度则导致了大气回波信号的多普勒频移。通过计算不同点处的大气回波信号的多普勒频移，进而反演出此点处的大气分子或气溶胶粒子的沿激光波束的径向速度。若设大气分子或气溶胶粒子沿激光波束的径向速度为 v_r，经散射作用后原频率为 f_0 的单频激光会发生多普勒频移 Δf_d 而变成频率 $f_S = f_0 + \Delta f_d$，则多普勒频率 Δf_d 可表示为

$$\Delta f_d = 2f_0 v_r / c = \frac{2}{\lambda_0} v_r \tag{2.47}$$

式中：c 为光速；λ_0 为频率 f_0 对应的激光波长。

此处，测量多普勒频移主要采用相干（外差）检测方法，相干多普勒激光探测流程如图 2.20 所示[11]。

通常取一部分激光雷达所发射的激光作为参考信号，即所谓的本振光，其频率

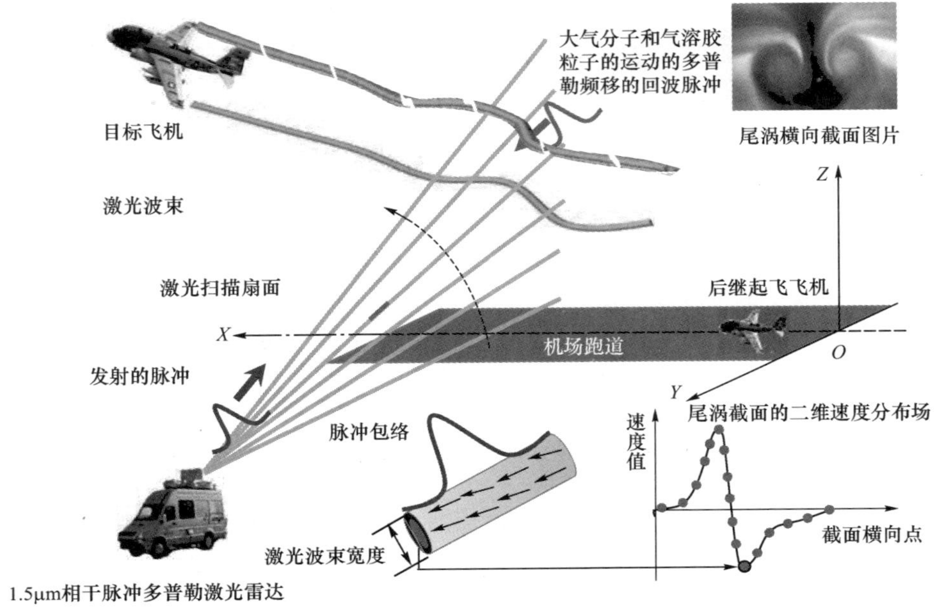

图 2.19　尾涡扰动场相干多普勒激光探测原理示意图(见彩图)

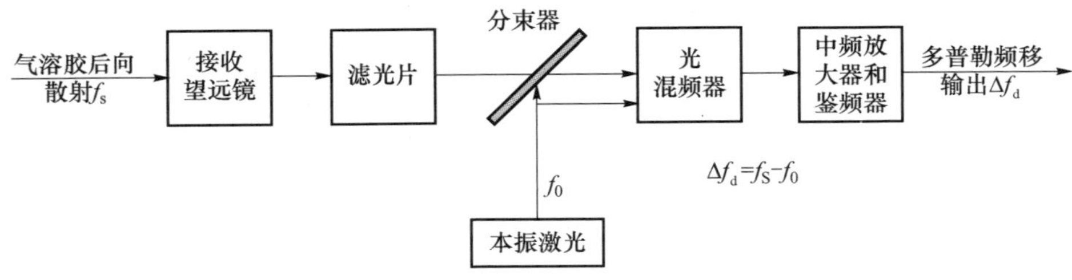

图 2.20　相干多普勒激光探测流程框图

即激光雷达的发射频率f_0。若假设相干脉冲多普勒激光雷达接收的大气分子或气溶胶粒子的后向散射信号频率为f_S,大气分子或气溶胶的后向散射光与本振光同时投射到光电探测器(光混频器)表面,产生相干叠加(混频),然后输出差频为f_S-f_0的射频电信号及直流分量,经过中频放大器和鉴频器,最后得到所需的多普勒频移$\Delta f_d=f_S-f_0$,继而反演出尾涡沿激光波束的径向速度值。

2.4.2　尾涡回波多普勒谱建模与分析

2.4.2.1　尾涡径向速度分布特性

为构建出尾涡回波多普勒谱模型，可先研究确定尾涡的多普勒速度（径向速

度)分布规律。此处,结合飞机尾涡的切向速度分布模型,分析尾涡在激光横向探测方式(距离高度显示器)(RHI)扫描方式下的径向速度分布特性。图2.21为尾涡径向速度与切向速度间的关系示意图。

图2.21中,目标飞机沿 x 轴正向飞行,地基激光雷达在 yOz 平面内对飞机飞行中的左右机翼产生的一对尾涡进行扇形扫描。假设左右尾涡涡核中心分别为 O_1 和 O_2,且与激光雷达的径向距离为 R_{O1} 和 R_{O2},扫描仰角为 α_{O1} 和 α_{O2}。若选取右翼尾涡上任意一点 O 作为研究对象,其相对于激光雷达的径向距离为 R_O,扫描仰角为 α_O,且尾涡在该点处具有垂直于涡核半径方向的切向速度 $v_{vt}(r)$,其在激光雷达扫描方向上的投影为该点处的径向速度 $v_{vr}(r,\theta)$,其中 r 表示点 O 距涡核中心 O_2 的距离,θ 为尾涡截面上该点的半径方向与 y 轴正向间的夹角。通过分析图中各种速度间的角度关系,尾涡截面上 O 点处的切向速度 $v_{vt}(r)$ 与径向速度 $v_{vr}(r)$ 间的夹角 γ 可表示为

$$\gamma = 3\pi/2 + \alpha_O - \theta \tag{2.48}$$

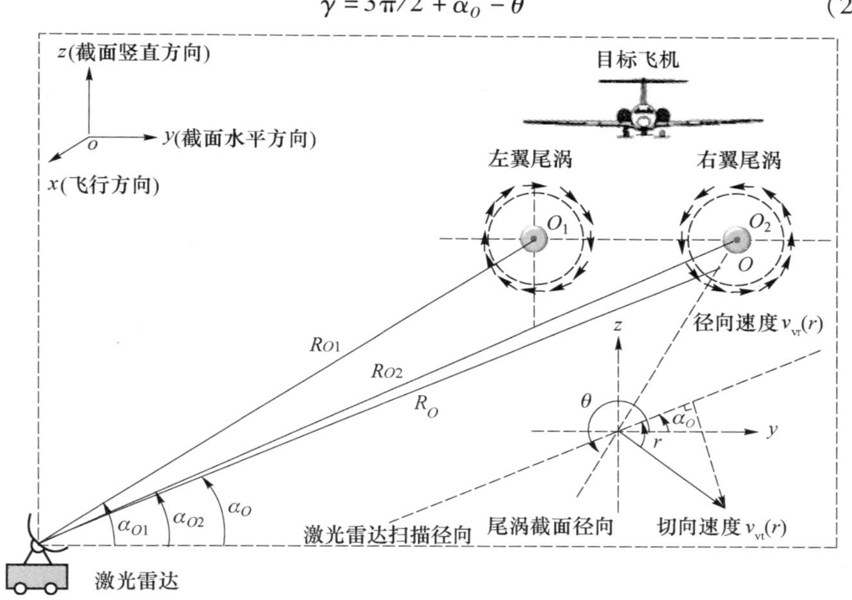

图2.21　尾涡激光横向探测方式下径向速度与切向速度间的关系示意图

而任意点 O 处尾涡的径向速度 $v_{vr}(r)$ 与切向速度 $v_{vt}(r)$ 间关系为

$$v_{vr}(r,\theta) = v_{vt}(r)\cos\gamma = v_{vt}(r)\cos(3\pi/2 + \alpha_O - \theta) = v_{vt}(r)\sin(\alpha_O - \theta) \tag{2.49}$$

基于2.3.2节给出的 Hallock - Burnham 的尾涡切向速度模型,可获得尾涡横

向截面上的径向速度分布

$$v_{\mathrm{vr}}(r,\theta)=\frac{\Gamma_0}{2\pi r}\cdot\frac{r^2}{r^2+r_{\mathrm{c}}^2}\sin(\alpha_O-\theta) \tag{2.50}$$

所以,可以反推出尾涡横向截面上具有相同径向速度 $v_{\mathrm{vr}}(r,\theta)$ 的曲线方程

$$r^2-\frac{\Gamma_0}{2\pi v_{\mathrm{vr}}(r,\theta)}\sin(\alpha_O-\theta)r+r_{\mathrm{c}}^2=0 \tag{2.51}$$

通过求解上述一元二次方程,可以获得 r 与 θ 间的关系:

$$r(\theta)=\frac{\Gamma_0\sin(\alpha_O-\theta)}{4\pi v_{\mathrm{vr}}(r,\theta)}+\frac{1}{2}\left[\frac{\Gamma_0^2}{4\pi^2v_{\mathrm{vr}}^2(r,\theta)}\sin^2(\alpha_O-\theta)-4r_{\mathrm{c}}^2\right]^{\frac{1}{2}} \tag{2.52}$$

或者

$$r(\theta)=\frac{\Gamma_0\sin(\alpha_O-\theta)}{4\pi v_{\mathrm{vr}}(r,\theta)}-\frac{1}{2}\left[\frac{\Gamma_0^2}{4\pi^2v_{\mathrm{vr}}^2(r,\theta)}\sin^2(\alpha_O-\theta)-4r_{\mathrm{c}}^2\right]^{\frac{1}{2}} \tag{2.53}$$

式(2.52)与式(2.53)即尾涡扰动场激光横向探测方式下尾涡的等径向速度分布曲线方程,其中,θ 的取值范围是

$$\left[k\pi+\alpha_O+\left|\arcsin\sqrt{\frac{16\pi^2r_{\mathrm{c}}^2v_{\mathrm{vr}}^2(r,\theta)}{\Gamma_0^2}}\right|,(k+1)\pi+\alpha_O-\left|\arcsin\sqrt{\frac{16\pi^2r_{\mathrm{c}}^2v_{\mathrm{vr}}^2(r,\theta)}{\Gamma_0^2}}\right|\right] \tag{2.54}$$

式中:$k=0,1,2,\cdots,n$,n 为正整数。

此外,在尾涡截面上位置点$[r_{\mathrm{c}},\alpha_O-\pi/2-2k\pi]$处,径向速度会取到最大值:

$$v_{\mathrm{vrmax}}(r_{\mathrm{c}},\alpha_O-\pi/2-2k\pi)=v_{\mathrm{vrmax}}(r_{\mathrm{c}})=\frac{\Gamma_0}{4\pi r_{\mathrm{c}}} \tag{2.55}$$

同时,在尾涡截面上位置点$[r_{\mathrm{c}},\alpha_O-3\pi/2-2k\pi]$处,径向速度会取到最小值

$$V_{\mathrm{vrmax}}(r_{\mathrm{c}},\alpha_O-3\pi/2-2k\pi)=-v_{\mathrm{vtmax}}(r_{\mathrm{c}})=-\frac{\Gamma_0}{4\pi r_{\mathrm{c}}} \tag{2.56}$$

因而,基于激光横向探测方式(RHI 扫描方式)下飞机尾涡的等径向速度分布曲线方程式(2.52)与式(2.53),并参照 2.3.4 节中表 2.3 所提供的民用飞机空客 A340 的典型工况下的仿真参数,可以绘制出极坐标系中尾涡的等径向速度分布曲线,如图 2.22 所示。图中所示为极坐标系中 A340 尾涡的等径向速度曲线,对比发现,径向速度越小的曲线围成的圆缺面积越大,反之,围成的圆缺面积越小。比如:图 2.22中 $v_{\mathrm{vr}}=5\mathrm{m/s}$ 的等径向速度曲线所围成的面积要远大于径向速度$v_{\mathrm{vr}}=20\mathrm{m/s}$ 所围成的面积。

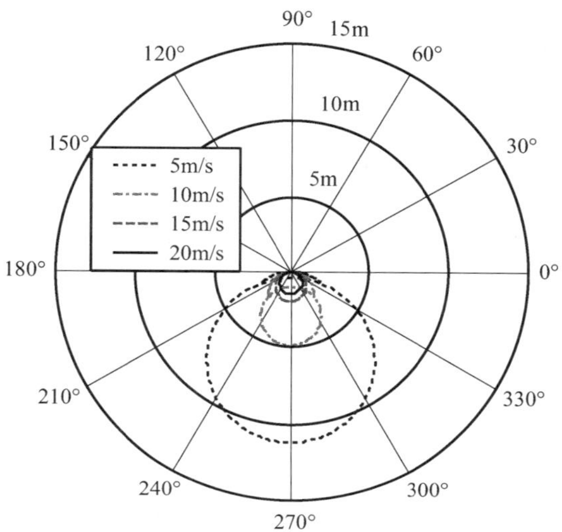

图2.22　空客A340的等径向速度分布曲线(见彩图)

此外,通过上述尾涡的等径向速度分布曲线方程式(2.52)与式(2.53),以及参照2.3.2节中的哈洛克－伯纳姆(Hallock－Burnham)尾涡切向速度模型,并综合考虑左右翼尾涡间的相互作用(即2.3.2节中式(2.44)所描述的矢量叠加关系),仿真绘出典型飞行工况下空客A340尾涡径向速度分布的二维截面,如图2.23所示。

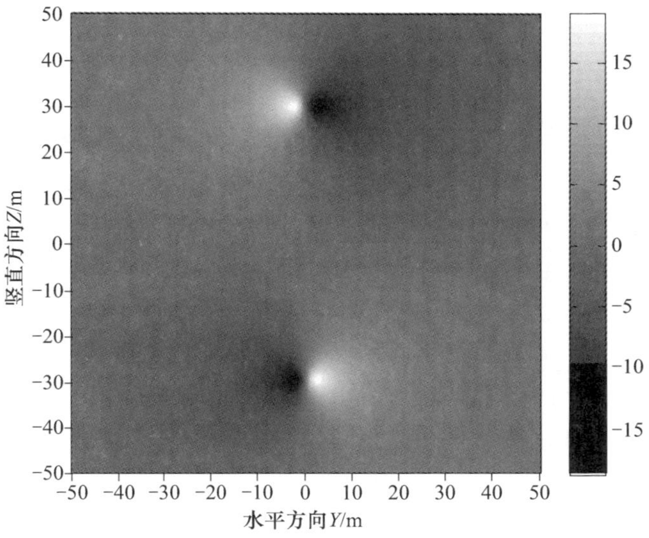

图2.23　空客A340的径向速度分布截面图

通过分析图 2. 23 中 A340 的尾涡径向速度分布截面,可以获取如下几点关于尾涡径向速度分布特性的结论:

(1) 由于左翼尾涡和右翼尾涡间的相互作用,导致每个尾涡的速度分量发生了变化,但尾涡整体的径向速度分布具有明显的对称性。

(2) 飞机尾涡的径向速度具有正负值,但其分布则完全对称。距离涡核中心处越近,等径向速度分布线越密集,并且径向速度值越大;而距离涡核中心处越远,等径向速度分布线越稀疏,并且径向速度值越小。

(3) 飞机尾涡的径向速度 v_{vr} 与涡流环量 Γ_0 间成正比关系,若飞机质量 m 越大或飞行速度 v_p 越小,其产生尾涡的涡流环量 Γ_0 就越大,径向速度 v_{vr} 也越大,且相同的速度值要占据更广的范围。

2.4.2.2 尾涡回波多普勒谱模型

此处,结合前面研究的尾涡扰动场在激光横向探测方式(RHI 扫描方式)下径向速度的分布特性,以及参考仿真绘制的空客 A340 的尾涡等径向速度分布曲线(图 2. 22)来构建尾涡激光回波的多普勒模型。由于多普勒谱是目标运动规律和目标几何结构综合作用的结果,而上述尾涡的等径向速度曲线也完全可以看作是激光雷达对尾涡径向速度分布特性的一种描述,因此可以通过如下思路来构建尾涡回波多普勒谱。

计算由径向速度 v_{vr} 曲线所围成的圆缺面积,亦即径向速度 $v > v_{vr}$ 的圆缺面积 A,其可表示为

$$A = \int_{-\pi/2}^{\pi/2} \mathrm{d}\theta \int_{0}^{r(v_{vr})} r\mathrm{d}r \tag{2.57}$$

基于尾涡的等径向速度分布曲线方程式(2. 52)与式(2. 53)可稍作变形,成为下面两式

$$r(v_{vr}) = \frac{\Gamma_0 \sin(\alpha_O - \theta)}{4\pi v_{vr}} + \frac{1}{2}\left[\frac{\Gamma_0^2}{4\pi^2 v_{vr}^2}\sin^2(\alpha_O - \theta) - 4r_c^2\right]^{\frac{1}{2}} \tag{2.58}$$

以及

$$r(v_{vr}) = \frac{\Gamma_0 \sin(\alpha_O - \theta)}{4\pi v_{vr}} - \frac{1}{2}\left[\frac{\Gamma_0^2}{4\pi^2 v_{vr}^2}\sin^2(\alpha_O - \theta) - 4r_c^2\right]^{\frac{1}{2}} \tag{2.59}$$

为研究飞机机型参数、飞行参数以及环境参数对其尾涡回波多普勒谱的影响关系,这里可以通过近似处理[20]来简化式(2. 58)与式(2. 59)。分析发现,该公式中 $r(v_{vr})$ 与涡流环量 Γ_0 以及涡核半径 r_c 密切相关。但是基于公式 $\Gamma_0 = mg/\rho v_p s_1 l_{ws}$ 以及 $r_c = 0.052 s_1 l_{ws}$ 的对比又可发现,涡核半径 r_c 相比飞机翼展 l_{ws} 而言

较小，而涡流环量 Γ_0 受翼展 l_{ws} 影响较大，所以在上述公式中可近似认为 $r_c=0$，进而可将式(2.58)与式(2.59)简化为

$$r(v_{vr})=\frac{\Gamma_0\sin(\alpha_O-\theta)}{2\pi v_{vr}} \tag{2.60}$$

因而，径向速度 $v>v_{vr}$ 的曲面面积 A 可以表示为

$$\begin{aligned}A &= \int_{-\pi/2}^{\pi/2}\mathrm{d}\theta\int_0^{r(v_{vr})}r\mathrm{d}r=\int_{-\pi/2}^{\pi/2}\mathrm{d}\theta\int_0^{\frac{\Gamma_0}{2\pi v_{vr}}\sin(\alpha_O-\theta)}r\mathrm{d}r=\\ &\int_{-\pi/2}^{-\pi/2}\left[\frac{r^2}{2}\right]_0^{\frac{\Gamma_0}{2\pi v_{vr}}\sin(\alpha_O-\theta)}\mathrm{d}\theta=\left[\frac{\Gamma_0}{2\pi v_{vr}}\right]^2\int_0^{\pi/2}\sin^2(\alpha_O-\theta)\mathrm{d}\theta\end{aligned} \tag{2.61}$$

式中：α_O 可认为是已知常数，经过进一步的积分运算可得曲面面积

$$A=\left[\frac{\Gamma_0}{2\pi v_{vr}}\right]^2\int_0^{\pi/2}\sin^2(\alpha_O-\theta)\mathrm{d}(\alpha_O-\theta)=\frac{\Gamma_0^2}{4\pi v_{vr}^2}\int_0^{\pi/2}\sin^2(\psi)\mathrm{d}(\psi)=\frac{\Gamma_0^2}{16\pi v_{vr}^2} \tag{2.62}$$

此外，从尾涡的等径向速度曲线示意图可看出尾涡回波的多普勒谱表示如下：

$$S(v_{vr})=\int_{-\pi/2}^{\pi/2}\int_{r(v_{vr})}^{r(v_{vr}+\Delta v_{vr})}v_{vr}\mathrm{d}\theta r\mathrm{d}r \tag{2.63}$$

若假设径向速度分辨力足够小的情况下（即两相邻径向速度的间隔大小 $\Delta v_{vr}\to 0$），则尾涡回波的多普勒谱可看作是径向速度 $v>v_{vr}$ 所围成的曲面面积 A 的微分：

$$S(v_{vr})=\frac{\mathrm{d}A}{\mathrm{d}v_{vr}}=\frac{\mathrm{d}}{\mathrm{d}v_{vr}}\left(\frac{\Gamma_0^2}{16\pi v_{vr}^2}\right)=\frac{\Gamma_0^2}{8\pi v_{vr}^3} \tag{2.64}$$

分析式(2.64)发现，尾涡回波多普勒谱幅值与径向速度的三次方成反比关系，与涡流环量 Γ_0 的二次方成正比关系。涡流环量越大的飞机尾涡会导致激光回波产生明显的多普勒谱宽，也就是说 Γ_0 越大，速度方差也越大。

基于径向速度 v_{vr} 与多普勒频移 Δf_d 之间的关系式 $\Delta f_d=2v_{vr}/\lambda_0$，进而又可以得到尾涡回波的多普勒频谱

$$S(\Delta f_d)=\frac{\Gamma_0^2}{\pi\lambda_0^3\Delta f_d^3} \tag{2.65}$$

此外，为更加直观地反映出尾涡回波多普勒谱与飞机机型参数、飞行参数以及

环境参数间的依赖关系，将涡流环量 $\Gamma_0 = mg/\rho v_p s_1 l_{ws}$ 且 $s_1 = \pi/4$ 代入式(2.64)中，于是尾涡回波的多普勒谱 $S(v_{vr})$ 也可表示成以下的另一种形式

$$S(v_{vr}) = \left[\frac{mg}{\rho s_1 v_p l_{ws}}\right]^2 \frac{1}{8\pi v_{vr}^3} = \frac{2}{\pi^3} \cdot \left[\frac{g}{\rho}\right]^2 \cdot \left[\frac{m}{v_p \cdot l_{ws}}\right]^2 \cdot \frac{1}{v_{vr}^3} \tag{2.66}$$

式中：环境参数 ρ、g 分别为空气密度和重力加速度；机型参数 m、l_{ws} 分别为飞机的质量与翼展；飞行参数 v_p 为飞机速度。从式(2.66)中能够明显看出飞机尾涡回波的多普勒谱与其机型参数、飞行参数以及环境参数关系密切。

综上，式(2.64)、式(2.65)以及式(2.66)即本节基于理论分析推导所构建出的激光横向探测方式下飞机尾涡回波的多普勒谱数学模型。

2.4.3 仿真分析

基于上述理论推导构建的尾涡回波多普勒谱数学模型式(2.64)、式(2.65)以及式(2.66)，同样以典型飞行工况下空客 A340 为例，并参照 2.3.4 节中表 2.3 中所提供的机型、飞行以及环境参数，仿真绘制出尾涡回波多普勒谱，如图 2.24所示。

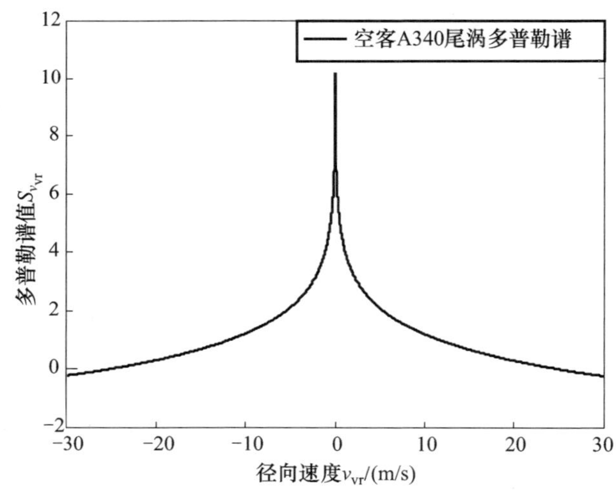

图 2.24 空客 A340 的尾涡回波多普勒谱

通过图 2.24 分析发现，相比于大气紊流或高空风切变，飞机尾涡的回波多普勒谱主要具有如下几方面特征。

1）对称性

由于尾涡自身切向速度分布的高度对称性，导致其回波多普勒谱具有对称性特征（正负多普勒速度区以零速度为中心呈现对称分布）。相比之下，紊流或风切

变等突发的自然风场扰动因速度的不规则分布，致使其回波多普勒谱分布不具对称性。

2）展宽性

若考虑一定尺度的尾涡扰动场情况，其对入射激光的散射主要表现为尾涡截面内各点处气溶胶粒子与大气分子的叠加效应。所以，其回波多普勒谱会呈现出频谱展宽的特点，并具有多根展宽的时变谱线。这种多谱线的扩展谱结构有利于从固定杂波背景中检测出尾涡回波。此外，通过模型分析发现，涡流环量 Γ_0 越大的飞机尾涡会导致激光回波产生的多普勒谱宽越明显。

3）幅值特性

尾涡回波多普勒谱幅值 $S(v_{vr})$ 与径向速度 v_{vr}（多普勒频移 Δf_d）的三次方成反比关系，与涡流环量 Γ_0 的二次方成正比关系，并且受飞机的机型参数（质量 m、翼展 l_{ws}）、飞行参数（速度 v_p）以及环境参数（空气密度 ρ、重力加速度 g）等影响。该幅值数字特性是尾涡回波多普勒谱独有的，是源于尾涡自身切向速度分布所导致的，其是区分尾涡与紊流或风切变等的最重要特征。

图2.25所示为2006年Thales公司用窄波束距离高分辨力脉冲多普勒雷达在Orly机场实际探测到空客系列飞机（A320、A340、A380）尾涡回波的多普勒谱[21]。由于脉冲多普勒激光雷达同样具备波束窄、距离分辨力高的特性，因而其对飞机尾涡径向速度分布特性的描述与窄波束距离高分辨力脉冲多普勒雷达是基本一样的。

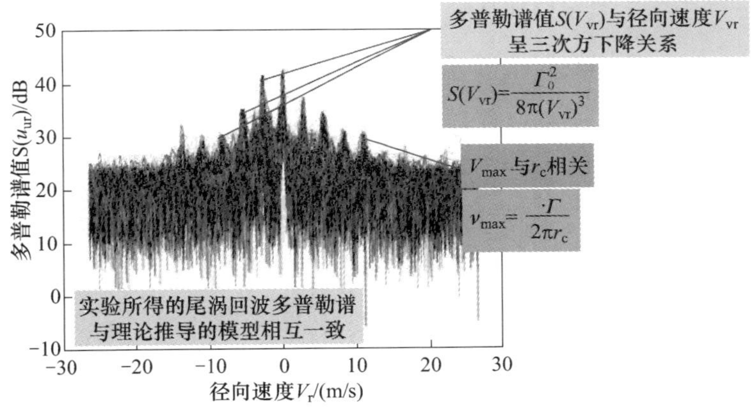

图2.25　Thales公司用雷达实测获取的尾涡回波多普勒谱（见彩图）

对比发现，基于这里构建的多普勒谱数学模型而仿真获得A340的尾涡回波多普勒谱，与Thales公司用雷达实测的尾涡回波多普勒谱（包络）较为相近，两者均是对称并且展宽的，尤其是多普勒谱幅值也是与径向速度呈三次方的反比关系。

鉴于模型仿真与外场实验实测结果相一致,完全可以证明前面通过理论推导构建的尾涡回波多普勒谱模型的正确性,这也为后面设计基于多普勒谱特征的风场扰动鉴别算法提供了可靠的理论支撑。

2.5 基于激光回波的飞机尾涡识别与参数提取

激光回波中并没有直接包含尾涡的特征参数,而是包含由大气风场所引起的多普勒频移信息。因此有必要设计相应的尾涡参数提取与处理算法,以实现在飞行控制中实时、有效地获取尾涡特征参数。首先从激光雷达回波信号处理出发,设计一种基于激光雷达回波的尾涡参数提取算法,包括速度分布解算与尾涡参数反演,同时基于粒子滤波理论提出一种激光雷达探测与模型预测融合的尾涡参数处理方法,用以纠正由不稳定扰动所造成的错误数据;最后通过实例仿真,对提取算法及处理方法进行验证。

2.5.1 激光雷达探测回波的预处理

激光回波信号中不仅包含所需要的气溶胶后向散射信号,还混杂着背景光等噪声。同时在激光的传输与探测过程中也会产生噪声。为消除这些噪声的影响,提高信噪比,首先需要对回波信号进行预处理。

激光雷达的回波信号信噪比低,一般采用信号平均技术提高信噪比,经过 m 次信号累积平均后信噪比可提高$\sqrt{m}$倍。对于重复频率为 50Hz 的激光雷达,累积 100 次就需要 2s 的时间。因此,较多数量的信号平均显然不能满足飞机尾涡激光实时探测处理的需求。小波在分析不同距离激光雷达回波信号时很难确定小波阈值与小波类型,缺乏自适应性。经验模式分解法(EMD)是一种新的用于分析非线性和非平稳信号的处理方法,可以有效地提取一个数据序列的趋势,去掉列中的高频噪声[22],能够对回波信号实时处理并提高信噪比,并且具有自适应性。因此先对信号进行 5 次的脉冲积累,之后使用 EMD 方法对激光回波信号进行实时处理[23]。

EMD 中把满足以下条件的函数定义为本征模函数(IMF):①极大点和极小点个数之和与过零点的个数之差不超过 1;②分别由极大点和极小点构成的包络平均值应处处接近于 0。EMD 方法的本质就是将信号分解为若干个 IMF 之和,不同的 IMF 具有不同的尺度特征,从而有利于细致的分析。

脉冲积累的过程在这里不再赘述,EMD 处理的过程如下:设原始信号为 $f(t)$,其分解或“筛选”的过程:①找出信号 $f(t)$ 的局部极大值与极小值,分别用三次样

条函数连接为一个上包络线 $v(t)$ 和下包络线 $u(t)$，并求出它们的均值 $m_1(t)=\frac{1}{2}[v(t)+u(t)]$；②考察 $p_1(t)=f(t)-m_1(t)$。若这样得到的新的信号 $p_1(t)$ 仍不满足 IMF 的基本要求，则可对 $p_1(t)$ 重复上述操作，得到 $p_{11}(t)=p_1(t)-m_{11}(t)$。若 $p_{11}(t)$ 仍不满足 IMF 的基本条件，则继续对 $p_{11}(t)$ 重复上述过程，得到 $p_{12}(t)=p_{11}(t)-m_{12}(t)$，……，直到一整数 k 时的 $p_{1k}(t)=p_{1(k-1)}(t)-m_{1k}(t)$ 基本满足 IMF 条件；③定义 $c_1(t)=p_{1k}(t)$，即从原始信号分离出第一个 IMF，其中包含信号局部最小的尺度部分；(4) 记 $f(t)-c_1(t)=r_1(t)$，对 $r_1(t)$ 可重复操作步骤①得到 $c_2(t)$，得到第二个 IMF。然后令 $r_2(t)=r_1(t)-c_2(t)$，重复上述操作，……，当 $r_n(t)$ 基本上呈单调趋势或 $|r_n(t)|$ 很小可视为测量误差时即可停止，得到 $r_n(t)=r_{n-1}(t)-c_n(t)$。所以有

$$f(t)=\sum_{j=1}^{n}c_j(t)+r_n(t) \tag{2.67}$$

这样就可以把原始信号 $f(t)$ 分解成一组 IMF 的线性组合，称为经验模式分解。信号的噪声（即高频部分）主要集中在最开始的少数几个 IMF。用原始信号减去这几个 IMF，即可除去噪声。EMD 去噪算法流程图如图 2.26 所示。

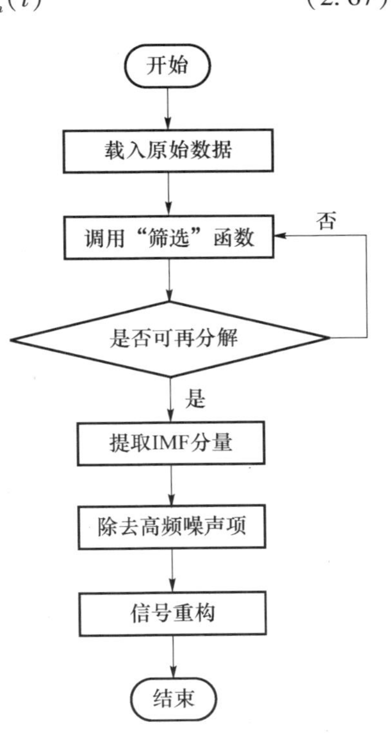

图 2.26　EMD 去噪算法流程图

通过上述回波信号处理，提高了激光回波信号的信噪比。由于计算尾涡中各点处的大气分子或气溶胶粒子沿激光波束的径向速度值，需在获取尾涡的激光回波多普勒谱的基础上，提取出相应点处的大气回波信号的多普勒频移信息。

若脉冲发射时间 $t_0=m_0T_s$，（T_s 为脉冲采样间隔，m_0 为初始采样点），则第 m 个采样点所代表的尾涡散射点与雷达之间的距离为 $R=c(m-m_0)T_s/2$，结合由扫描装置提供角度信息 θ，则得到扫描区域内某点的回波信号 $J_B(R,\alpha)$。为获取不同距离 $R_l=c(m_l-m_0)T_s/2$ 处的回波多普勒谱，可以选取后向散射信号 $J_B(R_l,\theta_i)$ 的 M 个采样得到 $J_W(m_kT_s,R_l,\theta_i)$（$k=0,1,2,\cdots,M-1$），并对采样后的信号 J_W 进行快速傅里叶变换，获取该散射点得尾涡回波多普勒谱 $S(f+k\Delta f,R_l,\theta_i)$（$\Delta f=(MT_s)^{-1}$ 为多普勒谱的频率分辨力）。

为达到对飞机尾涡的密集测量，在进行多普勒变换时，选取一个较小的固定距离间隔 ΔR 进行多普勒变换（例如选取 $\Delta R = 3\text{m}$）。虽然这个间隔对于脉冲宽度为上百纳秒的距离分辨单元而言出现了较为严重的重叠现象，但这样的处理方法更有利于准确找到飞机尾涡的涡核位置。

速度分辨力 $\Delta v = \Delta f \cdot \lambda/2 = \lambda/(2MT_s)$ 同时取决于采样时间间隔、采样点数以及激光波长。为提高固定采样频率下的速度分辨力，在进行傅里叶变换过程中采用插值法在 J_W 的 M 个采样点中插入 $3M$ 个零点，使得傅里叶变换点数变为原来的 4 倍，从而使速度分辨力相应提高 4 倍。

2.5.2 基于多普勒谱特征的飞机尾涡识别

多普勒谱描述了一定时间长度内目标多普勒频率分量（径向速度）的相对强度，其是目标运动规律和目标几何结构综合作用的结果。因此，有望通过分析提取风场扰动的回波多普勒谱特征来区分风场扰动类型（飞机尾涡风场扰动或自然风场扰动）。以下的分析都是在多普勒频谱测量能力能够满足的情形下进行的[24]。

2.5.2.1 谱特征选取

特征选择要考虑很多因素，应坚持以下几点基本原则：①特征所含的目标信息尽量多；②特征之间应相互独立或不相关；③特征的维数应尽量少和简单。为此，结合前文建模分析所得的尾涡多普勒谱特性，这里主要讨论多普勒谱的对称性特征、波形熵特征以及幅值数字特征。

1）对称性特征

由于飞机尾涡回波多普勒谱是以零频移点（径向速度为零）为对称轴的偶函数，而紊流、风切变等自然风场扰动因自身的不规则性而致使其多普勒谱是不对称的。因而，多普勒谱分布的对称性可作为区分风场扰动类型的重要特征。

此处，选用偶余量 S 来描述多普勒谱分布的对称性特征。谱分布的对称性越强，则偶余量 S 值越小；反之，其值会越大，且可表示为

$$S = \frac{N}{2}\sum_{i=0}^{N/2-1} |f_i - f_{N-1-i}| \tag{2.68}$$

式中：$f_i\,(i=0,1,\cdots,N-1)$ 为多普勒谱点列波形。

据此，可以结合多普勒谱分布的对称性特征，设定如下的风场扰动类型判决条件：

$$W \in \begin{cases} W_{\text{target}} & S < S_{\text{th}} \\ W_{\text{nature}} & S \geqslant S_{\text{th}} \end{cases} \tag{2.69}$$

式中：W 为风场扰动类型；W_{target} 为目标风场扰动；W_{nature} 为自然风场扰动；S_{th} 为常数判决阈值，其取值是预先设定的。

2）波形熵特征

研究发现，飞机尾涡回波多普勒谱具有多根展宽的时变谱线，并呈现出展宽的特点，而紊流、风切变等自然风场扰动的多普勒谱却不是这种多谱线的扩展谱结构。因而，有望利用这种谱扩展特性进行风场扰动类型的区分。

鉴于熵在信息论中经常用来衡量后验概率分布的集中分布程度，若将风场扰动回波多普勒谱看作是一个概率密度函数，则其熵值的大小可以反映出多普勒谱的扩展程度。熵值越大表明多普勒谱越宽；反之，多普勒谱越窄。

其中，风场扰动回波多普勒谱的波形熵可以定义如下：

$$E = -\sum_{i=0}^{N-1} p_i \ln p_i \tag{2.70}$$

式中：p_i 为以概率密度函数表示的多普勒谱信号，可表示为

$$p_i = |f_i| \Big/ \left\| \sum_{i=0}^{N-1} |f_i| \right\| \tag{2.71}$$

据此，可以结合多普勒谱的波形熵特征，设定如下的风场扰动类型判决条件

$$W \in \begin{cases} W_{\text{target}} & E \geqslant E_{\text{th}} \\ W_{\text{nature}} & E < E_{\text{th}} \end{cases} \tag{2.72}$$

式中：W 为风场扰动类型；W_{target} 为目标风场扰动；W_{nature} 为自然风场扰动；E_{th} 为常数判决阈值，其值一般预先设定，在实际应用中可通过建模仿真以及外场实验共同确定。

3）幅值数字特征

前面建模发现，尾涡回波多普勒谱幅值与径向速度（多普勒频移）的三次方成反比关系。该幅值数字特征是尾涡多普勒谱独有的，是区分尾涡与紊流或风切变等自然风场扰动的最关键特征。

此处，为表述多普勒谱幅值数字特征（三次方反比关系），引入对数余量 Q，可表示为

$$Q = \sum_{i=N/2}^{N-1} \ln f_i + 3\ln Y_i - C \tag{2.73}$$

式中：f_i 为多普勒谱的正频区信号；Y_i 为频移 f_i 对应的径向速度；C 为常数，且分别可由下式计算获得

$$Y_i = \lambda_0 f_i / 2 \tag{2.74}$$

$$C = \ln(\Gamma_0^2 / 8\pi) \tag{2.75}$$

分析发现，当风场扰动回波多普勒谱幅值具有的三次方反比特征越明显时，对数余量 Q 值越应该趋于 0，反之，若多普勒谱幅值并不满足三次方反比的特征时，对数余量 L 值应该远离 0。因而，对数余量 Q 能够很好地描述多普勒谱幅值三次方反比的数字特征。

据此，可以结合多普勒谱的幅值数字特征，设定如下的风场扰动类型判决条件

$$W \in \begin{cases} W_{\text{target}} & Q < Q_{\text{th}} \\ W_{\text{nature}} & Q \geqslant Q_{\text{th}} \end{cases} \tag{2.76}$$

式中：W 为风场扰动类型；W_{target} 为目标风场扰动，W_{nature} 为自然风场扰动，Q_{th} 为常数判决阈值，其值可通过多普勒谱数学模型直接设定。

2.5.2.2 算法设计

通过前节研究发现，能够从尾涡回波多普勒谱中提取出对称性特征、波形熵特征以及幅值数字特征，而大气紊流、高空风切变等突发的自然风场扰动回波多普勒谱一般却不具有此类特征。因而，可以利用上述特征设计出一种简便快捷的鉴别算法，用于准确有效地区分激光探测获取的风场扰动的类型，进而作为判别空域内有无飞机目标的判据。所以，提出了基于多普勒谱特征的风场扰动鉴别算法，算法流程如图 2.27 所示。

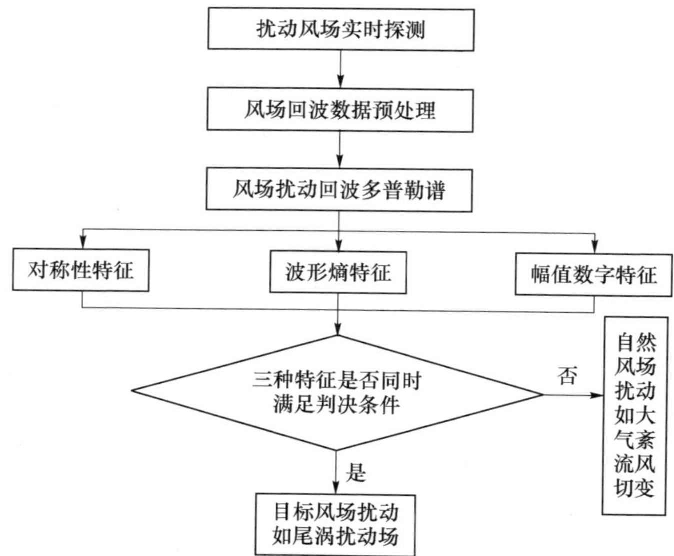

图 2.27 基于多普勒谱特征的风场扰动类型鉴别算法流程图

图 2.27 表明，基于多普勒谱特征的风场扰动类型鉴别算法主要包括以下 3 个步骤：风场扰动回波数据预处理、多普勒谱特征提取以及风场扰动类型鉴别。

（1）风场扰动回波数据预处理：为消除回波信号噪声，以及提取到更加完整和更具实时性的特征信息，需要对原始回波信号先做预处理。此处，预处理主要是将风场扰动回波数据通过降噪处理、FFT 处理以及归一化处理等 3 个处理环节以获取到多普勒谱点列波形 $f=(f_0,f_1,\cdots,f_{N-1})$。

（2）多普勒谱特征提取：相比于紊流、风切变等突发的自然风场扰动，飞机尾涡等目标风场扰动的多普勒谱主要具有对称性特征、波形熵特征以及幅值数字特征。因此，基于回波数据预处理获得的风场扰动多普勒谱点列波形 $f=(f_0,f_1,\cdots,f_{N-1})$，可以提取出多普勒谱的对称性特征（偶余量 S）、波形熵特征（波形熵 E）以及幅值数字特征（对数余量 Q）。

（3）风场扰动类型鉴别：在风场扰动回波数据预处理和多普勒谱特征提取的基础上，可以从对称性特征、波形熵特征以及幅值数字特征三方面判断风场扰动多普勒谱的类型属性。如上述 3 个特征同时满足判决条件，则说明该多普勒谱是属于飞机尾涡的，亦即探测获取的风场扰动是目标风场扰动；反之，该风场扰动则是紊流、风切变等自然风场扰动。其中，具体的特征判决条件可以详见谱特征选择部分。

2.5.2.3　仿真验证

此处，结合 2.3 节中飞机尾涡建模结果，来验证上述提出的基于多普勒谱特征的风场扰动鉴别算法的可行性。以空客 A340 尾涡这种目标风场扰动为鉴别对象，通过提取与分析其多普勒谱特征，判断算法能否有效识别出飞机尾涡，主要包括以下流程：

（1）尾涡数据模拟：结合 2.3.3 节中仿真获取的典型飞行工况下空客 A340 的尾涡风场扰动分布数据，获取其径向速度分布数据。

（2）多普勒谱提取：在模拟的尾涡径向速度分布场中随机选取 N 个点，作为激光雷达扫描尾涡得到 N 个相应的后向散射回波点，用以表征整个尾涡扰动场。根据以上获取的 N 个散射回波点的径向速度，计算其速度分布情况，提取出尾涡的多普勒谱。

（3）特征识别率计算：基于上述获取的尾涡多普勒谱，提取出多普勒谱的对称性特征（偶余量 S）、波形熵特征（波形熵 E）以及幅值数字特征（对数余量 Q），并设定相应的门限进行判决，采用蒙特卡罗实验方法分别计算上述三个多普勒谱特征的识别率，其中蒙特卡罗计算次数为 10000。

在随机采样散射点个数 N 不同情况下（$N=3000$、5000、7000），分别从空客 A340 尾涡的模拟数据中提取的多普勒谱如图 2.28 所示。

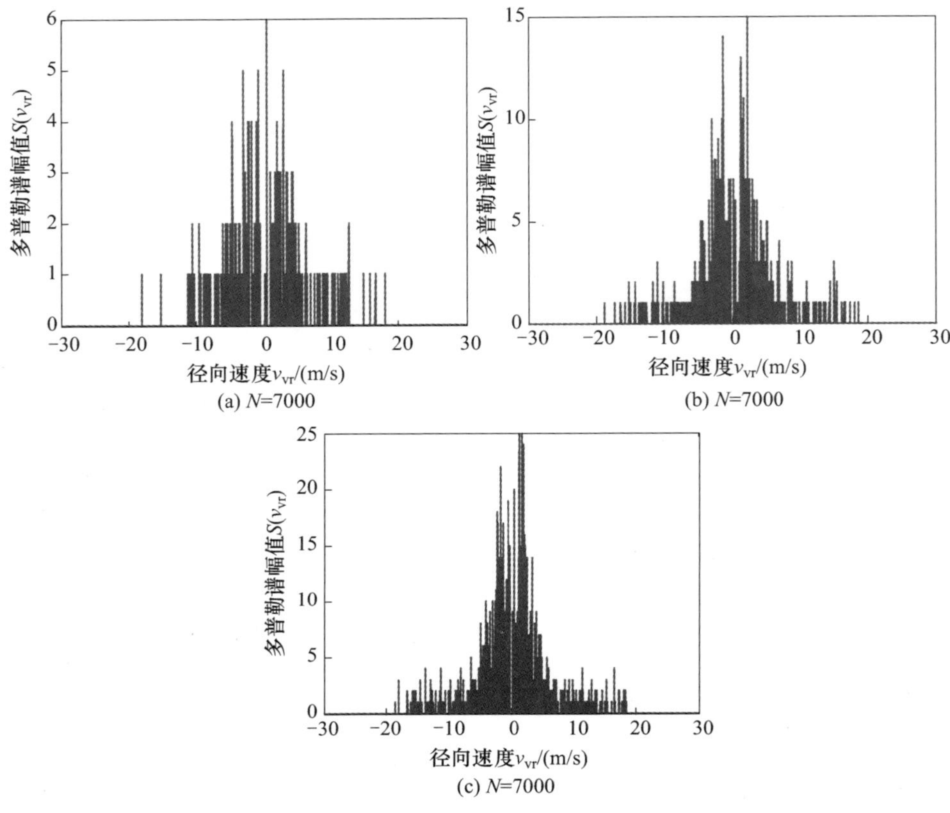

图 2.28　不同采样点个数时提取的尾涡多普勒谱($N=7000$)

上述 3 个特征的判决阈值分别设定如下:对称性特征(偶余量 $S_{th}=0.38$),波形熵特征(波形熵 $E_{th}=5.38$),幅值数字特征(对数余量 $Q_{th}=0.21$),进而可以计算获取在随机采样散射点个数 N 不同情况下的各个多普勒谱特征的识别率计算结果,如表 2.6 所列。

表 2.6　基于多普勒谱特征的尾涡识别率

判决特征	识别率		
	$N=3000$	$N=5000$	$N=7000$
对称性特征(偶余量 S)	97%	99%	99%
波形熵特征(波形熵 E)	40%	87%	99%
幅值数字特征(对数余量 Q)	37%	89%	98%

分析表 2.6 中特征识别率的计算结果发现，依据多普勒谱的对称性特征、波形熵特征以及幅值数字特征可以比较准确地识别出该多普勒谱是飞机尾涡的。

图 2.29 给出了对称性特征、波形熵特征和幅值数字特征的识别率分别与随机采样散射点个数间的关系曲线。通过分析图 2.29 发现，随着随机采样散射点个数 N 的不断增大，各个多普勒谱特征的识别率呈现不断增大的趋势；而在采样散射点个数 N 相同的情况下，幅值数字特征的识别率小于波形熵特征的识别率，而波形熵特征的识别率又小于对称性特征的识别率。所以，可以认为在选用上述多普勒谱特征来判别风场扰动类型时，幅值数字特征是最为严谨的，波形熵特征次之，对称性特征较差。

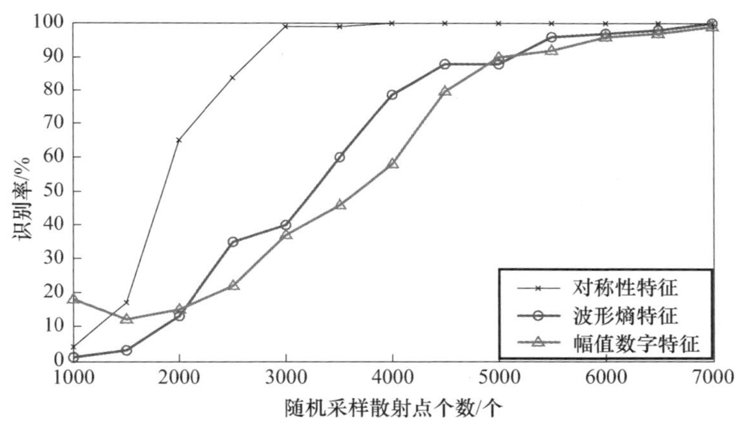

图 2.29　多普勒谱特征识别率与随机采样散射点个数间关系曲线（见彩图）

通过上述算法的计算实例分析发现，基于多普勒谱特征的风场扰动鉴别算法具有特征稳定、计算量小、判决速度快，识别效果好等优势，能够简便准确地区分出风场扰动类型（是飞机尾涡等目标风场扰动，还是风切变或紊流等突发的自然风场扰动），进而实现基于尾涡扰动场的识别。

2.5.3　基于激光回波的飞机尾涡参数提取

激光回波中并没有直接包含尾涡的特征参数，而是包含由大气风场所引起的多普勒频移信息。因此有必要设计相应的尾涡参数提取与处理算法，以实现在飞行控制中实时、有效地获取尾涡特征参数[25]。

2.5.3.1　径向速度分布解算

进行一次扫描后，对所有距离单元内的回波信号进行采样、插值并进行多普勒变换后得到一个三维的多普勒谱 $S(f_0+k\Delta f, R_0+l\Delta R, \theta_0+n\Delta\theta)$。由于频移信息等同于速度信息,该多普勒谱可以通过式(2.77),转换为三维的速度谱 $W(v_0+k\Delta v, R_0+l\Delta R, \theta_0+n\Delta\theta)$。

$$v_0=\lambda f_0/2, \Delta v=\lambda\Delta f/2 \tag{2.77}$$

以与雷达的相对空间坐标为(R_i,θ_j)的空间单元的速度谱 $W(v_0+k\Delta v, R_i, \theta_j)$为例,在速度谱中选取一个阈值 W_{thr},找到这个阈值与谱线的分别在峰值两侧最近处的两个交点,就得到了空间点风速的正速度值与负速度值如图 2.30 所示的 v_+ 与 v_-。

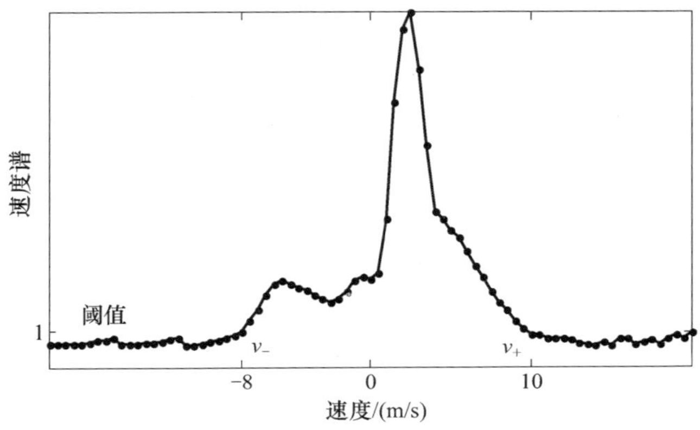

图 2.30　风速包络中的正、负速度值的选取

所有距离单元的 v_+ 与 v_- 共同构成表示风场速度大小的速度正包络与负包络。由于选取了最靠近峰值的两个点,所以一些噪声的影响被有效地消除掉。选取适当的阈值,所得到的正包络线代表的就是探测区域中各探测单元径向速度分布的最大值,而负包络则代表最小值。在靠近涡核的地方,这个径向速度就是尾涡所诱导的切向速度与周围背景风场速度的叠加在光束方向上的投影。其具体计算流程如图 2.31 所示。

配合以扫描装置提供的角度信息和回波时间所得到的距离信息,可以得到以 $Q(v_{vr},R,\theta)$表示的空间径向速度分布情况。其中(R,θ)表示以激光雷达为原点的极坐标系中空间某点的位置,v_{vr}表示由正、负径向速度包络得到的平均速度 $v_{vr}=(v_++v_-)/2$。

在有尾涡诱导作用的风场区,径向速度是背景风场与尾涡诱导的切向速度的叠加。为了去除背景风的影响,选取尾涡前后各一个速度包络做平均,所得到的速度包络作为此次探测的背景风速,在上述空间径向速度分布中减去此速度,得到更接近实际尾涡诱导的速度的空间径向速度分布。图 2.32 通过软件模拟产生的风场分布数据,在该组数据设定的尾涡位于(187,1028)附近,在其前后选取速度包络 v_A,v_B,则认为尾涡处的背景风速表示为$(v_A+v_B)/2$。

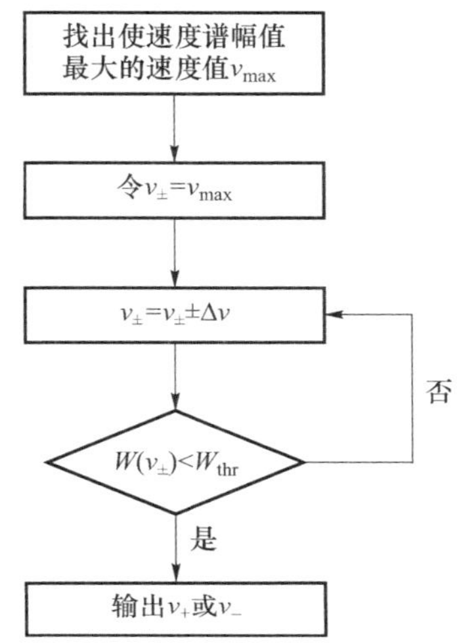

图 2.31　速度谱正、负速度度值提取流程

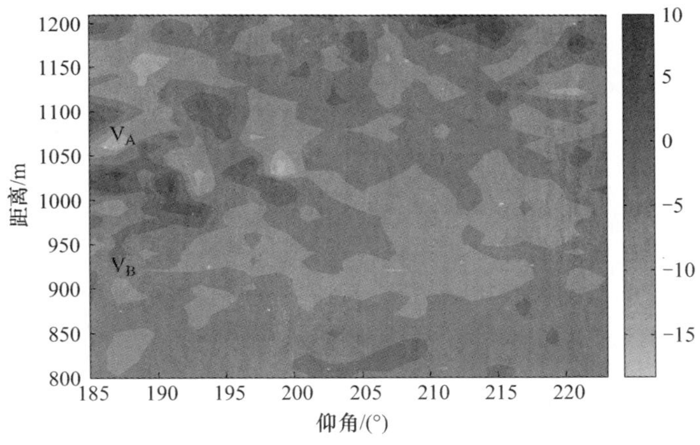

图 2.32　存在尾涡时背景风速的确定

2.5.3.2　飞机尾涡参数反演

激光雷达回波经过上述处理，已经解算出了正、负速度包络的曲线，得到了滤除大气背景风场的空间径向速度分布。通过对速度分布信息的进一步处理则可以提取出尾涡的涡核位置、涡核半径、涡旋环量等扰动量。图 2.33 给出了在平面位置显示（PPI）扫描方式下激光雷达探测尾涡的坐标图，激光雷达位于 O 点。

1）涡核位置

以右边涡旋为例，在其正包络曲线 $v_{+}(R,\theta)$ 上寻找到最大速度值点的位置坐标（R_{C1}^{max}，θ_{C1}^{max}）和负包络曲线上最小速度值点位置坐标（R_{C1}^{min}，θ_{C1}^{min}），将两坐标点连线的中点坐标作为右涡核中心的位置坐标估计值（R_{C1}，θ_{C1}），具体如式（2.78）所示：

$$R_{C1}=\frac{R_{C1}^{\max}+R_{C1}^{\min}}{2},\theta_{C1}=\frac{\theta_{C1}^{\max}+\theta_{C1}^{\min}}{2} \tag{2.78}$$

转换到笛卡儿坐标系，即

$$x_{C1}=R_{C1}\cos\theta_{C1},z_{C1}=R_{C1}\sin\theta_{C1} \tag{2.79}$$

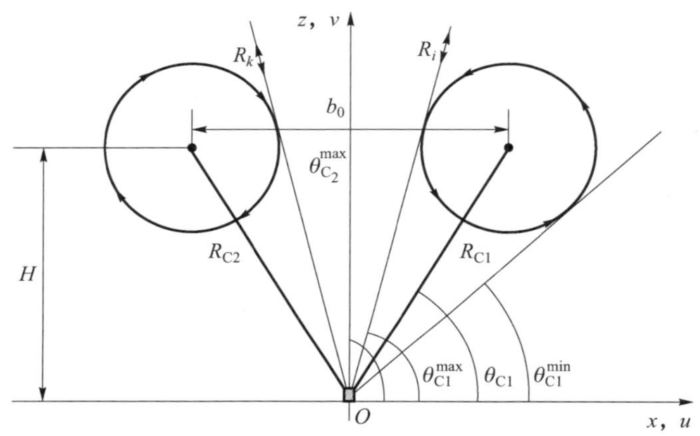

图 2.33　激光雷达 PPI 扫描尾涡探测坐标图

同理，可以找到左涡的涡核极坐标估计值（R_{C2}，θ_{C2}）及直角坐标估计值（x_{C2}，z_{C2}），飞机尾涡场的中心坐标（x_o，z_o）用两涡核点连接所得线段的中心点表示，即

$$x_o=\frac{x_{C1}+x_{C2}}{2},z_o=\frac{z_{C1}+z_{C2}}{2} \tag{2.80}$$

2）涡核半径

在找到涡核位置的情况下，由正、负包络中找到的速度最大与最小点位置可以推导出右边涡旋的涡核半径

$$r_{C1}=R_{C1}\sin\left(\frac{\theta_{C1}^{\min}-\theta_{C1}^{\max}}{2}\right) \tag{2.81}$$

3）涡旋环量

尾涡的涡旋环量与涡旋场的速度分布密切相关。目前国外许多研究者采用最大似然估计法来实现该参数的估计，Friedrich 等人推导了 RHI 扫描方式下的涡旋环量表达式。这里借鉴文献中的方法在 PPI 扫描方式下选取固定的角度 $\theta_1=\theta_{C1}^{\max}$、$\theta_2=\theta_{C2}^{\max}$，分别以距离作为变量取 R_i、R_k（$i=i_0,i_0+1,\cdots,i_0+n-1,j=j_0,j_0+1,\cdots,$

j_0+m-1)使用求和平均的方法。由雷达探测径向速度与涡旋环量的关系可以推导出 PPI 扫描方式下涡旋环量的表达式。设飞机尾涡中右涡的涡旋环量为 Γ_1,左涡为 Γ_2。图 2.33 中点(R_i,θ_1)的扰动场风速用速度坐标系中的矢量(u_1,v_1)表示。考虑空间中各点的速度场是两个尾涡共同影响的结果,可以得到

$$\begin{cases} u_1=\dfrac{\Gamma_1}{2\pi r_{11}^2}(H-z_1)+\dfrac{\Gamma_2}{2\pi r_{12}^2}(H-z_1) \\ v_1=\dfrac{\Gamma_1}{2\pi r_{11}^2}\left(x_1-\dfrac{b_0}{2}\right)+\dfrac{\Gamma_2}{2\pi r_{12}^2}\left(x_1+\dfrac{b_0}{2}\right) \end{cases} \tag{2.82}$$

式中:r_{11}、r_{12}分别为(R_i,θ_1)到两个涡核的距离;b_0为涡核间距;H 为尾涡距离地面的高度。由坐标系的转换关系可以将笛卡儿坐标系下坐标(x, z)转换为极坐标表示:

$$\begin{cases} z_1=R_i\cos\theta_1 \\ x_1=R_i\sin\theta_1 \end{cases} \tag{2.83}$$

将式(2.83)代入式(2.82),得到

$$\begin{cases} u_1=\dfrac{\Gamma_1}{2\pi r_{11}^2}(H-R_i\sin\theta_1)+\dfrac{\Gamma_2}{2\pi r_{12}^2}(H-R_i\sin\theta_1) \\ v_1=\dfrac{\Gamma_1}{2\pi r_{11}^2}\left(R_i\cos\theta_1-\dfrac{b_0}{2}\right)+\dfrac{\Gamma_2}{2\pi r_{12}^2}\left(R_i\cos\theta_1+\dfrac{b_0}{2}\right) \end{cases} \tag{2.84}$$

激光雷达回波中所包含的多普勒信息是尾涡场的径向速度。在雷达对整个尾涡场进行扫描的过程中,分别扫过左右两个涡旋,因此分别选出两个涡旋附近的探测点($R_i,\theta_{C1}^{\max}$)、($R_k,\theta_{C2}^{\max}$),如图 2.33 中所示(其中 $\theta_1=\theta_{C1}^{\max}$,$\theta_2=\theta_{C2}^{\max}$)。若取从扰动场到激光雷达的方向为正方向,则这两个扰动点在光束方向上的径向速度表示为

$$\begin{cases} v_{vr1}(R_i,\theta_1)=-(\cos\theta_1 u_1+\sin\theta_1 v_1) \\ v_{vr2}(R_k,\theta_2)=-(\cos\theta_2 u_2+\sin\theta_2 v_2) \end{cases} \tag{2.85}$$

由几何关系 $R_{C1}\cos\theta_{C1}=\dfrac{b_0}{2}$以及 $R_{C1}\sin\theta_{C1}=H$,将式(2.84)代入式(2.85),经过化简得到

$$\begin{cases} v_{vr1}(R_i,\theta_1)=\Gamma_1\dfrac{R_{C1}}{2\pi r_{11}^2}\sin(\theta_1-\theta_{C1})-\Gamma_2\dfrac{R_{C1}}{2\pi r_{12}^2}\sin(\theta_2-\theta_{C1}) \\ v_{vr2}(R_k,\theta_2)=\Gamma_1\dfrac{R_{C2}}{2\pi r_{21}^2}\sin(\theta_2-\theta_{C2})-\Gamma_2\dfrac{R_{C2}}{2\pi r_{22}^2}\sin(\theta_2-\theta_{C2}) \end{cases} \tag{2.86}$$

在同一方位角不同距离上，将尾涡扰动范围距离单元内的径向速度值代入以上方程组进行运算并求均值，最终可以得到两个尾涡的涡旋环量：

$$\Gamma_1=\frac{1}{nm}\sum_{k=1}^{n}\sum_{i=1}^{m}\frac{v_{\mathrm{vr1}}(R_i,\theta_1)N_2(R_k,\theta_2)-v_{\mathrm{vr2}}(R_k,\theta_2)M_2(R_i,\theta_1)}{M_1(R_i,\theta_1)N_2(R_k,\theta_2)-N_1(R_k,\theta_2)M_2(R_i,\theta_1)} \tag{2.87}$$

$$\Gamma_2=\frac{1}{nm}\sum_{k=1}^{n}\sum_{i=1}^{m}\frac{v_{\mathrm{vr1}}(R_i,\theta_1)N_1(R_k,\theta_2)-v_{\mathrm{vr2}}(R_k,\theta_2)M_1(R_i,\theta_1)}{M_1(R_i,\theta_1)N_2(R_k,\theta_2)-N_1(R_k,\theta_2)M_2(R_i,\theta_1)} \tag{2.88}$$

式中

$$M_1(R_i,\theta_1)=\frac{R_{\mathrm{C1}}\sin(\theta_1-\theta_{\mathrm{C1}})}{2\pi[(R_i\cos\theta_{\mathrm{C1}}-b_0/2)^2+(R_i\sin\theta_{\mathrm{C1}}-H)^2]} \tag{2.89}$$

$$M_2(R_i,\theta_1)=\frac{R_{\mathrm{C1}}\sin(\theta_1+\theta_{\mathrm{C1}})}{2\pi[(R_i\cos\theta_{\mathrm{C1}}+b_0/2)^2+(R_i\sin\theta_{\mathrm{C1}}-H)^2]} \tag{2.90}$$

$$N_1(R_k,\theta_2)=\frac{R_{\mathrm{C2}}\sin(\theta_2-\theta_{\mathrm{C2}})}{2\pi[(R_k\cos\theta_{\mathrm{C2}}-b_0/2)^2+(R_k\sin\theta_{\mathrm{C2}}-H)^2]} \tag{2.91}$$

$$N_2(R_k,\theta_2)=\frac{R_{\mathrm{C2}}\sin(\theta_2+\theta_{\mathrm{C2}})}{2\pi[(R_k\cos\theta_{\mathrm{C2}}+b_0/2)^2+(R_k\sin\theta_{\mathrm{C2}}-H)^2]} \tag{2.92}$$

2.5.3.3 外场实验验证

利用上述基于碘分子滤波器激光测风雷达开展了对民用飞机目标的飞机尾涡激光探测实验。飞机尾涡激光雷达探测的外场实验示意图如图 2.34 所示，其中激光雷达探测采用 PPI 扫描方式。激光雷达放置在飞机起飞后飞行航线下方，离机场不远，可以观察飞机的飞行方向，便于调整激光雷达扫描的范围[25]。

1）实验步骤

外场探测实验的具体步骤

（1）选择机场附近的实验地点停放车载测风激光雷达，将扫描转镜调整水平；标定扫描的坐标方向，以实验点为中心，以水平正南方向为方位角零度，逆时针方向为正，以水平方向为俯仰角零度，逆时针方位为正向。

（2）激光雷达接通电源，光束调整到正上方测量灵敏度（用于激光雷达回波数据的风速反演），对激光雷达控制计算机的系统与秒表的时间进行精确校准。

（3）根据航班时刻表，记录飞机的出港时间与机型参数，当目测飞机过顶时，用秒表记录飞机的过顶时间，同时使用测距机测量飞机的过顶距离。使用摄像机录制飞机飞行视频用以解算飞机飞行仰角与速度。

（4）使用 PPI 扫描方式，扫描预定区域方位角为 60°～120°，俯仰角为 35°。将光束调整至扫描预定区域的初始位置。

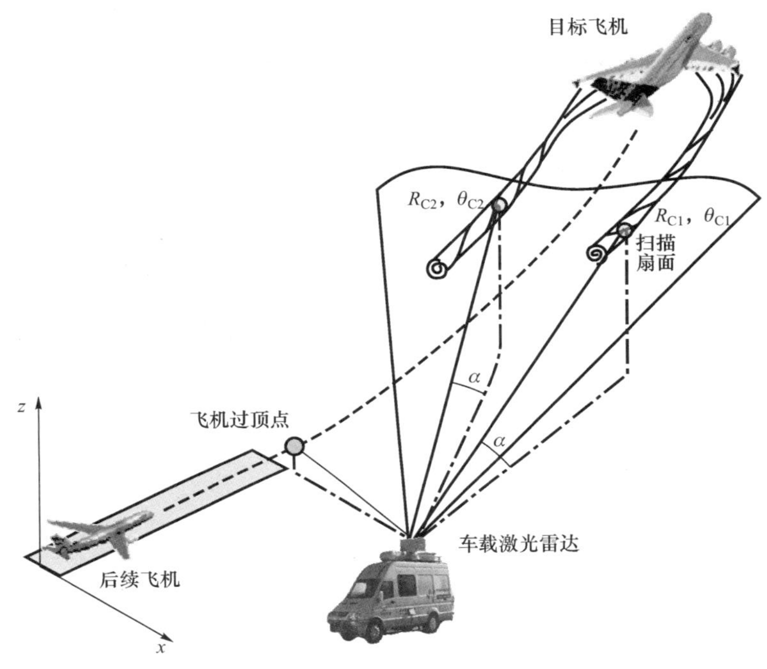

图 2.34　飞机尾涡激光雷达外场探测实验示意图

(5) 当飞机起飞但尚未飞行至实验预定的扫描区域前时开启激光雷达,扫描预定区域的大气风场;一次扫描结束后,将激光雷达立刻回归到扫描初始位置,对扫描预定区域内的风场再次进行扫描。

(6) 扫描结束后,读出激光雷达的回波数据并进行处理,分别获取各扫描批次的激光回波数据。

图 2.35 所示的为实地拍摄的外场实验照片。

(a) 飞机飞入前扫描

(b) 飞机飞入时扫描

(c) 飞机飞过后二次扫描

图 2.35　空中目标风场扰动激光探测实验照片

2) 实验数据分析

实验时间:9 月 14 日下午。扫描方式:PPI 扫描。探测距离:300 ~ 1500m。扫描范围:60° ~ 120°。扫描速度:3°/s。俯仰角:35°。角分辨力:2°。径向距离单元:5m。飞机机型 B744,翼展 66.44m,机身长 70.7m,激光雷达扫描参数如表 2.7 所列。

表 2.7　尾涡探测激光雷达扫描参数

参数	参数值
扫描模式	PPI
扫描速度 $v/(°)s$	3
扫描周期 T/s	20
俯仰角 $\alpha/(°)$	35
方位角$[\theta_{min}, \theta_{max}]/(°)$	[60, 120]
探测距离$[R_{min}, R_{max}]/m$	[300,1500]

本节选取实验中一组较为理想的数据进行分析说明,其中包括三次扫描结果。第一次扫描开始是飞机出现在视野内但并没有飞入激光光束的扫描区域,时间为 16:30:43,此时扫描区域并没有飞机尾涡扰动,所获取的风场信息可以完全认为是大气背景风场。第二次扫描时飞机已经飞入扫描区域,时间为 16:31:14,此时扫描区域内的风场受到了飞机尾涡的扰动,包含尾涡扰动信息。第三次扫描为飞机飞离扫描区域后,时间为 16:32:36,由于间隔时间仅为 0.5min 左右,尾涡扰动在大气中仍未消失,但尾涡的位置会相应发生变化。

根据本节所提出的算法,经过对回波信号的处理和径向速度分布的解算,得到的三组风场径向速度分布如图 2.36 所示。图 2.36(a)为第一次扫描数据解算结果,为背景大气风场,并没有发现明显的涡旋场,大部分区域风速较为平缓;图 2.36(b)为第二次扫描数据解算结果,可以明显看到在距离 650m,方位 90°附近有飞机尾涡的存在;图 2.36(c)为第三次扫描数据解算结果,发现尾涡扰动仍然存在且漂移至距离 570m,方位 96°附近。

使用本节所提出的算法对图 2.36(b)中的飞机尾涡进行参数提取,并将结果与 2.3 所述的模型仿真结果进行比较,对比结果如表 2.8 所列。从比较的结果可以看出,算法提取得到结果与仿真结果基本相符,涡核半径的计算误差约为 0.88m,而涡旋环量的误差为 10m2/s 与 $16m^2/s$,可以说明该算法的有效性。

表 2.8　尾涡参数提取实验结果与仿真结果比较

尾涡参数	参数单位	仿真结果	实验结果
涡核位置	$[R_{C1}/m, \theta_{C1}/(°)]$ $[R_{C2}/m, \theta_{C2}/(°)]$	飞机位置	[657, 87] [660, 93]
涡核半径	r_c/m	5.12	6
涡旋环量	$\Gamma_1/m^2 \cdot s^{-1}$	528	544
	$\Gamma_2/m^2 \cdot s^{-1}$	528	538

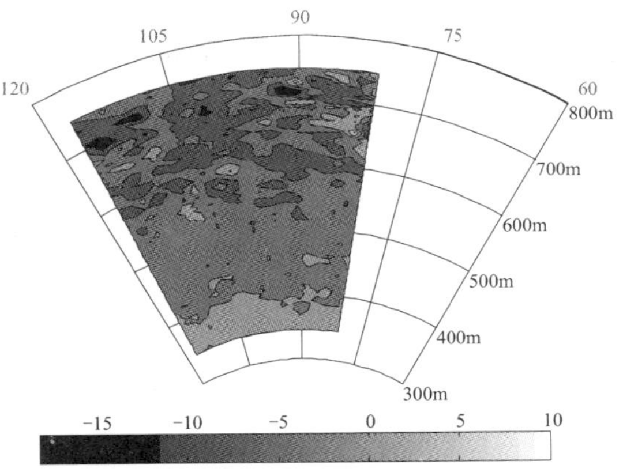

(a) 飞机飞入前风场径向速度分布

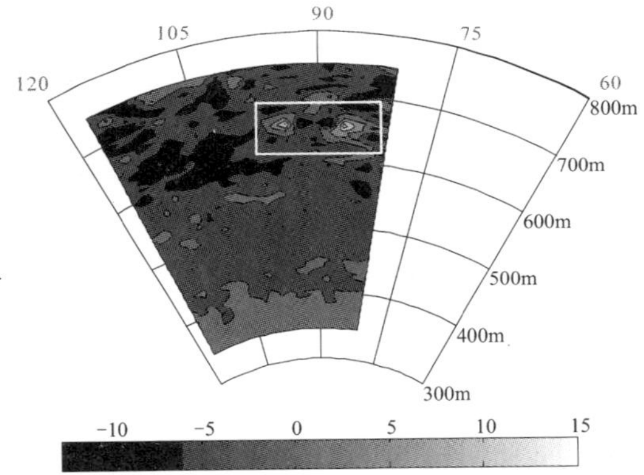

(b) 飞机飞入后风场径向速度分布

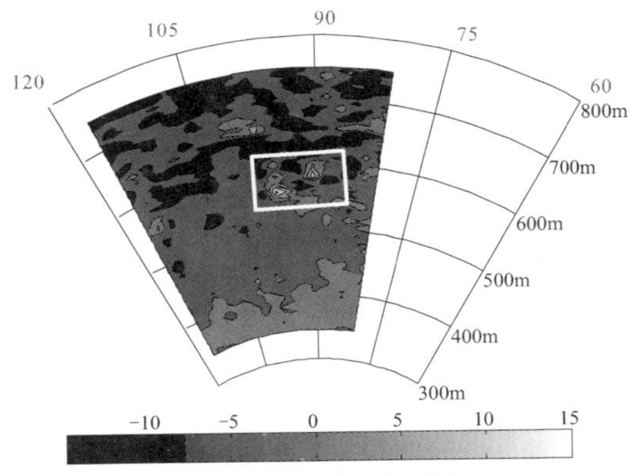

(c) 飞机飞离后风场径向速度分布

图2.36　飞机进入扫描区域前后风场径向速度分布图

参考文献

[1] 吴永华，胡以华，顾有林，等．一种新型的空中运动目标信息获取算法的研究[J]．光学学报，2010，30(s1)：9－13.

[2] 张舜德，高文元，王现青，等．风场风速特性的研究[J]．机械设计与制造，2010，(8)：150－151.

[3] 俞玮．变化风场的建模与大展弦比无人机飞行仿真[D]．西安:西北工业大学，2004.

[4] 合肥气象网 1971－2000 年累年各要素统计[DB/OL]．(2002－04－30)[2005－11－15]：http://www.hfqx.com.cn/hfqh/hfqh.htm

[5] Frehlich R，Sharman R. Maximum likelihood estimates of vortex parameters from simulated coherent Doppler Lidar data[J]．Journal of Atmospheric and Oceanic Technology，2005，22(11)：117－130.

[6] 余艳梅，冯启航，谢明，等．VVP 三维风场反演方法研究[J]．四川大学学报(自然科学版)，2008，45(2)：321－326.

[7] Frank B T，Stephen R. Simulation of atmosphere turbulent gusts and gust gradients[J]．Journal of Aircraft，1981，19(14)：264－271.

[8] 金友．测量风速和大气扰动的二氧化碳相干激光雷达[J]．光机电信息，1996，13(10)：1－6.

[9] 陶小红，胡以华，赵楠翔，等．大气 CO_2 相干探测激光雷达系统性能分析 [J]．量子电子学报，2010，25(2)：230－234.

[10] 吴永华，胡以华，戴定川，等．基于 1.5μm 多普勒激光雷达的飞机尾涡探测技术研究[J]．光子学报，2011，40(6):811－817.

[11] Holzäpfel F，Hofbauer T，Darracq D，et al. Analysis of wake vortex decay mechanisms in the atmosphere [J]．Aerospace Science and Technology，2003，7 (4)：263－275.

[12] 徐世龙,胡以华,郭力仁．飞机尾涡相干激光探测系统设计与性能分析[J]．激光与光电子学进展，2014,51(8):100－105.

[13] 孟昭华，洪光烈，胡以华，等．啁啾调幅相干探测激光雷达关键技术研究[J]．光学学报，2010，30(8)：2446－2451.

[14] Sasano Y，Kobayashi T. Feasibility study on space Lidars for photon－counting avalanche photodiodes applied to a laser radar system [J]．Appl. Opt.，2005，44(6)：5140－5146.

[15] 杨春沪，孙东松，李洪敬,等．光子累计方法在成像激光雷达中的应用研究[J]．红外与激光工程，2005，34(5)：517－520.

[16] 朱代武．飞机尾流涡旋的速度模型分析[J]．中国民航飞行学院学报，2005，16(6)：17－20.

[17] Wu Y H，Hu Y H，Xu S L，et al. Design of airport wake vortex monitoring system based on 1.5－μm pulsed coherent Doppler lidar[J]．Optoelectronics Letters，2011，7(4):298－303.

[18] 胡以华，吴永华．飞机尾涡特性分析与激光探测技术研究[J]．红外与激光工程，2011，

40(6):1063－1069.

[19] 何德富. 飞机翼尖尾涡对后面飞机飞行安全影响及安全措施[J]. 中国民航飞行学院学报, 2005, 16(1): 12－14.

[20] 刘俊凯, 王雪松, 王涛, 等. 潮湿大气中飞机尾流的多普勒特性分析[J]. 信号处理, 2009, 25(9): 1443－1447.

[21] Barbaresco F, Meier U. Radar monitoring of a wake vortex: electromagnetic reflection of wake turbulence in clear air[J]. Comptes Rendus Physique, 2010, 11(1): 54－67.

[22] Rahm S, Smalikho I. Aircraft wake vortex measurement with airborne coherent Doppler Lidar [J]. Journal of aircraft, 2008, 45(4): 1148－1155.

[23] 陶小红, 胡以华, 雷武虎, 等. 经验模式分解用于激光雷达大气回波处理[J]. 激光技术, 2008, 32(6):590－592.

[24] 徐世龙, 胡以华, 吴永华. 基于多普勒谱特征的飞机尾涡识别[J]. 光电子·激光, 2011, 22(12):1826－1830.

[25] 徐世龙, 胡以华, 赵楠翔. 基于激光雷达回波的飞机尾涡参量提取[J]. 光子学报, 2013, 42(1):54－58.

第 3 章

空中运动目标扰动大气成分激光侦察

飞机等空中目标燃油燃烧后大量排放的尾气迅速改变了周围大气成分的浓度特性，尤其是 CO_2 和水汽的含量显著上升，这种大气成分扰动属于典型的派生类衍生属性，为空中运动目标的侦察提供了便利条件。激光雷达具有较高的角分辨力与距离分辨力，不仅能够用于大气风场探测，也能够用于大气 CO_2 和水汽浓度的探测。本章主要阐述空中运动目标引起的 CO_2 浓度扰动、水汽扰动等目标衍生属性的探测原理、实现方法以及性能分析。

3.1 大气 CO_2 扰动激光侦察

飞机等空中运动目标燃烧碳氢化合物，排放的尾气主要是 H_2O 和 CO_2，而背景大气的 CO_2 浓度相对较稳定，所以对周围大气扰动较大的是尾气中的 CO_2 气体。可通过探测不同距离方向上 CO_2 气体浓度的变化来感知目标的存在。由于差分吸收具有较强的探测信噪比，这里拟采用距离分辨差分吸收激光雷达系统对 CO_2 浓度进行探测。本节主要介绍大气 CO_2 浓度扰动探测的基本原理、探测方案及关键技术。

3.1.1 目标扰动大气 CO_2 成分特征

19 世纪末人类就已经探明地球大气是由多种气体组成的混合体，并含有水汽和部分杂质。在 80km 以下的低层大气中，气体成分可分为两部分：一部分是“不可变成分”，主要指 N_2、O_2、Ar 三种气体。这几种气体成分之间维持固定的比例，基本上不随时间、空间而变化。另一部分为“易变成分”，以水汽、CO_2 和 O_3 为主。其中水汽的变化幅度最大，CO_2 和 O_3 所占比例最小，但对气候影响较大。

干洁空气是指大气中除去水汽、液体和固体微粒以外的整个混合气体，简称干空气。它的主要成分是 N_2、O_2、Ar 和 CO_2 等，其容积含量占全部干洁空气的 99.99%

以上,其余还有少量的 H_2、Ne、O_3 等,如表 3.1 所列。由于大气中存在着空气运动和分子扩散作用,使不同高度、不同地区的空气得以进行交换和混合,低层大气中干洁空气成分的比例基本不发生变化。

表 3.1　干洁大气成分表

气体	体积分数	质量分数	分子量
N_2	78.084%	75.52%	28
O_2	20.948%	23.15%	32
Ar	0.934%	1.28%	40
CO_2	0.033%	0.05%	44

由大气层划分可知,对流层是紧贴地面的一层,它受地面的影响最大。因为地面附近的空气受热上升,而位于上面的冷空气下沉产生对流运动,所以称为对流层。对流层的下界是地面,上界因纬度和季节而不同。在低纬度地区其上界可达 18km,在中纬度地区约为 10~12km,在高纬度地区只有 8~9km,夏季的对流层厚度大于冬季。以合肥为例,夏季的对流层厚度最高可达 15km,而冬季最低只有 11km。从对流层顶部到海拔 50~55km 的这一层,气流运动主要以水平运动为主,故称为平流层。

3.1.1.1　常规大气 CO_2 空间分布特性

大气中 CO_2 的来源包括自然因素与人类活动。前者包括火山喷发、林火与植物腐烂,而后者主要来自燃烧。整个对流层内,CO_2 浓度虽然有显著的季节与纬度变化,但年平均来说大致是稳定的。CO_2 在大气中是充分混合的,在 20 世纪 80 年代时,0~10km 高度内 CO_2 的本底含量约为 322×10^{-6}(不包括人类活动的直接影响,个别工业地区可高达 500×10^{-6}),在 11~20km 的低平流层还有 321×10^{-6},再向上延伸时 CO_2 的含量则急剧下降,在高平流层内只剩下 0.6×10^{-6}。

由于人类活动的日益活跃,对流层内 CO_2 浓度在不断地缓慢增加。观测表明,CO_2 浓度已经从 20 世纪 50 年代约 310×10^{-6} 升到目前约 400×10^{-6},平均年增长率约 2×10^{-6}。2013 年 4 月,美国位于 Mauna Loa 的气象观测站发布的基林曲线见图 3.1。

大气中 CO_2 的含量对全球平均温度变化的气候学研究具有重要意义,全世界都在密切关注着其浓度的变化。图 3.2 是国外 2μm 激光雷达测得的一天中大气 CO_2 浓度的变化[1]。图 3.3 是南京市区 2005 年 7 月 20 日以 10min 平均的 CO_2 定点测量结果[2]。图 3.4 是 2004 年 5 月 30 日 NASA 测得的一周 CO_2 浓度的变化。从图中可以看出,CO_2 浓度在以小时为单位内的变化是非常平缓的,而若精确到秒级单位,则这种变化更是微乎其微。

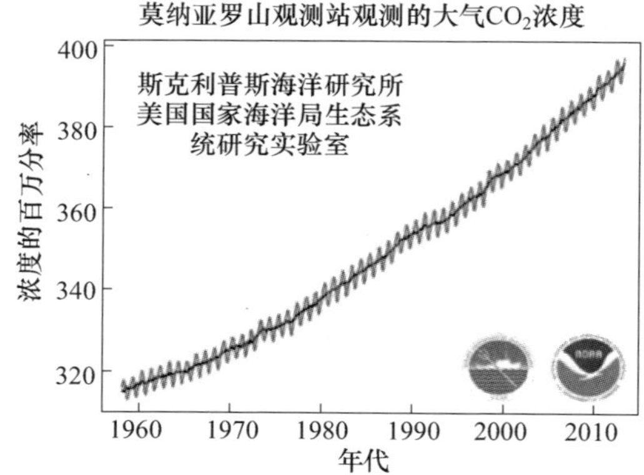

图 3.1 大气 CO_2 年平均浓度的增长情况(见彩图)

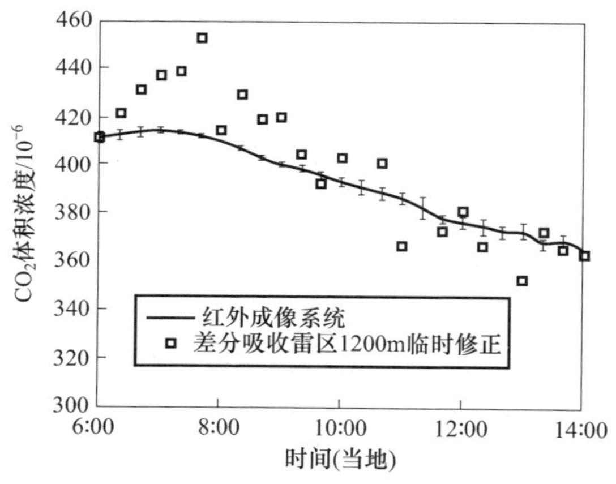

图 3.2 8h 内大气所含 CO_2 浓度的变化

目前,国内只有中国科学院安徽光学精密机械研究所的洪光烈等人研究了探测大气 CO_2 浓度的拉曼散射雷达系统,并对合肥地区的大气 CO_2 浓度进行了探测实验。图 3.5 是他们于 2005 年 6 月 28 日晚上 21:42 和 21:59 探测的大气 CO_2 浓度实验结果,并得出结论:CO_2 在大气中的含量随高度变化不大,合肥地区近地面 CO_2 的含量大约在 $350\times10^{-6}\sim400\times10^{-6}$范围内波动[3]。

高空中影响 CO_2 浓度变化的因素较少,相对近地面更稳定。因此,从以上的几组数据可以得出,常规大气 CO_2 扰动在小尺度和几秒量级的短时间内的变化应当是相当微弱的,可近乎看成恒定不变,这将有利于对目标的预警探测。对于短时间、小尺度的大气 CO_2 探测,若 CO_2 浓度产生较大的变化,浓度值突然升高,则很有可能是由目标引起的 CO_2 扰动,从而对目标进行告警。

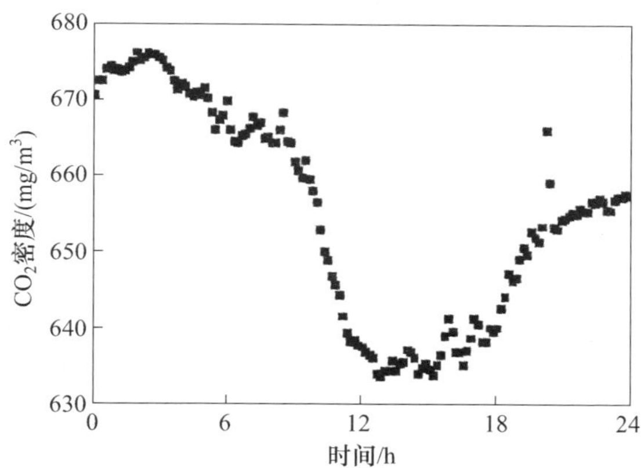

图 3.3　南京市区以 10min 平均的 CO_2 定点测量结果

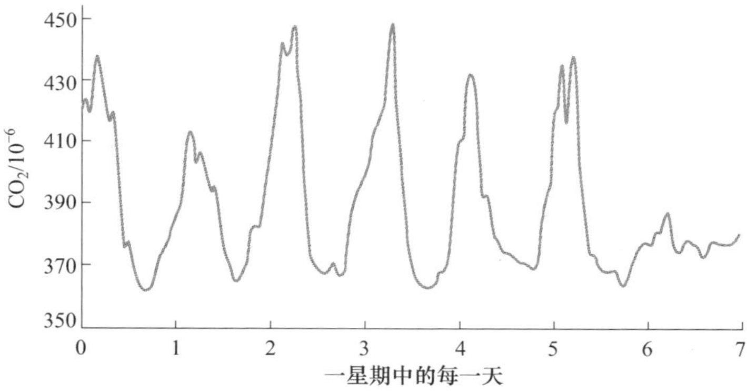

图 3.4　2004 年 5 月 30 日 NASA 测得的一周 CO_2 浓度的变化

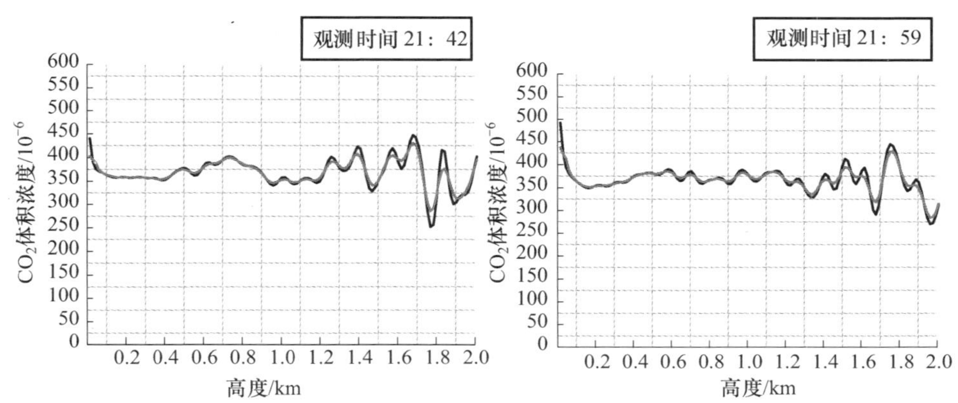

图 3.5　拉曼散射雷达实验测得合肥地区的 CO_2 浓度(见彩图)

3.1.1.2 目标引起大气 CO_2 扰动机理

空中飞行目标（如飞机）发动机的动力来源主要是航空煤油。普通煤油是由许多化学成分和性质都不同的碳氢化合物混合而成的。普通煤油和航空煤油的分子式都是 $CH_3(CH_2)_kCH_3$（k 为 8～16），只不过航空煤油更纯，杂质含量微乎其微。航空煤油进入燃烧室后蒸发为气相燃料并和空气混合发生化学反应从而释放大量的热量，得到高温高压的燃气，然后通过尾喷口使得燃气加速，得到需要的推力。

发动机的推力用下面的推力函数 F 确定

$$F = \dot{m}v + \rho_1\sigma_1 \tag{3.1}$$

式中：$\dot{m}$ 为通过发动机出口的流量；v 为发动机出口的速度；ρ_1 为出口压力；σ_1 为喷口面积。从推力函数可知，要提高发动机的推力需要提高流量与出口速度以及燃烧室内的压力。燃烧室内气体化学反应快，可以用燃料的一步化学反应描述，如式(3.2)，也可以考虑中间产物 CO 的两步化学反应，如式(3.3)、式(3.4)。

$$C_nH_m + \left(n + \frac{m}{4}\right)O_2 \rightarrow nCO_2 + \frac{m}{2}H_2O \tag{3.2}$$

$$C_nH_m + \left(\frac{n}{2} + \frac{m}{4}\right)O_2 \rightarrow nCO + \frac{m}{2}H_2O \tag{3.3}$$

$$CO + \frac{1}{2}O_2 \rightarrow CO_2 \tag{3.4}$$

飞机尾喷出来的气体成分主要是 CO_2、H_2O、O_2 和 N_2 等，出口气体成分分布可以通过实验测量得到，也可以根据发动机的工作条件数值模拟计算出结果。由于大气中 O_2 和 N_2 含量高且稳定，因此由尾喷排出的 O_2 和 N_2 对大气扰动不大。而大气中的 H_2O 含量自身是很不稳定的，因此很难判断出由尾喷排出的 H_2O 是否对大气 H_2O 的含量产生了扰动影响。所以最终选择 CO_2 气体，基于受扰大气 CO_2 浓度的变化，感知目标是否存在。

3.1.1.3 飞机尾喷流引起 CO_2 扰动数值模拟

对飞机尾喷流引起的大气扰动数值模拟将采用流体力学的理论进行分析。这里不再赘述流体力学中的经典理论与各种方程，而只介绍数值模拟时的具体方法。在计算时采用相对坐标系进行计算，将飞机固定，气流速度给定为飞机的飞行速度，这样计算时可以将飞机进入目标区的非定常问题转化为相对坐标系下的定常问题处理。飞机进入目标测量区域的飞行时间可以由区域的长度和飞行速度计算得到。

采用控制容积法对对流－扩散方程进行差分离散，Fluent 软件提供了无结构网格基础上的对流扩散控制容积方法的差分方程，差分格式有从一阶精度的上风

格式到三阶精度的守恒定律的单调迎风格式(MUSCL),可以满足从不可压缩到可压缩的超声速流动的计算。对亚声速流动的计算,动量方程采用二阶的二次迎风插值(QUICK)格式,压力方程采用 Prestro 方法求解,其他标量采用二阶上风格式。

耦合方法同时求解连续、动量、能量和组分输运等控制方程,迭代步骤如下:

(1) 在当前解的基础上更新流体输运性质。

(2) 同时解连续性、动量、能量和组分输运方程。

(3) 用更新的变量的数值解出如湍流等标量。

(4) 用改进后的变量数值作为下一层次迭代计算的初始值。重复上述步骤,直到获得收敛解。

对流体力学的通用方程求解时,需要给出合适的边界条件,具体如下:

(1) 进口条件:根据飞行高度,按照大气条件给定进口的大气速度、气体组分、压力、温度以及湍流量等参数值,飞机尾喷口的边界条件按照飞机发动机的出口参数给出相应的参数值;

(2) 计算区域的上、下和侧面的边界条件:根据飞行高度和计算区域的大小,按照远场条件给定速度、气体组分、压力、温度以及湍流量等参数值;

(3) 固壁面条件:对机身壁面附近的网格节点采用壁面函数法处理;

(4) 出口条件:计算区域的出口离尾喷口较远,给定压力边界条件。

数值求解微分方程组时,大气以及发动机尾喷口参数需要按飞行情况设定。计算时大气参数为:氧气质量分数 $Y_{O_2}=0.22$,CO_2 质量分数 $Y_{CO_2}=0.00042$,水蒸气质量分数 $Y_{H_2O}=0.019$,进口截面静温 $T=236K$,平均压力 $P=0.356bar(1bar=0.1MPa)$。

采用 Fluent 的前处理软件 Gambit6.2 对计算区域进行有效划分。针对飞机引起大气扰动扩散的计算区域很大,划分网格是采用分区域的划分方法:对飞机附近参数变化大的区域进行局部加密并采用无结构网格技术,对远离飞机参数变化小的区域采用结构化网格以减少计算工作量。由于飞机机身的几何结构复杂,这里将真实的某型号战斗机做细长体简化,这样的简化对飞机后面的扰动扩散影响很小。

计算区域定为 250m×250m×2000m 的立方体,飞机机身附近需要网格加密部分的进口计算区域为 40m×40m;计算区域的进口到机身头部的尺寸为 3m,飞机简化为一个最大直径为 4m、总长为 16m 的细长体。由于飞机呈细长体状,故无法用规则的六面体网格划分。同时考虑到由于计算空间较大、网格较多,因而采用分区划分网格的方法。将空间分为两个部分,飞机附近采用非结构化网格,在参数变化梯度较小的区域采用规则的六面体网格,计算过程中,可以利用 Fluent 软件中

根据流场中的参数梯度对网格自适应加密功能，对计算区域的网格进行加密调整，以得到更好的结果。计算区域共包括体网格 647 436 个，面网格 1 343 527 个，区域之间采用面网格过渡。网格图如图 3.6 所示。

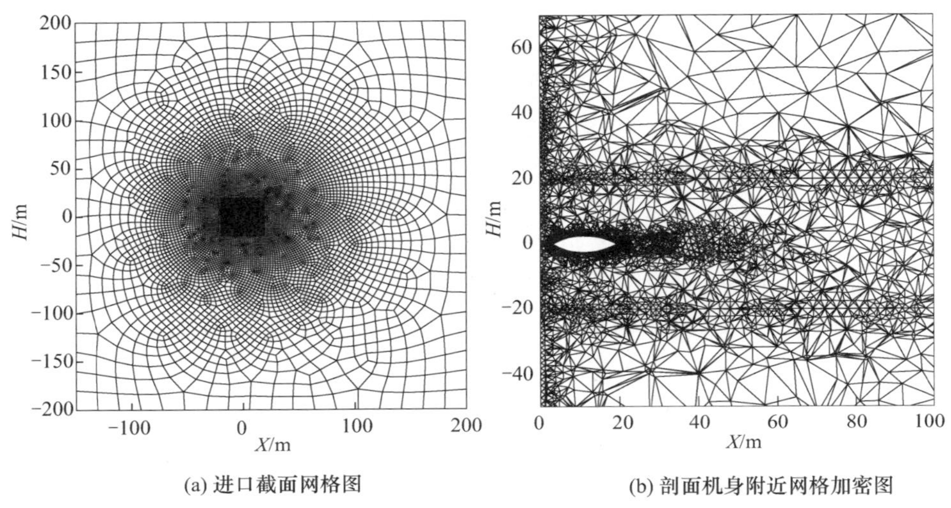

(a) 进口截面网格图　　(b) 剖面机身附近网格加密图

图 3.6　计算区域网格划分图

以某型号战斗机为例，对其在飞行马赫数 $Ma=0.8$、飞行高度为 8km 时的尾喷流引起大气风场扰动进行数值模拟，背景大气风速简化为零。本节中各结果图中的 H 方向代表纵向，Z 方向代表横向，X 则是轴向。各图中右侧两列数据，左侧一列代表风速的梯度等级，另一列数据则是各梯度对应的具体风速值。各图中如不特别说明，速度单位为 m/s。

图 3.7 是不同大气湍流尺度时过机身轴线剖面大气速度大小分布图。在机身附近由于飞机扰动，在机身两边也诱导出一定的速度分布，如图 3.7(a)所示。从图 3.7(a)中可以看出，尾喷流相当于高速射流流动，受飞机机身及大气湍流的影响较小。飞机尾喷口附近的速度梯度很大，最大速度可达 200m/s。尾喷口引起的大气风速扰动主要集中在轴线方向上。尾喷口后速度耗散很快，100m 远处速度已从 200m/s 衰减到 30m/s 左右(图 3.7(a)中 80m ~ 100m 外为 30m/s，200m/s 可以从图中梯度值为 10 得到)。

为研究尾喷流引起大气扰动的横向扩散，取尾喷口所在的截面，选择 Z 方向上离轴线 0m、5m、10m、15m 处的几个考察点。图 3.8 为各考察点处尾喷流引起大气速度随时间变化的关系图。从图中可以看出，轴线上的速度经过 4s 就已衰减到 0，离轴线 5m 处速度的峰值只有 4m/s，离轴线 10m 以上的距离，速度的变化则更

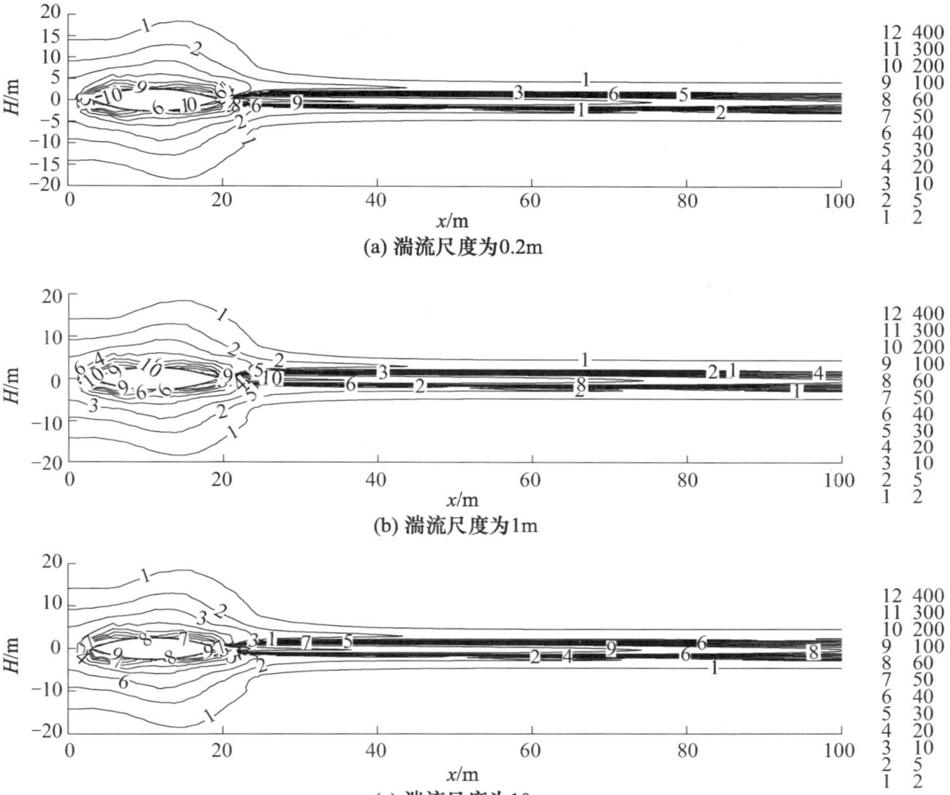

(a) 湍流尺度为0.2m

(b) 湍流尺度为1m

(c) 湍流尺度为10m

图 3.7　不同大气湍流时过机身轴线剖面大气速度大小分布图(图中数字参见图右侧,第一行数字表示速度梯度等级,第 2 行为图中数字对应大气速度值)

不明显,因此,尾喷流引起的大气风速在横向上的扰动很小,且在轴向的耗散很快。

以某型号战斗机为例,发动机尾喷口参照该型号战斗机的尾喷口参数给定:氧气质量分数 $Y_{O_2}=0.02$,CO_2 质量分数 $Y_{CO_2}=0.16$,水蒸气质量分数 $Y_{H_2O}=0.12$,截面平均总温度 $T^*=2065.0K$,平均压力 $P=3.056bar$,总的质量流量 $\dot{m}=60kg/s$。假定 8 km 高度背景大气中 CO_2 的浓度按 300×10^{-6} 计算,即摩尔浓度约为 $5\times10^{-6}kmol/m^3$。对某型号战斗机在飞行高度为 8km 时尾喷流引起的大气 CO_2 扰动进行数值模拟。本节中各结果图中的 H 方向代表纵向,Z 方向代表横向,X 则是轴向方向。各图中右侧两列数据,左侧一列代表 CO_2 浓度的梯度等级,而另一列数据则是各梯度对应的具体浓度值。各图中如不特别说明,浓度单位为 $kmol/m^3$。

图 3.9 为不同大气湍流时 CO_2 浓度的剖面分布图。图 3.10 给出了喷口后 2000m 横截面上不同大气湍流时 CO_2 浓度的分布图。从图 3.10 可以看出 2000m 远

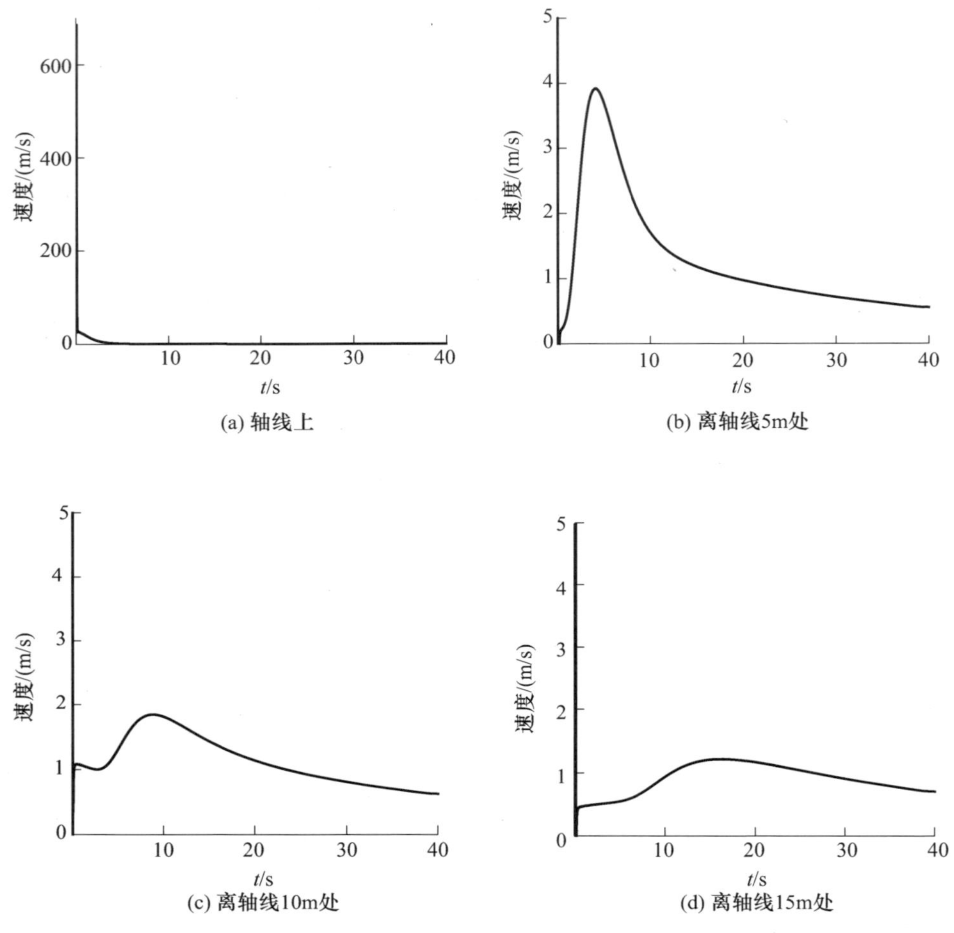

图 3.8 横向各考察点尾喷流引起大气速度随时间变化关系图

处尾喷流仍能引起大气 CO_2 浓度较强的扰动。湍流尺度越大,浓度扰动向外扩散越快。从图 3.10 可以看出,在 2000m 远处横截面上的浓度最大值约为 9×10^{-6}kmol/m^3,因此扣除背景大气 CO_2 的浓度,尾喷流在 2000m 处仍能引起 4×10^{-6}kmol/m^3 的 CO_2 浓度的扰动约 240×10^{-6}。

通过流体力学的理论分析,利用 Fluent 软件对某型号战斗机在飞行马赫数为 $Ma=0.8$、飞行高度为 8km 的尾喷流引起的大气风场扰动和大气 CO_2 浓度扰动进行了数值模拟,得出以下结论:尾喷流相当于高速射流流动,受飞机机身及大气湍流的影响较小。飞机尾喷口附近的速度梯度很大,最大速度可达 200m/s。尾喷流引起的大气风速扰动主要集中在轴线方向上。尾喷口后速度在轴向耗散很快,

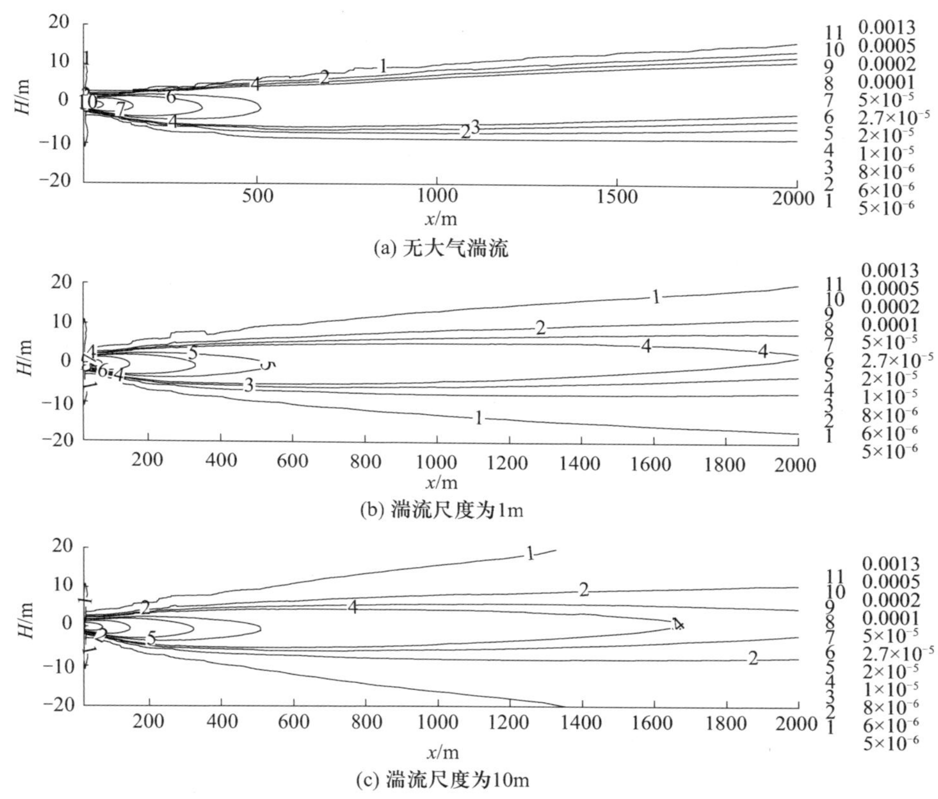

(a) 无大气湍流

(b) 湍流尺度为1m

(c) 湍流尺度为10m

图 3.9　不同大气湍流时 CO_2 浓度的剖面分布图

100m 远处已衰减到 30m/s 左右，4s 内即可衰减到 0。尾喷流对横向上的大气风速扰动很小。尾喷流扩散在 2000m 的横截面上仍可引起 240×10^{-6}的 CO_2 浓度的强烈扰动。湍流尺度越大，浓度扰动向外扩散越快。由于尾喷流引起大气风速扰动耗散快且横向上扰动较小，因此不利于对目标的预警探测，而尾喷流引起大气 CO_2 浓度的扰动扩散距离远且横向扰动较大，有利于对目标的预警探测。

3.1.2　大气 CO_2 扰动激光探测原理

激光雷达以激光为光源，光波与大气中介质相互作用，产生包含气体原子、分子和气溶胶粒子有关信息的回波信号，利用反演的方法就可以从中得到关于气体原子、分子和气溶胶粒子的信息。因此，激光雷达的技术基础是光辐射与大气中的原子、分子以及气溶胶之间相互作用所产生的各种物理过程。由于遥感的目标不同，要测量的回波信号也不一样，这样就产生了各种不同种类的激光雷达。

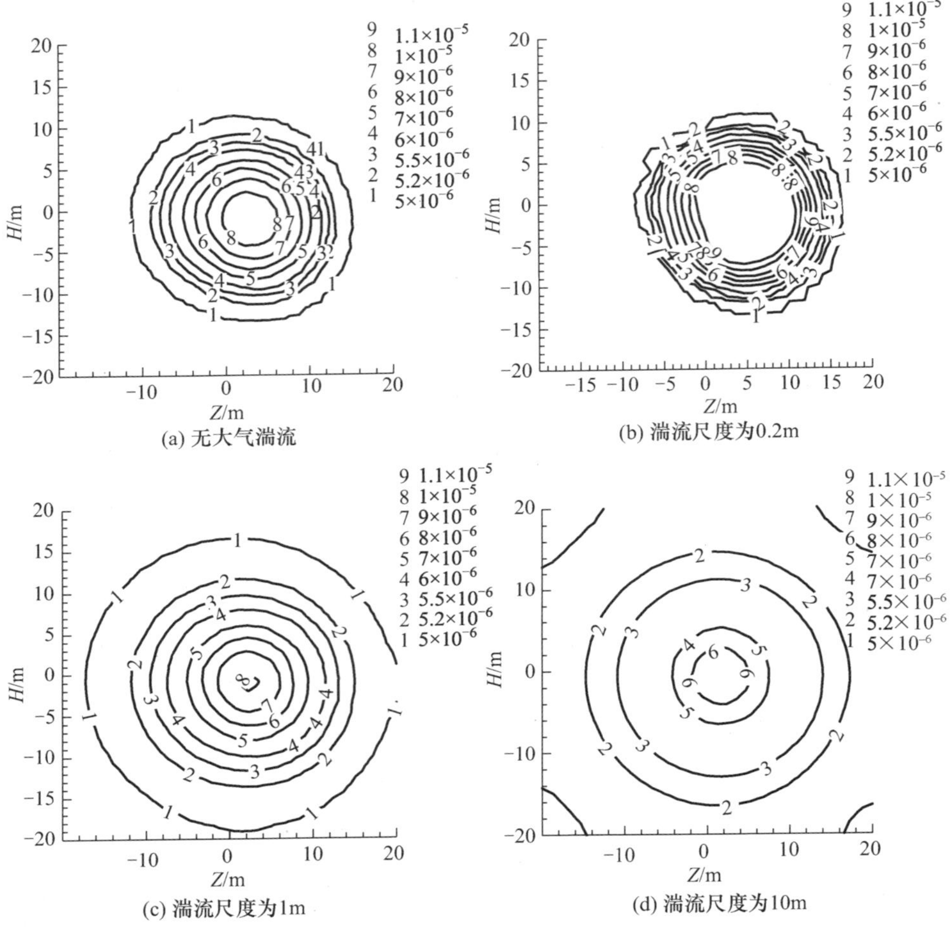

图 3.10　不同大气湍流时 CO_2 浓度的截面分布图（$X=2000$m）

3.1.2.1　激光与大气的相互作用

激光雷达根据激光的后向散射信号来反演大气物理量。经典理论认为光散射是大气中的气体分子和气溶胶等散射体，在激光照射下，由于激光电磁场的作用，散射体产生极化而感应出振荡的电磁多极子，而散射体的电磁振荡，便向外辐射电磁波，这些向外辐射的电磁波就是光散射。大气中许多分子都具有吸收光谱，分子的吸收光谱由量子理论来解释，吸收光谱有压力展宽和多普勒展宽效应。大气分子的拉曼散射和共振散射都只能用量子理论来解释。在拉曼散射中，光子与微观粒子发生非弹性碰撞，结果辐射出一个能量和方向都与入射光子不同的散射光子，同时相应地引起粒子由初始态向终止态的跃迁。

在光散射理论中，散射体的大小与光波长的关系由尺度参数 ρ_2 来表示，定义为 $\rho_2 = 2\pi a/\lambda$。其中，a 为散射体的半径，λ 为光的波长。根据大气中粒子尺度参数 ρ_2 的大小不同，分为米（Mie）散射和瑞利（Rayleigh）散射；而根据光子与粒子之间的能量交换不同，又分为弹性散射和非弹性散射。激光在大气介质中传输时，产生分子和小尺度气溶胶粒子的瑞利散射、大尺度气溶胶的米散射、散射频率发生变化的拉曼（Raman）散射以及散射强度比分子瑞利散射大好几个数量级的共振（Resonance）散射等多种散射过程。此外，大气分子具有波长范围从紫外到红外，十分丰富的电子光谱吸收带和分子振动、转动光谱吸收带。波长与大气中某些分子吸收谱线重合的激光在大气中传输时将受到分子的强烈吸收。激光在大气介质中传输时，所产生的分子散射、大颗粒散射、拉曼散射和吸收等物理过程具有各自不同的特点。表3.2列出了激光与大气介质相互作用的典型作用截面值。

表3.2 激光与大气介质相互作用的典型作用截面值

作用过程	介质类型	波长关系	作用截面 /(cm^2/sr)	可探测大气成分
瑞利散射	分子	$\lambda_t = \lambda_r$	10^{-27}	大气密度、温度、重力波
米散射	气溶胶	$\lambda_t = \lambda_r$	$10^{-26} \sim 10^{-8}$	气溶胶、烟羽、云等
拉曼散射	分子	$\lambda_t \neq \lambda_r$	10^{-30}	湿度、近距离痕迹气体、大气密度、温度等
共振散射	原子、分子	$\lambda_t = \lambda_r$	$10^{-23} \sim 10^{-14}$	高层金属原子和离子 Na^+、K^+、Ca^+、Li 等
荧光散射	分子	$\lambda_t \neq \lambda_r$	$10^{-25} \sim 10^{-16}$	有机分子
吸收效应	原子、分子	$\lambda_t = \lambda_r$	$10^{-21} \sim 10^{-14}$	痕量气体(O_3, SO_2, CO_2)等
多普勒效应	原子、分子	$\lambda_t \neq \lambda_r$		风速风向
注：λ_t 为发射激光波长，λ_r 为接收波长				

3.1.2.2 大气探测激光雷达方程

表示激光雷达回波信号强度与各种因素关系的数学表达式称为激光雷达方程。激光雷达回波强度与许多种因素有关，大致可分为三类：首先，激光雷达必须利用一种大气与激光相互作用机制来产生激光雷达回波；同时，不管采用哪种回波机制，激光雷达的发射光和回波光在大气中来回传输将受到大气的衰减；另一方面，激光雷达的回波信号强度还与激光雷达配置和技术方面的许多因素密切相关。因此，激光雷达方程可写成如下形式：

$$P(\lambda, R) = C\frac{P_0(\lambda)A\beta(\lambda, R)\Delta R}{R^2}\exp\left[-2\int_0^R \alpha(\lambda, z)\mathrm{d}z\right] \tag{3.5}$$

式中：$P(\lambda,R)$为激光雷达接收到的来自$R\sim R+\Delta R$高度大气段的回波信号功率；C为激光雷达的校正常数；$P_0(\lambda)$为发射激光束的功率；A为接收望远镜的收光面积；R为探测距离（或高度）；$\beta(\lambda,R)$为大气中某种被探测的后向散射系数；$\alpha(\lambda,z)$为大气总的消光系数。不同的雷达可能有不同的散射类型，对应的$\beta(\lambda,R)$也就不同。

为了更清楚地看出各种因素对激光雷达回波信号的影响，可将式(3.5)激光雷达方程写成两项乘积的形式，即$P(\lambda,R)=A^1\cdot B^1$。其中，$A^1=CP_0(\lambda)A\Delta R/R^2$是仅与激光雷达参数相关的量，可称为雷达项；$B^1=\beta(\lambda,R)\exp\left[-2\int_0^R\alpha(\lambda,z)\mathrm{d}z\right]$是仅与大气参数相关的量，可称为大气项。

在雷达项A^1中，激光发射功率$P_0(\lambda)$和接收望远镜面积A对激光雷达回波信号的影响是很明显的。$P_0(\lambda)$和A越大，激光雷达接收到的回波功率$P(\lambda,R)$就越大，这就是通常将乘积$P_0(\lambda)\cdot A$（单位：$\mathrm{W\cdot m^2}$）称为激光雷达质量因子的原因。探测距离以R^2的形式出现在雷达项的分母中，表示即使在均匀大气和无衰减的条件下，激光雷达回波信号也与探测高度的平方成反比。这种随距离平方的衰减源于被探测大气对接收望远镜所张的立体角随高度的减小，而与大气散射的强弱无关。ΔR表示探测的距离分辨力，其最小值取决于发射激光的脉冲宽度τ，即$\Delta R_{\min}=c\tau/2$，此处，c为光速。对大多数目前用于激光雷达的脉冲激光器而言，脉冲宽度约为10^{-8}s量级，$\Delta R_{\min}$仅在几米量级。因此，在实际应用中ΔR往往是由回波信号检测电路中的采样门宽（大于τ）所决定。雷达项中的校正常数C还可进一步写成$C=\varepsilon(R)\cdot\eta$，其中$\varepsilon(R)$为激光雷达的重叠因子，表示发射激光束与接收望远镜视场的重合程度，完全重合时其值为1，η为系统的效率。

在大气项B^1中，后向散射系数$\beta(\lambda,R)$（单位：$\mathrm{cm^{-1}\cdot sr^{-1}}$）表示距离$R$处大气对激光的散射能力，它还可进一步写成$\beta(\lambda,R)=N(R)\cdot\sigma(\lambda)$。其中，$N(R)$为被探测大气组分的密度（单位：$\mathrm{cm^{-3}}$），通常为距离$R$的函数；$\sigma(\lambda)$为被探测大气组分的后向散射截面（单位：$\mathrm{cm^2\cdot sr^{-1}}$）。$\beta(\lambda,R)$是激光雷达方程中代表回波产生机制的物理量，表示回波信号的强度与被探测大气组分的密度和其后向散射截面成正比，这也是从激光雷达回波中能够反演出被探测大气组分密度的原因所在。$\exp\left[-2\int_0^R\alpha(\lambda,z)\mathrm{d}z\right]$则代表光在激光雷达和探测距离$R$之间来回两次所受到的衰减。显然，为了减少这种衰减，需要选择合适的激光发射波长，以使消光系数$\alpha(\lambda,z)$最小。虽然消光系数$\alpha(\lambda,z)$中既有散射的贡献，又有吸收的贡献，但大气的吸收往往更重要。因此除利用吸收机制工作的激光雷达外，其他激光雷达的发射波长大都选在大气窗口内，以避免强烈的大气吸收。至于散射消光的避免，情况

较为复杂一些。因为在许多激光雷达中，散射作为消光应该避免，但散射又是其产生雷达回波的机制，需加以利用。这时，激光发射波长总的选择原则是：在激光波长变化导致大气散射的变化中，要使波长的选择有利于增强激光雷达的整体探测能力。

3.1.2.3　大气 CO_2 差分吸收激光探测原理

飞机等目标燃烧碳氢化合物，排放的尾气主要是 H_2O 和 CO_2，而背景大气的 CO_2 浓度相对较稳定，所以对周围大气扰动较大的是尾气中的 CO_2 气体，因此可通过探测不同距离方向上 CO_2 气体浓度的变化来感知目标的存在。由于差分吸收具有较强的探测信噪比，故可采用距离分辨差分吸收激光雷达系统对 CO_2 浓度进行探测。

差分吸收激光雷达原理如图 3.11 所示。激光雷达发射机发出激光脉冲，被大气中的气溶胶散射，其散射回波被接收机检测，经过信号处理而得到待测气体浓度信息。激光脉冲在大气层中行进，一方面被气溶胶散射，另一方面被大气物质吸收，其吸收信号的强弱反映了 CO_2 浓度的大小。为了尽量排除其他各种因素的影响，以获得准确 CO_2 的浓度信息，在该系统中采用两束波长相近的发射激光束。其中一波长选在 CO_2 吸收峰的中心，记为 λ_{on}；另一波长选在吸收峰的外边，使其受到的吸收较小，记为 λ_{off}。假设激光脉冲的脉宽为 τ_L，发射功率为 P_0，探测距离为 R。

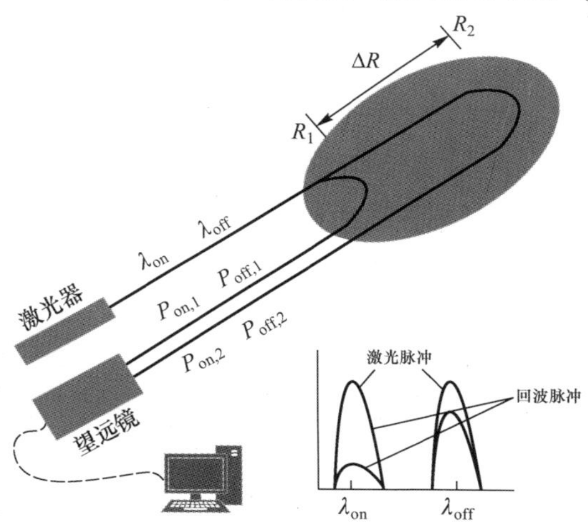

图 3.11　差分吸收激光雷达原理图

激光雷达回波方程可表示为[4]

$$P(R) = P_0(c\tau_L/2)\beta(R)A_R R^{-2}\exp\left[-2\int_0^R \alpha(r)\mathrm{d}r\right] \tag{3.6}$$

式中：c 是光速；$\beta(R)$ 是大气后向散射系数；A_R 是有效接收面积；$\alpha(r)$ 是大气消光系数且 $\alpha=\sigma N+\varepsilon$，$\sigma N$ 是 CO_2 吸收引起的消光系数（σ 为吸收截面，N 为 CO_2 浓度），ε 是除 CO_2 吸收之外的消光系数，主要来源于其他干扰气体。

对于距离分辨差分吸收雷达，考虑两个相邻的距离间隔，用 1、2 表示，分别对 λ_{on}、λ_{off} 光源重写式(3.6)，得到 4 个激光雷达回波方程。一般可认为在距离单元 (R_1,R_2) 中，CO_2 气体浓度 N 和 λ_{on}、λ_{off} 光源差分吸收截面 $\Delta\sigma$ 为恒值。通过解回波方程得到 (R_1,R_2) 中 CO_2 气体浓度为

$$N(R_1,R_2)=\frac{1}{2\Delta\sigma\Delta R}\left[\ln\left(\frac{P_{off,2}P_{on,1}}{P_{on,2}P_{off,1}}\right)+\ln\left(\frac{\beta_{on,2}\beta_{off,1}}{\beta_{on,1}\beta_{off,2}}\right)+\int_{R_1}^{R_2}(\varepsilon_{on}-\varepsilon_{off})\,\mathrm{d}r\right] \tag{3.7}$$

式中：$\Delta\sigma=\sigma_{on}-\sigma_{off}$ 为差分吸收截面；$\Delta R=R_2-R_1$ 为空间取样距离；$P_{on,j}$、$P_{off,j}(j=1,2)$ 分别是 λ_{on}、λ_{off} 光源在 R_1、R_2 处的激光回波信号；$\beta_{on,j}$、$\beta_{off,j}$、$\varepsilon_{on,j}$、$\varepsilon_{off,j}$ 分别是 λ_{on}、λ_{off} 光源的后向散射系数和消光系数。因为 λ_{on}、λ_{off} 非常接近，所以 $\beta_{on,j}=\beta_{off,j}$、$\varepsilon_{on,j}=\varepsilon_{off,j}$。式(3.7)可简化为

$$N(R_1,R_2)=\frac{1}{2\Delta\sigma\Delta R}\ln\left(\frac{P_{off,2}P_{on,1}}{P_{on,2}P_{off,1}}\right) \tag{3.8}$$

这就是差分吸收激光雷达探测 CO_2 浓度的原理。

由于 CO_2 固有的电偶极子为极性分子，因此在红外光谱区有很强的振动－转动吸收光谱带。这些光谱带里的谱线都很窄，分布在中远红外区和近红外区 2.7μm、4.3μm、和 1.2μm、1.43μm、1.6μm、2.0μm、5.2μm、10.4μm、15μm，如图 3.12所示[5]。其中 2.7μm 是强吸收谱带，由中心波长为 2.69μm 和 2.77μm 的两个吸收光谱带组成。空载的太阳辐射计探测 CO_2 气体主要选用 1.6μm、2.0μm、4.3μm 三个谱带。

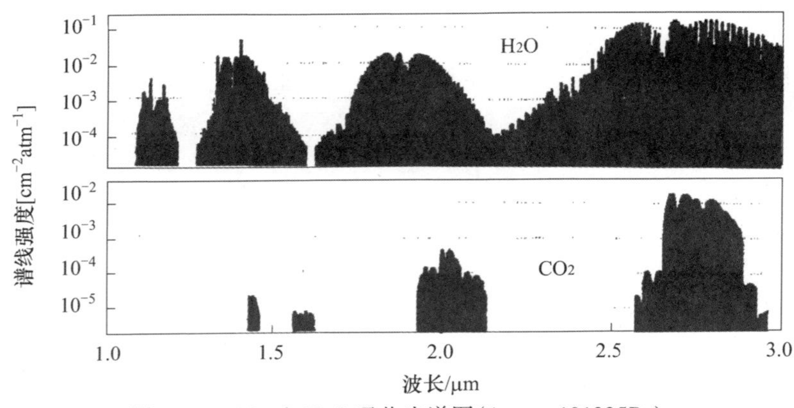

图 3.12 CO_2 和 H_2O 吸收光谱图(1atm = 101325Pa)

差分吸收雷达已经被成功应用于O_3、NO_2、SO_2等气体的探测，但其应用于探测CO_2还较困难，主要原因有：①它的吸收光谱位于红外波段，这样的光源没有现成的系统可用；②它的吸收谱线很窄，因此其on光源不仅需要压缩谱线宽度，而且还需要稳频和锁频；③目前最成熟的探测器件是光电倍增管和硅雪崩二极管，而这些器件在波长大于1.1μm的红外波段都不宜被使用；④差分吸收雷达探测CO_2气体时，H_2O是主要的干扰气体。考虑到以上因素，目前选择研究的差分吸收的波段主要是1.6μm、2.0μm。可见，不能照抄已有的其他大气激光雷达系统和方法来探测CO_2，对大气CO_2的激光雷达探测系统需做进一步研究。

3.1.3　差分吸收激光雷达探测系统方案

一般用于大气探测的激光雷达系统主要包括激光光源、接收望远镜、背景光过滤器、用于光电转换的探测器、前置的信号放大器、信号采集装置等。图3.13给出激光雷达系统一般组成的框图。激光雷达系统既可以由单个激光光源和单通道信号接收装置，也可以由多个激光光源和多套信号接收装置组成。激光雷达的工作过程为：激光光束在大气中传输时，遇到散射物质（如大气分子、气溶胶、云等）后，将产生光散射。其中后向散射光将返回激光雷达被接收系统所接收。对所接收到的信号进行反演，就可得到所需的大气物理量。

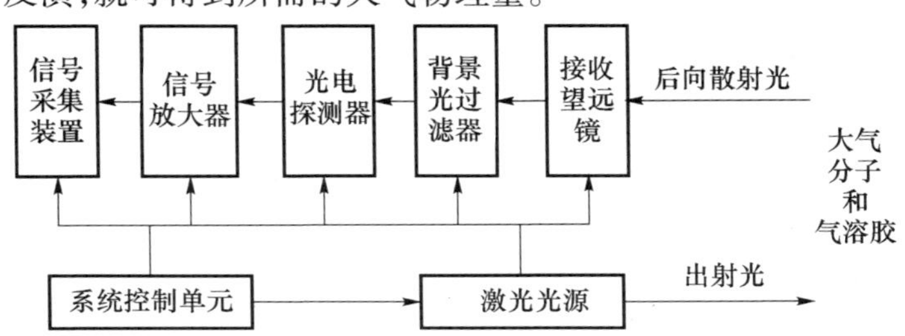

图3.13　激光雷达系统一般组成框图

从激光回波的探测方式上看，目前有两种体制：一种是非相干探测体制，另一种是相干探测体制。非相干探测系统结构相对简单，现已经广泛采用的有两种方式：一种是采用高能脉冲发射两路差分激光，使用光电倍增管（PMT）或雪崩光电二极管（APD）接收，对探测回波进行长时间积累，来提高信噪比，这种方式可接收大气后向散射回波，具有一定的空间分辨力，但受限于激光能量和时间分辨力，探测距离一般不能很远；另外一种采用调幅连续波的形式发射激光，其中ON和OFF激光采用不同的低频调制，该方式一般需要地物等漫反射物体作为合作目标，不具备距离分辨力，得到的是探测距离内的平均柱线浓度。这两种方式的典型代表分别是NASA的脉冲差分吸收激光雷达和日本的调幅连续波激光雷达。

相比非相干探测,回波的相干探测已经在风场探测、速度探测、飞机尾涡探测、距离探测等领域得到了广泛使用。相干探测引入了较强的本振光,能有效实现pW量级的微弱光信号探测。相干探测是一种全息探测,相干数据能同时得到幅度、频率、偏振和相位信息。相干探测有两种:一种是零差探测,该方法受信号光和本振光之间相位噪声影响较大,加之探测电路的低频噪声干扰,不利于信号幅值精确提取;另外一种是外差探测,将相干信息从0频移动到一个远小于光频的拍频上,提高了系统的抗干扰能力。这里重点开展回波的外差探测研究。

3.1.3.1 背景大气 CO_2 浓度探测系统

本节介绍了一套接收硬目标回波的差分吸收激光雷达系统[5],用于全天候监测大气 CO_2 浓度变化。系统分别对处在 CO_2 吸收峰内和吸收峰外的激光强度进行调制,利用单频检测技术提取回波信号。该系统采用全光纤结构,结构可靠,便于移动。

连续波差分吸收激光雷达系统结构如图3.14所示。峰尖波长激光器和峰外波长激光器由各自的波长控制单元进行波长调控,电光调制器对两束激光进行不同频率的强度调制,输出光的一部分经过探测器做光电转换,该信号用做调制器的偏压控制信号,其余光耦合进入光放大器,其出射光由反射镜反射一部分进行能量监视,这种方法能够避免掺铒光纤放大器(EDFA)出射光偏振不稳定带来的能量监视误差。放大器出射光的其他部分进入大气,望远镜接收硬目标回波,聚焦到光纤后经过滤光片再由探测器接收,模数转换(AD)采集卡采集发射能量监视信号和回波信号,反演 CO_2 浓度。

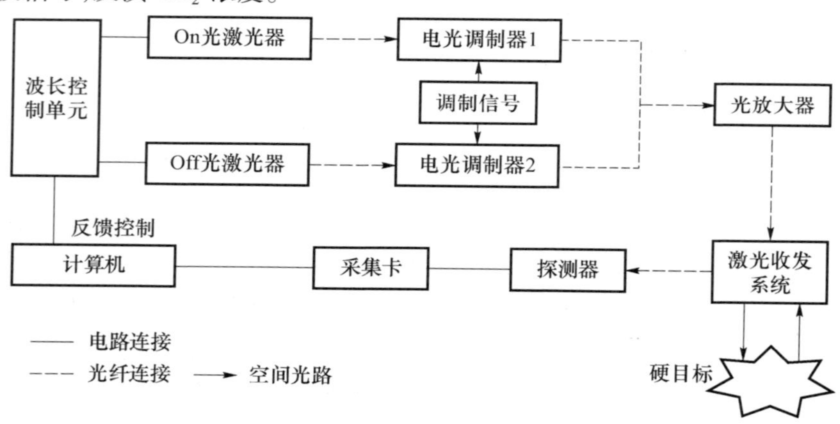

图3.14 连续波差分吸收激光雷达系统结构示意图

1)峰尖波长和峰外波长的激光光源

在推算 CO_2 浓度时,近似认为除 CO_2 吸收之外的消光系数近似相同,但实际

上并不是这样，这种差异会给系统带来误差，其中主要考虑的是水汽、压力、温度对消光系数的影响。研究表明当峰尖波长激光的频率稳定性优于0.1pm(rms)，峰外波长激光的频率稳定性优于0.4 pm(rms)时，即使测量精度达到1×10^{-6}，波长不稳定带来的影响也可以忽略[6]，因此采用偏频锁频法并结合相关检测技术对峰尖波长进行主动锁定[7]，峰外波长激光器则由自主研制的恒温横流控制器驱动，峰尖波长激光器和峰外波长激光器的频率稳定性测试结果如图3.15所示。

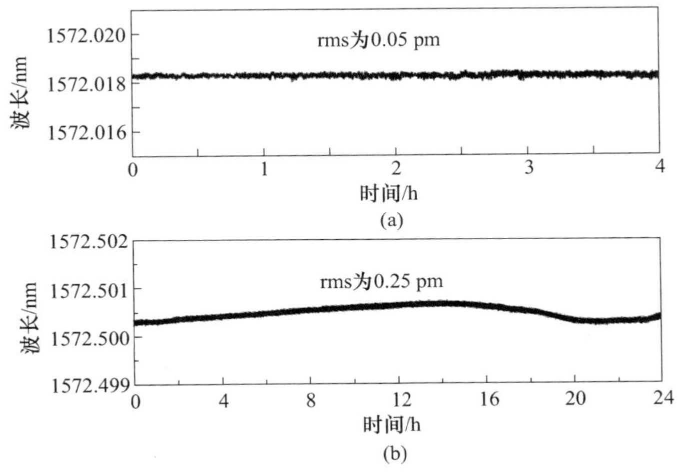

图3.15　峰尖波长激光器(a)和峰外波长激光器(b)的频率稳定性测试结果

2）频率调制和单频检测

系统中的噪声（如背景光噪声、电路固有噪声等）主要为低频噪声或者宽谱均匀分布的白噪声。由于回波探测器增益高，在时域上这些噪声幅度很大，采用单频检测技术可以避开分布在调制频率以外的噪声，相当于极窄带滤波器，可以有效地抑制带外噪声，提高信噪比。

3）电光调制器偏压控制

由于系统需要长时间工作，而电光调制器内部的晶体特性会随时间的变化有所改变，从而使得调制产生正弦波的偏置电压发生改变，严重时波形会产生失真（如出现平顶或平底），这会导致在频谱检测时出现误差，因此进行偏压控制十分必要。如果将输出正弦波最低点设置为零点，稍微控制不当就会使得波形失真，因此应把正弦波最低点控制在一个比较合适的值，图3.16是偏压控制结果。

利用设计的实验系统，开展了多批次长时间大气CO_2浓度监测实验，如图3.17所示。该图是2013年10月18日、11月16日和11月17日三天的大气CO_2浓度变化测量结果。可以看出：三天的日出时刻CO_2浓度均呈现下降趋势，

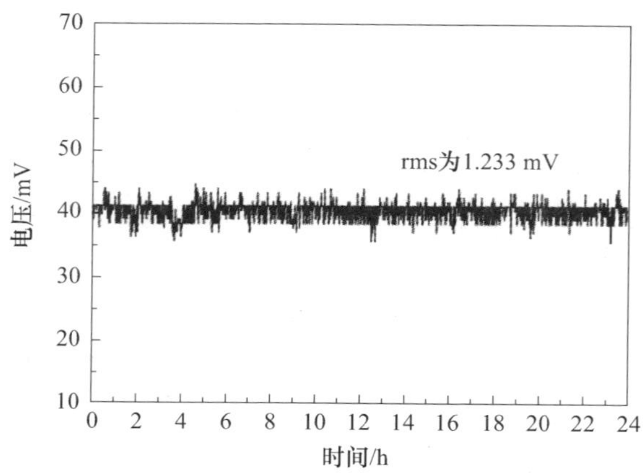

图 3.16　偏压控制稳定性结果

因为此时人类活动还不频繁，对大气 CO_2 浓度影响较小，主要是植物的光合作用影响；午后大气 CO_2 浓度都呈现一个上升趋势，应该是人类活动对大气 CO_2 浓度产生了较大影响；晚上大气 CO_2 浓度变化差异较大，产生这种现象的一个可能原因是晚上大气 CO_2 浓度变化，主要影响因素是本地与周围区域的空气流动，这将导致一定的不确定性。

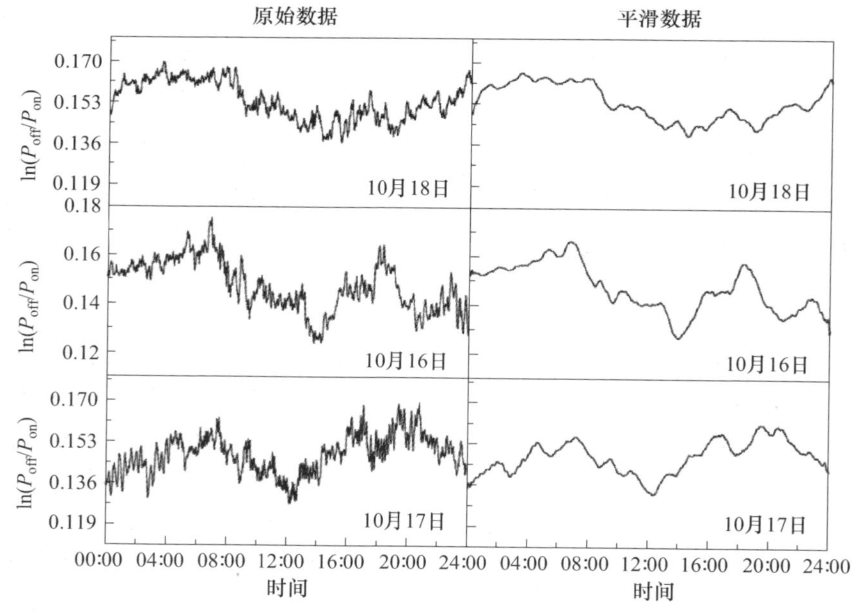

图 3.17　2013 年上海市虹口区三天大气 CO_2 浓度变化监测结果

3.1.3.2　全光纤相干探测 CO_2 系统

设计的探测系统激光波段选择在 1.6μm，这一波段位于 CO_2 的吸收谱线范围内，可以实现对 CO_2 的差分吸收探测。此外，1.6μm 也位于光纤通信主要波段内，具有相关器件发展成熟、价格较低、集成度好等优点，同时该波段也有利于人眼安全。基于此，本部分设计了 1.6μm 光纤激光相干探测 CO_2 系统，系统结构如图 3.18所示。

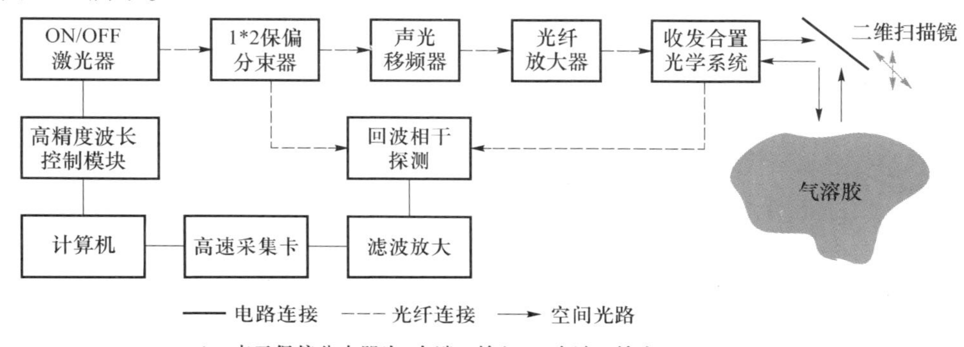

图 3.18　光纤激光相干探测 CO_2 系统结构框图

图 3.18 中，发射系统采用外腔调谐半导体激光器（ECDL）作为 $\lambda_{on}/\lambda_{off}$ 光源主振荡器。为了确保 ECDL 输出 λ_{on} 光的稳定性，可取样出部分光经过波长计（用充有 CO_2 气体的标准气体池作为波长计）监测其波长变化，波长计的反馈信号可调整波长，使之稳定在 CO_2 吸收谱峰上。ECDL 经过调谐，可以将其波长调节到吸收峰外，作为 λ_{off} 光输出。

该系统 ECDL 输出的是连续波激光。用脉冲信号发生器对声光调制器施加脉冲信号，连续激光经过后就变成脉冲激光。为了避免持续脉冲回波信号间的干扰，发射的脉冲不宜过密，所以重复频率不宜太高。采用时分复用的工作机制，通过隔离器，经掺铒光纤放大器进行功率放大后将 on/off 激光信号发射出去。

回波信号被望远镜接收，利用窄带滤波器滤除天空背景噪声。通过光纤耦合器对 on 光源和 off 光源进行取样，由长光纤传输后作为本振信号分别与 on/off 回波信号相混频。相干探测器采用 InGaAs PIN 管。长光纤的长度与探测距离要大体相等，以增强两信号的相干性。混频信号经过放大滤波和数据采集后进行数字信号处理，可反演出 CO_2 的浓度。

1）高精度波长控制

发射系统采用 ECDL 作为 $\lambda_{on}/\lambda_{off}$ 光源主振荡器。如图 3.19 所示，激光器主要由一只二极管激光器管芯、准直透镜、衍射光栅、后反射镜组成。二极管激光器的一个端面镀全反射膜，另一端面镀半反射膜，全反射膜和后反射镜形成谐振腔。光栅既是光选频元件又是光反馈元件，起到压缩线宽的作用。不同波长激光在光栅上的衍射角度不同，以此达到选频的目的。通过控制直流电动机运动部件改变腔长实现对激光波长的粗调。通过驱动压电陶瓷（PZT）改变旋转镜的角度可以实现对激光波长的精调。激光波长的粗调和精调部件的驱动分别通过外部电流输入控制来实现。

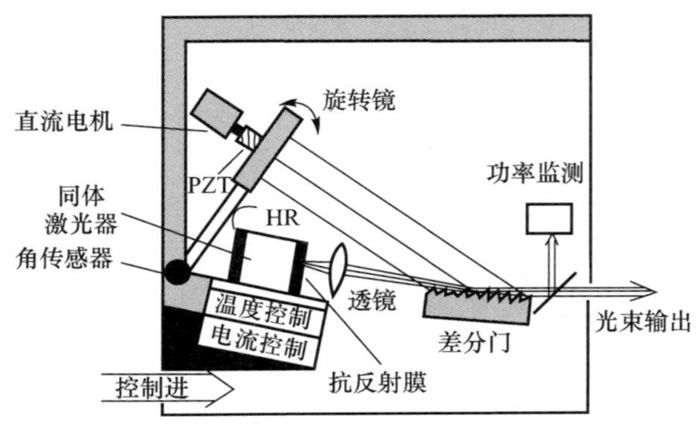

图 3.19　ECDL 波长调谐原理图

高精度波长控制主要任务是将探测激光波长分别稳定控制在被探测气体光谱吸收峰的中心及外侧，达到差分吸收探测的目的。因此，对激光波长的控制与被探测气体的精细吸收光谱密切相关。本探测系统的探测对象 CO_2 的透过率精细光谱图则如图 3.20 所示。从中可以看出，在每纳米的范围内，CO_2有 4 ~5 个吸收光谱线，并且吸收光谱线较窄。因此，激光雷达对 CO_2气体进行探测时，激光器需要有很窄的线宽，而且其波长还需精密可调谐。这种激光器的价位一般比较高，波长控制技术难度比较大，高精度波长控制技术是该系统的关键技术之一。

探测系统中采用的高精度波长控制方法如下：用一束正弦信号（或三角波信号）对激光强度信号进行调制，然后对调制信号进行解调。从图 3.21（a）、图 3.21（b）和图 3.21（c）可以得出，当调制信号远离吸收峰时，解调出的信号幅值比较高；当调制信号在吸收峰附近时，解调出的信号幅值比较低；当调制信号正好处在吸收峰时，解调出的信号幅值最小。图 3.21（d）描述了激光通过吸收谱后强度信号 I_T的导数 ΔI_T 随激光中心频率 ν 的变化曲线。在频率调制工作机制下，如图 3.21（d）所示，ΔI_T为 0 的点即需要找的最理想的控制点（吸收光谱中吸收峰的所在点）。

假设激光的中心频率为 υ，激光强度为 I_T，调制正弦信号幅度为 m（m 一般设为很小），调制正弦信号的频率为 Ω，则有如下关系

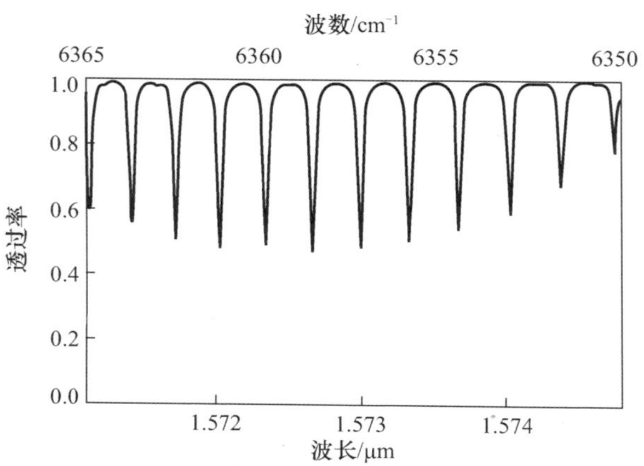

图 3.20　CO_2 在 1.6μm 附近的吸收线

$$I_T(v) = I_T(v + m\sin(\Omega t)) \tag{3.9}$$

式(3.9)中要求 $\Omega < \Gamma$，Γ 为吸收线的线宽。对式(3.9)进行泰勒级数展开，得

$$\begin{aligned} I_T(v + m\sin(\Omega t)) &= I_T(v) + (m\sin\Omega t)\frac{\mathrm{d}I_T}{\mathrm{d}v} + \left(\frac{m^2\sin^2\Omega t}{2!}\right)\frac{\mathrm{d}^2 I_T}{\mathrm{d}v^2} + \\ &\left(\frac{m^3\sin^3\Omega t}{3!}\right)\frac{\mathrm{d}^3 I_T}{\mathrm{d}v^3} + \cdots = \left[I_T(v) + \frac{m^2}{4}\frac{\mathrm{d}^2 I_T}{\mathrm{d}v^2} + \cdots\right] + \\ &\sin\Omega t\left[m\frac{\mathrm{d}I_T}{\mathrm{d}v} + \frac{m^3}{8}\sin^2\Omega t\frac{\mathrm{d}^3 I_T}{\mathrm{d}v^3} + \cdots\right] + \cos 2\Omega t\left[-\frac{m^2}{4}\frac{\mathrm{d}^2 I_T}{\mathrm{d}v^2} + \cdots\right] + \cdots \end{aligned} \tag{3.10}$$

在频率调制工作机制下，式(3.10)中 $I_T(v) + \frac{m^2}{4}\frac{\mathrm{d}^2 I_T}{\mathrm{d}v^2} + \cdots$ 是一个直流分量，它对应所加调制信号的直流部分，不同的直流分量对应激光器不同的中心波长。式(3.10)中，一次谐波系数为 $m\frac{\mathrm{d}I_T}{\mathrm{d}v} + \frac{m^3}{8}\sin^2\Omega t\frac{\mathrm{d}^3 I_T}{\mathrm{d}v^3} + \cdots$。由于调制正弦信号幅度 m 很小，高次项可忽略，所以一次谐波系数简化为 $m\frac{\mathrm{d}I_T}{\mathrm{d}v}$，包含强度对其中心频率的一阶导数 $\frac{\mathrm{d}I_T}{\mathrm{d}v}$，即图 3.21(d)中对应的曲线。用锁相放大器对一次谐波系数进行检测，可作为波长精调 PZT 驱动控制的反馈信号。根据上述分析，提出波长控制设计方案，如图 3.22 所示。

图 3.22 中，首先提供 ECDL 驱动控制器一直流电压信号，由波形发生电路产

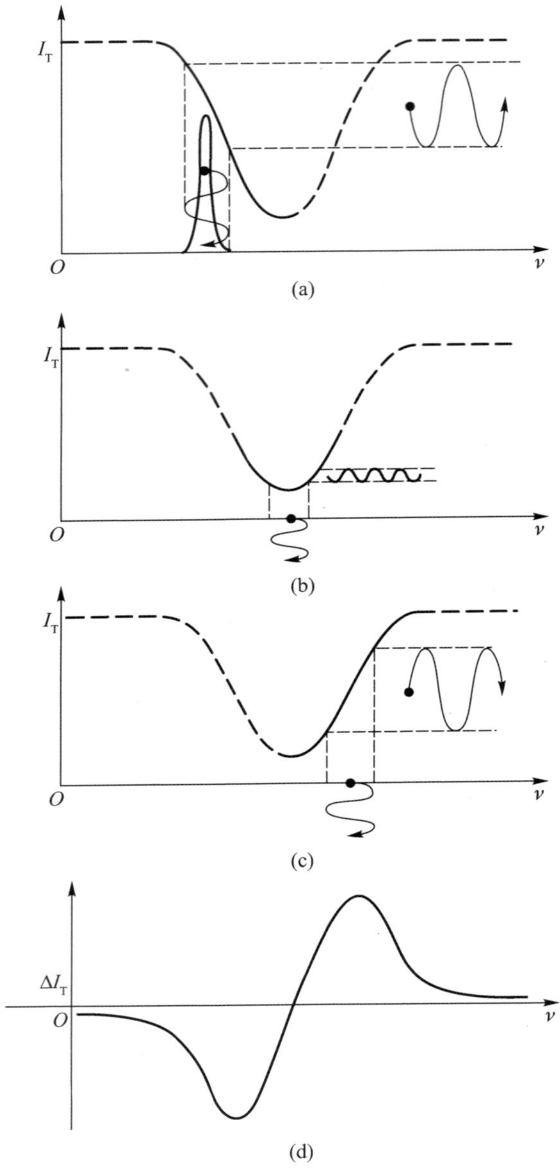

图 3.21　波长控制原理图

生正弦波信号对其进行调制，控制直流电机运动部件改变腔长，实现对激光波长的粗调；通过检测探测器的信号强度形成反馈，控制直流电压信号的大小，使波长稳定在某一个吸收峰附近；再由锁相放大器提取探测器信号中的一次谐波系数，经

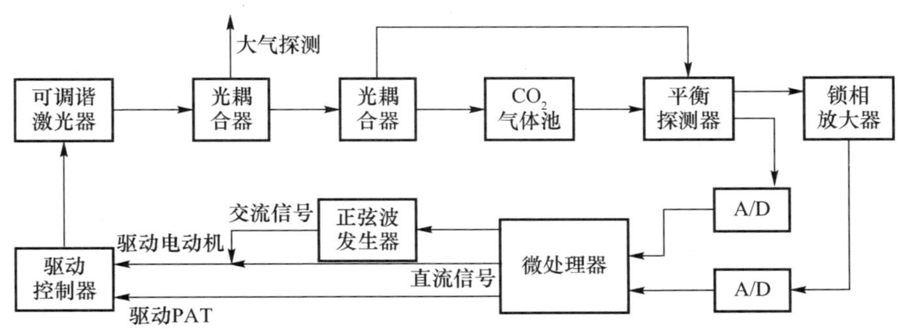

图 3.22　波长控制设计方案图

A/D 转换后作为反馈信号，驱动 PZT 改变旋转镜的角度实现对激光频率的精调，使波长最终稳定在该吸收峰上。控制算法可采用传统的比例 - 积分 - 导数控制器(PID)控制。

2）回波相干探测

在探测系统设计中，对微弱的激光大气回波信号探测是一个技术难点。这里采用相干探测体制，其优点是可以极大地提高系统信噪比，抑制背景噪声，提高对 CO_2 的探测精度。采取相干探测体制还可以检测出回波信号的多普勒频移，因此可以同时测风。在探测系统设计中，采用 1.6μm 的激光探测波段，采用这一波段的好处是可以借用大量光纤通信方面的成熟器件。在回波相干探测中，也采用这一思路，利用光纤通信接收机的有关概念来设计相干探测系统。

由前所述，相干探测分为零差和外差探测体制。其中，零差探测体制要求激光回波光信号与本振光信号的频率持续恒定，而这在实际对大气探测过程中是很难实现的。外差探测需要回波光与本振光频率不同，存在一定的频率差。频差的实现，可以使用声光频移器对激光进行频移。另外，由于使用了外差探测，在前级放大电路中，就可使用交流耦合，减少电路由于工作点漂移带来的误差。为了减少本振光信号中的噪声效应，采用平衡检波器对输入光信号进行检测，可以大大减少本振噪声，提高系统信噪比。

在相干探测系统中，本振光和回波光信号在光纤耦合器中混合。光纤耦合器为一四端口器件，其中两端口分别用于回波光与本振光信号的输入，另两端口输出的都是本振光与回波光的混合信号。对于 50/50 耦合器，本振光与回波光信号能量各有 50% 发送到输出端口上。对于 180°光纤耦合器，其四端口的矩阵为 $\boldsymbol{H}=\frac{1}{\sqrt{2}}e^{j\theta}\begin{bmatrix}1 & 1\\1 & -1\end{bmatrix}$，其中一耦合臂上存在 180°的附加相移。如输入本振信号为 E_{loc}，回波信号为 E_{in}，不考虑耦合器总体的相移 θ，则两输出端口的输出信号分别为

$$\begin{cases} E_1 = \dfrac{1}{\sqrt{2}}(E_{\text{in}} + E_{\text{loc}}) \\ E_2 = \dfrac{1}{\sqrt{2}}(E_{\text{in}} - E_{\text{loc}}) \end{cases} \tag{3.11}$$

式中：$E_{\text{in}} = A_{\text{in}}\cos[\omega_{\text{in}}t + \phi(t)]$，（$\phi(t)$为光信号传播中产生的相移，在不同光程以及不同传输条件下，$\phi(t)$为一随机变量）；$E_{\text{loc}} = A_{\text{loc}}\cos\omega_{\text{loc}}t$。两信号分别输入平衡探测器对应的一只 PIN 管，R_s 为响应率，由于平方关系，产生的电流为

$$\begin{cases} I_1 = R \cdot E_1^2 \\ I_2 = R \cdot E_2^2 \end{cases} \tag{3.12}$$

代入 E_{in}与 E_{loc}后可得

$$I_1 = \frac{1}{2}R_s\{P_{\text{in}} + P_{\text{loc}} + 2\sqrt{P_{\text{in}}P_{\text{loc}}}\cos(\gamma)\cos[(\omega_{\text{in}} - \omega_{\text{loc}})t + \phi(t)]\} \tag{3.13}$$

$$I_2 = \frac{1}{2}R_s\{P_{\text{in}} + P_{\text{loc}} - 2\sqrt{P_{\text{in}}P_{\text{loc}}}\cos(\gamma)\cos[(\omega_{\text{in}} - \omega_{\text{loc}})t + \phi(t)]\} \tag{3.14}$$

由于平衡探测器的输出为两 PIN 管电流之差，所以输出电流为

$$I_{\text{out}} = 2R_s\sqrt{P_{\text{in}}P_{\text{loc}}}\cos(\gamma)\cos[(\omega_{\text{in}} - \omega_{\text{loc}})t + \phi(t)] \tag{3.15}$$

其中，$\cos(\gamma)$与两光信号的偏振方向和线宽有关。线宽越窄，偏振方向相差越小，$\cos(\gamma)$的值越大，也就是两光信号的相干度越好，平衡探测器输出信号越强。

对于多数实际的光纤耦合器，相对于直通臂，在两耦合臂上各存在 90°的附加相移，$\boldsymbol{H} = \dfrac{1}{\sqrt{2}}e^{j\theta}\begin{bmatrix} 1 & 1 \\ j & j \end{bmatrix}$，则

$$I_1 = \frac{1}{2}R_s\{P_{\text{in}} + P_{\text{loc}} + 2\ \sqrt{P_{\text{in}}P_{\text{loc}}}\cos(\gamma)\cos[(\omega_{\text{in}} - \omega_{\text{loc}})t - \pi/2 + \phi(t)]\} \tag{3.16}$$

$$I_2 = \frac{1}{2}R_s\{P_{\text{in}} + P_{\text{loc}} + 2\ \sqrt{P_{\text{in}}P_{\text{loc}}}\cos(\gamma)\cos[(\omega_{\text{in}} - \omega_{\text{loc}})t + \pi/2 + \phi(t)]\} \tag{3.17}$$

所以输出电流为

$$I_{\text{out}} = 2R\ \sqrt{P_{\text{in}}P_{\text{loc}}}\cos(\gamma)\sin[(\omega_{\text{in}} - \omega_{\text{loc}})t + \phi(t)] \tag{3.18}$$

3）发射与接收系统

由于大气后向散射很弱，激光回波的接收往往采用大口径望远镜，采用收发合

置光学系统，系统核心是大口径牛顿望远镜。在牛顿望远镜副镜背面安装一面与副镜同样大小、相互平行的平面镜，光纤放大器出射激光经过光隔离器、扩束器后以45°入射到该平面镜上，使得发射激光水平出射至二维扫描镜上。大功率激光经过大气粒子吸收散射后，依次经过二维扫描镜、牛顿望远镜耦合入单模光纤中，完成后续的相干探测。

当偏振激光在大气传输时由于光子与大气粒子碰撞和散射会导致偏振态的改变[8]。偏振分集技术是把光混频信号分解成相互正交的两个偏振分量分别处理，最后再将两中频信号取平方和以消除信号光偏振态随机变化对接收灵敏度的影响。采用平衡探测器能有效抑制系统中共模干扰，提高信噪比[9]。平衡混频式偏振分集接收方式结构原理如图3.23所示。

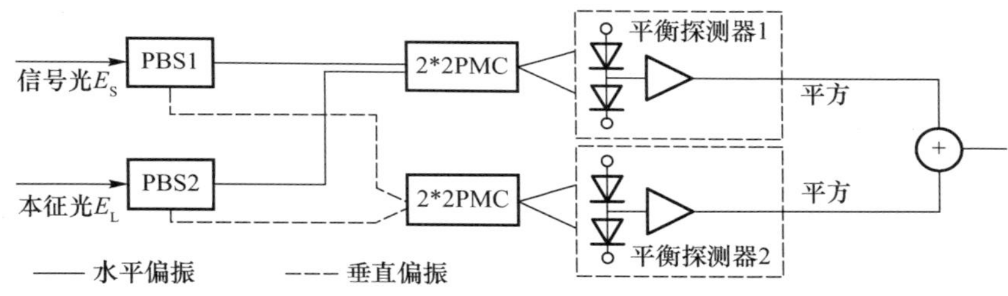

图3.23　偏振分集接收原理图

设本振光(LO)和信号光分别为

$$E_L(t)=E_{10}\cos(\omega_L t+\varphi_L)$$
$$E_S(t)=E_{20}\cos(\omega_S t+\varphi_S) \tag{3.19}$$

经3dB保偏耦合器(3dB PMC)、经偏振分束后，水平方向偏振和垂直方向偏振光电场为[8]

$$\begin{cases}E_{1H}(t)=\mathrm{e}^{\mathrm{j}\varphi}(\gamma E_S(t)\mathrm{e}^{\mathrm{j}\alpha_H}+\chi E_L(t)\mathrm{e}^{\mathrm{j}(\delta_H+\pi/2)})/\sqrt{2}\\ E_{2H}(t)=\mathrm{e}^{\mathrm{j}\varphi}(\gamma E_S(t)\mathrm{e}^{\mathrm{j}(\alpha_H+\pi/2)}+\chi E_L(t)\mathrm{e}^{\mathrm{j}\delta_H})/\sqrt{2}\\ E_{1H}(t)=\mathrm{e}^{\mathrm{j}\varphi}(\sqrt{1-\gamma^2}E_S(t)\mathrm{e}^{\mathrm{j}\alpha_V}+\sqrt{1-\chi^2}E_L(t)\mathrm{e}^{\mathrm{j}(\delta_V+\pi/2)})/\sqrt{2}\\ E_{2H}(t)=\mathrm{e}^{\mathrm{j}\varphi}(\sqrt{1-\gamma^2}E_S(t)\mathrm{e}^{\mathrm{j}(\alpha_V+\pi/2)}+\sqrt{1-\chi^2}E_L(t)\mathrm{e}^{\mathrm{j}\delta_V})/\sqrt{2}\end{cases} \tag{3.20}$$

式中：φ为发射场的相位；α_H，α_V，δ_H、δ_V分别为信号光和本振光经偏振分束后在水平及垂直方向上产生的相位变化；γ是由于信号光的偏振态随机变化导致的在偏振分束器上的分束比；χ为本振光经过偏振分束器后的振幅分束比，理想情况下$\chi^2=0.5$。

两个平衡探测器的输出信号为

$$\begin{cases} I_{\mathrm{H}}(t) = 2\rho\gamma\chi\sqrt{P_{\mathrm{L}}P_{\mathrm{S}}}\cos(2\pi\Delta f t + \varphi_{\mathrm{L}} - \varphi_{\mathrm{S}} + \delta_{\mathrm{H}} - \alpha_{\mathrm{H}}) \\ I_{\mathrm{V}}(t) = 2\rho\sqrt{1-\gamma^2}\sqrt{1-\chi^2}\sqrt{P_{\mathrm{L}}P_{\mathrm{S}}}\cos(2\pi\Delta f t + \varphi_{\mathrm{L}} - \varphi_{\mathrm{S}} + \delta_{\mathrm{V}} - \alpha_{\mathrm{V}}) \end{cases} \tag{3.21}$$

对本振光经过偏振分束后的功率进行监视，得到$\chi^2 P_{\mathrm{L}}$，即可得到与本振光无关的偏振分集技术修正式：

$$I_0^2(t) = I_{\mathrm{H}}^2(t)/(\chi^2 P_{\mathrm{L}}) + I_{\mathrm{V}}^2(t)/[(1-\chi^2)P_{\mathrm{L}}] = 4\rho^2 P_{\mathrm{S}}\cos^2(2\pi\Delta f t + \varphi_{\mathrm{L}} - \varphi_{\mathrm{S}} + \delta_{\mathrm{H}} - \alpha_{\mathrm{H}}) \tag{3.22}$$

可见式(3.22)中不含本振光信息，且与信号光的偏振分束比γ无关，实际上是解决了信号回波和本振光偏振态间夹角变化导致相干效率下降的问题，提高了相干效率和相干的稳定性。

4）其他器件

实验系统采用全光纤结构，大量采用保偏光纤、偏振分束器、偏振耦合器以及双平衡探测器，此外，在激光收发装置的发射端还需要对发射激光能量进行监视，以便对回波光能量进行归一化。在光放大器出射端，仍需要接入光隔离器，减小光纤器件端面反射的大能量激光对激光器工作性能的影响。

3.2 水汽浓度探测

水汽是一种非常重要的温室气体，它在大气的很多物理与化学过程中担任了重要的角色。另外，水汽是大气中唯一能发生相变的成分，在水相变化过程中不断释放或吸收热量，对地面和空气的温度影响很大。因此，持续获得对流边界层高精度、高时空分辨力的水汽浓度分布数据对于研究水循环和大气潜热通量廓线有重要意义[10]。但是目前的测量手段都存在一定的局限性，例如地基探测塔仅能获得地面固定点的数据；探空气球虽然可以获得一定高度范围内的水汽分布数据，但是受成本、天气等多方面因素的限制无法实现连续观测，红外与微波的被动探测计的空间分辨力达不到要求，地基 GPS 在底层大气的探测误差较大。拉曼水汽探测激光雷达是一种较先进的探测方法，但是其回波信号弱，在白天背景光很强时测量精度会显著降低，不能获得有效的数据。差分吸收激光雷达(DIAL)是从 20 世纪 70 年代开始发展的一种能对各种微量气体进行主动探测的先进技术。利用两个很接近的波长同时探测，可以将相关的干扰量差分掉并反演出被测气体的浓度分布。该类系统具有自校准性，不易受外界干扰；而且其回波信号由米散射和瑞利散射组成，相比于拉曼散射回波信号较强，结合一些降噪技术在白天也能够达到较高的探测精度。美国、法国和德国都已经建立可以运行的基于 DIAL 技术的水汽探

测地基和机载系统，目前国内在水汽脉冲光探测系统方面的研究基本处于空白状态。

这里给出一种地基水汽探测 DIAL 系统方案，用于测量对流层底层的水汽浓度分布[11]。

3.2.1　水汽浓度探测原理

根据基本的激光雷达方程，大气后向散射信号的能量可以表示为

$$P(\lambda,R) = P_{\mathrm{L}}\frac{c\tau_{\mathrm{L}}}{2}\frac{A}{R^2}\eta(\lambda,R)\beta(\lambda,R)\times\exp\left[-2\int_0^R\alpha(\lambda,r)\mathrm{d}r\right] \tag{3.23}$$

式中：$P(\lambda,R)$是距离为 R 处的回波功率；λ 为发射光的波长；R 为接收距离；P_{L} 为发射光功率；c 为空气中光速；τ_{L} 为激光脉冲宽度；A 为接收望远镜的有效面积；$\eta(\lambda,R)$为系统光学效率；$\beta(\lambda,R)$和 $\alpha(\lambda,r)$分别为距离为 R 处的总后向散射系数和总消光系数。

由于 λ_{on}和 λ_{off}差别非常小，可以认为两个波长在大气中的传输特性基本一致，其他气体和气溶胶等因素对它们的影响相同，系统光学效率也相同，因此认为 $\eta(\lambda_{\mathrm{on}},R)\approx\eta(\lambda_{\mathrm{off}},R)$，$\beta(\lambda_{\mathrm{on}},R)\approx\beta(\lambda_{\mathrm{off}},R)$，$\alpha(\lambda_{\mathrm{on}},r)-\alpha(\lambda_{\mathrm{off}},r)\approx\rho(\mathrm{H_2O},r)\Delta\sigma$。从式(3.23)可以推导出

$$\rho(\mathrm{H_2O},R) = \frac{1}{2\Delta R\Delta\sigma}\ln\left[\frac{P(\lambda_{\mathrm{on}},R)P(\lambda_{\mathrm{off}},R+\Delta R)}{P(\lambda_{\mathrm{on}},R+\Delta R)P(\lambda_{\mathrm{off}},R)}\right] \tag{3.24}$$

式中：$\rho(\mathrm{H_2O},R)$为距离 R 到 $R+\Delta R$ 之间的水汽平均浓度；ΔR 为距离分辨力；$\Delta\sigma$ 为差分吸收截面，也就是峰尖波长和峰外波长的水汽吸收截面的差值，反演水汽浓度需要知道等式右边各参数的数值。回波能量 P 可以通过测量获得，距离分辨力 ΔR 是根据不同情况而选取的反演参数，差分吸收截面 $\Delta\sigma=\sigma_{\mathrm{on}}-\sigma_{\mathrm{off}}$可以通过查找 HITRAN 数据库获得，但是由于发射激光的频率漂移、线宽和光谱纯度等因素的影响，实际吸收截面（特别是 σ_{on}）与数据库中的值有一定的差别，这就会直接给反演结果带来误差。为消除该误差的影响，在系统中加入一个基于多通道气体池的差分吸收截面实时测量装置，下面是其测量原理。气体分子对光的吸收遵循比尔－郎伯(Beer－Lambert)定理，则可以得到

$$I_2(\lambda) = k\times I_1(\lambda)\exp\{[-\sigma(\lambda)-\varepsilon_{\mathrm{R}}(\lambda)-\varepsilon_{\mathrm{M}}(\lambda)]nL\} \tag{3.25}$$

式中：$I_1(\lambda)$、$I_2(\lambda)$分别为高速探测器 PD1 和 PD2 探测到的能量；k 是两通道间的比例常数，综合两个通道的分光比、光路损耗和探测器增益差异等因素的影响；λ 为入射光波长；$\sigma(\lambda)$为波长对应的吸收截面(单位为 $\mathrm{cm^2/molecule}$)；$\varepsilon_{\mathrm{R}}(\lambda)$、$\varepsilon_{\mathrm{M}}(\lambda)$分别为瑞利散射系数和米散射系数；$n$ 为单位体积内吸收气体的分子数密

度(单位为分子/cm^3);L 为光通过多通道气体池的吸收气体长度。

同样由于 λ_{on} 和 λ_{off} 差别非常小,可以忽略除吸收截面不同以外其他因素的差异,根据式 (3.25)可推导出

$$\Delta\sigma \approx \frac{1}{nL}\ln\left[\frac{I_2(\lambda_{off})}{I_1(\lambda_{off})}\frac{I_1(\lambda_{on})}{I_2(\lambda_{on})}\right] \tag{3.26}$$

通过上式可以计算出差分吸收截面 $\Delta\sigma$,再根据测量数据进行校正。整个反演计算流程如图 3.24 所示。

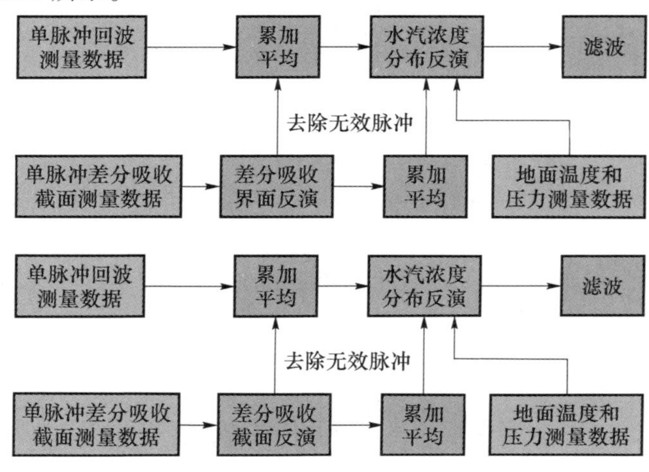

图 3.24 水汽浓度反演计算流程(见彩图)

3.2.2 差分吸收激光雷达探测系统设计

这里介绍一种地基水汽探测差分吸收激光雷达系统,其组成框图如图 3.25 所示。

3.2.2.1 激光发射

系统的发射部分主要由 Nd:YAG 激光器、种子激光器和光学参量振荡器(OPO)组成。种子注入的 Nd:YAG 激光器以 10Hz 的重频输出窄线宽 1064nm 的脉冲光,通过倍频晶体后大约有 50% 的能量转换为 532nm 脉冲光用于抽运 OPO。采用两台分布反馈式(DFB)激光器作为种子激光器,输出连续光波长分别位于水汽吸收峰上和吸收峰外侧,前者称为峰尖波长 λ_{on},后者称为峰外波长 λ_{off}。为实现 OPO 输出波长在 λ_{on} 和 λ_{off} 之间的交替切换,两路种子光通过一个 2×1 的光开关后注入到 OPO 中,需要使用单模保偏光纤和半波片来保证抽运光和种子光的偏振匹配。如图 3.25 所示,OPO 由四面镜子组成的环形腔和非线性晶体 KTP(磷酸钛

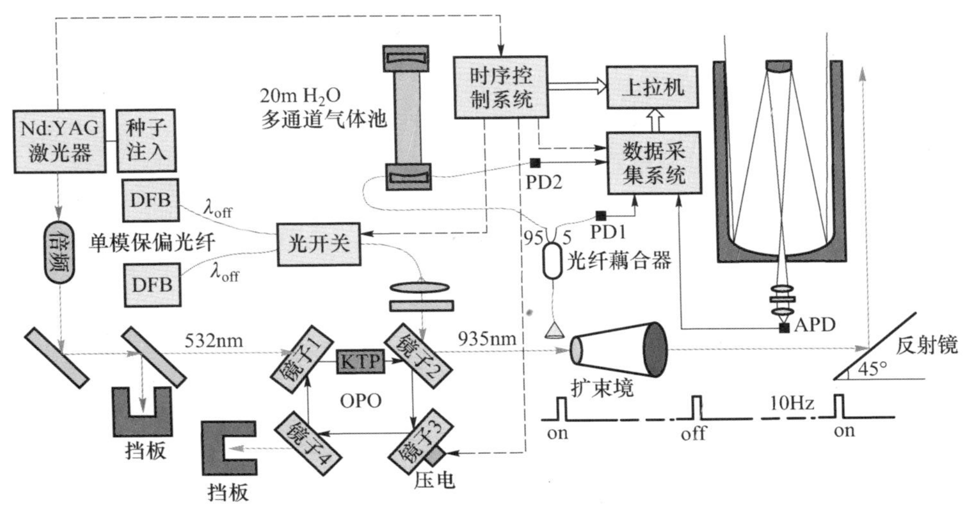

图 3.25　大气水汽探测地基差分吸收激光雷达系统构成组成框图

氧钾)组成,在其中一面镜片上装有压电陶瓷用于控制环形腔的腔长,使其与种子注入光的波长满足一定的匹配关系。

在底层大气中,水汽吸收峰的宽度一般为 10pm 左右。在对流层顶,由于压力减小与温度降低,吸收峰宽度减小到 5pm 左右。为保证足够高的测量精度,对峰尖波长的线宽和频率稳定性有很高的要求,因此这里采用种子注入的 Nd:YAG 激光器作为抽运源,其线宽大约为 150MHz。峰尖波长种子激光器采用主动稳频技术,利用低压水汽光纤气体池作为频率参考,将波长稳定在水汽吸收峰上;峰外波长种子激光器对波长稳定度要求不高,只需采用被动稳频技术。利用种子注入技术,使得 OPO 出射脉冲光的波长与种子光保持一致。

根据 HITRAN 数据库,得到夏季时中纬度地区海拔分别为 0km 和 5km 的 935nm 附近水汽吸收谱线,如图 3.26 所示。

选择四个吸收峰 $\lambda_{on1}=935.450\text{nm}$、$\lambda_{on2}=935.561\text{nm}$、$\lambda_{on3}=935.776\text{nm}$、$\lambda_{on4}=935.906\text{nm}$ 作为峰尖波长,在紧邻的地方选择 $\lambda_{off}=935.412\text{nm}$ 作为峰外波长。OPO 输出的信号光通过扩束镜后照射到反射镜上,通过反射镜的二维调节来实现发射光和接收望远镜的准直。

3.2.2.2　接收光学和数据采集

采用口径为 305mm、焦距为 3048mm 的卡塞格林望远镜接收后向散射信号。为在白天背景光很强的情况下工作,在望远镜后端加入滤光片光路,由准直镜、窄带滤光片和会聚镜组成,回波光电探测器是 APD,回波电信号通过数字采集卡数字化后上传到上位机。

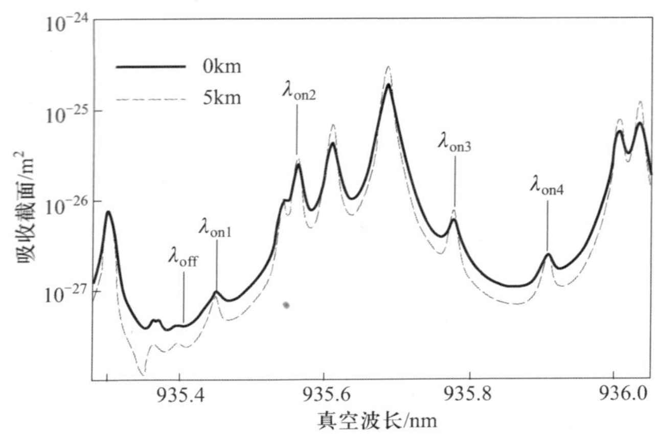

图 3.26　水汽吸收谱线

3.2.2.3　差分吸收截面测量

为补偿由于发射激光的频率漂移、线宽和光谱纯度带来的误差，加入一个实时差分吸收截面测量系统。通过光纤准直器将一小部分发射光耦合入光纤，再利用保偏光纤分路器把光分成两束，一束通过 20m 长的水汽多通道气体池后用高速光电二极管探测电路 PD1 接收，另一束直接用 PD2 接收作为参考。最后通过双通道高速数字采集卡（1GSPS/12Bit）将两个探测器的电信号数字化后上传到上位机。

3.2.2.4　时序控制与上位机

整个系统采用 Nd:YAG 激光器输出的 Q 开关信号作为同步信号，通过系统时序控制电路，使得光开关、OPO 腔长锁定的压电陶瓷和数据采集系统按照特定的时序工作。上位机采用 LabView 编写，用于接收数据采集系统上传的数据，并进行水汽浓度廓线实时反演和显示。

3.2.3　水汽浓度探测性能分析与仿真

3.2.3.1　发射参数与探测性能的关系

差分吸收截面受发射激光的频率抖动、线宽和光谱纯度的影响。系统光谱纯度大于 99.5%，在 5km 以下区域带来的随机误差小于 3%；在 5km 以上区域，由于水汽的光学厚度变小，误差也降低至 1% ~ 2%[12]。系统发射激光的线宽大约为 200MHz，根据 HITRAN 数据得到的水汽吸收光谱，可以得出在 5km 高度处其带来的随机误差小于 1%。峰尖波长通过主动稳频技术稳定在水汽的吸收峰上，频率抖动在 50MHz 以内，在 5km 高度处带来的随机误差同样小于 1%。如果认为这些

误差之间是相互独立的，则在底层大气层中，发射激光带来的总随机误差小于3.3%。通过上文描述的差分吸收截面实时测量装置，基本上可以消除该部分误差。事实上，该装置还能够实时监视数据的有效性，去除一些无效脉冲（例如偶然出现的OPO腔长失匹配现象）。

3.2.3.2　接收采集参数与探测性能的关系

对于旁轴系统，望远镜的接收视场与发射激光的光斑的重叠面积比例称为重叠因子，它是接收距离、激光发散角、望远镜接收视场角和两轴（激光与望远镜）间距离的函数，系统的重叠因子仿真结果如图3.27所示。由于峰尖波长和峰外波长是间隔发射的，即使是从同一个OPO中发出，出射角度也会存在一定的偏差，这会引起重叠因子小于1的距离范围内的随机误差。结合文献[13]中的分析结果，系统中±50μrad的指向稳定度在距离为200～500m之间会带来最大15%的随机误差。

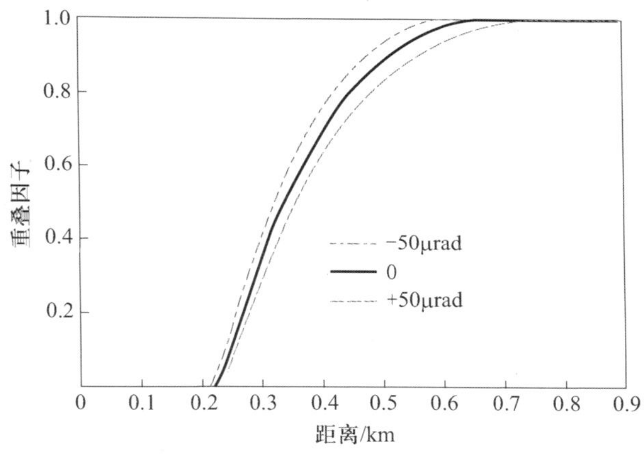

图3.27　不同激光出射角度与重叠因子的关系

数字采集部分的误差主要由数字采集卡的量化误差和非线性、背景噪声的估计偏差组成。在回波信号的信噪比较高时，误差基本可以忽略；但是在回波信号信噪比很低时，误差将带来较大的影响，其中包括绝对误差和随机误差。目前无法对此部分误差进行精确的仿真和估计，有待在实验中进一步研究。

3.2.3.3　大气参数与探测性能的关系

水汽的吸收截面会受压力与温度的影响，因此大气不同高度处的温度与压力的不确定性会给反演带来误差。前人对此误差做了很多详细的理论分析和实验，在低空的高压区域，压力引起的碰撞展宽起主导作用，一般认为标准大气模型中大气密度的误差小于3%[14]。通过测量地面的压力，可以将压力的影响减小到1%

以下。在低压区域，温度引起的多普勒展宽开始起主导作用，如果认为温度的误差在 ±2K 以内，在 935nm 附近由于温度引起的误差同样小于 1% 。压力还会导致吸收谱线的中心波长产生偏移，但其影响非常小，例如 935.450nm 处的漂移系数为 -0.1pm/atm，基本可以忽略。

大气后向散射主要是分子瑞利散射和气溶胶米散射，但因多普勒效应，分子瑞利散射会展宽回波光谱，给反演带来误差；同时不同的天气和高度，气溶胶浓度的变化很大，瑞利散射信号在总散射信号中所占的比例也不同。为提高反演精度，需要根据不同的散射比例进行校正。在底层大气中，气溶胶浓度较大，瑞利－多普勒效应带来的误差并不明显，在 10km 以下区域一般小于 1.5% 。后向散射信号中还有一小部分为拉曼散射信号，但不同于弹性散射信号，拉曼散射信号会发生一定的频移。在没有滤光片的情况下，拉曼散射带来的系统误差能达到 10% 左右[15]，因而在夜晚也需要窄带滤光片，相比于白天 1nm 带宽的滤光片，夜晚只需要 8 nm 的带宽即可。大气中主要有氧气、氮气、二氧化碳、水汽、臭氧和其他微量气体，在选择激光波长时需要避免非测量气体的吸收。通过 HITRAN 数据可以看出，在 935 nm 波段只存在水汽的吸收峰，可以排除其他气体分子吸收的影响。

3.2.3.4 回波噪声与探测性能的关系

回波信号中的噪声主要由大气背景噪声和探测器的噪声组成，夜晚时大气背景辐射功率基本为零，白天时望远镜接收到的背景辐射功率为

$$P_b = S_b \pi \left(\frac{\gamma}{2} \right) \Delta\lambda A T_0 \tag{3.27}$$

式中：S_b 为天空背景辐射光亮度，在 930nm 波段一般取 $3 \times 10^{-3}\,\mathrm{W/(m^2 \cdot sr \cdot nm)}$；$\gamma$ 为望远镜的接收视场角；$\Delta\lambda$ 为滤光片带宽；A 为望远镜有效接收面积；T_0 为接收系统光学效率。

APD 探测器噪声主要由量子噪声、暗电流噪声、倍增噪声和负载电阻热噪声组成。如果认为各噪声相互独立，则探测器输出的电压信噪比可以表示为

$$\mathrm{SNR} = \sqrt{\frac{[P_\lambda(z) R^*(\lambda)]^2 M_1^2}{2q(P_\lambda(z) R^*(\lambda) + P_b R^*(\lambda) + I_D) M_1^2 F(M_1) \Delta f + 2qI_L \Delta f + \dfrac{4k_b T \Delta f}{R_L}}} \tag{3.28}$$

式中：$P_\lambda(z)$ 为距离 z 处的散射回波信号功率；$R^*(\lambda)$ 为探测器在波长为 λ 处的响应度（$M=1$）；M_1 为 APD 的倍增系数；$F(M_1)$ 为过剩噪声因子；Δf 为探测器电路的带宽；I_D 为 APD 初级体暗电流；I_L 为 APD 表面暗电流；R_L 为负载电阻值；T 为环境温度；$q = 1.6 \times 10^{-19} C$；$k_b = 1.38 \times 10^{-23}\,\mathrm{J/K}$。

通过式(3.28)可以看出,回波的信噪比与倍增系数 M_1 有关,选择一个合适的 M_1 值可以提高信噪比。图 3.28 是不同情况下倍增系数 M_1 与信噪比的关系曲线。

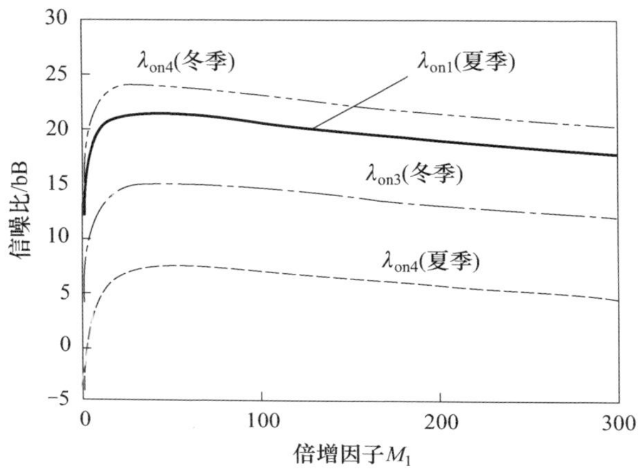

图 3.28　倍增系数 M_1 与回波信噪比(在 5km 处)的关系

根据式(3.28)的推导结果,忽略式中各量的相关性(事实上峰尖波长和峰外波长的回波不是完全独立的,距离为 R 处的回波和距离为 $R+\Delta R$ 处的回波也不是完全独立的,但目前无法准确估计它们之间的相关性,而且前者与后者之间是互相抵消的关系。因此选择忽略它们的相关性,则可得到水汽浓度相对测量误差为

$$\frac{\sigma[\rho(H_2O,R)]}{\rho(H_2O,R)} = \frac{1}{2\Delta\tau_d}\left(\sum_{\substack{i=1,2\\j=1,2}}\frac{1}{SNR_{i,j}^2}\right)^{1/2} \tag{3.29}$$

式中:$\Delta\tau_d=\rho(H_2O,R)\Delta R\Delta\sigma$ 为厚度为 ΔR 的散射单元的差分光学厚度,与距离分辨力、水汽浓度和差分吸收截面有关;$SNR_{i,j}$ 为对应回波信号的电压信噪比($i=1$、2 分别表示峰尖波长和峰外波长;$j=1$、2 分别表示回波距离为 R 和 $R+\Delta R$)。

3.2.3.5　峰尖波长与探测性能的关系

在选择峰尖波长时,存在一个矛盾:强吸收谱线能够带来更高的探测灵敏度与距离分辨力,但同时会使得回波衰减变大,导致远场的回波信噪比降低,测量误差反而增加。大气中的水汽浓度状况与地区、季节和天气状况密切相关,它也影响峰尖波长的选择,在浓度低的情况下需要使用较强的吸收峰;在浓度高的情况下则需要使用较弱的吸收峰。因此为选择合适的探测波长,结合上海地区夏季和冬季的水汽浓度状况,进行详细的仿真分析。一般将单程差分光学厚度定义为

$$\tau_d = \int_0^R \Delta\sigma N(r)\,dr \tag{3.30}$$

式中:R 为预期的最大探测距离;$N(r)$ 为距离 r 处的气体浓度;$\Delta\sigma$ 为差分吸收截面。合适的差分光学厚度范围为 $0.3<\tau_d<1.5$。夜晚背景辐射噪声很小,τ_d 大约取 1.1 为最佳值;白天背景辐射噪声较大,τ_d 大约取 0.55 为最佳值。根据图 3.26 中水汽吸收谱线,利用美国标准大气模型,对上海地区夏季和冬季晴天状况下各波长组合的差分光学厚度分别进行仿真分析,结果如图 3.29 所示。

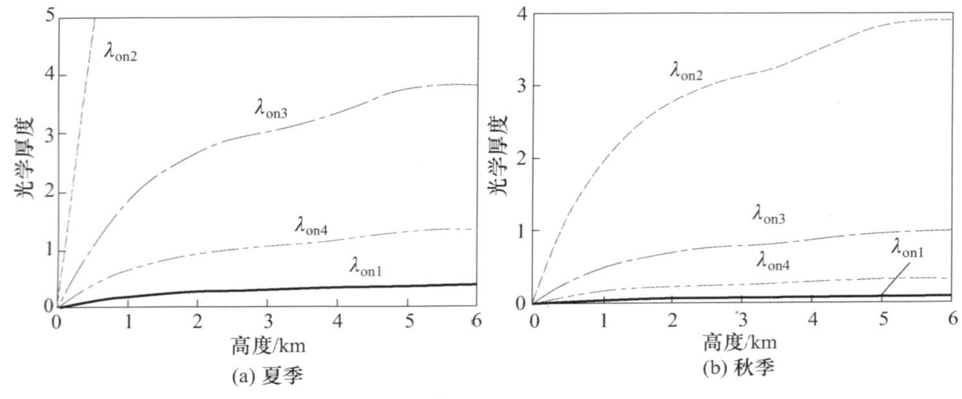

图 3.29 上海地区不同季节各波长的差分光学厚度

通过增加 ΔR(降低距离分辨力)和脉冲累积时间 Δt(降低时间分辨力),能够减小相对误差,它们之间关系为

$$\frac{\sigma[\rho(H_2O,R)]}{\rho(H_2O,R)}\propto(\Delta t)^{-1/2}(\Delta R)^{-3/2} \tag{3.31}$$

随着探测高度的增加,水汽浓度也会随之降低,在 $\Delta\tau_d$ 不变的情况下,距离分辨力 ΔR 会降低。分别取脉冲累积时间 Δt 和散射单元的差分光学厚度 $\Delta\tau_d$ 为 5min 和 $\tau_d/20$,结合上节对系统测量误差的分析,可得到不同探测波长在不同高度上的水汽浓度探测相对误差, 具体结果见图 3.30 所示。

从图 3.29 和图 3.30 仿真结果可以看出,夏季时在 5km 处 λ_{on1} 和 λ_{on4} 的差分光学厚度分别为 0.36 和 1.28,夜晚时 λ_{on4} 的相对探测误差明显小 λ_{on1};白天时随着高度的增加,回波信噪比越来越低,λ_{on4} 的相对探测误差也逐渐超过了 λ_{on1}。冬季时在 5km 处 λ_{on3} 和 λ_{on4} 的差分光学厚度分别为 0.97 和 0.32,夜晚时 λ_{on3} 的相对探测误差明显小于 λ_{on4};白天时,λ_{on3} 的相对探测误差也小于 λ_{on4},但随着高度增加,前者明显有超过后者的趋势,这与文献中结论完全符合。

综上所述,935nm 附近三个较弱的吸收峰 λ_{on1}、λ_{on3} 和 λ_{on4} 适用于上海地区的地基水汽探测差分吸收激光雷达系统,可以根据不同季节与天气的状况,选择不同的峰尖波长以达到最佳的探测效果,水汽浓度测量误差不超过 18%。

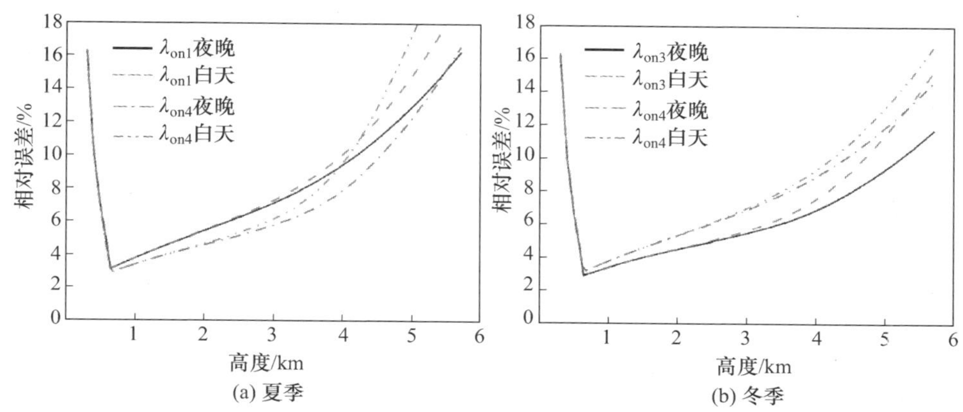

(a) 夏季　　(b) 冬季

图 3.30　上海地区不同季节不同高度上水汽浓度探测相对误差的仿真结果

3.3　大气成分扰动探测性能分析

3.3.1　经验模式分解与数据预处理性能

激光雷达的工作原理如图 3.13 所示：激光光束在大气中传输时，遇到散射物质（如大气分子、气溶胶、云等）将产生光散射。其中后向散射光将返回激光雷达被接收系统所接收。对所接收到的信号进行反演，就可得到所需的大气物理量。例如差分吸收激光雷达可以探测大气气体浓度，多普勒激光雷达可以反演大气风速。由于激光大气后向散射信号微弱，所以一般采用光子计数方式。激光雷达大气回波信号信噪比低，因此必须对回波信号进行处理。经过 m 次信号累积平均后信噪比可提高$\sqrt{m}$倍。对于重复频率为 10Hz 的激光雷达，累积 1000 次需要 100s 的时间。因此，信号平均显然不能满足一些气象服务与实时探测的需求。小波在分析不同距离激光雷达回波信号时很难确定小波阈值与小波类型，缺乏自适应性[4]。这里拟采用经验模式分解法（EMD）对回波信号进行处理。

EMD 是 Huang 于 1998 年提出的一种新的用于分析非线性和非平稳信号的处理方法。它能将一个信号的能量按照时域中各种固有尺度的波动进行分解，得到一系列本征模函数（IMF）。分解产生的具有不同尺度的 IMF 对应不同频率分量。EMD 能有效地提取一个数据序列的趋势、去掉数据序列中的高频噪声，因此可以对回波信号进行实时处理并提高信噪比，具有自适应性。激光回波的相干探测相较于直接探测有较高的信噪比，但为了达到更高的精度，仍然需要对提取的回波信号进行降噪处理[16]。

3.3.1.1 激光雷达大气回波信号仿真

采用光子计数方式，激光雷达回波方程为

$$N = N_0\eta\beta(\lambda,R)\Delta R(A/R^2)\exp\left(-2\int_0^R\alpha(\lambda,z)\,\mathrm{d}z\right) \tag{3.32}$$

式中：N_0为激光单脉冲包含的光子数；N为探测器接收的光子数；λ为激光波长；η为系统接收效率（包括探测器的量子效率）；R为探测距离；A为望远镜接收面积；β为大气后向散射系数（包括大气分子后向散射系数β_m和气溶胶后散射系数β_a）；α为大气消光系数（包括大气分子消光系数α_m和气溶胶消光系数α_a）。

这里将模拟532nm激光雷达探测大气风速的回波信号，所采用激光雷达系统参数见表3.3。数值模拟计算采用的大气分子和气溶胶消光模式分别见式(3.33)、式(3.34)，得到仿真的激光雷达回波信号如图3.31、图3.32所示。

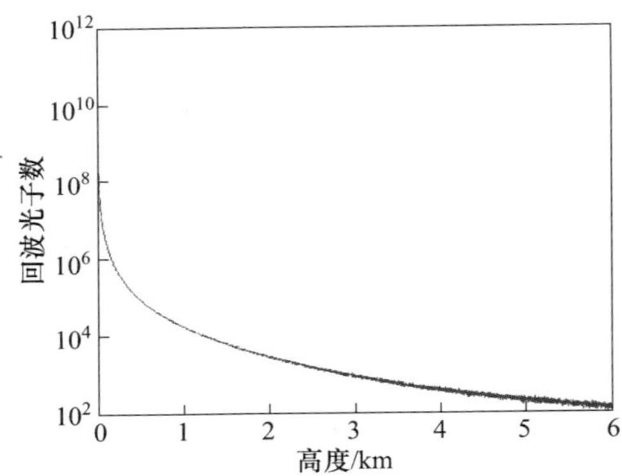

图3.31 激光雷达大气回波信号

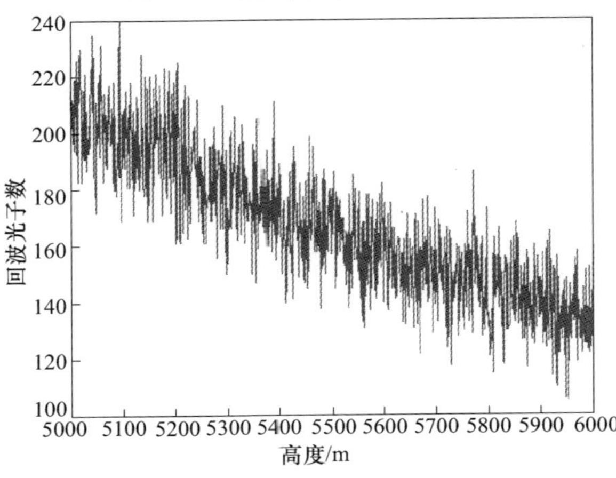

图3.32 激光雷达5~6km单脉冲回波信号

$$\begin{cases}\beta_m(z)=1.54\times10^{-3}\exp(-z/7)\\ \alpha_m(z)=\beta_m(z)\times8\pi/3\end{cases}\quad(\mathrm{km}^{-1})\tag{3.33}$$

$$\begin{cases}\beta_a(z)=2.47\times10^{-3}\exp(-z/2)+5.13\times10^{-6}\exp[-(z-20)^2]\\ \alpha_a(z)=\beta_a(z)\times50\end{cases}\quad(\mathrm{km}^{-1})\tag{3.34}$$

表 3.3　激光雷达系统参数

参数	数值	参数	数值
脉冲功率	50mJ	波长	532nm
脉冲宽度	100ns	望远镜口径	200mm
接收视场	0.5mrad	光利用率	0.3
量子效率	0.4	滤波器带宽	1.5nm
APD 暗计数	500/s	背景辐射亮度	$0.14\mathrm{W/m^2\cdot sr\cdot nm}$

3.3.1.2　激光雷达大气回波信号 EMD 处理

根据 EMD 算法流程，对激光雷达大气回波信号进行处理，处理结果如图 3.33 所示，IMF1 ~ IMF4 是分解的不同尺度的本征模函数，H 是趋势项。

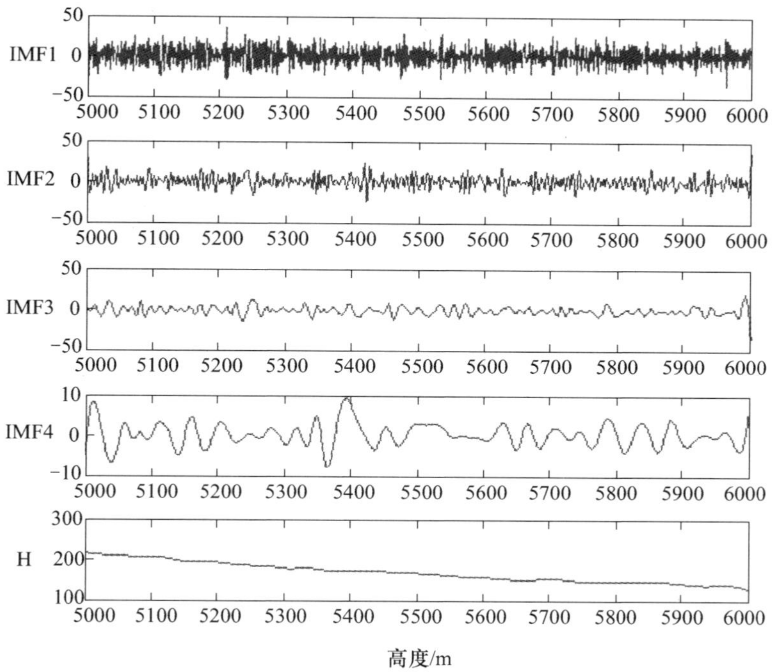

图 3.33　激光雷达大气回波 EMD 处理结果

采用蒙特卡罗方法,对回波信号仿真 100 次并累积平均,与任意一仿真信号 EMD 处理比较,如图 3.34 所示。图 3.35 是 100 次信号平均与 EMD 处理结果相对原始信号的偏差,图 3.36、图 3.37 分别是 IMF 重构信号、单脉冲信号对 100 次信号平均的线性回归。从图中可以得出,IMF 重构信号与 100 次信号平均结果接近。计算出它们的相关系数为 0.99,标准偏差为 2.8;而单脉冲信号与 100 次信号平均相关系数为 0.86,标准偏差为 13.4。

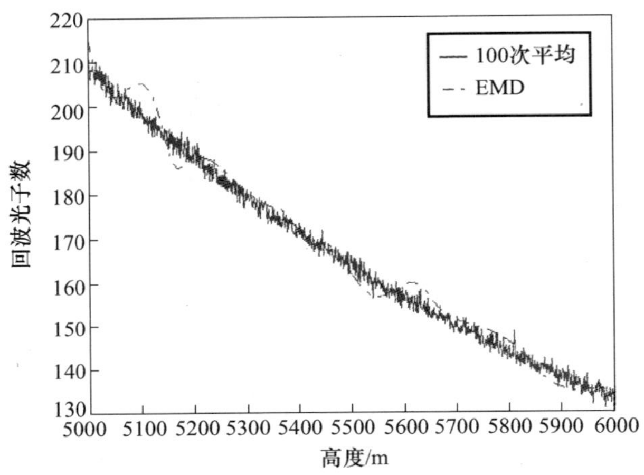

图 3.34　100 次信号平均与 EMD 处理结果

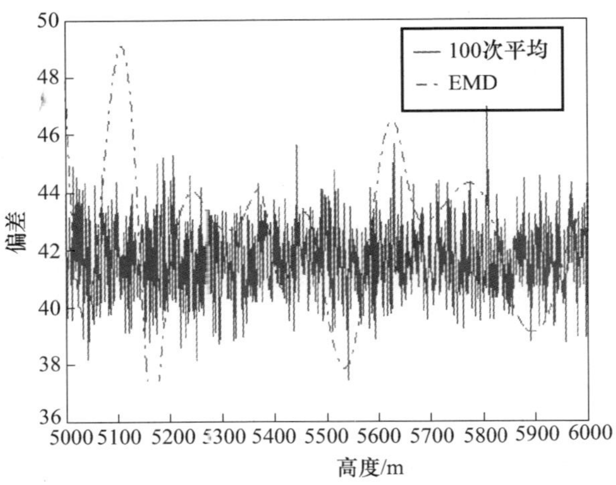

图 3.35　处理结果与原始信号的偏差

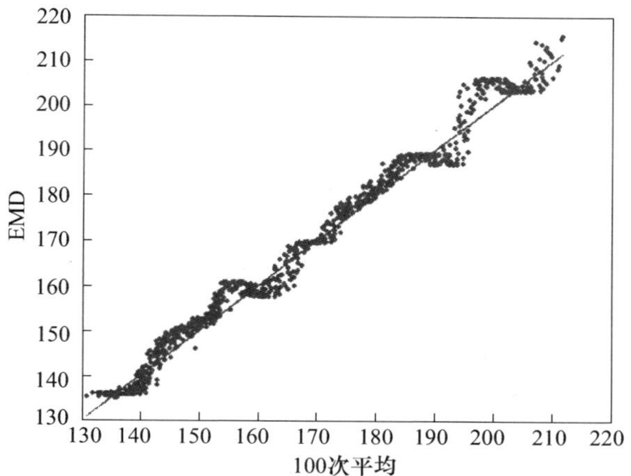

图 3.36　IMF 重构信号与 100 次信号平均线性回归

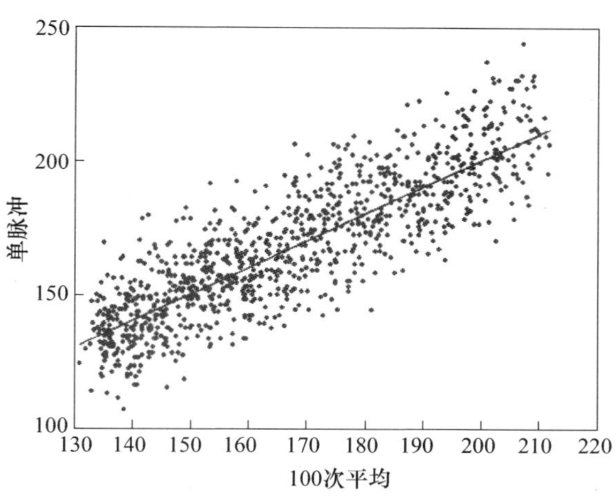

图 3.37　单脉冲信号与 100 次信号平均线性回归

3.3.2　气体浓度反演精度

3.3.2.1　差分吸收激光雷达相干探测大气 CO_2 精度

在光子计数方式中，单次脉冲信噪比为[4]

$$\mathrm{SNR}=\frac{N_c}{\sqrt{N_c+(N_b+N_d)}} \tag{3.35}$$

式中：N_c 为回波信号的光子数；N_b为背景噪声光子数；N_d为光电探测器暗电流噪声光子数。

当探测距离较远时，可以认为 $n_{off,1}=n_{off,2}$。一般要求 λ_{off} 光源相对于 λ_{on} 光源的吸收截面较小，即 $\sigma_{on}\gg\sigma_{off}$，可认为 $n_{on,1}=n_{off,1}\exp(-2\tau_1)$，$n_{on,2}=n_{off,2}\exp[-2(\tau_1+\Delta\tau_1)]$，其中 $\tau_1=\int_0^{R_1}\Delta\sigma N(r)\mathrm{d}r$，称为大气 CO_2 的差分吸收光学厚度。假定 λ_{on} 光源的脉冲累积数为 M_{11}，λ_{off} 光源的脉冲累积数为 M_{12}，则通过脉冲累积平均后，探测相对误差为[17]

$$\frac{\Delta n}{n}=\frac{1}{2\Delta\tau_1}\left(\frac{S_{on,1}^{-2}+S_{on,2}^{-2}}{M_{11}}+\frac{S_{off,1}^{-2}+S_{off,2}^{-2}}{M_{12}}\right)^{1/2} \tag{3.36}$$

设 $K=\dfrac{\tau_1}{\Delta\tau_1}$，$X=\dfrac{n_B+n_D}{n_{i,j}}$，根据以上分析，式(3.36)可改写为

$$\frac{\Delta n}{n}=\frac{K}{2S_{off,2}}\frac{1}{\tau_1(1+X)^{1/2}}\left\{\frac{\exp(2\tau_1)\left[1+\exp\left(\frac{2\tau_1}{K}\right)\right]+X\exp(4\tau_1)\left[1+\exp\left(\frac{4\tau_1}{K}\right)\right]}{M_{11}}+\frac{2(1+X)}{M_{12}}\right\}^{1/2} \tag{3.37}$$

对于相干探测进行类似的分析，可得相干探测相对误差为

$$\frac{\Delta n}{n}=\frac{K}{2S_{off,2}}\frac{1}{\tau}\left\{\frac{\exp(4\tau_1)\left[1+\exp\left(\frac{4\tau_1}{K}\right)\right]}{M_{11}}+\frac{2}{M_{12}}\right\}^{1/2} \tag{3.38}$$

一般相干探测具有高的信噪比，其探测灵敏度也较高，因此这里主要对相干探测精度进行分析。

定义相对误差变化百分比为 $\left\{\left[\left(\frac{\Delta n}{n}\right)-\left(\frac{\Delta n}{n}\right)_{\min}\right]\Big/\left(\frac{\Delta n}{n}\right)_{\min}\right\}\times100\%$，设 K 分别取值为 3、6、10、20、50、100、1000，$M_1=M_2=1800$，回波信噪比 SNR = 10，得到相对误差变化百分比随大气 CO_2 的差分吸收光学厚度 τ_1 的变化如图 3.38 所示。从图 3.38 可以看出，随着 K 值变大，相对误差变化百分比随 τ_1 值变化趋向稳定，并且当 $\tau_1=0.55$ 时，相对误差变化最小为 0，此时探测精度最高。

设 $K=70$，$M_1=M_2=1800$，回波信噪比 SNR 分别取值为 5、10、20、50、100，得到探测相对误差随大气 CO_2 的差分吸收光学厚度 τ_1 变化曲线如图 3.39 所示。从图 3.39 可以看出，随着信噪比的增大，探测相对误差变小，而当 $\tau_1=0.55$ 时，探测精度最高。

CO_2 在 1.5μm 附近存在较强吸收峰[6]，这里拟对基于 1.5μm 光纤激光器相干探测大气 CO_2 系统的探测灵敏度进行数值模拟。相干探测采用平衡探测器进行探测，即两个性能相同的 PIN 光电二极管。当本振光功率大于背景光功率情况

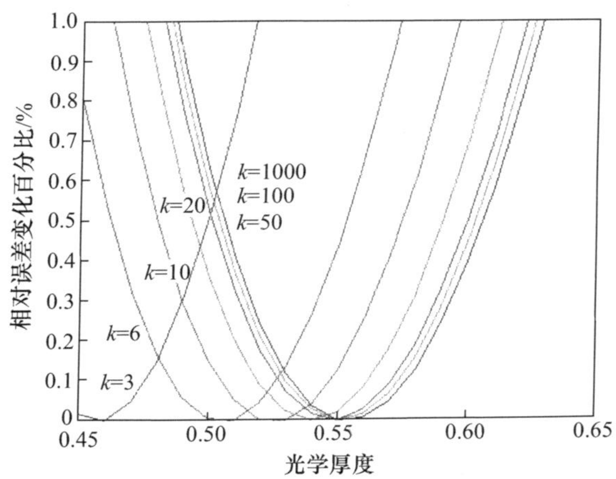

图 3.38　相对误差变化百分比随光学厚度 τ_1 值的变化曲线(见彩图)

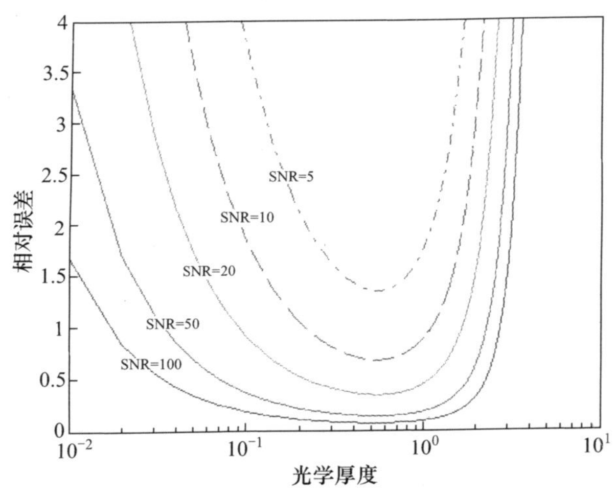

图 3.39　相对误差随 τ_1 值的变化曲线

时，相干探测的噪声主要来源于本振光的散粒噪声。设探测器的响应率为 χ，探测器的带宽为 Δf，本振波功率为 P_1，回波功率为 P_s，背景辐射功率为 P_b，工作温度为 T，电阻为 R_L，相干探测单脉冲的信噪比为

$$\mathrm{SNR}=\frac{(2\chi\sqrt{P_s P_1})^2}{2\Delta f[\chi e(P_s+P_1+P_b)+2kT/R_L]} \tag{3.39}$$

式中：e 为电子电量；k 为玻耳兹曼常数。这里选取光纤激光雷达系统典型参数，具体数值如表 3.4 所列。

表 3.4　光纤激光雷达系统参数

参数	数值	参数	数值
EDFA 出射功率	50W	本征波功率	2.5mW
脉冲宽度	100ns	重复频率	20kHz
显微镜直径	350mm	光学效率	0.5
视场	0.5mrad	探测响应率	0.95A/W
滤波器带宽	1nm	探测器带宽	50MHz
背景光谱辐射	$1W/m^2 \cdot sr \cdot \mu m$	脉冲积累时间	10min
温度	273K	电阻	50Ω

一般常规大气中 CO_2 的含量为 330×10^{-6}，通过对 1.5μm 光纤激光雷达系统模拟计算得到探测相对误差度随高度的变化曲线如图 3.40 所示。从图中可以看出，1km 处探测精度可达 60×10^{-6}。

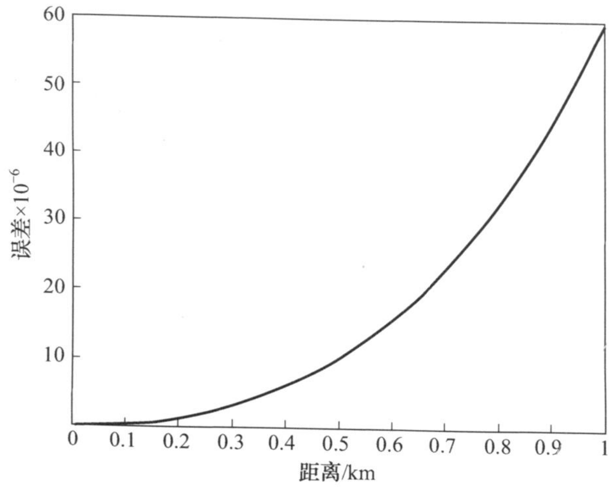

图 3.40　探测误差随高度的变化曲线

通过对相干探测精度进行分析，得出结论：当大气 CO_2 的差分吸收光学厚度 $\tau_1 = 0.55$ 时，相干探测系统具有最小相对误差变化百分比，而当 $\tau_1 = 0.55$ 时，探测精度最高。通过对基于 1.5μm 光纤激光器相干探测 CO_2 系统数值模拟，得出结论：随着探测高度增大，系统探测精度逐渐降低，在 1km 高度以内可以探测到 60×10^{-6} 的大气 CO_2 变化。随着激光器功率增大、累积时间增长、累积脉冲数增多，精度可以进一步提高。

3.3.2.2　采用光环行器的差分吸收激光雷达系统精度

全光纤激光雷达作为一种新型的探测手段已经广泛应用于三维风场测量、目

标测速、气体浓度检测等领域中。近年来，由于全光纤差分吸收激光雷达系统具有结构简单、系统稳定度好、探测灵敏度高等优点，已得到广泛的应用，对其系统结构与应用特性的研究也越来越多。以往的研究主要集中于差分吸收激光雷达整体探测精度分析、系统实验数据处理等，而对全光纤 DIAL 本身设计对探测精度影响的研究较少。通过研究发现，光环形器因其具有优良的单向传输能力，常作为一种简单实用的光学器件，被用于全光纤激光雷达系统的光学收发天线收发开关。但是，如果系统应用于对城市中的气体污染或森林中 CO_2 等探测时，由于探测距离较近，环形器中存在"串音"会干扰激光回波信号，从而对探测的信噪比与精度产生严重影响。本节将对差分吸收激光雷达系统信噪比与探测精度进行分析，探讨环形器的串音如何对气体探测产生影响。

1）探测系统信噪比

在光子计数方式中，由式(3.35)中噪声光子数为[4]

$$\begin{cases} N_b = L_b \dfrac{\lambda}{hc} \dfrac{2\Delta R}{c} \dfrac{(\pi\theta D)^2}{16} \eta \Delta\lambda \\ N_d = Q\Delta t \end{cases} \tag{3.40}$$

式中：L_b 为背景辐射亮度；h 为普朗克常数；θ 为接收视场角；D 为接收望远镜直径；$\Delta\lambda$ 为滤波器宽度；c 为光速；Q 为暗计数；Δt 为脉冲宽度。如果激光雷达工作于夜间，背景辐射光子数可以忽略不计。在光子计数方式下，激光雷达大气回波信号光子数符合泊松分布，其标准差为$\sqrt{N}$。噪声光子数也可认为满足泊松分布。

以 CO_2 气体探测为例，在1572nm 波长的大气模式下：假定1000m 以下 CO_2 气体浓度随高度分布 $N_w(z) = N_0 \exp(-z/7)$，同时，暂定地表 CO_2 分子浓度 $N_0 = 1.048 \times 10^{16} \text{cm}^{-3}$，吸收截面分别为 $\sigma_{on} = 6.36 \times 10^{-23} \text{cm}^2$，$\sigma_{off} = 4.56 \times 10^{-24} \text{cm}^2$，结合式(3.33)、式(3.34)，可得此时[18]

$$\begin{aligned} \beta(R) = {} & 0.8398 \times 10^{-3} \exp(-R/2) + 1.74 \times 10^{-6} \exp[-(R-20)^2/36] + \\ & 2 \times 10^{-5} \exp(-R/7) \\ \alpha(z) = {} & 4.2 \times 10^{-2} \exp(-z/2) + 8.7 \times 10^{-5} \exp[-(z-20)^2/36] + \\ & 1.67 \times 10^{-4} \exp(-z/7) \end{aligned} \tag{3.41}$$

由于环形器在探测系统中的使用，在激光开始发射的脉宽 τ_0 的时间内，即探测位置处在 $c\tau_0/2$ 距离内，环形器的"串音"会夹杂在接收到的回波信号上。图3.41表示距离取样点 R_1、R_2 都处在 $c\tau_0/2$ 距离内，图3.42 表示只有取样点 R_1 处在 $c\tau_0/2$ 距离内，取样点 R_2 不在 $c\tau_0/2$ 距离内。

由于处在 $c\tau_0/2$ 距离范围内的激光回波会叠加此"串音"干扰信号，式(3.35)的噪声项中需要加上此"串音"干扰项，信噪比计算将变为

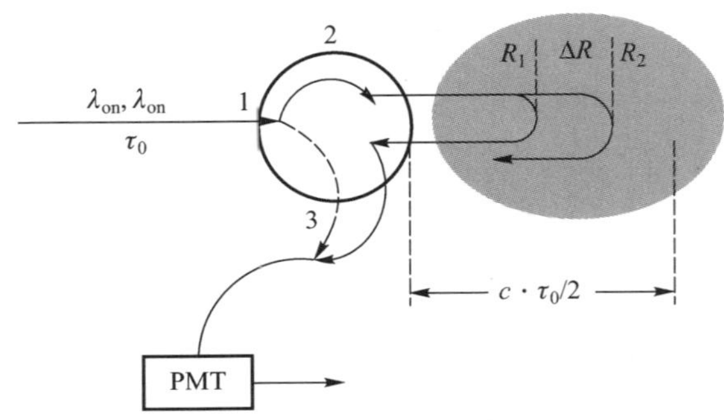

图 3.41　取样点均在 $c\tau_0/2$ 内

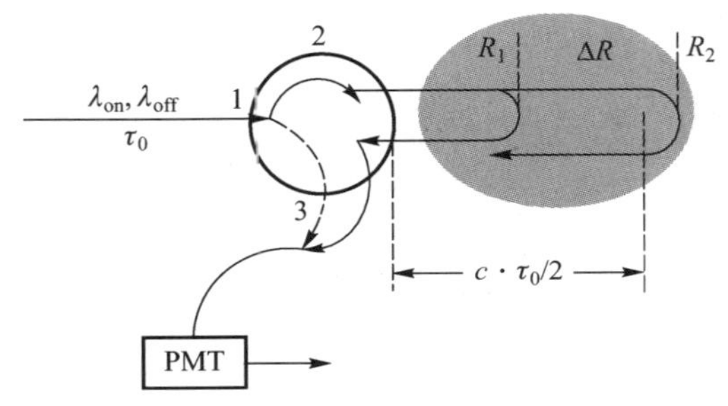

图 3.42　取样点 $R_1 < c\tau_0/2 < R_2$

$$\mathrm{SNR} = \frac{N_c}{\sqrt{N_c + (N_b + N_d) + N'}} \tag{3.42}$$

式中，$N' = 10^{-6}(N_{p,on}, N_{p,off})$，是由于环行器中存在的“串音”产生的干扰信号。根据以上描述，经过模拟计算，当选取不同的取样位置 R_1、R_2与取样距离 ΔR 时，计算结果如图 3.43 所示。图中的虚线表示没使用环形器时［对应式(3.35)］，系统信噪比随探测高度的变化，由上到下分别对应的是取样距离 ΔR 为 50m、40m、30m 时信噪比随距离的变化曲线。实线表示使用环形器时［对应式(3.42)］系统信噪比随探测高度的变化，由上到下分别对应取样距离 ΔR 为 50m、40m、30m 时信噪比随距离的变化曲线。

从图 3.43 中可以看出，取样距离 ΔR 越长，信噪比越高。对比没使用环形器时的信噪比值，在使用环形器后，在距离 $c\tau_0/2 + \Delta R$ 内，系统的信噪比急剧下降，这是因为在这个距离内激光回波中会夹杂着环形器的“串音”干扰信号。信噪比的下降将会严重影响到系统的探测精度。在探测距离大于 $c\tau_0/2 + \Delta R$ 时，由于取样点不在 $c\tau_0/2$ 距离内，环形器中的“串音”消失，信噪比又恢复到原值，不会再出现环形器串音影响回波的问题。实线的横坐标值表示不同取样距离 ΔR 时，环形器

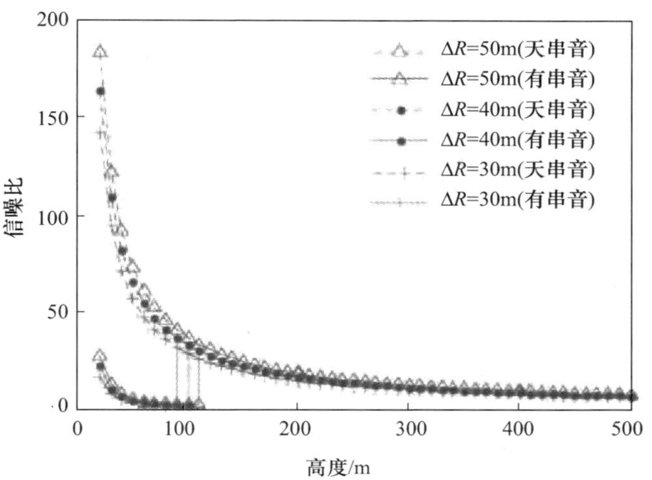

图 3.43　信噪比随高度变化的曲线

的“串音”干扰所能够影响到的探测高度。如果将图 3.42 中的 PMT 换为光电探测器即可用于红外光的探测，分析方法类似，亦会产生上面所述的串扰问题。

2）探测精度分析

由式(3.36)知，差分吸收截面越大，回波信噪比越高，气体浓度的探测误差越小，设 λ_{on}、λ_{off}光的脉冲累积数相等都为 M，并且忽略背景噪声 N_B。通过脉冲累积平均后，探测相对误差为

$$\frac{\Delta N}{N}=\frac{1}{2M\Delta\tau}(S_{on,1}^{-2}+S_{on,2}^{-2}+S_{off,1}^{-2}+S_{off,2}^{-2})^{1/2} \tag{3.43}$$

当 $R_1<R_2<c\tau_0/2$ 时，如图 3.41 所示，“串音”将会影响到 R_1、R_2位置的信噪比计算。根据前面关于信噪比的分析，信噪比 $S_{on,1}$、$S_{on,2}$、$S_{off,1}$、$S_{off,2}$ 中噪声项都需要加入环形器串音 N'。把相关参数代入式(3.42)求得信噪比，再将信噪比值代入式(3.36)，可求得相对误差值。

当 $R_1<c\tau_0/2<R_2$时，如图 3.42 所示，此时的“串音”只会影响到 R_1位置的信噪比计算，即计算 $S_{on,1}$、$S_{off,1}$时需要加入干扰项 N'[对应式(3.42)]，而不会影响到 R_2位置的信噪比计算[对应式(3.35)]。当 $c\tau_0/2<R_1<R_2$时，环形器“串音”不再对信噪比计算产生影响。根据以上的分析，经过计算可以得到 500m 内的相对误差值，计算结果如图 3.44 所示。

在图 3.44 中，实线表示没使用环形器时，相对误差随探测高度变化的趋势；虚线表示使用环形器后，不同取样距离下相对误差随探测高度的变化。可以看出，取样距离越长探测相对误差就越小，对比没使用环形器时的相对误差值，在使用环形

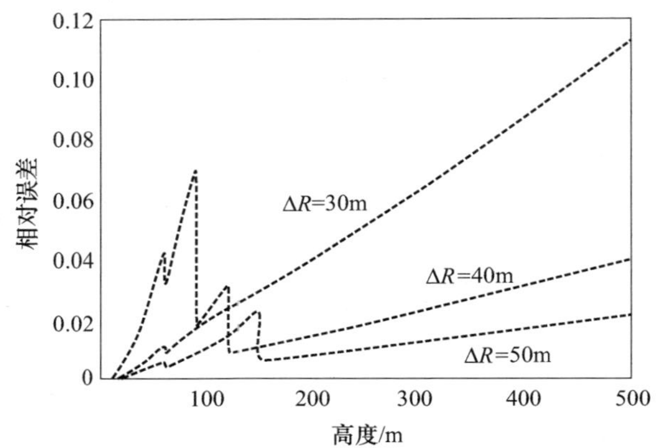

图 3.44　相对误差随高度变化的曲线

器后，在距离 $c\tau_0/2+\Delta R$ 内，探测的相对误差值会急剧加大。而且，在 $c\tau_0/2$ 与 $c\tau_0/2+\Delta R$ 位置处能够看到两个明显的拐点，这是因为不同取样位置处，“串音”对信噪比的影响不同造成的。所以，探测系统中环形器的使用将会对低空大气的探测精度产生严重影响。

所以，在进行系统设计与指标确定时，若需要探测低空的大气浓度，就需要考虑由于环形器“串音”的引入给探测精度带来的影响，这将会影响城市中污染气体、森林中 CO_2 浓度的测定。

本节仅对近距离时的气体探测做了研究，在换用高能量激光器进行远距离探测后，由于激光脉冲是按一定频率（如 20kHz）发出，下一个正在发射的激光脉冲产生的“串音”就会夹杂在上一个脉冲在 7.5km 位置处返回的激光回波信号上，这就会造成 7.5km 附近位置气体的探测结果出错，产生区域间断探测模糊问题。天基激光雷达或高空大气探测激光雷达都属于远距离探测的激光雷达，所以，其在系统设计时需要考虑此方面的影响，这里不再做深入的研究。

另外，对环形器用于差分吸收系统进行了分析与仿真计算。对于相干多普勒激光雷达，由于串音干扰远大于目标的激光回波信号，如果多普勒频移较小，串音与回波同时与本振信号相干后，在干扰噪声带宽内就会使相干回波信号淹没于串音干扰中，并对最小测速精度这项指标产生影响。对于低空风场探测等测速指标要求高的情形，此种设计会有其相应的缺陷。而且，为了提高相干探测的测速精度，一般会选择长脉冲激光来降低线宽、提高相干效率，从而增加最小的有效探测距离，同时也会增大间断探测的模糊区域的距离。如果想降低最小有效探测距离，改用较短脉冲激光，相干后的干扰信号带宽将会变大，对通过频移反演出的最小测度精度将变低。所以，此部分设计存在矛盾性，具体的设计就需要根据实际的设计

指标进行综合考虑。

对于相干差分吸收激光雷达，相干后的激光回波信号中也会夹杂环形器的串扰噪声，如果不进行信号处理预先去除此部分的系统固定误差，而直接用此信号作为回波强度进行浓度反演，就会存在探测信噪比与精度严重下降的问题。因系统参数已知，在干扰影响到的距离处，可对采集到的数据进行数据预处理，将回波直接减去串扰与本振相干后产生的固定强度误差，再进行数据反演可达到减小或消除干扰的目的，但具体效果还需实验进行验证。

光环形器是一种常用的光学器件，被用做光路转换器、收发开关等，目前其光隔离度也已经很高。但是，在遇到大气探测等激光回波信号极其微弱的情况时，微弱的"串音"干扰也会对探测精度产生严重的影响。通过对应用环形器作为收发开关的全光纤差分吸收激光雷达系统的研究，结合模拟计算结果，证实了在探测近距离的气体浓度时，环形器的使用将对探测信噪比与探测精度产生比较严重的影响。本节的分析方法与结论对相干激光雷达的系统设计也有重要的指导意义。

3.3.3　大气衰减与湍流对探测性能影响

光外差探测相对于直接探测技术而言，可以综合提取回波信号幅度、频率和相位信息，通过频率测量可以获取物体的速度与加速度信息，通过对相位进行细分测量可以获得亚纳米级的分辨力，因此，外差探测得到广泛的应用与发展。然而，目前外差探测技术应用主要集中在近距离目标探测运动信息的提取上，远距离探测应用上也主要是空间的光相干通信及光纤通信上。对涉及大气传输的外差探测激光雷达的应用很少，这主要是因为大气不仅会造成光波振幅的衰减以及频率的多普勒频移，还会造成相位扰动，因此，有必要研究大气对外差探测体制激光雷达的影响，以进一步研究消除、减弱或补偿大气扰动影响的措施。

3.3.3.1　外差效率

典型的外差探测系统基本构成如图 3.45 所示。

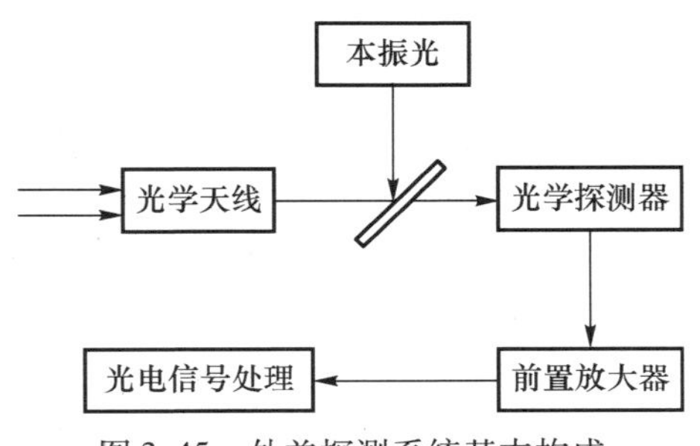

图 3.45　外差探测系统基本构成

从光的复振幅角度来看，设信号光束与本振光束具有相同的极化，并且都垂直地照射到探测器的均匀光表面，则探测面上(x,y)点的光复振幅随时间变化分别为

$$\tilde{U}_{S}(x,y,t)=A_{S0}(x,y)\exp[\mathrm{i}(\omega_{S}t+\phi_{S})]$$

$$\tilde{U}_{L}(x,y,t)=A_{L0}(x,y)\exp[\mathrm{i}(\omega_{L}t+\phi_{L})] \tag{3.44}$$

式中：$A_{S0}(x,y)$、$A_{L0}(x,y)$分别为信号光与本振光在探测器光表面上的光场振幅大小；ω_{S}、ω_{L}分别为信号光和本振光的角频率；ϕ_{S}、ϕ_{L}分别为信号光与本振光的相位角。

则光电探测器上的总辐射场为

$$U(x,y,t)=U_{S}(x,y,t)+U_{L}(x,y,t) \tag{3.45}$$

当探测器表面探测单元对入射光均匀响应，即$\eta(x,y)=\eta$时，探测器表面的本振阻抗为Z_0，经过去直流及中频滤波后，整个探测器输出的中频电流为

$$i_{IF}(x,y)=\iint_{D}\mathrm{d}i_{IF}(x,y,t)\mathrm{d}S=\frac{2e\eta\iint_{D}A_{S0}(x,y)A_{L0}(x,y)\cos[\omega_{IF}t+(\phi_{S}-\phi_{L})]\mathrm{d}S}{Z_0 h\nu} \tag{3.46}$$

式中：$\omega_{IF}=\omega_{S}-\omega_{L}$称为中频频率。

可见，外差探测输出电流与信号光的振幅、频率和相位均有关。定义外差探测效率[19]

$$\eta_{h}=\frac{\left|\iint_{D}U_{L}(x,y,t)\ U_{S}^{*}(x,y,t)\mathrm{d}S]\right|^{2}}{\iint_{D}U_{L}^{2}(x,y,t)\mathrm{d}S\cdot\int_{0}^{2\pi}\int_{0}^{\infty}U_{S}^{2}(x,y,t)\mathrm{d}S} \tag{3.47}$$

外差探测效率表征的是入射信号光与本振光相互匹配的程度，反映了回波信噪比的大小。

3.3.3.2 大气衰减与大气湍流影响

激光在大气中传输会受大气分子及气溶胶的吸收和散射作用，从而造成光束能量的衰减，一般用光谱衰减系数$\sigma_{a}(\lambda)$描述吸收和散射两种独立物理过程对传播光辐射强度的影响。根据比尔－朗伯定律，则发射光强为I_0的激光经过L距离传输后用复振幅表示的光场变化为

$$\tilde{U}_{S}(x,y,t)=A_{S0}(x,y)\exp[-\sigma_{a}(\lambda)L/2+\mathrm{i}(\omega_{S}t+\phi_{S})] \tag{3.48}$$

大气湍流效应使得光波经过湍流传输时的光程在时间和空间上发生变化，产

生波前相差,从而对光波的传输产生影响。大气湍流效应对传输光束的影响主要是相干性的退化,由于相干性的退化,将会导致诸如光振幅、频率、相位、波矢和光束半径等物理量的随机变化,这些变化表现为激光光束的到达角变化、强度起伏、光束扩展、光束漂移和像点抖动等,上述效应通常可能会同时出现[20]。

在前面的推导中,忽略了光束传输所造成的附加相位延时,即认为信号光与本振光的光束范围内每一点的相位延时相同,其对输出中频电流的影响仅仅是在相位上附加一固定的相位差。当存在大气湍流时,信号光受湍流的影响,光斑内每点的相位延时不同,不考虑大气衰减作用,此时信号光为

$$\tilde{U}_{S}(x,y,t)=A_{S0}(x,y)\exp\{\mathrm{i}[\omega_{S}t+\phi_{S}+k_{S}(x,y)L_{S}]\} \tag{3.49}$$

到达角起伏反映了光波等相位面形状的随机起伏,这种效应对信号光的影响表现在相位项 $\exp\{\mathrm{i}[k_{S}(x,y)L_{S}]\}$ 上;光束漂移表征了大尺度湍流对光束倾斜的影响。光束扩展表征了小尺度湍流对光斑半径的影响。其对信号光的影响表现在对(x,y)的中心偏移量及范围上。光强起伏表征了大气湍流对传输光束的振幅影响,对信号光的影响表现在 $A_{S0}(x,y)$ 上。可见,只要知道光束经大气湍流传输后的相位、振幅、传输方向以及光斑尺寸变化在探测器表面上的空间分布,即可获得相应的外差效率。这里主要分析弱湍流引起的相位变化对外差效率的影响,研究表明,当传输光束为球面波,且二维空间矢径 r 处于湍流内尺度与外尺度之间时,相位起伏可以用下式表述[17]

$$D_{\mathrm{phase}}(r,L)=1.903C_{n}^{2}Lk^{2}r^{5/3} \tag{3.50}$$

3.3.3.3 数值模拟

对外差效率的数值模拟研究最重要的是回波信号的波形模型,目前进行仿真的光波模型有球面波模型、高斯模型和爱里斑模型等,但一般情况下信号光通过圆形光阑接收,光斑在探测面上满足爱里斑分布,这里基于爱里斑模型分析外差效率的变化。同时,为简化分析,以极坐标表示光场分布,则

$$\tilde{U}_{S}(x,y,t)=A_{S0}(r,\theta)\exp[-\sigma_{a}(\lambda)L/2]\exp[\mathrm{i}(\omega_{S}t+\phi_{S})]\exp[\mathrm{i}k_{S}(x,y)L_{S}] \tag{3.51}$$

1)大气衰减的影响

大气衰减不会造成光等相位面变化,因此,不考虑上式中的相位附加项,探测器上的信号光与本振光的爱里斑模型为

$$U_{S}(r,\theta)=\frac{J_{1}(X_{S})}{X_{S}}\exp(-\sigma_{a}(\lambda)L/2) \tag{3.52}$$

$$U_{\mathrm{L}}(r,\theta)=\frac{J_1(X_{\mathrm{L}})}{X_{\mathrm{L}}} \tag{3.53}$$

式中：$X_{\mathrm{S}}=k_{\mathrm{S}}d_{\mathrm{p}}r_{\mathrm{p}}/f_{\mathrm{c}}$；$X_{\mathrm{S}}=k_{\mathrm{L}}d_{\mathrm{p}}r_{\mathrm{p}}/f_{\mathrm{c}}$；$k_{\mathrm{S}}$、$k_{\mathrm{L}}$ 分别为信号光与本振光的波矢量值；r_{e} 为探测器半径；d_{p} 为光阑半径；f 为透镜焦距；$\theta\approx\arcsin r/f$。

由外差效率定义得

$$\eta_{\mathrm{h}}=\frac{\left|\iint\limits_{D}\frac{J_1(X_{\mathrm{L}})}{X_{\mathrm{L}}}\frac{J_1(X_{\mathrm{S}})}{X_{\mathrm{S}}}\exp[-\sigma_{\mathrm{a}}(\lambda)L/2]\mathrm{d}A\right|^2}{\iint\limits_{D}\left[\frac{J_1(X_{\mathrm{L}})}{X_{\mathrm{L}}}\right]^2\mathrm{d}A\int_0^{2\pi}\int_0^{\infty}\left\{\frac{J_1(X_{\mathrm{S}})}{X_{\mathrm{S}}}\exp[-\sigma_{\mathrm{a}}(\lambda)L/2]\right\}^2\mathrm{d}A}=\frac{\left|\iint\limits_{D}\frac{J_1(X_{\mathrm{L}})}{X_{\mathrm{L}}}\frac{J_1(X_{\mathrm{S}})}{X_{\mathrm{S}}}\right|^2}{\iint\limits_{D}\left[\frac{J_1(X_{\mathrm{L}})}{X_{\mathrm{L}}}\right]^2\mathrm{d}A\int_0^{2\pi}\int_0^{\infty}\left[\frac{J_1(X_{\mathrm{S}})}{X_{\mathrm{S}}}\right]^2\mathrm{d}A} \tag{3.54}$$

因此，单纯的大气衰减对外差效率不会产生影响，回波信噪比的下降完全是由回波信号能量的降低所导致的。图 3.46 为探测 1550nm 波长附近的外差效率。由图 3.46 可见，外差探测效率随探测器半径的增大而增大（见图 3.46(a)），且随信号光与本振光之间频率差的增大而减小，但是这种差别不明显（见图 3.46(b)）。

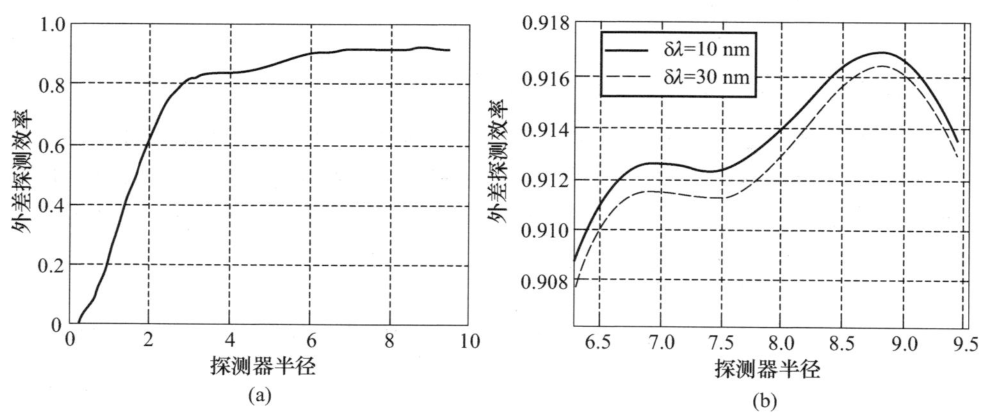

图 3.46　1550nm 波长附近外差探测效率

2）相位起伏影响

由于相位起伏破坏了光斑上逐点间的固定相位差，使得探测器上微面元电流矢量的方向不一致，进而造成总的中频电流变小，外差探测效率大大降低。若大气

折射率结构函数为 $1.7\times10^{-15}\mathrm{m}^{-2/3}$，由图 3.47 可见，相干光束在大气湍流中传输不同距离后，其外差探测效率显著下降。

相干光束在大气中传输时受大气衰减和大气湍流的共同作用，会引起传输光束振幅的减小与随机变化、相位的随机变化、光束内不同点传输方向的随机变化以及光束束腰大小的随机变化，其中大气衰减造成的光束振幅的降低不会造成外差探测效率的变化，但会引起探测信噪比的变化，而大气湍流的变化将会造成外差探测效率的降低，影响回波信噪比。

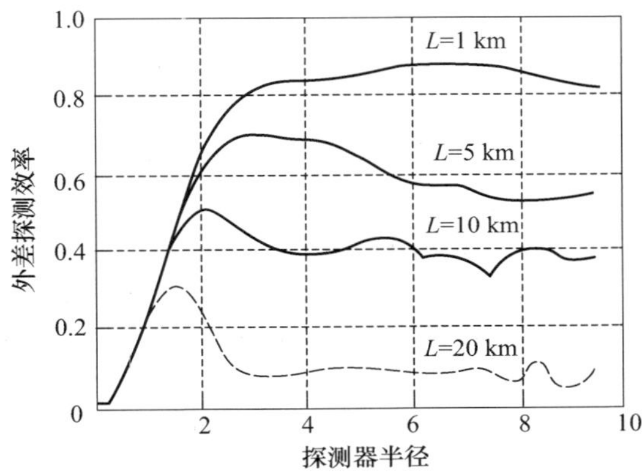

图 3.47　相位起伏对外差探测效率的影响

参考文献

[1] Koch G J, BarnesB W, Petros M, et al. Coherent differential absorption lidar measurements of CO_2[J]. Applied Optics, 2004, 43(26): 5092 – 5099.

[2] 吴晓庆. 南京市 2005 年 7 月 10 日 CO_2 检测报告[R]. 合肥:中国科学院安徽光学精密机械研究所,2005.

[3] 洪光烈. 大气 CO_2 激光雷达探测方法和实验[D]. 合肥:中国科学院安徽光学精密机械研究所, 2005.

[4] James D. Spinhirne. Micro Pulse Lidar[J]. IEEE Transaction on Geosciente and Remote Sensing, 1993,31(1):48 – 55.

[5] 刘豪, 胡以华, 洪光烈, 等. 连续波差分吸收激光雷达测量大气 CO_2[J]. 物理学报, 2014, 63(10): 104214 – 10220.

[6] Sakaizawa D, Nagasawa C, Nagai T, et al. Development of a 1.6 μm differential absorption lidar with a quasi – phase – matching optical parametric oscillator and photon – counting detector for the vertical CO_2 profile[J]. Applied optics, 2009, 48(4): 748 – 757.

[7] Liu H, Chen T, Shu R, et al. Wavelength – locking – free 1.57μm differential absorption lidar for CO_2 sensing[J]. Optics Express, 2014, 22(22): 27675 – 27680.

[8] 杨利红，柯熙政，马冬冬．偏振激光在大气传输中的退偏研究[J]．光电工程，2008，35(11):62 – 67.

[9] 董骁，胡以华，赵楠翔，等．差分吸收相干激光雷达中偏振分集技术研究[J]．光电子・激光，2015，26(3): 541 – 547.

[10] Kiemle C, Ehret G, Fix A, et al. Latent heat flux profiles from collocated airborne water vapor and wind lidars during IHOP_2002[J]. Journal of Atmospheric and Oceanic Technology, 2007, 24(4): 627 – 639.

[11] 葛烨，舒嵘，胡以华，等．大气水汽探测地基差分吸收激光雷达系统设计与性能仿真[J]．物理学报，2014，63(20): 199 – 206.

[12] Poberaj G, Fix A, Assion A, et al. Airborne all – solid – state DIAL for water vapour measurements in the tropopause region: system description and assessment of accuracy[J]. Applied Physics B, 2002, 75(2.3): 165 – 172.

[13] Wulfmeyer V, B? senberg J. Ground – based differential absorption lidar for water – vapor profiling: assessment of accuracy, resolution, and meteorological applications [J]. Applied Optics, 1998, 37(18): 3825 – 3844.

[14] Russell P B, Morley B M, Livingston J M, et al. Orbiting lidar simulations. 1: Aerosol and cloud measurements by an independent – wavelength technique[J]. Applied optics, 1982, 21(9): 1541 – 1553.

[15] Browell E V, Butler C F, Ismail S, et al. Airborne lidar observations in the wintertime Arctic stratosphere: Ozone[J]. Geophysical Research Letters, 1990, 17(4): 325 – 328.

[16] 陶小红，胡以华，雷武虎，等．经验模式分解用于激光雷达大气回波处理[J]．激光技术，2008，32(6): 590 – 593.

[17] 陶小红，胡以华，蔡晓春．差分吸收激光雷达探测大气 CO_2 精度分析[J]．大气与环境光学学报，2008，3(2):100 – 103.

[18] 陶小红，胡以华，蔡晓春，等．基于 OPO 激光器探测低空 CO_2 激光雷达系统性能研究[J]．激光杂志，2008，29(1): 78 – 79.

[19] 王恩宏，胡以华，李磊，等．大气对外差探测激光雷达影响分析[J]．红外与激光工程，2011，40(10): 1896 – 1899.

[20] 董骁，胡以华，赵楠翔，等．大气湍流对相干激光雷达 CO_2 探测精度影响研究[J]．光电子・激光，2015，26(7):1314 – 1321.

第 4 章

目标逆反射特性主动成像侦察

逆反射特性又称回归反射特性，是指反射光线沿光源的方向传播，且保持在一个较小立体角内，当入射光线的方向在较大范围内变化时，仍能保持这种性质。逆反射体广泛应用于夜间安全作业领域，包括军用和民用两个方面：军用方面，各种飞机起降平台，以及各种车船运动平台洞库的跑道、指示标志、防撞标志等；民用方面，主要是各类交通标识。逆反射体依附于飞机起降平台、运动平台洞库，以及交通标识，属于典型的依附类衍生属性，通过探测逆反射特性可以实现上述目标的探测、定位、识别等侦察活动。本章主要讨论逆反射特性的主动成像侦察原理、逆反射特性量化与实现、逆反射体探测算法，并详细阐述了一种逆反射体探测方法。

4.1 目标逆反射特性侦察原理

逆反射特性是一种特殊的光学性质，要实现逆反射属性侦察首先需要通过成像设备有效地捕捉该特性，即量化为易于分析的图像特征；其次，需要综合分析逆反射体的综合图像特征，从而实现逆反射体的探测、定位、识别等侦察活动。因此，逆反射属性侦察的核心在于逆反射成像量化和多特征融合识别两个过程，逆反射属性侦察原理如图 4.1 所示。

图 4.1　逆反射属性侦察原理

主动成像以捕捉逆反射特性为目的，实现目标图像采集，包括逆反射特性量化采集与其他特征采集。逆反射量化建模是通过数学建模将逆反射特性量化为易于提取和分析的图像特征，属于理论推导与设计，其实质是揭示成像器件与自然光源、逆反射特性之间的参数匹配，这是指导主动成像系统设计的关键。图像分析与特征提取主要包括图像预处理和特征提取两个方面，为特征显著性等级模型的建立提供特征库。然后，特征显著性定量建模将特征的显著性转化为便于计算和统计的数学描述，从而根据显著性的大小将提取的特征划分为各种等级，建立特征显著性等级模型。最后根据等级模型指导逆反射体探测与识别中的特征选择、组合，从而提高成功率，以及机器学习的精度和效率。

4.2 逆反射特性量化与实现

4.2.1 逆反射特性

逆反射特性（或者回归射特性）可表述为：反射光线沿光源的方向传播，且保持在一个较小的立体角内。根据理论分析，这种特性可以使98%的反射光能集中在3°～4°的立体角内[1]，当入射角保持在一定范围内时，这种特性保持稳定，入射角可允许的范围越大，逆反射特性越好。

依附于目标的逆反射体叫做逆反射膜或者回归反射膜。逆反射膜按照原理可以分为微珠型和微棱镜型，本章以前者为例介绍其反射原理。微珠型逆反射膜原理如图4.2所示，它包括表面层、玻璃微珠、黏合层、反光层和基层5部分。玻璃微珠是一种新型的硅酸盐材料，当其直径小于0.8mm，折射率在1.9～2.1之间时具有逆反射特性[2]。当一束光线在一定范围内以任何角度照射到微珠表面时，微珠的高折射率使得光线聚焦在特殊的反光层上，反光层将光线沿着光源方向平行反射回去。一般认为折射率为1.93左右的玻璃微珠由于光的焦点落在微珠内表面，可得到最优良的逆反射性能。反光膜按其不同的结构，可分为透镜埋入型、密封胶囊型和微棱镜型三类。反光膜按其不同逆反射性能，可分为五个等级：一级反光膜为微棱镜型反光膜，二级反光膜为密封胶囊型反光膜（通常称高强级反光膜），三级反光膜为透镜埋入型反光膜（通常称超工程级反光膜），四级反光膜为透镜埋入型反光膜（通常称工程级反光膜），五级反光膜为透镜埋入型反光膜（通常称经济级反光膜）。各国对逆反射膜均有严格行业标准，其重要表征参数为逆反射系数或回归反射系数。

定义发光强度系数为

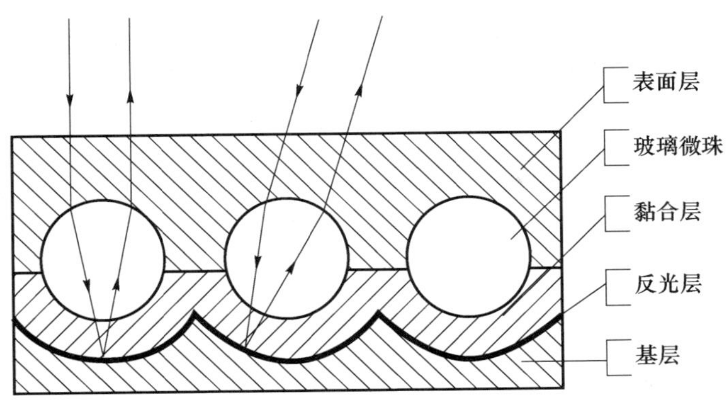

图4.2 微珠型逆反射膜原理

$$R = \frac{I}{E_{\perp}} \tag{4.1}$$

式中：I为逆反射方向的发光强度（单位：坎德拉（cd））；$E_{\perp}$为投向逆反射体且落在垂直于入射光方向的平面内光照度（单位：勒克斯（lx））。

定义逆反射系数为

$$R' = \frac{R}{A} = \frac{I}{AE_{\perp}} \tag{4.2}$$

式中：A为逆反射体的表面积（单位：m^2）；逆反射系数单位为$cd \cdot lx^{-1} \cdot m^{-2}$，逆反射系数越大，逆反射性能越好。

图4.3为逆反射系数的光学测试原理，GB/18833－2002规定：公路标识使用的逆反射膜必须按照该原理进行逆反射系数测量，且测量值应不低于对应等级表规定的值。湿状态下车牌的逆反射系数（观察角0.2°，入射角－4°）应不小于对应等级表规定值的80%。

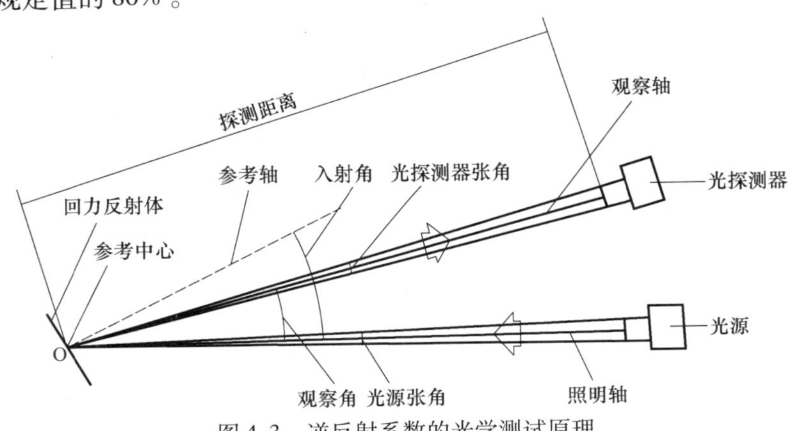

图4.3 逆反射系数的光学测试原理

表 4.1、表 4.2 列举我国一级、五级逆反射体对应的行业标准，其他等级对应的最小逆反射系数标准在两者之间依次降低，等级越高，最小逆反射系数越大，逆反射性能越好。

表 4.1 一级逆反射体行业标准

观测角	入射角	最小逆反射系数(单位:cd. lx^{-1}. m^{-2})					
		白色	黄色	红色	绿色	蓝色	棕色
0. 2°	-4°	600	450	120	100	50	20
	15°	450	320	85	80	40	15
	30°	300	220	60	50	25	10
0. 33°	-4°	360	250	60	60	25	15
	15°	260	180	40	40	18	10
	30°	160	110	25	25	10	6. 0

表 4.2 五级逆反射体行业标准

观测角	入射角	最小逆反射系数(单位:cd. lx^{-1}. m^{-2})					
		白色	黄色	红色	绿色	蓝色	棕色
0. 2°	-4°	50	25	8. 0	5. 0	3. 5	2. 0
	15°	35	14	6. 0	4. 0	2. 5	1. 5
	30°	18	10	3. 5	2. 0	1. 0	0. 7
0. 33°	-4°	30	15	5. 0	4. 0	2. 5	1. 5
	15°	21	11	1. 2	3. 0	1. 8	1. 0
	30°	10	5. 0	2. 0	1. 5	0. 8	0. 4
1°	-4°	4. 0	2. 0	0. 8	0. 5	0. 4	0. 2
	15°	2. 5	1. 3	0. 6	0. 4	0. 2	0. 1
	30°	1. 5	0. 8	0. 4	0. 2	0. 1	

各种颜色逆反射膜仅对相应的光谱具有逆反射特性，如蓝色逆反射膜仅适用于蓝光光谱，白色则适用于整个可见光谱，但不存在黑色逆反射膜，因为黑色材料几乎不反射可见光谱，甚至是红外光谱。按颜色，逆反射膜有白、黄、红、绿、蓝、棕 6 种，同等级条件下它们的逆反射性能依次降低，其中，白、黄两种逆反射膜性能显著优于其他颜色，尤其是白色膜更为突出，如一级逆反射体中白色对应值是红色的 5 倍、棕色的 30 倍；红色对应值是黄色的 3. 75 倍、棕色的 22. 5 倍。值得注意的是机场、水面载机平台的跑道，以及直升机起落指示标识等都是采用白色逆反射体，车库、机库、船库等运动平台洞库的指示、防装标识也是以白色、黄色组合为主，为逆反射体探测提供有利条件。虽然各国对逆反射体等级有不同划分，但军用级一

般都处在一、二等级，逆反射性能要显著强于民用级，进一步增强逆反射特性的可探测和可分辨性。

4.2.2　逆反射特性量化建模

逆反射特性是一种具有合作性质的光学特性，如何捕捉该特性，同时尽量降低普通光学特性的影响是逆反射特性量化的关键。综合考虑逆反射特性的光谱选择性、方向性，我们采用光谱滤波条件下的定向主动成像对逆反射特性进行量化。

主动成像是利用逆反射体区别于目标本体以及背景的逆反射特性实现采集图像中逆反射区域的高亮显示和背景的低亮显示，为逆反射体探测与识别提供高质量的输入源。为此，首先需要有效地抑制外界光源的干扰。白天情况下，外界光源主要是阳光，它经过大气层时形成直射阳光和天空扩散光，这两种光的组成和所占比例依不同天气状态、不同时间而异。早晚以扩散光为主，阴天全部为扩散光，晴天除早晚以外以直射阳光为主。由表 4.1、表 4.2 可以看出逆反射系数对观察角非常敏感，比如对白色材料，入射角为 $-4°$ 时，$0.2°$ 对应的逆反射系数是 $1°$ 的 12.5 倍。因此，当晴天的太阳位于逆反射体与图像传感器的连线附近时，阳光对主动成像的干扰呈现最极端的情况。

图 4.4 为逆反射体主动成像示意图，由于该极端情况下天空扩散光的强度大幅低于直射阳光，在太阳同方向上引入一个天空扩散光等效光源，它与天空扩散光在逆反射体表面产生的光照度相等，也就是图中四分之一球面体的天空在逆反射体表面产生的光照度。此时，只要有效地抑制外界光照，即在逆反射方向的发光强度中来自主动光源的分量 I_1 大于来自直射阳光和天空扩散光等效光源的分量 I_2，主动成像设备即可正常工作于任意时段。由于成像设备有一定的工作波段，因此这两个分量均是在相应的波段上定义的。由逆反射系数的定义可得这两个分量的差为

$$\Delta I = I_1 - I_2 = A[R_1 E_{1\perp} - R_2(E_{2\perp} + E_{3\perp})] \tag{4.3}$$

式中：A 为逆反射体的面积；R_1 和 R_2 分别为主动光源观察角和阳光观察角对应的逆反射系数；$E_{1\perp}$、$E_{2\perp}$、$E_{3\perp}$ 分别为主动光源、直射阳光和天空扩散光等效光源投向逆反射体且落在垂直于入射光方向的平面内的光照度，同时它们由下式确定

$$\begin{cases} E_{1\perp} = \cos\theta_1 E_1 \\ E_{2\perp} = \cos\theta_2 E_2 \\ E_{3\perp} = \cos\theta_2 E_3 \end{cases} \tag{4.4}$$

式中：θ_1 为逆反射体表面和垂直于主动光源入射方向的平面的夹角，即等于图中的拍摄角度与主动光源观察角之和；同理，θ_2 等于拍摄角度与阳光观察角之和；E_1、

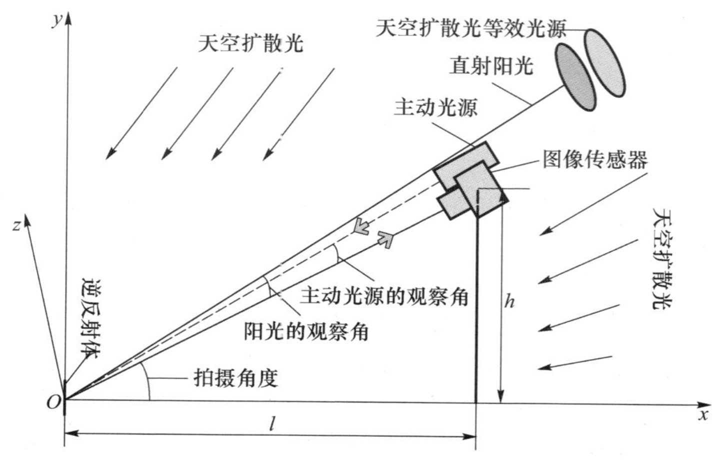

图 4.4　逆反射体主动成像示意图

E_2、E_3分别为主动光源、直射阳光、天空扩散光等效光源在逆反射体表面的光照度。

式(4.3)可表示为

$$\Delta I = AR_1\cos\theta_1 E_1 - AR_2\cos\theta_2(E_2 + E_3) \tag{4.5}$$

在考虑极端情况下,太阳处在逆反射体与图像传感器的连线附近有 $\theta_1 \approx \theta_2$,式(4.5)可进一步简化为

$$\Delta I = A\cos\theta_1[R_1E_1 - R_2(E_2 + E_3)] \tag{4.6}$$

在图像采集设备中使用光谱覆盖整个可见光波段,且可以有效抑制阳光光源显然是不现实的。但在某一个窄带内获得这样的光源相对容易得多,如高能闪光灯、激光照明器等,因此 E_1、E_2、E_3均为成像设备工作波段有效值。

有效抑制外界光源进行主动成像要求 $\Delta I > 0$,因此基于逆反射的窄带主动成像的条件模型为

$$R_1E_1/R_2 > (E_2 + E_3) \tag{4.7}$$

扩散光产生于大气中的空气分子、水气、粉尘等对阳光的散射作用,在地面上形成的照度主要受天空中的云量、云状和大气中杂质含量的影响。晴朗无云条件下,该照度主要由空气分子的瑞利散射决定。而此时的瑞利散射主要集中在紫外和蓝光区域[3],红光和近红外区域的贡献相对较小,因此若进行红光或近红外窄带成像,上述条件模型可进一步简化为

$$R_1E_1/R_2 > E_2 \tag{4.8}$$

上述模型表明:增大 R_1/R_2或 E_1均有利于提高主动成像效果,但增大两种逆反射系数比 R_1/R_2更容易实现。一方面,可以尽量减小主动光源的观察角,即尽量减小光源中心和摄像机镜头中心的距离,从而提高 R_1。另一方面,可以尽量增大阳

光观察角，如有意识地调整成像设备的安装位置，使得逆反射体与图像传感器的连线偏离太阳轨迹所在的平面；或者成像设备处于运载平台下方，直射阳光和部分天空扩散光被有效遮挡，从而大幅降低 R_2。由于逆反射系数对观察角变化非常敏感，这两种做法既可有效地增大 R_1/R_2，也可降低对主动光源亮度或功率的要求。例如，当 $R_1/R_2=20$ 时，在逆反射体对主动光源的光照度约为太阳产生的光照度的二十分之一即可实现主动成像量化。

4.2.3　主动成像系统分析

逆反射探测主动成像系统的核心包括主动光源、光谱滤波器、图像传感器3部分，三者恰当地参数匹配是满足逆反射量化模型的关键。

所需主动光源的窄带亮度应可以与阳光相比拟，现有的辅助光源，如碘钨灯、LED灯、红外灯等很难满足这种要求。与这些光源相比，高能闪光灯和激光照明器在这方面具有显著的优势。激光照明器本身就是很好的高能窄带光源，而高能闪光灯也可以在瞬间达到很高的强度，加上相应的窄带滤光片即可成为有效的高能窄带光源。但是，高能闪光灯的光谱范围较大，属于非相干光源，能力相对分散，因此作用距离较短，适用于百米级以下的应用场合。而激光照明器属于高能相干光源，光谱能量集中，便于远距离工作，更适用于主动探测与侦察领域[4]。对于具体激光主动光源的选择可以综合考虑功率、载荷、工艺成熟度，以及逆反射体的光谱特性等方面的因素。光谱滤波器一般采用窄带滤光片，其设计原则是确保图像传感器最低曝光成像的前提下在该窄带范围内激光与阳光的能量比趋于最大化。其次，如果是多传感器或是多波段工作，光谱滤波器需要确保各自相对独立的工作范围。图像传感器方面，在主动光源的工作波段需要较高的灵敏度，确保图像质量，曝光时间与激光脉冲宽度匹配，因此对曝光时间或电子快门、同步采集控制方面的要求较高。

4.3　逆反射体探测与提取

4.3.1　特征显著性分析

特征提取和选择是目标识别的核心步骤，特征选择的重要性要高于分类方法选择的重要性。在提取和选择特征时，若把目标所有特征均考虑进去，则实际应用中是不可行的。原因有三：第一，目标图像还受到许多随机因素的影响，诸如可能出现未知目标、目标被遮挡、目标运动、环境变化及杂波干扰等，使目标特征具有很大的不完整性；第二，对不同传感器不同尺度目标图像，特征有很多，如灰度特征、边缘特征、结构特征等，所有这些特征提取会耗费许多计算时间；第三，不同特征在目标识别中的重要程度和可靠程度是不同的，越显著的特征越能保证识别结果的准确性，而不显著的特征对于识别往往只起到辅助作用。因此，基于特征显著性感知过程的目标识别能够充分利用目标识别应用的特点，提高目标识别处理的实时性、智能性和适应性。

显著性是人类对事物的某些质或量的度量的感知，对于目标识别，显著性特征是目标区别于其他目标的最根本的特征。例如我们从声音上判断两个人时，首先从两个人声音的语调（特征 1）来区分，当两个人的语调差别不大（置信度低），以至难以正确分开（分类）时，则可以再根据两个人声音的强度（特征 2）来区分，直至正确分开。该例说明，声音的语调是最显著的特征，而声音的强度是次显著的特征。因此，可以认为这种感知显著性应该具有这样的特点：首先，它应该使得该类目标和其他目标具有可分性，是具有代表性的一个特征；其次，这种感知与特征的度量单位无关，是特征分量对于正确分类的贡献大小的度量，利用它可把特征分为最显著特征、次显著特征、一般显著特征等。

传统的特征选择方法是从 D 个特征中选择 d 个特征的最优子集。但是选择出的这 d 个特征，系统赋予了相同的权值，并没有说明它们之间的优先性，在目标识别时，它们是等权重的。其实，这 d 个特征仍然存在着优先性，即特征显著性。越显著的特征，对目标的识别越有效，贡献越大；同理，越不显著的特征对目标识别的效果越没有帮助。从 D 个特征中选择出 d 个最优特征，在这两个参数都已知的情况下，所有可能的组合数为

$$Q = C_D^d = \frac{D!}{(D-d)!\ d!} \tag{4.9}$$

若 $D=100$，$d=10$，则 Q 的数量级是 10^{13}；若 $D=20$，$d=10$，则 $Q=184756$。如果把各种可能的特征组合都算出来，再用各项指标参数加以比较，计算量就非常之大，并且在实际问题中，要选取的优化特征组的特征数量 d 是未知的。因而，寻找可行的特征选择算法已逐渐成为国际上研究的热点。当有两个或更多类别的时候，特征选择就变成选择对于表示类别可分离性而言最有效的那些特征。因此，类别可分性的判据可以作为特征有效性的评判依据。

4.3.2 特征显著性建模

特征显著性如何度量，即显著性特征的度量准则问题。在目标识别应用中，目标特征建模是在给定的相似性准则下进行归纳学习，而目标特征分类是在给定的

相似性准则下进行的演绎推理，其共同点是相似性，即将具有某种共性或相似特征的样本归为同一类，使得错分的风险最小。为此，我们定义了两种显著性度量准则：结构显著性和概率显著性。

4.3.2.1　结构显著性

从直观上可知，在特征空间中，如果同类模式分布比较密集，不同类模式相距较远，则分类识别就比较容易。因此，我们在对目标特征进行选择时，要求所提取的特征对不同类的对象差别很大，而对同类对象差别较小，这将给后续分类识别环节带来很大的方便。在实现上述目标时，往往需要首先制定特征选择和提取的准则，可直接以反映类内、类间距离的函数作为准则。

为说明结构显著性概念，先定义几种距离准则函数

1）类内距离准则

设有待分类的模式集 $\{x_1, x_2, \cdots, x_N\}$ 在某种相似性测度基础上被划分为 c 类 $\{x_i^{(j)}\}$，$j=1,2,\cdots,c$ 表示类别，$i=1,2,\cdots,n_i$ 表示类内模式的序号，$\sum_{j=1}^{c} n_j = N$。类内距离准则函数 J_W 定义为

$$J_W = \sum_{j=1}^{c} \sum_{i=1}^{n_j} \| x_i^{(j)} - m_j \|^2 \tag{4.10}$$

式中：m_j 为 ω_j 类的模式均值，$m_j = \dfrac{1}{n_j}\sum_{i=1}^{n_j} x_i^{(j)} \quad j = 1,2,\cdots,c$。

式(4.10)表示模式集到其被判别的类的类心距离平方和，J_W 越小，即 $J_W \to \min$，则特征越显著。

2）类间距离准则

与类内距离准则相对应，也可用总的类间距离最大为特征选择准则，类间距离准定义为

$$J_B = \sum_{j=1}^{c} (m_j - m)(m_j - m) \tag{4.11}$$

式中：m_j 为类 ω_j 的模式均值；n_j 为类 ω_j 所含模式的个数；$m_j = \dfrac{1}{n_j}\sum_{i=1}^{n_j} x_i^{(j)}$；$m$ 为总的模式均值；$m = \dfrac{1}{N}\sum_{i=1}^{N} x_i$。$J_B$ 越大，即 $J_B \to \max$，则特征越显著。

3）类内、类间距离准则

有时候希望特征使得各类的类内距离越小越好，而类间距离越大越好，为此构造同时能反映类内距离和类间距离的准则函数。定义总的类内类间距离准则函数 J_T 为

$$J_T = \frac{J_B}{J_W} \to \max \tag{4.12}$$

使得类间距离J_B越大，而类内距离J_W越小，即总的类内类间距离J_T越大的特征，就是越显著的特征。

以两类问题为例，在目标识别中假设两个类的某个特征T的分布函数如图4.5所示，且第一类和第二类的特征均值分别为m_1和m_2，方差分别为σ_1和σ_2，类内类间距离准则可用下式描述

$$J_T=\frac{(m_1-m_2)^2}{\sigma_1^2+\sigma_2^2}=\frac{\Delta m^2}{\sigma_1^2+\sigma_2^2}\rightarrow \max \tag{4.13}$$

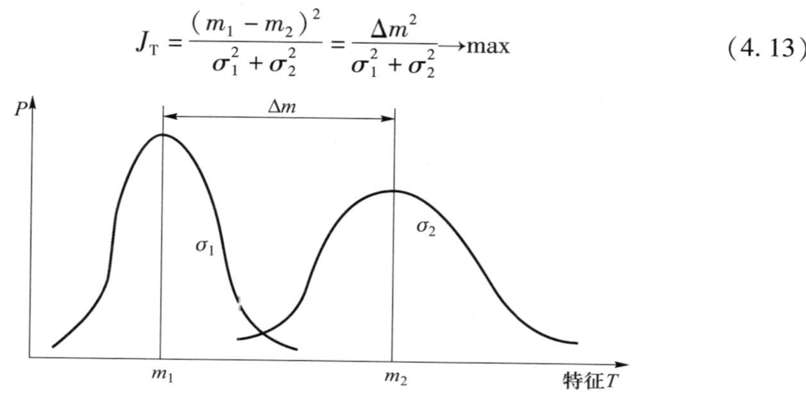

图4.5　两类模式的特征T分布函数图

当Δm越大，σ_1和σ_2越小时，错分可能性越小，正确分类可能性就越大，这说明特征T能把两类正确分开的概率比较大，用目标特征T来分类得到的结果比较可靠，应优先将此特征作为用于判别的特征数据。

相反，若Δm越小，σ_1和σ_2越大，错分的可能性就越大，同时正确分类可能性就越小。这说明特征T能把两类正确分开的概率比较小，用目标的特征T来分类得到的结果可靠性就低一些。

结构显著性优点是只需少量的样本数就可以进行学习，缺点是学习的准确率不高。当仅能获得少量样本时，可采用结构显著性进行学习。

4.3.2.2　概率显著性

由于背景的干扰和成像条件的限制，目标实时特征存在着很大的不确定性，显著性度量准则不是具有确定形式的函数，而应是一个感知经验统计量。最显著特征对应着最大的概率值，同理，较显著特征则对应着较大的概率值，因此可采用最小错误概率准则来描述特征的显著性[5]。

根据模式识别理论[6]，当采用某种准则把待识别模式判属某类时，判错的可能性是存在的，就是说在用统计准则判决某一具体模式x的类别时，判决结果可能是错误的，把实属ω_j类的模式判为属于ω_i类。

对于两类问题，统计判决的基本方法是根据类的概率和概率密度将模式的特

征空间分划成两个子区域 Ω_1 和 Ω_2，即

$$\Omega_1 \cup \Omega_2 = \Omega, \Omega_1 \cap \Omega_2 = \varnothing \tag{4.14}$$

式中：$\varnothing$是空集。

当 $x \in \Omega_1$时，判 $x \in \omega_1$类；当 $x \in \Omega_2$时，判 $x \in \omega_2$类。这里可能会发生两种错误：一种是把实属 ω_1类的模式判属 ω_2类，发生这类错误的原因是属于 ω_1类的模式在特征空间中散布到 ω_2中去，从而将其误判为属于 ω_2类，此时误判概率为

$$\varepsilon_{12} = \int_{\Omega_2} p(x/\omega_1)\,\mathrm{d}x \tag{4.15}$$

类似地，另一种错误是把实属 ω_2类的模式判属 ω_1类，此时误判概率为

$$\varepsilon_{21} = \int_{\Omega_1} p(x/\omega_2)\,\mathrm{d}x \tag{4.16}$$

假设 ω_1、ω_2出现的概率分别为 $P(\omega_1)$ 和 $P(\omega_2)$，则总的误判概率 $P(e)$为

$$P(e) = P(\omega_1)\varepsilon_{12} + P(\omega_2)\varepsilon_{21} =$$

$$P(\omega_1)\int_{\Omega_2} p(x/\omega_1)\,\mathrm{d}x + P(\omega_2)\int_{\Omega_1} p(x/\omega_2)\,\mathrm{d}x \tag{4.17}$$

我们希望在总体上统计上误判最少，因此所取的判决准则是使误判概率最小，这等价于使正确分类识别概率 $P(c)$最大，即

$$P(c) = \int_{\Omega_1} P(\omega_1)p(x/\omega_1)\,\mathrm{d}x + \int_{\Omega_2} P(\omega_2)p(x/\omega_2)\,\mathrm{d}x \rightarrow \max \tag{4.18}$$

这就是最小错误概率准则。在许多情况下，对于最小错误概率的计算，是比较困难的，尤其是当两类不满足正态分布时，计算显得更为复杂。在这里，我们使用一种一般分布情况下的最小错误概率估计方法，如图 4.6 所示。

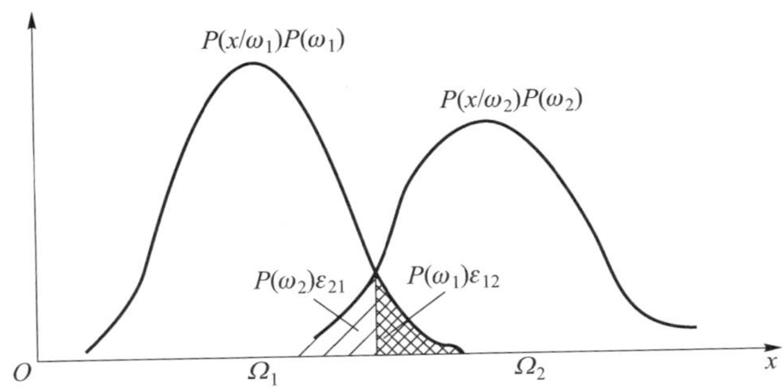

图 4.6　一维模式的误判概率计算示意图

对两类问题，最小错误概率为

$$P(e) = \min\left[P(\omega_1)\int_{\Omega_2} p(x/\omega_1)\,\mathrm{d}x + P(\omega_2)\int_{\Omega_2} p(x/\omega_2)\,\mathrm{d}x\right] =$$

$$\min\left\{\sum_{i=1}^{2}\int_{\Omega_i}[p(x)-P(\omega_i)p(x/\omega_i)]\mathrm{d}x\right\}=$$

$$\int_{\Omega_i}\{1-\max[P(\omega_1/x),P(\omega_2/x)]\}p(x/\omega_i)\mathrm{d}x \tag{4.19}$$

因为 $P(\omega_1/x)+P(\omega_2/x)=1$,从而有

$$1-\max[P(\omega_1/x),P(\omega_2/x)]=\min[P(\omega_1/x),P(\omega_2/x)] \tag{4.20}$$

由式(4.19)和式(4.20)可得最小错误概率期望值

$$P(e)=E\{\min[P(\omega_1/x),P(\omega_2/x)]\} \tag{4.21}$$

由于 $\min[P(\omega_1/x),P(\omega_2/x)]=\frac{1}{2}[1-|P(\omega_1/x)-P(\omega_2/x)|]$,于是有

$$P(e)=\frac{1}{2}\int_{\Omega}\{1-[P(\omega_1/x)-P(\omega_2/x)]\}p(x)\mathrm{d}x=\frac{1}{2}(1-\rho) \tag{4.22}$$

式中:$\rho=E[\,|P(\omega_1/x)-P(\omega_2/x)|\,]$。

因 $|\tanh\alpha|=\tanh|\alpha|$,故易得到

$$\tanh\frac{1}{2}\left|\ln\frac{P(\omega_1)P(x/\omega_1)}{P(\omega_2)P(x/\omega_2)}\right|=|P(\omega_1/x)-P(\omega_2/x)| \tag{4.23}$$

若已有 N 个已知类别的训练样本 $x_i(i=1,2,\cdots,N)$,则可采用算术平均来近似数学期望,于是有

$$\rho\approx\bar{\rho}=\frac{1}{N}\sum_{i=1}^{N}\tanh\frac{1}{2}\left|\ln\frac{P(\omega_1)P(x/\omega_1)}{P(\omega_2)P(x/\omega_2)}\right| \tag{4.24}$$

则

$$P(e)\approx\frac{1}{2}(1-\bar{\rho}) \tag{4.25}$$

最小错误概率准则下判决规则如下:

若 $P(\omega_1)P(x/\omega_1)>P(\omega_2)P(x/\omega_2)$,则判 $x\in\omega_1$;若 $P(\omega_1)P(x/\omega_1)<P(\omega_2)P(x/\omega_2)$,则判 $x\in\omega_2$;等价表示为:如 $l_{12}(x)=\frac{P(x/\omega_1)}{P(x/\omega_2)}>\frac{P(\omega_2)}{P(\omega_1)}$,则判 $x\in\omega_1$;如 $l_{12}(x)=\frac{P(x/\omega_1)}{P(x/\omega_2)}<\frac{P(\omega_2)}{P(\omega_1)}$,则判 $x\in\omega_2$,$l_{12}(x)$称为似然比。

由于不同的待识别对象被误判后,所付出的代价是不同的,因此,可引入损失代价概念。对于两类问题,将 x 判为 ω_1类时,平均损失 R_1为

$$R_1(x)=\lambda_{11}P(\omega_1)\int_{\Omega_1}p(x/\omega_1)\mathrm{d}x+\lambda_{21}P(\omega_2)\int_{\Omega_1}p(x/\omega_2)\mathrm{d}x \tag{4.26}$$

将 x 判为 ω_2 类时，平均损失 R_2 为

$$R_2(x)=\lambda_{12}P(\omega_1)\int_{\Omega_2}p(x/\omega_1)\mathrm{d}x+\lambda_{22}P(\omega_2)\int_{\Omega_2}p(x/\omega_2)\mathrm{d}x \tag{4.27}$$

式中：损失因子 λ_{ij} 表示将本属于 i 类的模式判为 j 类带来的损失。

对逆反射体侦察来讲，误判所付出的代价是等同的，即 $\lambda_{ij}(i=j)=0,\lambda_{ij}(i\neq j)=1$。显然，这样最小损失的准则等价于最小错误概率的准则，使损失最小就是使误判概率最小，故最小错误概率准则分析就可以用在本章所提出的车牌识别系统中。

特征提取过程中，在训练数据时提取目标尽可能多的非互斥的特征 $\{T_1,T_2,\cdots,T_n\}$，如灰度、方差、边缘等，依次单独地计算各个特征 $T_i(i=1,2,\cdots,n)$ 对应的两类分布密度函数 $f(T_i)$，T_i 的密度函数分布形式如图4.7所示。

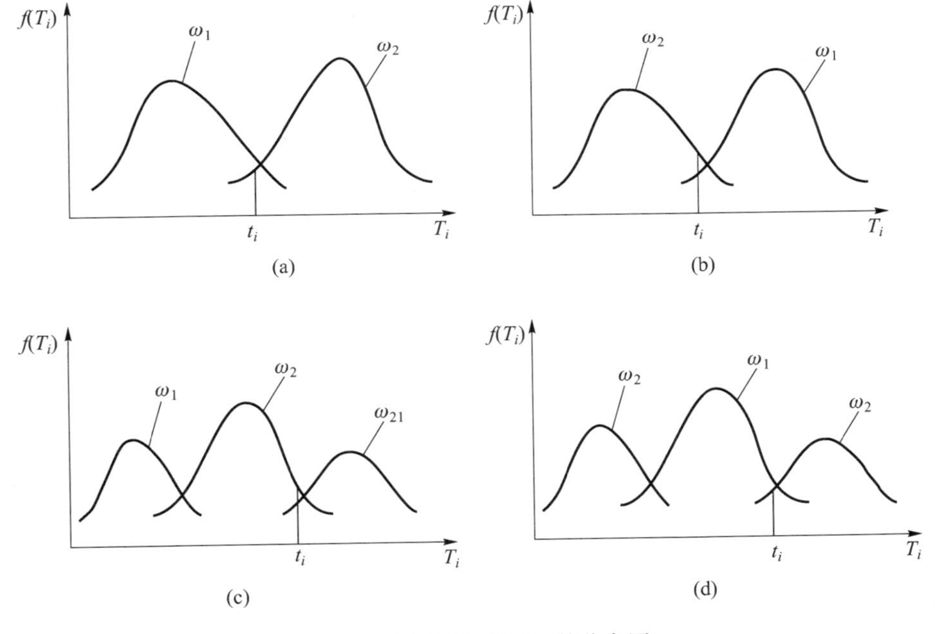

图4.7 特征 T_i 的密度函数分布图

根据第一类和第二类特征 $T_i(\{1,2,\cdots,n\})$ 的密度函数分布曲线，计算对应的最小错误概率值 $P_e(T_i)$，统计完所有特征后，得到特征集合对应的最小错误概率集合 $\{P_e(T_1),P_e(T_2),\cdots,P_e(T_n)\}$，对这些最小错误概率值进行排序，根据最小错误概率越小特征显著性越大的准则，得到根据显著性从大到小排列的特征序列 $\{T_1',T_2',\cdots,T_n'\}$。

基于最小错误概率的概率显著性的优点是准确率较高，缺点是需要大量的学习样本。当可以获得大量样本时，可以依据概率显著性来进行特征的选择。

4.3.3 特征显著性目标探测

鉴于最小概率特征显著性建模的高准确率，这里利用该模型对逆反射体的多个特征进行显著性定量描述，并根据显著性大小进行等级划分，建立特征显著性等级模型$\{T_1',T_2',\cdots,T_n'\}$。信息融合处理在很大程度上等效地扩展时间、空间覆盖范围，减少信息的模糊性，增加可信度，改善探测性能，提高目标识别概率。因此，利用多特融合设计目标探测算法，特征显著性等级模型恰好可以指导融合权值或优先级设计。

特征融合方式有并行和串行两种。并行方式是指将所有的特征根据各自的显著性，赋予不同的权重进行融合；串行方式是指根据特征的显著性，依次输入最显著特征和次显著特征等来进行融合。图 4.8 为特征融合方式的流程图，图中 T_1，T_2，…，T_n分别表示各显著性特征，F_1，F_2，…，F_n分别表示各融合中心。

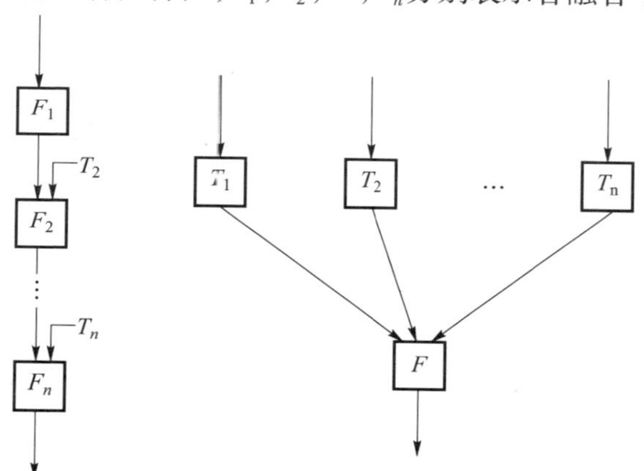

图 4.8 串行、并行特征融合示意图

4.3.3.1 显著性特征并行融合

基于特征显著性的并行融合方式如图 4.9 所示。

通过前面的特征显著性分析，得到特征的显著序列，将越显著的特征赋予越大的权值。设有 n 类目标 m 维显著特征，将各特征归一化后，得到如下判决函数

$$\begin{bmatrix} P_1 \\ P_2 \\ \vdots \\ P_n \end{bmatrix} = \begin{bmatrix} T_{11} & T_{12} & \cdots & T_{1m} \\ T_{21} & T_{22} & \cdots & T_{2m} \\ \vdots & \vdots & & \vdots \\ T_{n1} & T_{n2} & \cdots & T_{nm} \end{bmatrix} \begin{bmatrix} W_1 \\ W_2 \\ \vdots \\ W_m \end{bmatrix} \tag{4.28}$$

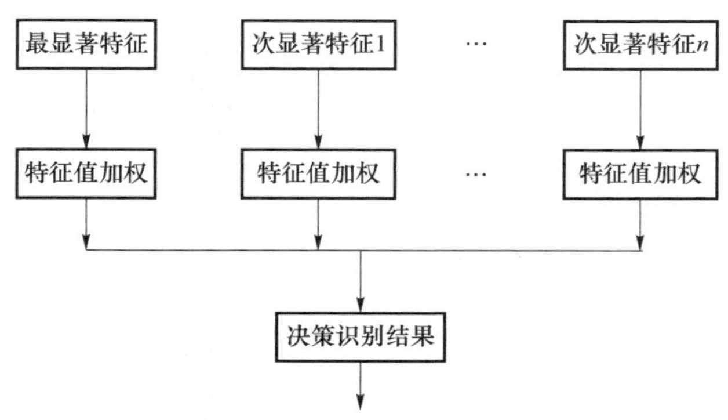

图 4.9 显著性并行融合示意图

式中：$(P_1,P_2,\cdots,P_n)$ 为 n 个置信概率函数；$(T_1,T_2,\cdots,T_m)$ 为各显著特征，$(W_1,W_2,\cdots,W_m)$ 为各显著特征对应的权重系数。

当 $P_i=\mathrm{Arg}\ \max(P_1,P_2,\cdots,P_n)$ 时，可以判决模式 $X\in\omega_i$。

4.3.3.2 显著性特征串行融合

基于显著性特征分级处理的目标检测方法，基本原理是在目标背景特性显著性分析的基础上，建立基于显著性的目标背景分级特性模型，通过分级特征递推估计目标分类的可信度，完成目标检测，提高目标检测与识别速度。

目标检测与识别实际上是一个目标与背景两类分割问题，由于受目标所处场景、未知目标以及随机噪声等干扰因素的影响，图像中除包含确定特性的目标之外，还包含具有不确定特性的背景干扰，目标背景显著性的特性模型必然存在一定的不确定性。因此，此类问题的研究重点是：基于目标背景显著性分级特性模型的置信度递推估计方法与算法，这是保证目标检测与识别有效性和可靠性的关键。D－S 证据理论是研究得比较多的证据组合（特征融合）方法，本章利用最小错误概率对 D－S 证据理论组合规则进行改进，并用于串行融合。

1）基于最小错误概率的修正 D－S 证据理论组合规则[7]

实际中按照证据分配置信度函数给命题时，要受很多因素的影响，不同方法可产生不同的基本概率赋值（BPA）公式，应根据具体情况来确定，一般地需要根据特征对目标的量测和其决策的重要性与可靠性等因素来构造基本概率赋值。

在 D－S 证据组合规则中，各信息源所提出的证据是平等对待的。在各组信息源可靠性、重要性不同的情况下，D－S 证据组合规则可能给出与客观情况不相符合的组合结果。因此，在前面研究概率特征显著性的基础上，这里给出基于最小错误概率的加权置信指派函数。

特征越显著，对模式的分类就越有效，分类错误概率 $P_i(e)$ 就越小，而 $[1-P_i(e)]$

就越大。因此,可构造各信息源权重系数

$$\alpha_i = \frac{[1 - P_i(e)]}{\sum_{i=1}^{q}[1 - P_i(e)]} \tag{4.29}$$

式中:q 为信息源的个数,且满足 $\sum_{i=1}^{q}\alpha_i = 1$。

基本概率赋值函数 $m_i(i=1,2,,q)$ 可修改为

$$m_i = \alpha_i m_i \quad (i=1,2,\cdots,q) \tag{4.30}$$

2)基于证据理论的决策

用证据理论组合证据后如何进行决策,是与应用密切相关的问题,根据不同需要可采用不同的决策方法。

(1) 基于信任函数的决策。根据组合后得到的 m,求出信任函数 bel,则该信任函数就是判决结果。若希望缩小真值的范围,可采用最小点原则求出真值。所谓最小点原则,是指对于集合 A,信任函数 $\mathrm{bel}(A)$,若在集合 A 中去掉某个元素后的集合 B_1,信任为 $\mathrm{bel}(B_1)$,且 $|\mathrm{bel}(A) - \mathrm{bel}(B_1)| < \varepsilon$,则认为可去掉该元素,其中 ε 为预先设定的一个阈值。重复这个过程,直到某个子集 Bk 不能再按最小点原则去掉元素为止,则 B_k 即为判决结果。

(2) 基于基本概率赋值的决策。

设 A_1, $A_2 \subset U$,满足

$$m(A_1) = \max\{m(A_i), A_i \in U\} \tag{4.31}$$

$$m(A_2) = \max\{m(A_i), A_i \in U \text{ 且 } A_i \neq A_1\} \tag{4.32}$$

若有

$$\begin{cases} m(A_1) - m(A_2) > \varepsilon_1 \\ m(U) < \varepsilon_2 \\ m(A_1) > m(U) \end{cases} \tag{4.33}$$

则 A_1 即判决结果,其中 ε_1、ε_2 为预先设定的门限。

根据分析,在某些模式的类别属性不明显时,不做出类别判决似乎更可取,也就是说,在 n 类问题中,决策集的决策方案数可以多于类别数,即决策集中的一个决策可以是不做判决,这部分对应决策中的不确定区间。我们要找出最小错误率与置信度的关系,先要考虑两类问题。在似然比门限附近时,对模式 x 作出类别将不那么可靠。为提高判决的可靠性,可设两个似然比门限 M、N,满足 $N < M$,这相当于将特征空间分划成三个子区域,在两个决策区域之间增加一个"不确定区

域”。当特征个数不足时,待识别模式 x 类别属性不显著,使 x 落入不确定区域 Ω_3,通过增加特征使该模式进入 Ω_1 或 Ω_2,从而可判决模式类别。不确定性推理的一个重要任务就是要逐渐减小不确定的区域。

融合 n 个特征中的 k 个特征 x_1, $x2\dots$, x_k,令 $x(k)=(x_1,x_2,\cdots,x_k)$,可考虑关于 k 个特征的似然比

$$l_{12}(x^{(k)})=\frac{P(x_1,x_2,\cdots,x_k|\omega_1)}{P(x_1,x_2,\cdots,x_k|\omega_2)}\overset{\text{def}}{=}\frac{P(x^{(k)}|\omega_1)}{P(x^{(k)}|\omega_2)} \tag{4.34}$$

从而判决规则为

① $l_{12}(x^{(k)})\geqslant M\rightarrow x\in\omega_1$

② $l_{12}(x^{(k)})\leqslant N\rightarrow x\in\omega_2$

③ $M\leqslant l_{12}(x^{(k)})\leqslant N\rightarrow x\in\Omega_3$,即不能判决,需对此模式增加特征,继续识别。

为确定门限 M、N,令 e_{12} 表示 x 实属 ω_1,但否定 $x\in\omega_1$ 的概率;e_{21} 表示 x 实属 ω_2,但否定 $x\in\omega_2$ 的概率。

ω_2 的否定域记为

$$\Omega_{10}^{(m)}=\{x^{(m)}|M\leqslant l_{12}(x^{(k)})\leqslant N \quad k=1,2,,m-1,l_{12}(x^{(m)}\geqslant M)\} \tag{4.35}$$

ω_1 的否定域记为

$$\Omega_{20}^{(m)}=\{x^{(m)}|N<l_{12}(x^{(k)})<M, \quad k=1,2,,m-1,l_{12}(x^{(m)}\leqslant N)\} \tag{4.36}$$

于是

$$e_{21}\leqslant\sum_{k=1}^{\infty}\int_{\Omega_{10}^{(k)}}M^{-1}p(x^{(k)}|\omega_1)\mathrm{d}x^{(k)} \tag{4.37}$$

从而

$$M\leqslant(1-e_{12})/e_{21} \tag{4.38}$$

同理可得

$$N\geqslant e_{12}/(1-e_{21}) \tag{4.39}$$

由式(4.38)、式(4.39)可知 M、N 与 e_{12}、e_{21} 有关,即受两类错误概率选取的控制,为使判决中有选定的两种错误概率 e_{12}、e_{21},M 和 N 必须满足式(4.38)、式(4.39)。为求稳健可取

$$M=(1-e_{12})/e_{21} \tag{4.40}$$

$$N=e_{12}/(1-e_{21}) \tag{4.41}$$

称其为终止界限。

取上式进行判决时所产生的真实错误概率 e_{12} 和 e_{21},式(4.38)和式(4.39)显

然有关系

$$(1-\varepsilon_{12})/\varepsilon_{21} \geqslant (1-e_{12})/e_{21} \tag{4.42}$$

$$\varepsilon_{12}/(1-\varepsilon_{21}) \geqslant e_{12}(1-e_{21}) \tag{4.43}$$

式(4.42)、式(4.43)两个不等式含有

$$\varepsilon_{12} \leqslant e_{12}/(1-e_{21}) \tag{4.44}$$

$$\varepsilon_{21} \leqslant e_{21}/(1-e_{21}) \tag{4.45}$$

由于 e_{12}、e_{21} 很小，当 e_{12} 或 e_{21} 大于 ε_{12} 或 ε_{21} 时，不会大许多。将式(4.44)、式(4.45)整理后相加，可得

$$\varepsilon_{12}+\varepsilon_{21} \leqslant e_{12}+e_{21} \tag{4.46}$$

式(4.46)表明，两类错误概率之和 $\varepsilon_{12}+\varepsilon_{21}$ 的上界是设计指标 e_{12} 和 e_{21} 之和 $e_{12}+e_{21}$，不等式 $\varepsilon_{12}+e_{21}$ 与 $e_{12}+\varepsilon_{21}$ 至少有一个成立，通常两个不等式很可能都成立。

D－S 证据理论的置信度更新过程如图 4.10 所示的显著性串行融合方式。当置信度超过某一门限时，置信度更新过程可以停止。

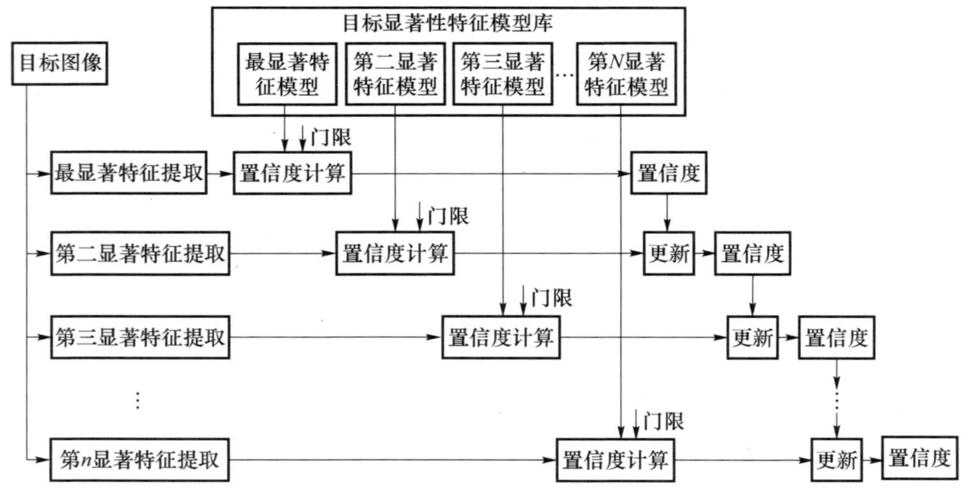

图 4.10　显著性串行融合方式示意图

在融合识别过程中，目标确认的证据(或可信程度)是累加的。对多特征目标识别，如果采用尽可能多非互斥的特征进行融合识别，得到的结果会更为准确可靠，但由于时间和成像条件的影响，不可能提取完整的实时特征来进行识别，只能根据实际情况选择其中最为显著的几个特征。根据显著性特征度量准则，采用一种从主到次的特征选择方法，将显著性不同的特征赋以不同的概率权值并用于融合识别，这是一个动态的识别过程，当目标置信度超过一定门限或者提取一定数量

特征融合识别后的置信度仍小于门限时,识别过程结束。该方法不要求提取候选目标上包含的所有特征,这个图像解释过程由最显著的特征驱动,通过若干个特征的融合,把特征提取和识别评估过程联系起来,根据置信度调整实时提取目标特征类型和计算算法。

特征融合的并行方式只有当得到所有的特征后,才对信息进行融合。而,串行方式不需要在融合之前收到所有的特征信息。串行融合方式的缺点是它对每个特征的存在性非常敏感,然而它的性能及融合效果是很好的。另外,串行融合方式是将第 J 级的特征观测值与第 $J-1$ 级融合中心的判断结果组合起来传送到第 J 级融合中心,以检测同样的假定。这个过程继续进行下去,直到所做的判定达到某个给定的可信度为止。这样判断过程随时终止,而不需要判断所有的特征组合,减少了运算时间,并且对计算机的要求较低。

4.4　逆反射体探测实例

4.4.1　逆反射体实例

我国安全行业标准《GA 666—2006 机动车号牌用反光膜》明确规定:车牌使用一定标准的逆反射膜制成,是一种典型的逆反射体,其最小逆反射系数如表 4.3 所列。车牌作为依附于车辆的一部分,是本书所研究的依附类衍生属性。本节将介绍这一衍生属性的探测实例[8],实现过程以 4.1 节、4.2 节、4.3 节所阐述的理论为基础,为研究其他逆反射依附目标的探测、识别、侦察提供有实践意义的参考与借鉴。

表 4.3　车牌的最小逆反射系数

观察角	入射角	白色	黄色	蓝色	红色	绿色
0°12′	5°	60	40	4.0	14	9.0
	30°	25	18	1.5	6.0	3.5
	45°	6.0	4.0	0.5	2.0	1.0
0°20′	5°	40	30	3.0	10	7.0
	30°	14	10	1.0	4.0	2.5
	45°	3.0	2.0	0.3	1.0	0.8
1°30′	5°	4.0	3.5	0.6	2.0	1.0
	30°	2.0	1.5	0.2	0.6	0.4
	45°	0.7	0.5	0.1	0.2	0.1

目前,各国使用的车牌主要有蓝底白字、白底黑字、黄底黑字、黑底白字四种类

型。黄底黑字和白底黑字车牌仅是车牌底具有逆反射特性,黑底白字车牌仅是字符具有逆反射特性,而蓝底白字车牌则是二者均具有逆反射特性。尽管不同颜色的逆反射体对可见光谱具有选择性,但是对近红外光谱却不然,均表现出了良好的逆反射特性。图 4.11 为夜晚无其他光源干扰的条件下对蓝底白字车牌进行可见光和近红外成像,摄像机镜头上分别安装独立工作的 LED 白光光源和中心波长为 850nm 的近红外光源。两幅图像中,车牌区域的亮度明显高于车身以及其他背景,可见光车牌区域中蓝底和白字的对比度显著,而近红外车牌区域的灰度比较均匀,车牌底和字符已经融为一体。因此,逆反射体的探测从可见光延伸至近红外波段均可进行。

(a) 可见光

(b) 近红外光

图 4.11　车牌的逆反射(见彩图)

4.4.2　主动成像系统分析与设计

4.4.2.1　成像系统构建

车牌的颜色分立特征揭示所研究的四种车牌的底色和字符在红光波段的反射特性同时具有最显著的差异[9],而且红光对司机视觉的影响比白光弱得多,故首先考虑进行红光窄带主动成像。此外,黄底黑字、白底黑字车牌仅是底色具有逆反射特性,黑底白字车牌仅是字符具有逆反射特性,采用近红外窄带主动成像也可以有效地突出车牌区域的对比度,而且近红外对司机视觉的影响更小。同时,2002 年我国发布新型的 02 式白底黑字车牌,试图在今后取代其他类型的车牌,为近红外窄带主动成像提供潜在的应用空间。基于上述考虑,在红光和近红外波段分别进行窄带成像,但要求闪光灯在这两个波段具有较高的能量。图 4.12 为选用的氙闪光灯的光谱特性,在红光、近红外波段具有多个显著的峰值,为这两种窄带主动成像提供有利条件。该闪光灯的出光功率达到 500W,出光角度为 30°,回电时间为 300ms,闪光频率达到 3 次/s;闪光时间可达 1ms,有利于快速的连续抓拍。针对

红光和近红外波段的主动成像,设计了两种窄带滤光片分别内置于相应的摄像机镜头。其中,红光窄带滤光片的中心波长为 680nm,带宽为 20nm,峰值透过率约为 78%;近红外窄带滤光片的中心波长为 820nm,带宽为 26nm,峰值透过率约为 75%。为尽可能地降低闪光灯对司机视觉的影响,同时又不影响窄带主动成像,设计了一种 650nm 的高通滤光片安装于闪光灯前端。这三种滤光片的光谱特性如图 4.13 所示。

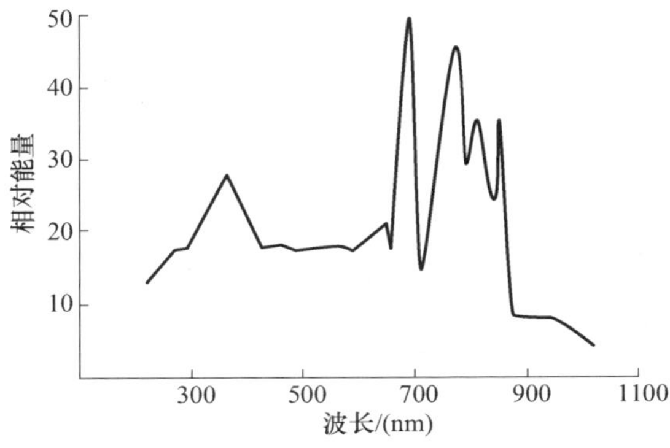

图 4.12 氙闪光灯的光谱特性

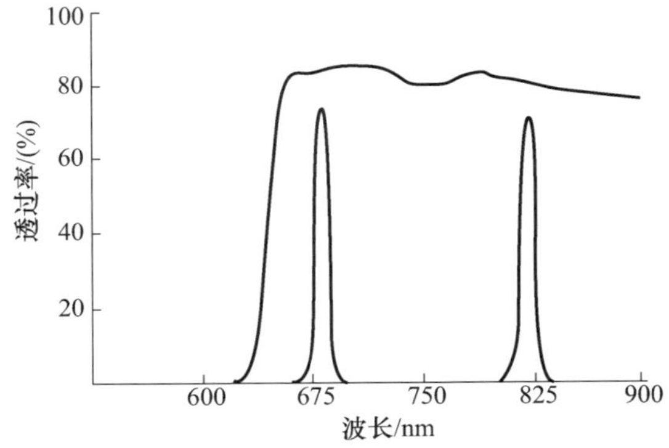

图 4.13 滤光片的光谱特性

据此,两种窄带主动成像的工作波段分别为 670 ~ 690nm 和 807 ~ 833nm。红光窄带成像选用可见光摄像机,其响应波段为 400 ~ 700nm(自带截止滤光片),在 680nm 处的相对响应率接近 0.7,如图 4.14 所示,最低照度为 0.01lx。普通摄像机在 820nm 处的响应率较低,不利于窄带成像,因此选用低照度黑白摄像机,它在 820nm 处的相对响应率大于 0.4,如图 4.15 所示,最低照度为 0.0003lx。为尽可能地抑制背景反射光,两摄像机的电子快门速度达到 1μs,且具备闪光灯同步触发功能，确保在闪光时间内进行高速抓拍。

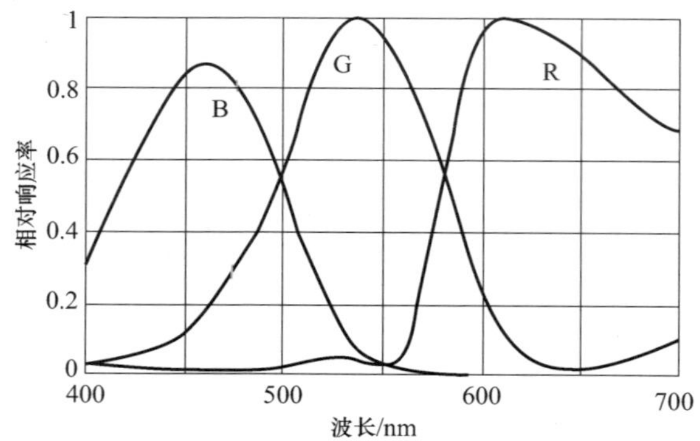

图 4.14　可见光摄像机的光谱特性

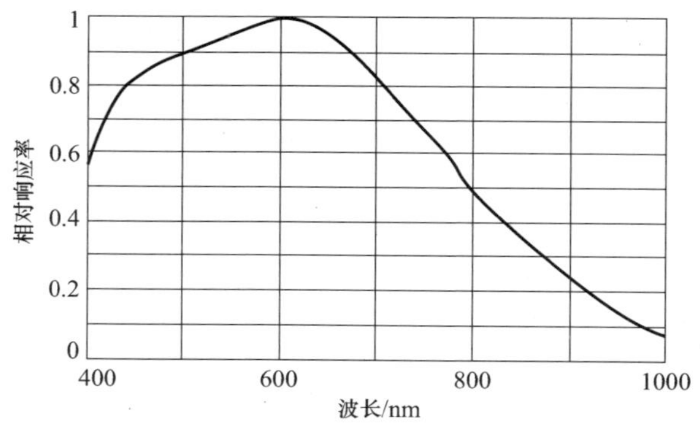

图 4.15　近红外摄像机的光谱特性

主动成像设备的实物图如图 4.16 所示。近红外、可见光摄像机垂直排列，两镜头中心距离约为 5cm，主动光源紧密靠近两摄像机安装，其中心到两镜头中心的距离相等，约为 10 cm。两摄像机配备焦距同为 8mm 的可见光、近红外镜头，内置滤光片的尺寸略小于镜头直径。闪光灯前端使用的高通滤光片尺寸略大于灯面，灯罩与滤光片外侧具有匹配的螺口，便于安装、固定和拆卸。此外，机箱中还包括电源、数据传输和存储部件。

下面利用成像设备的参数以及晴朗条件下太阳、天空扩散光的经验照度估算主动成像设备是否满足式(4.8)的条件模型。设主动光源为朗伯体，在出光角度内亮度均匀，则在车牌表面的总辐射照度为

$$E_1' = \frac{P}{\pi[d\tan(\alpha/2)]^2} \tag{4.47}$$

式中：P 为闪光灯的出光功率；α 为出光角度；d 为闪光灯与车牌的距离。

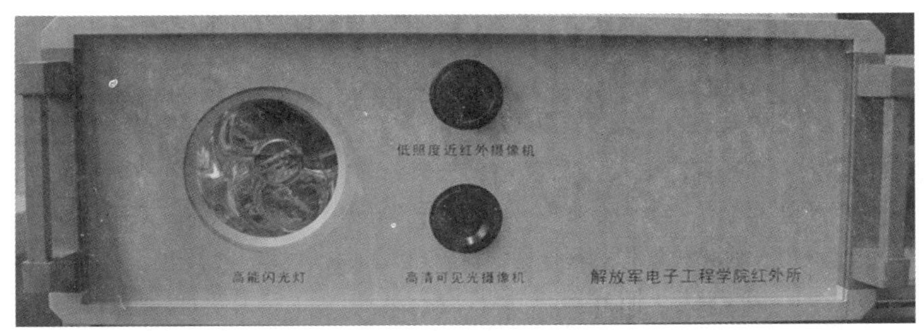

(a) 成像设备的组装机箱(包括摄像机、主动光源、电源、数据传输和存储部件)

(b) 镜头与滤光片(从左至右依次为可见光、近红外镜头，650高通、820窄带、680窄带滤光片)

图 4.16 主动成像设备实物图

由闪光灯的光谱分布估算得到窄带 670 ~ 690nm 的能量约占总能量的 1/15，所以 $E_1 \approx E_1'/15$。由海平面阳光的光谱辐射照度分布估算得到窄带 670 ~ 690nm 的能量约为 24W/s[10]。设拍摄距离 $d = 15$，将参数带入式(4.8)得 $R_1/R_2 > 36.5$。类似地，对于近红外窄带成像有 $R_1'/R_2 > 46.9$。这就要求在极端情况下，主动光源的逆反射系数约为直射阳光的逆反射系数的 47 倍。实际应用中，即使晴朗无云条件下阳光的强度也很难接近理想情况，同时主动光源在 15m 处成像的观察角仅为 0°23′；而逆反射系数又对观测角异常敏感(详见表 4.3)，通过有意识地调整成像设备的安装位置或增加挡板等，容易使得直射阳光的逆反射系数迅速满足条件模型的要求。

4.4.2.2 成像实验分析

利用主动成像设备在阳光直射、夜晚大灯直射、复杂背景等条件下采集车牌图像，并与传统的图像采集效果进行对比。图 4.17 为晴朗无云条件下，直射阳光的观察角为 5° ~ 10°的成像效果图。被动成像采集的图像中车牌区域清晰可见，但是背景噪声复杂度高，对比度也十分显著；而两种窄带主动成像采集的图像中车牌区域从车身以及其他背景中凸显出来，具有较高的亮度，而背景复杂度大幅降低，仅有观察方向上反射阳光较强的少部分区域呈现出来,图像质量显著提高。夜晚条件下进行车牌图像采集,通常的方式是利用 LED 白光灯、普通近红外灯或者普通闪光灯进行补光。

(a) 被动成像

(b) 红光窄带主动成像

(c) 近红外窄带主动成像

图 4.17 直射阳光的观测角为 5° ~ 10°的成像效果

图 4.18 为夜晚车大灯直射条件下的各种成像效果。受大灯强光的影响,被动成像几乎不可能得到清晰的车牌区域;传统的补光方式虽然可以显著提高车牌区域的亮度,但是大灯强光、道路背景的反光以及其他干扰光源也会形成诸多高亮度区域,严重干扰车牌识别过程;而两种窄带主动成像在提高车牌区域亮度的同时几乎消除了道路背景的反光以及其他干扰光源的影响,并且大幅削弱大灯强光的亮度,将大灯区域限制在一个相对较小的范围内,为车牌识别算法提供了高质量的输入源。此外,窄带主动成像在克服复杂背景方面具有被动成像不可比拟的优势。图 4.19 为双层车牌的被动成像效果图,其中不仅拥有纹理极端丰富的栅栏,而且

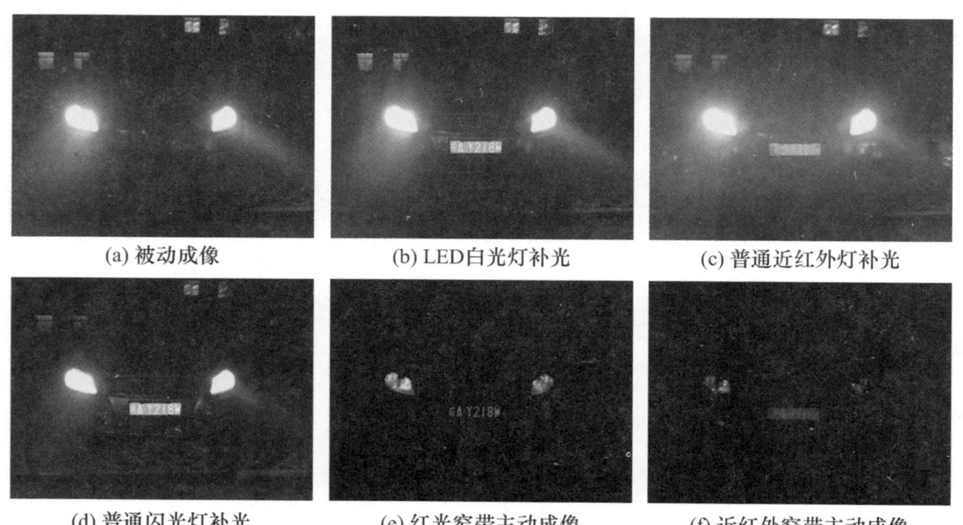

(a) 被动成像　(b) LED白光灯补光　(c) 普通近红外灯补光

(d) 普通闪光灯补光　(e) 红光窄带主动成像　(f) 近红外窄带主动成像

图 4.18 夜晚车大灯直射条件下的成像效果(见彩图)

还包含多组水平排列的规则字符，车牌识别算法很难有效地在复杂背景中区分这些干扰字符串和真实车牌。然而，两种窄带主动成像几乎仅保留了清晰的车牌区域，取得了惊人的成像效果，如图 4.18(b)、(c)所示。这两幅图像是在非阳光直射的条件下采集的，同时也说明成像效果随着直射光照的降低将进一步得到提高，甚至可能彻底地消除背景的影响。

(a) 被动成像

(b) 红光窄带主动成像

(c) 近红外窄带主动成像

图 4.19　复杂背景条件下双层车牌的成像效果

值得注意的是，车牌的逆反射等级仅相当于公路标志的第五级，但在主动成像条件下也获得较好的量化效果，这相当于进一步论证本方法用于军用级逆反射体的可行性和必要性。

4.4.3　显著性多特征融合目标探测

4.4.3.1　特征显著性计算

利用 4.3 节介绍的最小错误概率准则来计算特征的显著性，设 ω_1 和 ω_2 类出现的概率分别为 $P(\omega_1)$ 和 $P(\omega_2)$，则最小错误概率计算模型为

$$P(e) = P(\omega_1)\varepsilon_{12} + P(\omega_2)\varepsilon_{21} = P(\omega_1)\int_{\Omega_2} p\left(\frac{x}{\omega_1}\right)\mathrm{d}x + P(\omega_2)\int_{\Omega_1} p\left(\frac{x}{\omega_2}\right)\mathrm{d}x \to \min \tag{4.48}$$

由式(4.48)可知，总的错误概率 $P(e)$ 是由先验概率和概率密度函数组成。将目标的集合看作是类 Ω_1，背景的集合看作是类 Ω_2，则 $P(\omega_1)$ 和 $P(\omega_2)$ 分别为目标和背景出现的先验概率，$p(x/\omega_1)$ 和 $p(x/\omega_2)$ 分别为图像中目标和背景各自的概率分布函数。如何得到这两个先验概率和两个条件概率分布函数是计算最小错误概率和定量描述逆反射体特征显著性的关键。

为此采用人工监督学习方法，对每一帧用于学习的图像，人工标出目标区域，然后统计出 $P(\omega_1)$ 和 $P(\omega_2)$ 以及 $p(x/\omega_1)$ 和 $p(x/\omega_2)$ 的初步估计，并拟合得出概率函数，以此计算概率分布函数。这样经过若干帧图像连续的学习，将获得 $P(\omega_1)$

和 $P(\omega_2)$ 以及 $p(x/\omega_1)$ 和 $p(x/\omega_2)$ 更准确的估计及相对准确的分布函数。

实验样本为中所设计成像设备采集的红光车辆图像 200 帧(大小为 1280×960),每张图像仅包含一辆车和一个车牌。分块尺寸为 8×8,总块数为 N 块。首先人工框出目标的区域(车牌),车牌区域所占的块数为 m 块,则背景的总块数为 $n = N - m$ 块。所以,车牌和背景的先验概率分别为

$$P(\omega_1) = \frac{m}{m+n}, P(\omega_2) = \frac{n}{m+n} \tag{4.49}$$

对车牌和背景的特征(如亮度特征)分布分别做出统计直方图,得到统计函数 $g_1(x)$ 和 $g_2(x)$,分别表示不同的灰度对应的车牌和背景的块数,如图 4.20 所示。对它们进行归一化,则得到两个条件概率分布函数

$$p(x/\omega_1) = \frac{1}{m} g_1(x), p(x/\omega_2) = \frac{1}{n} g_2(x) \tag{4.50}$$

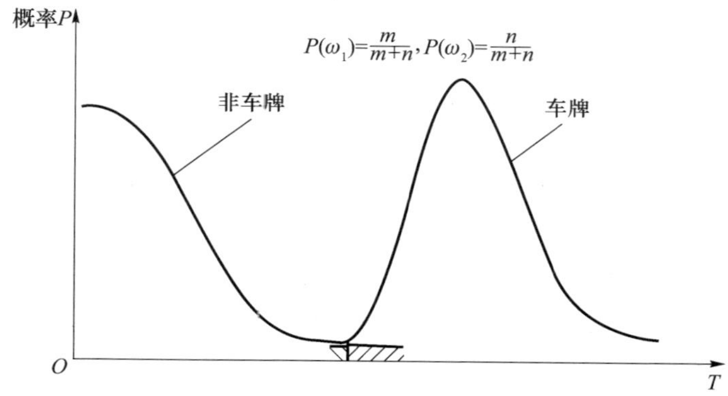

图 4.20　车牌与背景的误判概率计算示意图

将式(4.49)与式(4.50)代入最小错误概率计算公式(4.48),得到

$$P(e) = \frac{1}{m+m} \left(\int_{\Omega_2} g_1(x)\,\mathrm{d}x + \int_{\Omega_1} g_2(x)\,\mathrm{d}x \right) \tag{4.51}$$

希望在总体上、统计上误判最少,根据最小错误概率准则,所取的判决准则是使误判概率最小,这等价于使正确分类识别概率 $P(c)$ 最大,即

$$P(c) = \frac{1}{m+m} \left(\int_{\Omega_1} g_1(x)\,\mathrm{d}x + \int_{\Omega_2} g_2(x)\,\mathrm{d}x \right) \to \max \tag{4.52}$$

根据红光主动成像条件下车牌区域的特点,提取亮度、联通区域[11]、边缘密度[12]三种特征作为分析对象。然后根据公式计算得到三者的最小错误概率分别为 0.397、0.211 和 0.195,因此,显著性等级模型为亮度、边缘密度、平行边框。

4.4.3.2　特征融合探测算法

红光主动成像条件下车牌区域的亮度显著高于车身及其他背景，同时大量复杂背景被有限抑制，如图 4.19(b)所示；亮度、联通区域、边缘密度三种特征即能够较好地描述车牌区域的可分辨性。因此，采用并行融合方式设计多特征融合探测算法。采取车牌的上述三个显著性特征，来计算目标出现的融合置信度估计值。分别提取对应的特征$\{I,N,D\}$，根据车牌亮度I、联通区域N、边缘密度D的显著性分析，采用不同权重特征的并行融合算法，从多个候选车牌中（包括车牌和非车牌）选择待识别的唯一正确车牌。

假设有n个候选车牌，定义它们的亮度分别为$\{I_1,I_2,I_3,\cdots,I_n\}$，联通区域分别为$\{N_1,N_2,N_3,\cdots,N_n\}$，边缘密度分别为$\{D_1,D_2,D_3,\cdots,D_n\}$。根据前面分析，已知亮度特征是最显著特征，而联通区域和边缘密度是次显著特征。由于越显著的特征越能更大程度地表征识别的置信度，而越不显著的特征对置信度的影响相对较小，因此亮度特征的权重W_1应该比联通区域和边缘密度的权重W_2和W_3要相对大一些，三个权重满足$W_1>W_2>W_3$，且$W_1+W_2+W_3=1$。特征越显著，对模式的分类就越有效，分类的错误概率$P_i(e)$就越小，而$(1-P_i(e))$就越大。因此，将特征对应的最小错误概率作为特征的权重系数W_i

$$W_i=\frac{(1-P_i(e))}{\sum_{i=1}^{3}(1-P_i(e))}\qquad i=1,2,3 \tag{4.53}$$

上式满足$\sum_{i=1}^{3}W_i=1$。

设判断第i个候选区域为真正车牌的置信度为$P_i(i=1,2,\cdots,n)$，则有

$$P_i=W_1m_1(\cdot)+W_2m_2(\cdot)+W_3m_3(\cdot)=$$
$$W_1\frac{|I_i-I|^{-1}}{\sum_j|I_j-I|^{-1}}+W_2\frac{|N_i-N|^{-1}}{\sum_j|N_j-N|^{-1}}+W_3\frac{|D_i-D|^{-1}}{\sum_j|D_j-D|^{-1}} \tag{4.54}$$

归一化后的置信度为

$$P'_i=\frac{P_i}{\sum_j P_j} \tag{4.55}$$

式中：$j=1,2,\cdots,n$。$m_l(\cdot)$为特征$l(1,2,3)$得到该区域为车牌区域的置信度。如果置信度大于阈值T，则认为该区域属于车牌；如果这样的区域有多个，则合并为一个。由于测试图像中的车牌是唯一的，即单车牌图像，这一过程输出的就是车牌区域。

4.4.3.3 特征融合探测实验

利用本章设计的逆反射体量化主动成像系统采集自然条件下的红光车辆图像200幅(1280×960)作为测试集1,每帧图仅包含一个车牌。同等条件下(包括同视场),利用普通可见光摄像机采集测试集2。也就是说,两个测试集中,对应图像的目标、背景、自然光照等条件完全相同,仅仅选择的成像设备不同,如图4.21(a)与(c)所示。测试集涵盖多种复杂条件,如复杂背景、弱光照、光照不均、字符缺损等。测试算法包括本章提出的显著性多特征融合、文献[5]提出的显著性多特征融合、文献[11]提出的联通区域、文献[12]提出的边缘密度4种。其中,本章的算法仅在测试集1中进行,因为测试集2中的图像并没有有针对性地量化逆反射体特征;文献[5]的算法仅在测试集2中进行,因为其需要利用颜色特征;其余两种算法分别在测试集1、2中进行,两种成像方式都能提供相应的特征。探测成功定义为无虚警情况,且目标区域完整(目标本身的字符残缺或遮挡部分可以忽略,但字符的正常部分必须保留)。

目标探测算法的对比测试结果如表4.4所列。从中可以看出,联通区域和边缘密度两种算法在测试集1上均获得了较高的成功率,相对于测试集2均提高10%以上,这进一步印证了逆反射量化成像对车牌区域特征的显著增强与背景噪声的抑制作用。如图4.21(a)所示,传统的可见光成像获取的车牌图像中存在大量噪声,需要分辨性非常强的特征才能唯一探测出目标区域。对于使用单一特征的方法要做到这一点是很难的,如果存在光照不均、缺损等情况探测难度将进一步加大。另一方面,逆反射量化成像充分突出了车牌区域的特征,同时背景噪声被大幅抑制,使得车牌区域相对于背景的对比度显著增强,如图4.21(b)所示。其次,主动成像克服了弱光照、光照不均等不利因素,进一步降低了对探测算法的要求。对于这种高质量的目标图像,单一特征的方法也取得了相对较高的成功率。但是,显著性多特征融合显然要比利用单一特征更能够应对复杂条件,对于测试集2文献[5]也取得93%的成功率,7%的失败率主要是复杂背景和光照条件下的虚警现象造成的,对于个别存在字符缺损或遮挡的车牌,算法很可能无能为力。如图4.21(a)与(b)所示,遮挡使得车牌字符在数量与完整性上发生较大改变,而这些特征往往是大部分探测算法的设计依据,这就对鲁棒性提出了更为苛刻的要求。然而,在逆反射量化成像条件下,逆反射特征被有效量化为显著的亮度信息,该特征对字符缺损与遮挡并不敏感,只要是正常字符,包括残缺字符的正常部分均呈现较高的亮度,使得多特征算法能够应对此类特殊情况,如图4.21(c)与(d)所示。综上所述,本章提出的算法在数据集1上获得100%的成功率。

表 4.4　探测算法测试结果对比

算法对比	特征类型	成功率(对应图像数)	
		测试集 1	测试集 2
文献[11]	联通区域	92.5% (185)	82% (164)
文献[12]	边缘密度	91.5% (183)	80.5% (161)
文献[5]	显著性多特征融合		93% (186)
本章	显著性多特征融合	100% (200)	

(a) 两端遮挡

(b) 中间遮挡

(c) 两端遮挡探测

(d) 中间遮挡探测

图 4.21　遮挡车牌探测

参考文献

[1] 黄昀昉，陈亦可．回归式反光材料研究现状分析[J]．化工新型材料，1999，27(9)：22－25.

[2] 欧阳艳东，周学平，周建屏．玻珠材料的反光特性[J]．汕头大学学报(自然科学版)，2004，19(2)：23－27.

[3] 刘景生．红外物理[M]．北京：兵器工业出版社，1992.

[4] 杨星，吕栋雷，胡以华，等．一种逆反射体激光探测碰撞预警方法:201610380057.8 [P]. 2016－06－01.

[5] Chen Z X, Liu C Y, Chang F L, et al. Automatic License－Plate Location and Recognition Based on Feature Salience[J]. IEEE Transactions on Vehicular Technology, 2009, 58(7): 3781－3785.

[6] 孙即祥．现代模式识别[M]. 长沙：国防科技大学出版社，2002.

[7] 陈振学．基于特征显著性的目标识别方法及其应用研究[D]. 武汉:华中科技大学，2007.

[8] 陈杰，杨星，乔亚，等．一种交通标识的检测方法:201410421328.0 [P]. 2014－08－25.

[9] Yang X, Ling Y S, Li S, et al. Graying for Images with Color－discrete Characteristic[J]. International Journal for Light and Electron Optics, 2011, 122(18): 1633－1637.

[10] 太阳光[EB/OL]. [2010－11－20]. http://zh.wikipedia.org/wiki/%E5%A4%AA%E9%99%BD%E5%85%89.

[11] Anagnostopoulos C N E, Anagnostopoulos I E, Psporoulas I D, et al. A License Plate－Recognition Algorithm for Intelligent Transportation System Applications[J]. IEEE Transactions on Intelligent Transportation Systems, 2006, 7(3): 377－392.

[12] Yang X. Self－adaptive Model of Texture－based Target Location for Intelligent Transportation System applications[J]. International Journal for Light and Electron Optics, 2013, 124(19): 3974－3982.

第 5 章

目标标识属性被动成像侦察

许多武器装备和运载平台上均有表达各种含义的可视标识，如各种字母数字编号、图案等，它们是目标载体的重要组成部分，依附于目标载体，属于典型的依附类衍生属性，识别这些标识不仅可以协助目标探测，还可以为目标识别、跟踪、综合分析等侦察活动提供支持。此类标识是一种特殊图文对象，与传统对象相比有两方面的特点：首先均为标准颜色搭配的人工目标，具有典型的颜色分立特征；其次，标识图像随着运载平台的运行状态、拍摄角度、分割误差等变化，在噪声、尺度、仿射变化等自然条件下表现出较大的动态范围。传统的标识识别一般包括图像采集、图像预处理、探测与分割、识别 4 个过程。结合目标标识属性 2 个特点，本章研究集中在后 3 个过程，5.1 节介绍颜色分立特征灰度化处理，结合一种标识实例详细阐述对比度最大化、图像增强、彩色边缘提取等预处理应用，并深入分析该灰度化方法对图像分割和目标提取的影响，第二节阐述基于改进尺度不变特征变换(SIFT)的标识识别，重点讨论算法在应对复杂背景、光照变化、仿射变化、特征缺损等不利条件的鲁棒性。

5.1 颜色分立特征灰度化处理

彩色图像灰度化是灰度图像处理技术的基础，而灰度图像中目标区域的对比度是该技术效能发挥的瓶颈，因此在灰度化过程中尽量使目标区域的对比度趋于最大化具有重要意义。

5.1.1 灰度化方法分析

目前，几乎所有可见光采集系统均工作在被动成像条件下，通过 CCD 等图像传感器进行图像采集工作，处理源往往都是彩色图像。相对于彩色图像处理技术而言，灰度图像处理技术研究起步早应用广泛，现有成熟的标识识别方法几乎都以灰度图像为研究对象。同时,彩色图像包含大量的颜色信息,不但存储开销大,而且在处理过程中也会影响系统的执行速度,因此基于灰度图像的标识识别方法有必要在获取图像后将彩色图像转化为灰度图像。在 RGB 模型中,如果 $R=G=B$,则颜色表示一种灰度级,其中 $R=G=B$ 的值为灰度值 g。由彩色图像转化为灰度图像的过程称为彩色图像的灰度化。

传统的灰度化处理方法一般有以下三种:

(1) 最大值法:使灰度值等于 R、G、B 三个分量中最大的一个,即

$$g=\max(R,G,B) \tag{5.1}$$

(2)平均值法:使灰度值等于 R、G、B 三个分量和的平均值,即

$$g=\frac{(R+G+B)}{3} \tag{5.2}$$

(3)加权平均法:根据重要性和其他指标为 R、G、B 赋予不同的权值,并使灰度值等于它们值的加权平均,即

$$g=\frac{(W_R R+W_G G+W_B B)}{3} \tag{5.3}$$

其中 W_R、W_G、W_B分别为 R、G、B 的权值。

人类视觉对彩色非常敏感,能区分的颜色有 3500 多种,但是能够分辨的灰度级却只有 20 多级,传统上认为灰度化过程应该尽量符合人类的视觉特点,尤其是尽量使得灰度图像满足视觉可分辨性,减小从彩色到灰度的视觉失真。从这种观点出发,最大值法和平均值法在灰度化过程中容易引起图像的失真,例如,使用这两种方法很可能将红色像素(255,0,0)、绿色像素(0,255,0)、蓝色像素(0,0,255)等统一为一个灰度级,使图像出现大面积失真,严重干扰视觉效果。研究发现:人眼对绿色最敏感,对红色的敏感度次之,对蓝色最不敏感,经验权值组合 $W_R=0.3\times3$,$W_G=0.59\times3$,$W_B=0.11\times3$ 能够得到更为符合视觉特点的灰度图像,即

$$g=0.3R+0.59G+0.11B \tag{5.4}$$

上式为灰度化的经典方法——加权平均法,目前几乎所有灰度图像处理都是采用该方法获得数据源,包括本章涉及的基于灰度图像的标识识别方法。

许多学者从人眼对各种光线的敏感性和光学设备的成像机制着手,利用加权平均法得到具有较小失真程度的灰度图像。加权平均法很好地适应视觉特点,这种灰度图像令人在视觉上更为舒适。然而,仅有很少的图像处理任务以迎合人眼的视觉效应为目的,绝大多数任务都是为了实现自动化、智能化,减少甚至避免人工干预,从而使得人们可以简单地应对纷繁的批量工作,如目标检测、目标识别和跟踪等,包括本章的研究对象——标识识别。因此,切实有效的灰度化方法应该最大程度地迎合机器处理的要求,而非人类的视觉特点。目标与背景具有显著的对

比度既是灰度图像处理的基础,也是处理效果的决定因素,所以在灰度化过程中实现这一对比度的最大化应该是灰度化方法的研究目标。加权平均法仅考虑视觉特点,关注图像整体的视觉效应,从而忽略了这一核心目标;甚至在灰度化过程中还可能降低目标与背景的对比度。而且,关注非目标区域的视觉失真对机器处理而言没有明显的实际意义。因此,研究具有目标区域对比度最大化功能的灰度化方法则是标示识别的重点。

5.1.2　颜色分立特征灰度化原理

颜色分立特征与三色成像机制密切联系。本节在三色成像机制的基础上定义目标区域的颜色分立特征,介绍一种颜色分立特征灰度化方法。

5.1.2.1　三色成像机制

人眼的视网膜由感光细胞覆盖,类似于 CCD 芯片上的感受基(像素),如图 5.1 所示。感光细胞吸收来自于光学图像的光线,并通过晶状体透镜和角膜聚焦在视网膜上。它们生成神经脉冲,并通过大约一百万个光学神经纤维传送到大脑,最终形成图像。人眼的感光细胞分为杆状细胞和锥状细胞两类。其中杆状细胞较为敏感,它为我们提供感光能力强的单色夜视;锥状细胞则提供在较高光学亮度下的彩色视觉,锥状细胞有三种形式,这主要是按其将光信号转化为神经脉冲的感光化学特性区分的,锥状细胞将可见光部分分为红、绿、蓝三个波段,这三种颜色被称为人类视觉的三原色。图 5.2 表示人类视觉系统中三类锥状细胞的光敏感曲线[1]。

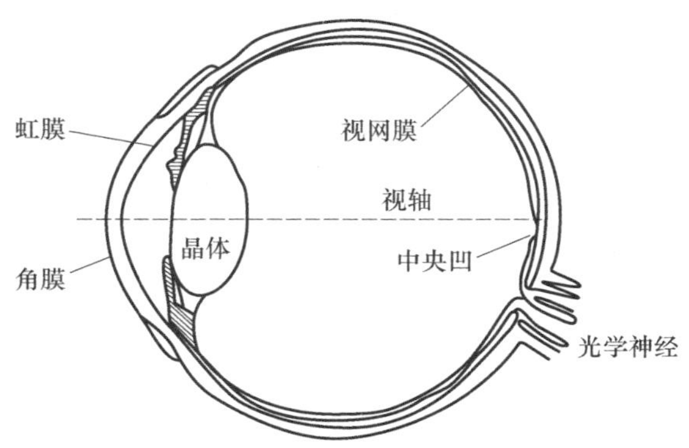

图 5.1　人眼结构图

鉴于人类视觉系统的特点,人们在三色系统方面投入了大量的人力、物力来进行电子成像。具有重要意义的三色成像机制是可见光成像器件的设计基础,它根据人眼的光谱量化特点将可见光谱分为红、绿、蓝三个波段,分别在这三个波段上

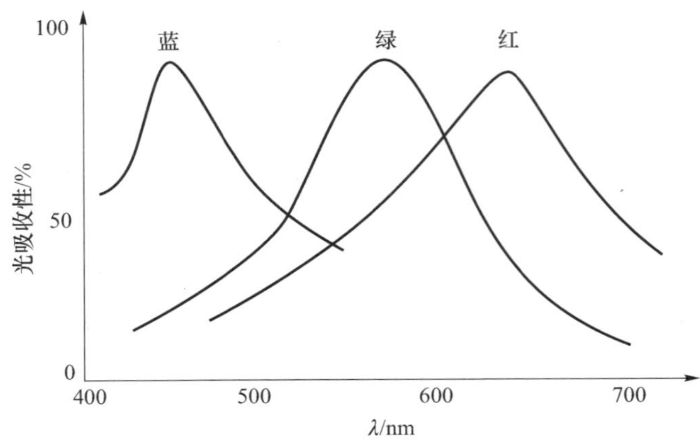

图 5.2　人眼锥状细胞的光敏感曲线

成像形成三色图像，并利用三色图像的叠加表示彩色图像。这种叠加近似产生真实场景在视网膜上的效果，因此人眼看起来是正常的。现有真彩色成像几乎都是运用三色成像设备来完成的，常见的彩色照相机、数码相机、摄像机、电视机和CCD 都是典型的三色成像设备。而且这些成像设备的光谱响应曲线相近，均与人眼感光细胞的敏感曲线类似。

5.1.2.2　颜色分立特征

在与图像处理紧密相关的计算机视觉、模式识别等领域广泛存在一类具有合作特征的研究对象，即目标和局部背景具有颜色分立特征的彩色图像，如武器平台上的可视标识，天空、海洋、草原上的小目标，车牌以及交通标志图像等，如图 5.3 所示。

局部背景是相对于整幅图像背景而言的，它表现为与目标紧密相连的一部分非目标区域，如车牌图像中，字符为目标，车牌底为局部背景，而除此以外的车身、道路以及其他物体统称为全局背景。颜色分立特征表述为目标和局部背景具有明显的颜色差异，也就是它们在可见光范围内的光谱反射特性存在显著的差异，而且针对各三原色波段来看，这种光谱反射特性的差异要么趋向于极大值，要么趋向于极小值[2]。图 5.4 为蓝底白字标识的光谱反射特性，蓝底材料的光谱反射特性在蓝光中心波长附近取得峰值，随着波长的减小或增大逐渐降低，在红光波段反射非常微弱，而白字材料的光谱反射特性在整个可见光范围内均处在较高水平，且变化非常缓慢。由此可以看出：在蓝色波段，两种光谱反射特性的差异趋向于极小值，而在绿色和红色波段这种差异趋向于极大值。类似地，上述武器标识、小目标、交通标志图像等也表现出类似的特点，直接可以推断出具体的颜色分立特征，而不必测量光谱反射特性。例如，对于黄色的人行道标志而言，黑字材料的光谱反射特性

(a) 武器标识　(b) 小目标

(c) 交通标志　(d) 车牌

图 5.3　具有颜色分立特征的彩色图像(见彩图)

在整个可见光范围内均处在较低水平,且变化非常缓慢,而黄底材料在黄光中心波长附近取得峰值,随着波长的减小或增大呈降低趋势;黄光中心波长位于绿光和红光中心波长之间,使得在蓝色波段两种反射特性差异趋于极小值,而在绿色和红色波段该差异趋于极大值。

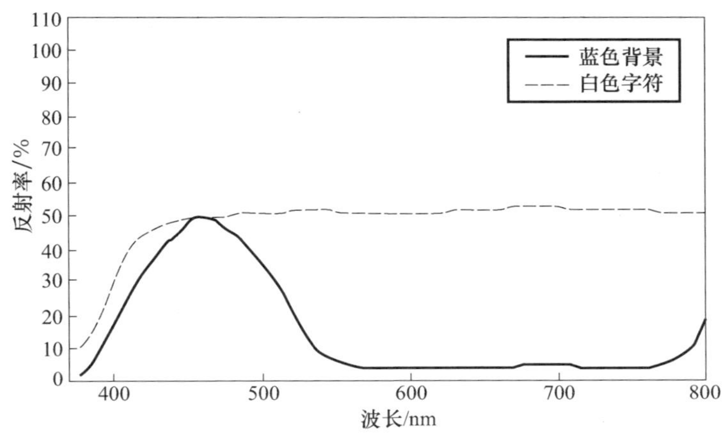

图 5.4　蓝底白字标识的光谱反射特性

5.1.2.3 灰度化原理

根据三色成像原理可以得出：在一定光照条件下，彩色图像中每一个像素的彩色特征主要由材料的光谱反射特性、成像设备的光谱响应函数、探测器的通道增益和光电转换系数四个因素决定（忽略光线的传输衰减以及其他光学器件引起的衰减）。其中，一旦成像器件给定，探测器的通道增益和光电转换系数就为常数。成像器件在所划分的三原色波段内对材料的反射光谱进行量化，通过比较这三种量化结果，按照一定的规则将三原色合成为彩色。这一点与我们熟悉的颜色合成原理相对应，例如，成像器件对黄色材料的量化结果通常表现为红、绿波段的量化值较接近且远高于蓝色波段的量化值；因此，理想情况下黄色可由红、绿两种单色合成得到，对应 RGB 空间，红色像素的 R、G、B 分量值表示为(255,0,0)，绿色像素表示为(0,255,0)，而黄色像素由两者合成表示为(255,255,0)。类似地，其他颜色的像素也可以按照不同权重的 R、G、B 分量合成得到。

利用式(5.5)定义目标和局部背景的反射谱的量化特性函数，该函数可以有效地描述目标和局部背景对应像素的彩色特征。

$$\begin{cases} f_{\mathrm{T}}(\lambda,\lambda') = A\int_{(\lambda,\lambda')} R_{\mathrm{T}}(\lambda)T_I(\lambda)\mathrm{d}\lambda \\ f_{\mathrm{L}}(\lambda,\lambda') = A\int_{(\lambda,\lambda')} R_{\mathrm{L}}(\lambda)T_I(\lambda)\mathrm{d}\lambda \end{cases} \tag{5.5}$$

式中：A 为探测器的通道增益和光电转换系数的乘积；$R_{\mathrm{T}}(\lambda)$ 和 $R_{\mathrm{L}}(\lambda)$ 分别为目标和局部背景材料的光谱反射率；$T_I(\lambda)$ 为成像设备在三原色波段内的光谱响应函数，$I=\{R,G,B\}$ 分别对应三原色波段，(λ,λ') 表示三原色波段的范围。

再定义二者的量化特性差异函数 $D_I(\lambda,\lambda')$，如式(5.6)所示，该函数近似描述了目标和局部背景对应像素的彩色特征差异，即近似描述了目标和局部背景的三色图像之间的差异：

$$D_I(\lambda,\lambda') = |f_{\mathrm{T}}(\lambda,\lambda') - f_{\mathrm{L}}(\lambda,\lambda')| = A\int_{(\lambda,\lambda')} |R_{\mathrm{T}}(\lambda) - R_{\mathrm{L}}(\lambda)|T_I(\lambda)\mathrm{d}\lambda \tag{5.6}$$

式中：I 定义同上。

$$D_{\max} = \max(D_R(\lambda,\lambda'),D_G(\lambda,\lambda'),D_B(\lambda,\lambda')) \tag{5.7}$$

从式(5.7)可以推断：在 $D_{\max}$ 对应的单色波段内，目标和局部背景对应的量化特性差异最为明显，或者说 $D_{\max}$ 对应的单色图像中，目标与局部背景具有最大的对比度。此时，定义 $D_{\max}$ 对应的原色（红、绿、蓝之一）为灰度色。事实上，若出现 $D_R(\lambda,\lambda')$、$D_G(\lambda,\lambda')$、$D_B(\lambda,\lambda')$ 中两者的值较接近且明显大于第三者，或者它们的值均较接近时，首先确定候选原色，然后定义人眼敏感性较差的原色为灰度色（人

眼对三原色的敏感性为绿 > 红 > 蓝)。例如,白色目标、蓝色局部背景时,$D_R(\lambda,\lambda')$ 和 $D_G(\lambda,\lambda')$ 较接近且明显大于 $D_B(\lambda,\lambda')$,红、绿色即为候选原色,可选择人眼敏感性较差的红色为灰度色。实际运用中也可以直接从候选原色中选择感兴趣的一种作为灰度色。事实上,多数合作目标的颜色分明,只需通过人眼观察和颜色合成原理即可确定灰度色,无须进行复杂的测量和计算,进一步增强此方法的实用性。

对于目标和局部背景具有颜色分立特征的彩色图像,即可采用灰度色在 RGB 空间中对应的分量直接进行灰度化,转换公式为

$$g(i,j)=I(i,j) \tag{5.8}$$

式中:$g(i,j)$ 为灰度图像像素 (i,j) 的灰度值;$I(i,j)$ 为彩色图像中像素 (i,j) 对应于灰度色的 R、G、B 分量。

以国内蓝底白字、黄底黑字、黑底白字、白底黑字四种车牌为例,根据颜色分立灰度化方法可以判断:在绿色和红色波段 $D_R(\lambda,\lambda')$、$D_G(\lambda,\lambda')$ 较接近且明显大于 $D_B(\lambda,\lambda')$,绿色和红色即候选原色。在此,定义红色为灰度色,直接利用彩色图像中各像素的 R 分量值进行灰度化,即

$$g(i,j)=R(i,j) \tag{5.9}$$

式中:$R(i,j)$ 表示彩色图像中像素 (i,j) 的 R 分量。

5.1.3　灰度化预处理

5.1.3.1　对比度最大化

1）数值分析

目标区域对比度可表示为

$$C_r=|g_T-g_L|/(g_T+g_L) \tag{5.10}$$

式中:$g_T=\sum_{i=1}^{N}g_i\Big/N$、$g_L=\sum_{j=1}^{M}g_j\Big/M$ 分别为目标与局部背景的平均灰度,g_i 和 g_j 分别对应两种像素的灰度级,N 和 M 分别为两类像素的数量;C_r 通常称为相对对比度。

由加权均平均法分别得到目标与局部背景像素的灰度级为

$$\begin{cases} g_i=0.3R_i+0.59G_i+0.11B_i \\ g_j=0.3R_j+0.59G_j+0.11B_j \end{cases} \tag{5.11}$$

式中:(R_i,G_i,B_i),(R_j,G_j,B_j) 分别表示两类像素的 R、G、B 分量。

可得到采用加权平均法的相对对比度为

$$C_{\mathrm{r}}=\frac{\left|\sum_{i=1}^{N}(0.3R_i+0.59G_i+0.11B_i)N-\sum_{j=1}^{M}(0.3R_j+0.59G_j+0.11B_j)M\right|}{\sum_{i=1}^{N}(0.3R_i+0.59G_i+0.11B_i)N+\sum_{j=1}^{M}(0.3R_j+0.59G_j+0.11B_j)M} \tag{5.12}$$

采用颜色分立特征法分别得到目标与局部背景像素的灰度级为

$$\begin{cases}g_i'=R_i\\ g_j'=R_j\end{cases} \tag{5.13}$$

相应的相对对比度为

$$C'_{\mathrm{r}}=\frac{\left|\sum_{i=1}^{N}R_iN-\sum_{j=1}^{M}R_jM\right|}{\sum_{i=1}^{N}R_iN+\sum_{j=1}^{M}R_jM} \tag{5.14}$$

根据式(5.12)和式(5.14)可讨论两种灰度化方法在理想和实际情况下的效果。以理想情况下的蓝底白字车牌进行分析,(R_i,G_i,B_i)和(R_j,G_j,B_j)分别为(255,255,255)和(0,0,255),此时$C_{\mathrm{r}}=0.89$,若采用颜色分立特征法可得$C_{\mathrm{r}}'=1$。由此可见,与加权平均法相比,颜色分立特征法在灰度化过程中最大限度地保持目标与局部背景之间的对比度,为下一步的图像处理工作提供高质量的输入源,因此具有较高的应用价值。实际上,由于材料本身的色彩偏移、光照变化、成像器件量化误差等原因,某种颜色像素的R、G、B分量一般只在比例关系上类似于理想情况,此时实现目标区域对比度的最大化显得更为重要。

图5.5为两种方法对夜晚弱光照条件下采集的车牌图像进行灰度化的效果图。从中可以看出:颜色分立特征法的作用效果仍然非常明显,目标区域对比度大于采用加权平均法的情况。同时实际计算得到$C_{\mathrm{r}}=0.356$,$C_{\mathrm{r}}'=0.498$,与上述结论相符。因此,所提出的颜色分立特征法在灰度化的过程中实现目标区域对比度的最大化,与传统的加权平均法相比具有显著的优势。

(a)彩色图像

(b)加权平均法

(c)颜色分立特征法

图5.5　夜晚弱光照条件下车牌的灰度化效果(见彩图)

对比度最大化的意义在于为阈值分割等图像处理手段乃至整个图像处理任务提供高质量的数据源,从而降低处理难度,提高成功率。下面联系实际应用分别讨论颜色分立特征法的这一特性对阈值分割和图像处理任务的影响。

2）对阈值分割的影响

为满足实时性的要求，全局阈值分割法被广泛应用于基于自然场景的图像处理任务，如最大类间方差法（Otsu）、最大熵法（Entropy - maximum）、矩量保持法（Moment - preserving）等。由于这些方法的阈值选取与所有像素的灰度级分布紧密联系，而不是由局部特性决定，要求目标区域具有显著的对比度，否则极易导致分割失败。采集300幅自然场景下的交通标志图像作为数据源，利用这些方法对颜色分立特征法和加权平均法的输出图像进行阈值分割，实验结果如表5.1所列。

表5.1　阈值分割实验结果

灰度化方法	最大类间方差	最大熵	矩量保持
加权平均法	79.0%	75.7%	74.3%
颜色分立特征法	94.3%	92.7%	92.0%

对应三种阈值分割方法，颜色分立特征法获得更高的成功率，这显然归功于其对比度最大化的特性。图5.6为最大类间方差法的一组样本效果图。灰度化后，颜色分立特征法的输出图像明显拥有更高的对比度，虽然全局背景动态范围较大，最大类间方差法仍然得到了成功的分割结果，如图5.6（b）、（c）所示。然而，同样处理加权平均法的输出图像，目标却丢失了，如图5.6（d）、（e）所示。对比度最大化的功能对阈值分割，尤其是全局阈值法来说具有积极的现实意义。

(a)彩色交通标志

(b)颜色分立特征法

(c)颜色分立特征法和Otsu

(d)加权平均法

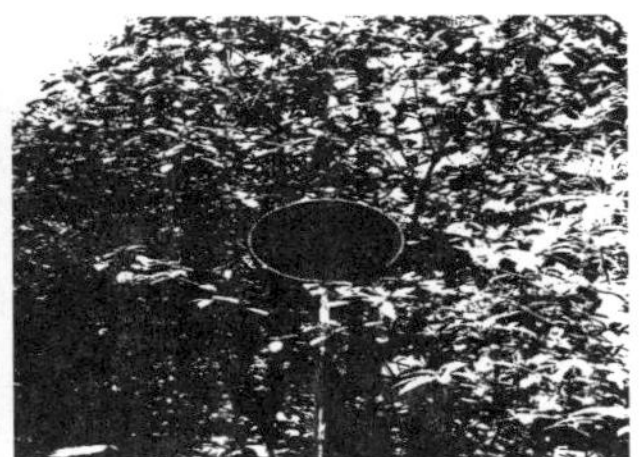
(e)加权平均法和Otsu

图5.6　Otsu阈值分割效果图（见彩图）

3）对图像处理任务的影响

为了评估颜色分立特征法对具体的图像处理任务的影响，我们将它和加权平均法分别运用于 J. B. Jiao 等[3]的车牌定位算法和 X. Chen 等[4]的交通标志定位算法。测试数据源采用以下方法获得：首先选择 100 个自然场景，其中每个场景中有一个车牌；然后，对每个场景采集同视场的 10 幅图像，其中 9 幅分别使用不同的滤光片进行采集，另一幅正常采集（也可视为采用了透过率为 100% 的滤光片）；这些滤光片的透过率从 90% ~10%，相邻间隔 10%；这 10 组图像对应于不同的透过率，可以作为相同场景在不同光照条件下的仿真图像，以此来测试两种灰度化方法对光照变化的敏感性。图 5.7 为一个视场的 10 张样本图。采用同样的方法获得 10 组交通标志图像。

图 5.7　同视场的光照变换仿真样本图（从左至右透过率依次递减）（见彩图）

若其中一个候选区为车牌或交通标志，则认为定位成功。图 5.8 为两种定位算法和两种灰度化方法组合的测试结果，其中横坐标表示当前数据组对应的滤光片的透过率，纵坐标表示定位成功率。

从图 5.8 中可以得到两个重要结论：第一，颜色分立特征法对应的两种定位算法的成功率明显高于采用加权平均法的情况；第二，随着光照的减弱，颜色分立特征法对应曲线的变化率小于加权平法对应曲线的变化率，因此，它对光照变化的敏感性弱于加权平均法。由此可见：颜色分立特征法更有利于确保图像处理任务的成功率。

5.1.3.2　图像增强

图像增强法可分为全局增强法和局部增强法两类。对于全局增强法而言，目标图像中每一个像素的灰度值仅与原始图像所有像素的灰度值有关，而与这些像素的位置无关，典型代表有对比度拉伸、直方图均衡化。相应地，若经过增强处理后，目标图像每一个像素的灰度值仅与原始图像的某种局部特性相关，则称此类增强方法为局部增强法，典型代表有局部标准差法、形态学高低帽变换。这些方法要么依赖于经验参数或是自身存在不易克服的缺陷，要么实时性、鲁棒性差，很难应

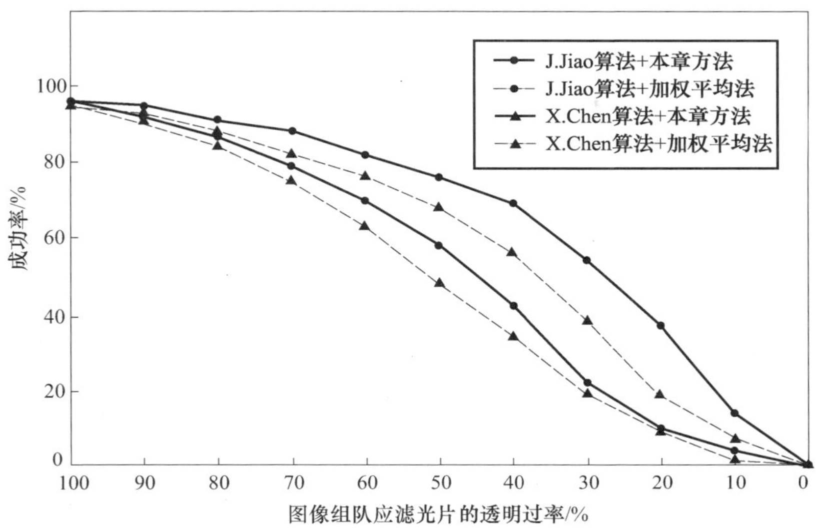

图5.8 两种定位算法和两种灰度化方法组合测试结果

对各种标识识别任务的复杂工作环境。结合颜色分立特征灰度化方法和直方图均衡化的优点,形成一种新的增强方法——颜色分立特征增强法。本节重点从鲁棒性、实时性、经验参数独立性等方面对颜色分立特征增强法、对比度拉伸、直方图均衡化、局部标准差法、形态学高低帽(tophat - bothat)变换的增强效能进行评估。

1）图像增强方法

(1) 对比度拉伸。对比度拉伸的实质是把感兴趣的灰度级范围拉开,使得该范围内的像素,亮的越亮,暗的越暗,从而实现增强对比度的目的。具体可表示为

$$g=\begin{cases}0 & f<n\\255 & f>255-n\\\dfrac{(f-n)\times 255}{255-2\times n} & n\leqslant f\leqslant 255-n\end{cases} \tag{5.15}$$

式中:f 为原图像像素的灰度值;g 为目标图像像素的灰度值。计算结果是对灰度区间进行扩展,把$[n,255-n]$扩展到$[0,255]$。

(2) 直方图均衡化。为改变图像整体偏暗,或整体偏亮,或灰度层次不丰富的情况,可以将原图像的直方图通过变换函数修正为均匀的直方图,使直方图不再偏于低端或高端,而是变成比较均匀的分布,这种技术称为直方图均衡化。实现方法可表示为

$$g = T(f) = \int_0^f P_f(f)\,\mathrm{d}f \tag{5.16}$$

式中：f 和 g 含义同式(5.15)；$T(f)$ 为变换函数；$P_f(f)$ 为 f 的概率密度函数。

式(5.16)右边为 $P_f(f)$ 的累积分布函数，它表明当变换函数为 f 的累积分布函数时，能实现直方图均衡化的目的。

对于离散数字图像，可用频率近似代替概率值。设一幅图像的像素数为 n，共有 l 个灰度级，n_k 代表灰度级为 k 的像素的数目，则第 k 个灰度级出现的频率可表示为

$$P_f(f_k) = \frac{n_k}{n} \qquad 0 \leqslant f_k \leqslant 1, k = 0, 1, \cdots, l-1 \tag{5.17}$$

式(5.16)所表示的变换函数 $T(f)$ 可改写为

$$g_k = T(f_k) = \sum_{j=0}^{k} P_f(f_j) = \sum_{j=0}^{k} \frac{n_j}{n} \tag{5.18}$$

式中：$0 \leqslant f_j \leqslant 1$；$k = 0, 1, \cdots, l-1$。

(3) 局部标准差法。车牌图像的采集过程中由于弱光照、阴影等拍摄条件易造成车牌区域对比度较低，针对这一问题，D. Zheng 等[5]提出一种局部标准差增强法。他们认为局部标准差接近于零时表示窗口扫描区域呈现较暗或较亮，没必要进行增强操作；同时，当局部标准差较大时表示窗口扫描区域对比度较大，也没必要进行增强操作；从而，应该根据局部标准差进行不同程度的增强处理。据此，增强操作可表示为

$$I'_{ij} = f(\sigma_{W_{ij}}) \cdot (I_{ij} - \bar{I}_{W_{ij}}) + \bar{I}_{W_{ij}} \tag{5.19}$$

式中：I_{ij} 和 I'_{ij} 分别表示原图像和目标图像中像素 P_{ij} 的灰度值；W_{ij} 是以像素 P_{ij} 为中心的扫描窗口；$\bar{I}_{W_{ij}}$ 和 $\sigma_{W_{ij}}$ 分别为对应窗口中所有像素的平均灰度值和标准差。

实际上，为降低计算开销，仅计算部分像素对应的 $\bar{I}_{W_{ij}}$ 和 $\sigma_{W_{ij}}$ 值，其余采用双线性插值得到。

$$f(\sigma_{W_{ij}}) = \begin{cases} \dfrac{3}{\dfrac{2}{400}(\sigma_{W_{ij}} - 20)^2 + 1} & 0 \leqslant \sigma_{W_{ij}} < 20 \\ \dfrac{3}{\dfrac{2}{1600}(\sigma_{W_{ij}} - 20)^2 + 1} & 20 \leqslant \sigma_{W_{ij}} < 60 \\ 1 & \sigma_{W_{ij}} \geqslant 60. \end{cases} \tag{5.20}$$

$f(\sigma_{W_{ij}})$ 为式(5.20)定义的增强因子，由于大多数需要增强处理的车牌区域的

$\sigma_{W_{ij}}$在 20 左右，在 $\sigma_{W_{ij}}=0$ 或者 $\sigma_{W_{ij}}\geqslant 60$ 的情况下，让函数 $f(\sigma_{W_{ij}})=1$；当 $\sigma_{W_{ij}}=20$ 时，$f(\sigma_{W_{ij}})=3$。增强因子与局部标准差 $\sigma_{W_{ij}}$的变化关系如图 5.9 所示。

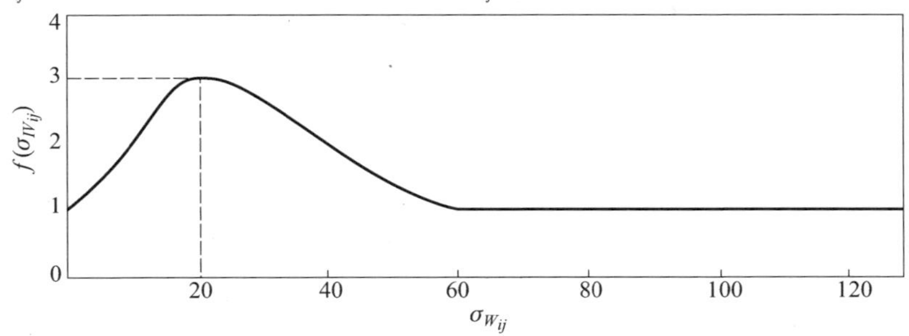

图 5.9　增强因子与局部标准差的变化关系

（4）形态学高低帽变换。灰度图像形态学运算包括腐蚀、膨胀、开运算和闭运算 4 种基本操作，设原图像 I 中像素的灰度值为 $f(i,j)$，结构元素图像 B 中像素的灰度值为 $b(i,j)$，则这些操作的定义如下：

膨胀

$$I\oplus B=(f\oplus b)(i,j)=\max\{f(i-x,j-y)+b(x,y)\mid(i-x,j-y)\in D_f,(x,y)\in D_b\} \tag{5.21}$$

式中：D_f和 D_b 分别为 $f(i,j)$ 和 $b(i,j)$ 的定义域。

腐蚀

$$I\Theta B=(f\Theta b)(i,j)=\min\{f(i+x,j+y)-b(x,y)\mid(i+x,j+y)\in D_f,(x,y)\in D_b\} \tag{5.22}$$

开运算

$$I\circ B=I\Theta B\oplus B \tag{5.23}$$

闭运算

$$I\cdot B=I\oplus B\Theta B \tag{5.24}$$

由开闭运算又可以得到

高帽变换

$$\text{tophat}(I)=|I\circ B-I| \tag{5.25}$$

低帽变换

$$\text{bophat}(I)=|I\cdot B-I| \tag{5.26}$$

高帽变换凸显原图像中灰度级较高的像素，而低帽变换则显示灰度级较低的像素。因此，P. G. Hou 等[6]设计了一种高低帽变换方法，进一步凸显灰度变化剧烈的区域，同时抑制灰度变化平缓的区域，从而实现增强功能。具体方法为

$$I' = \mathrm{tophat}(I) + I - \mathrm{bophat}(I) \tag{5.27}$$

式中：I'为增强后的目标图像。

（5）颜色分立特征增强法。颜色分立特征灰度化方法在灰度化过程中实现了目标区域对比度的最大化，因此也可以将它看成是一种图像增强方法。而该方法的作用效果与非目标区域像素的灰度值无关，且不受目标区域位置和尺寸的限制，具有很强的鲁棒性。但是，该方法却不能提高或降低图像的亮度。直方图均衡化是一种全局增强法，增强效果容易受到非目标区域的影响，鲁棒性较差。另外，它也不受目标区域位置和尺寸的限制，同时可以提高或降低图像局部区域的亮度。因此，根据取长补短的策略，将颜色分立特征灰度化方法与直方图均衡化结合起来形成一种新的增强方法——颜色分立特征增强法[7]。

2）效能评估

鲁棒性、实时性、经验参数独立性决定了图像增强方法的性能。其中经验参数独立性可以直接从增强原理进行判断，在此设定为需要或不需要经验参数两种情况。实时性可以由平均执行时间 $\bar{t}$ 定量描述。由于颜色分立特征增强法具有灰度化功能，在计算其他方法的执行时间时将采用加权平均灰度化过程的时间一并计入。对于鲁棒性，我们从对比度和偏离程度两个方面进行定量描述。

一般情况下，习惯于采用式(5.10)中的相对对比度评估增强效果。然而，机器视觉中的图像分割、特征提取等问题常常直接利用目标和背景之间的灰度差，而非相对对比度。例如，对于一些图像分割方法来说，分割灰度级为 20 和 30 的两个像素与分割灰度级为 90 和 100 的两个像素难度基本相当，但是前一组数据的相对对比度却远远大于后一组。为此，再定义绝对对比度[8]，即

$$C_a = |g_T - g_L|/255 \tag{5.28}$$

式中：g_T 和 g_L 分别为目标与局部背景的平均灰度。

同时考虑相对对比度和绝对对比度更有利于对增强效果进行有效的评估。因此引入联合对比度，即

$$C = (C_r + C_a)/2 \tag{5.29}$$

除希望目标区域具有更大的对比度以外，也希望目标像素的灰度值具有较小的偏离程度，同时局部背景像素的灰度值也具有较小的偏离程度。这样才能保证目标和局部背景区域各自的完整性，为图像分割、特征提取等过程提供更为有利的条件。因此，引入度量偏离程度的参数——归一化均方差，即

$$\sigma_{\mathrm{T}} = \left(\sum_{i=1}^{N} ((g_i - g_{\mathrm{T}})/g_{\mathrm{T}})^2 / N \right)^{1/2} \tag{5.30}$$

和

$$\sigma_{\mathrm{L}} = \left(\sum_{j=1}^{M} ((g_j - g_{\mathrm{L}})/g_{\mathrm{L}})^2 / M \right)^{1/2} \tag{5.31}$$

式中：σ_{T} 和 σ_{L} 分别为目标和局部背景的归一化均方差；N 和 M 分别为两种像素的数量。

类似于联合对比度的概念，定义联合归一化均方差为

$$\sigma = (\sigma_{\mathrm{T}} + \sigma_{\mathrm{L}})/2 \tag{5.32}$$

利用 20 幅存在光照不足、褪色、污染等不利因素的车牌图像（768 × 576）对上述增强方法进行测试。其中，局部标准差法、形态学高低帽变换以及对比度拉伸需要进行经验参数设置。根据文献［5］中 8 × 8 个窗口覆盖整个图像的要求将局部标准差法的扫描窗口设置为 96 × 72。由于相关文献没有明确提供另外两种方法的经验参数设置，将形态学高低帽变化的结构元素设置为常用的正方形结构，尺寸分别采用 20 × 20、40 × 40、60 × 60 和 80 × 80 四种类型；类似地，将对比度拉伸的参数 n 设置为 20、40、60 和 80 四种类型。

表 5.2 和图 5.10 分别给出评估实验结果和一组样本图像。局部标准差法和形态学高低帽变换的实时性较差，它们的平均执行间分别是其他方法的 4 倍和 29 倍以上。颜色分立特征增强法的平均执行时间最短，仅为 37ms，实时性优势显著。

表 5.2　5 种图像增强方法实验评估结果

方法 \ 参数	颜色分立特征增强	直方图均衡化	局部标准差法	形态学高低帽变换				对比度拉伸			
				20 × 20	40 × 40	60 × 60	80 × 80	20	40	40	80
$\bar{t}$/ms	37	39	1306	177	179	185	198	42	44	43	44
平均 C	0.278	0.108	0.157	0.204	0.262	0.246	0.228	0.103	0.128	0.191	0.285
平均 σ	0.128	0.110	0.177	0.205	0.262	0.295	0.250	0.145	0.193	0.289	0.452

在鲁棒性方面，颜色分立特征增强法也获得了最佳的效果。该方法的平均联合对比度仅略低于灰度拉伸（n = 80），但是平均联合归一化均方差却显著低于后者。同时，相对于其他方法，颜色分立特征增强法的平均联合归一化均方差也仅略高于直方图均衡化，然而，平均联合对比度又显著高于直方图均衡化。因此，该方法不仅有效地提高目标区域的对比度，还尽可能地控制目标和背景灰度值的偏离程度，使得目标区域最为显著，如图 5.10（b）所示。值得注意的是：由于污染导致原图像中（图 5.10（a））前 3 个和第 5 个字符的亮度明显低于其他字符，但是颜色分立特征增强法却使得该差异大幅缩减，较好地平衡了所有字符的亮度。面对这种情况，局部标准差法、形态学高低帽变换和对比度拉伸显得无能为力。尽管直方

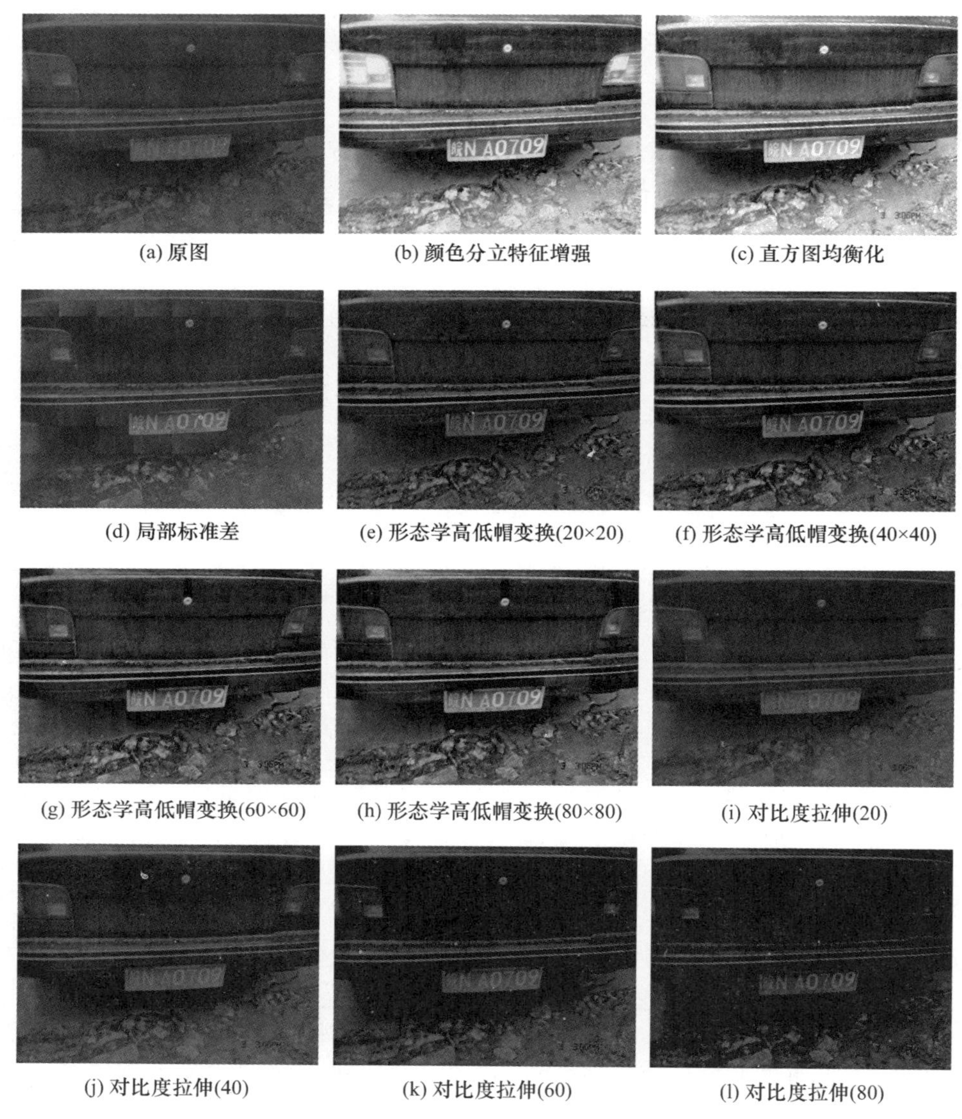

(a) 原图　(b) 颜色分立特征增强　(c) 直方图均衡化
(d) 局部标准差　(e) 形态学高低帽变换(20×20)　(f) 形态学高低帽变换(40×40)
(g) 形态学高低帽变换(60×60)　(h) 形态学高低帽变换(80×80)　(i) 对比度拉伸(20)
(j) 对比度拉伸(40)　(k) 对比度拉伸(60)　(l) 对比度拉伸(80)

图 5. 10　增强实验样本(见彩图)

图均衡化对此也有改善效果,但图 5. 10(c)同时也显示其较低的联合对比度是不能接受的。此外,由于插值处理导致局部标准差法产生了一定程度的灰度跳变,如图 5. 10(d)所示。这必然会给下一步的图像处理操作带来新的难题,严重干扰处理效果。因此,颜色分立特征法比其他 4 种方法具有更强的鲁棒性。

不同的经验参数将影响形态学高低帽变换的实时性和鲁棒性。其平均执行时

间随着结构元素尺寸的增加而上升,同时不同的尺寸也产生了不同的增强效果。经验参数设置对对比度拉伸增强效果的影响更为严重。虽然,随着 n 值的增加其平均联合对比度将增加,但是其平均联合归一化均方差却急剧上升,这就很好地解释了图 5.10(1) 中车牌区域对比度较大,但是字符和背景各自灰度值的均衡性下降,甚至部分字符和背景像素的灰度值变得很低。显然,不需要经验参数设置的颜色分立特征增强法通用性更强,实际意义更明显。

5.1.3.3　彩色边缘提取

人工标识及底色具有区别于诸多背景的固定颜色搭配,利用这种特定的搭配作为约束条件或是直接提取特定的彩色边缘有利于大幅抑制噪声纹理,从而突出目标区域。基于这种思想的研究通常首先确定当前像素的颜色属于固定颜色中的一种,然后在该像素的邻域内查找对应搭配的颜色,经过两次颜色分割从而确定感兴趣的颜色搭配[8]。然而,受限于颜色分割对光照变化、污染等不利因素的敏感性,以及彩色图像处理技术较为落后的发展现状,这些研究基本都停留在探索阶段。即使采用 HSI、HSV 等彩色空间将颜色信息和亮度分离开来,以及采用神经网络、支持向量机和模糊理论等强大的数学工具,作用效果也很难得到根本改善,并且还需要兼顾复杂的特征提取和工具本身对实时性的影响。尤其是颜色对光照变化的敏感性使得依赖于两次颜色分割的分析方法成功率偏低、鲁棒性较差。刘思远等[10]针对蓝白车牌,利用两种颜色对应的 RGB 分量差来描述蓝白边缘,在分析过程中只进行一次颜色分割。选择恰当的阈值后,该彩色边缘提取方法取得较好的效果,对光照变化的稳定性有所增强。此外,S. L. Chang 等[11]也发现这种颜色差量分析有利于提高颜色分割对光照变化的稳定性。事实上,这种颜色差量分析与颜色分立特征紧密联系,其对光照变化的稳定性可以得到合理的解释。因此,本节介绍了一种颜色分立特征边缘提取法[12],并通过对比实验来说明该方法在应对光照变化、污染等不利条件方面较传统的两次颜色分割策略具有更好的鲁棒性。

1) 颜色分立特征边缘提取法

式(5.6)中的三种量化特性差异函数描述了目标和局部背景在三原色波段内彩色特性的差异。三色成像机制将光学图像的彩色特性在 CCD 等成像器件中量化为 RGB 分量,因此,这三种函数及其对应的(R_{TL}, G_{TL}, B_{TL})可以有效地表示彩色边缘。其中,$R_{TL} = |R_T - R_L|$,$G_{TL} = |G_T - G_L|$,$B_{TL} = |B_T - B_L|$;(R_T, G_T, B_T)和(R_L, G_L, B_L)分别表示目标和局部背景像素的 RGB 分量。

以车牌为例设计颜色分立特征边缘提取算法。对 105 个国家和地区的车牌进行统计[13],共有 11 种颜色搭配:青黑、青白、黑红、黑白、蓝白、白红、白绿、黄黑、黄蓝、黄绿、黄红(黄红、红黄视为一种颜色搭配,其他情况类似)。利用这 11 种彩色边缘即可描述上述车牌彩色纹理,理想情况下根据彩色边缘 RGB 分量(R_{TL},G_{TL},B_{TL})将这些颜色组合分为 6 组,如表 5.3 所列。

表 5.3 车牌颜色搭配分类

组别	颜色搭配	(R_{TL},G_{TL},B_{TL})	色调 H	饱和度 S
1	青黑、白红	青(0,255,255)	π	0
2	黑红、青白、黄绿	红(255,0,0)	0	0
3	黑白、黄蓝	白(255,255,255)		1
4	蓝白、黄黑	黄(255,255,0)	π/3	0
5	白绿	品红(255,0,255)	5π/3	0
6	黄红	绿(0,255,0)	2π/3	0

以蓝白颜色搭配为例(图 5.4),$D_R(\lambda,\lambda')$ 和 $D_G(\lambda,\lambda')$ 较接近且远远大于 $D_B(\lambda,\lambda')$;类似地,R_{TL} 和 G_{TL} 较接近且远远大于 B_{TL}。反之,则可认为是蓝白颜色搭配(需要结合蓝色和白色自身特点)。例如蓝白搭配的(R_T,G_T,B_T)和(R_L,G_L,B_L)分别为(0,0,255)和(255,255,255),(R_{TL},G_{TL},B_{TL})为(255,255,0)。反之,一个边缘像素的颜色类似于黄色,那它属于蓝白或黄黑边缘。因此,这些彩色边缘组合可以由边缘像素相关的 RGB 分量、色调 H、饱和度 S 进行分割。其中,H 和 S 由式(5.33)、式(5 – 34)、式(5 – 35)求得。

$$H=\begin{cases}\theta & B_{TL}\leqslant G_{TL}\\ 2\pi-\theta & B_{TL}>G_{TL}\end{cases} \tag{5.33}$$

$$S=1-\frac{3}{(R_{TL}+G_{TL}+B_{TL})}[\min(R_{TL},G_{TL},B_{TL})] \tag{5.34}$$

$$\theta=\arccos\left\{\frac{(R_{TL}-G_{TL})+(R_{TL}-B_{TL})}{2[(R_{TL}-G_{TL})^2+(R_{TL}-B_{TL})(G_{TL}-B_{TL})]^{\frac{1}{2}}}\right\} \tag{5.35}$$

自然场景中的彩色边缘采用下列方式提取:

第 1 组

$$\begin{cases}(G_{TL}-R_{TL})/G_{TL},(B_{TL}-R_{TL})/B_{TL}\geqslant 0.5\\ 5\pi/6\leqslant H\leqslant 7\pi/6\end{cases} \tag{5.36}$$

第 2 组

$$\begin{cases}(R_{TL}-G_{TL})/R_{TL},(R_{TL}-B_{TL})/R_{TL}\geqslant 0.5\\ 0\leqslant H\leqslant \pi/6 \text{ or } 11\pi/6\leqslant H\leqslant 2\pi\end{cases} \tag{5.37}$$

第 3 组

$$\begin{cases}(R_{TL},G_{TL},B_{TL})\geqslant 60\\ 0\leqslant S\leqslant 0.2\end{cases} \tag{5.38}$$

第4组

$$\begin{cases}(R_{TL}-B_{TL})/R_{TL},(G_{TL}-B_{TL})/G_{TL}\geqslant 0.5\\ \pi/6\leqslant H\leqslant \pi/2\end{cases}\tag{5.39}$$

第5组

$$\begin{cases}(R_{TL}-G_{TL})/R_{TL},(B_{TL}-G_{TL})/B_{TL}\geqslant 0.5\\ 3\pi/2\leqslant H\leqslant 11\pi/6\end{cases}\tag{5.40}$$

第6组

$$\begin{cases}(G_{TL}-R_{TL})/G_{TL},(G_{TL}-B_{TL})/G_{TL}\geqslant 0.5\\ \pi/2\leqslant H\leqslant 5\pi/6\end{cases}\tag{5.41}$$

由于车牌具有丰富的垂直纹理，而车身的横向纹理更为显著，因此仅提取垂直方向上的彩色边缘。进一步考虑到边缘模糊，提取过程在像素(i,j)和$(i,j+3)$之间进行，若这两个像素满足上述6个式子中的任何一个，而且也满足组合中两种颜色的一些特性（如蓝白组合中白色像素的各RGB分量均大于蓝色像素的各分量，蓝色像素的B分量大于另外两个分量等），则$I(i,j)=255$，否则$I(i,j)=0$。事实上，属于同一组的颜色搭配，也可以根据各自颜色的一些特性进行细分。

2）对比实验

以蓝底白字车牌为例，对传统的两次颜色分割法与颜色分立特征边缘提取法进行实验对比。前者采用与颜色分立特征边缘提取法类似的参数设置，首先判断像素(i,j)是否为蓝色或白色，然后再判断像素$(i,j+3)$是否为对应的颜色，若都成立则$I(i,j)=255$，否则$I(i,j)=0$。白色利用式(5.38)判别，蓝色利用式(5.42)判别（类似于式(5.41)中绿色的判别）。

$$\begin{cases}(B_{TL}-R_{TL})/B_{TL},(B_{TL}-G_{TL})/B_{TL}\geqslant 0.5\\ 7\pi/6\leqslant H\leqslant 3\pi/2\end{cases}\tag{5.42}$$

图5.11和图5.12分别为两种方法提取曝光过度和曝光不足的图像中蓝白边缘的效果图。

(a) 原图

(b) 颜色分立特征边缘提取法

(c) 2次颜色分割法

图5.11　曝光过度的彩色边缘提取（见彩图）

(a) 原图

(b) 颜色分立特征边缘提取法

(c) 2次颜色分割法

图 5.12　曝光不足的彩色边缘提取(见彩图)

两次颜色分割法均出现严重的边缘丢失现象,而颜色分立特征边缘提取法的效果较好。主要是因为不利的成像条件使得蓝色和白色出现不同程度的失真,使得分别判断这两种颜色时不能得到正确的结果;而两种颜色的色彩差却保持了较好的颜色分立特性,从而使得该方法得到较为完整的彩色边缘。例如曝光过度的图像中一组蓝白边缘像素为$(R_L, G_L, B_L) = (166, 196, 236)$,$(R_T, G_T, B_T) = (250, 252, 255)$;过度曝光使得蓝色像素的 R_L,G_L 显著变大,利用式(5.42)不能做出正确判断;此时两像素的$(R_{TL}, G_{TL}, B_{TL}) = (84, 56, 19)$则满足公式(5.39),边缘被准确提取。再如曝光不足的图像中蓝白边缘像素为$(R_L, G_L, B_L) = (36, 50, 72)$,$(R_T, G_T, B_T) = (90, 88, 87)$;曝光不足使得蓝色像素的 B_L 显著变小,利用式(5.42)不能做出正确的判断;此时两像素的$(R_{TL}, G_{TL}, B_{TL}) = (54, 38, 15)$则满足式(5.39),边缘被准确提取。存在污染的情况也可以利用同样的原因加以解释。这些实验结果说明:颜色分立特征边缘提取法在应对光照变化、污染等不利因素方面具有较强的鲁棒性。

5.2　基于改进 SIFT 的标识识别

5.2.1　SIFT 算子概述

模式识别过程总是希望获得对尺度缩放、仿射变化、视角变化、光照变化等图像变化因素尽量保持不变性的匹配特征,相应地将提取这种特征的算子称为不变量。同时,也希望匹配特征对复杂背景、污染、部分遮挡等不利因素保持较强的鲁棒性。SIFT 算子即尺度不变特征变换算子,是 David G. Lowe[14] 在总结基于不变量技术的特征提取方法的基础上,所提出的一种基于尺度空间的,对图像缩放、仿射变换、光照变化保持稳定性的图像局部特征描述算子。SIFT 特征向量具有如下优点:

（1）SIFT 特征是图像的局部特征，对旋转、尺度缩放保持不变性，对视角变化、亮度变化、噪声、部分遮挡等也保持较好的稳定性；

（2）独特性好，信息量丰富，适用于在海量特征数据库中进行快速、准确的匹配；

（3）多量性，即使少数几个物体也可以产生大量 SIFT 特征向量。

5.2.1.1　尺度空间极值探测

尺度空间理论最早出现于计算机视觉领域时，其目的是模拟图像数据的多尺度特征。Koenderink[15] 证明高斯卷积核是实现尺度变换的唯一变换核，Lindeberg 等[16] 则进一步证明高斯核是唯一的线性核。

二维高斯函数定义为

$$G(x,y,\sigma)=\frac{1}{2\pi\sigma^2}e^{-(x^2+y^2)2\sigma^2} \tag{5.43}$$

式中：σ^2 为高斯正态分布的方差。

一幅二维图像，在不同尺度下的尺度空间可由图像与高斯核卷积得到

$$L(x,y,\sigma)=G(x,y,\sigma)\otimes I(x,y) \tag{5.44}$$

式中：L 代表图像的尺度空间；(x,y) 代表图像的像素位置；σ 为尺度空间因子，其值越小则表示该图像被平滑得越少，相应的尺度也就越小。大尺度对应于图像的概貌特征，小尺度对应于图像的细节特征。

在图像二维平面空间和高斯差分（DOG）尺度空间中同时检测局部极值作为特征点，以使特征具有良好的独特性和稳定性。DOG 算子定义为两个相同尺度的高斯核的差分，具有计算简单的特点，是归一化高斯拉普拉斯（LOG）算子的近似，表达式为

$$D(x,y,\sigma)=(G(x,y,k\sigma)-G(x,y,\sigma))\otimes I(x,y)=L(x,y,k\sigma)-L(x,y,\sigma) \tag{5.45}$$

对于图像上的点，计算其在每一尺度下 DOG 算子的响应值，将这些值连起来得到特征尺度轨迹曲线，特征尺度曲线的局部极值点即该特征的尺度。尺度轨迹曲线上完全可能存在多个局部极值点，这时可认为该点有多个特征尺度。

5.2.1.2　特征向量生成

SIFT 特征向量生成包括四个步骤：

（1）尺度空间极值检测，初步确定关键点的位置和所在的尺度。在检测尺度空间极值时，图 5.13 中标记为 × 的像素需要与同一尺度的 8 邻域、相邻尺度对应像素及其 8 邻域共计 26 个像素进行比较，以确保在尺度空间和二维图像空间都检测到局部极值。

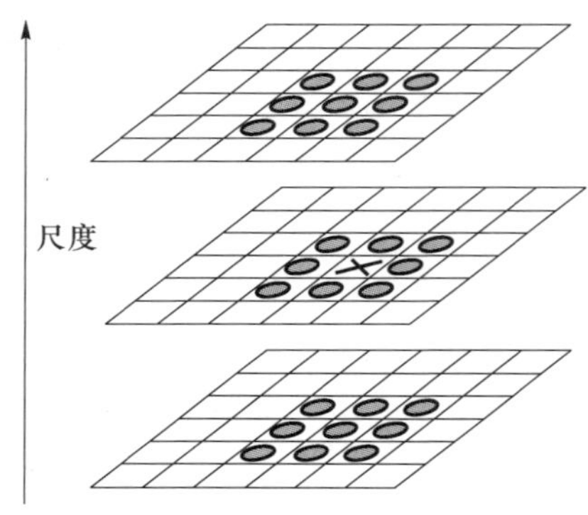

图 5.13 尺度空间中的局部极值

（2）通过拟和三维二次函数以精确确定关键点的位置和尺度，同时滤除关键点中不稳定的点，以增强匹配的稳定性和抗噪能力。

首先，滤除偏移量的任意分量及对比度不满足阈值条件的点，计算公式为

$$\hat{x} = -\frac{\partial^2 D^{-1}}{\partial x^2}\frac{\partial D}{\partial x},\quad D(\hat{x}) = D + \frac{1}{2}\frac{\partial D^{\mathrm{T}}}{\partial x}\hat{x} \tag{5.46}$$

式中，D 表示 DOG 图像。

然后，滤除主曲率不满足下面条件的边缘响应点

$$\boldsymbol{H} = \begin{bmatrix} D_{xx} & D_{xy} \\ D_{yx} & D_{yy} \end{bmatrix},\quad \frac{\mathrm{Tr}(\boldsymbol{H})}{\mathrm{Det}(\boldsymbol{H})} < \frac{(r+1)^2}{r} \tag{5.47}$$

式中：$\boldsymbol{H}$ 为 Hessian 矩阵。

（3）利用关键点邻域中像素的梯度方向分布特性为每个关键点指定方向参数，使算子具有旋转不变性。像素(x,y)处，梯度的模值 $m(x,y)$ 和方向 $\theta(x,y)$ 为

$$m(x,y) = \sqrt{(L(x+1,y) - L(x-1,y))^2 + (L(x,y+1) - L(x,y-1))^2} \tag{5.48}$$

$$\theta(x,y) = \mathrm{artan2}((L(x,y+1) - L(x,y-1))/(L(x+1,y) - L(x-1,y))) \tag{5.49}$$

其中 L 所用的尺度为每个关键点各自所在的尺度。实际计算时，在以关键点为中心的邻域窗口内采样，采用直方图统计邻域像素的梯度方向，梯度直方图的范围是 0°～360°，每 10°一个柱，总共 36 个柱。直方图峰值则代表该关键点处邻域梯度的主方向，即该关键点的方向。图 5.14 为 7 个柱时梯度直方图确定关键点主方向的示例。在梯度方向直方图中，当存在另一个相当于主峰值 80% 能量的峰值时，则认为这个方向是该关键点的辅方向。一个关键点可能会被指定具有多个方向（一个主方向，一个以上辅方向），这可以增强匹配的鲁棒性。至此，每个关键点包括

位置、所处尺度、方向三个信息，所有关键点就构成一个 SIFT 特征区域。

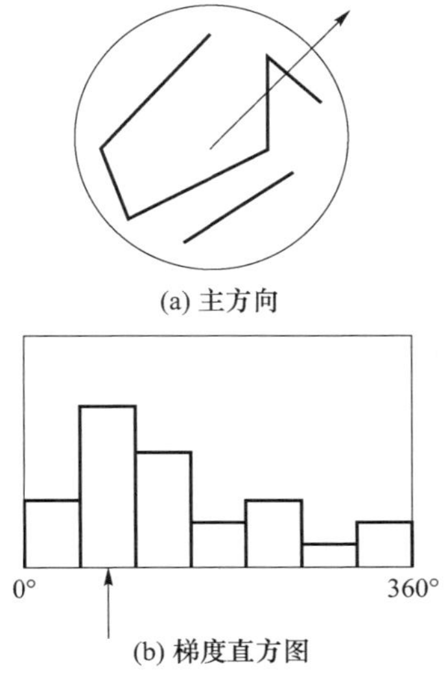

图 5.14　梯度方向直方图确定主方向

（4）生成 SIFT 特征向量。首先将坐标轴旋转为关键点的方向，以确保旋转不变性。接下来以关键点为中心取 8×8 的窗口。图 5.15 左边部分的中心为当前关键点的位置，每个小格代表关键点邻域所在尺度空间的一个像素，箭头方向代表该像素的梯度方向，箭头长度代表梯度模值，图 5.15 中圆圈代表高斯加权的范围（越靠近关键点的像素对梯度方向信息贡献越大）。

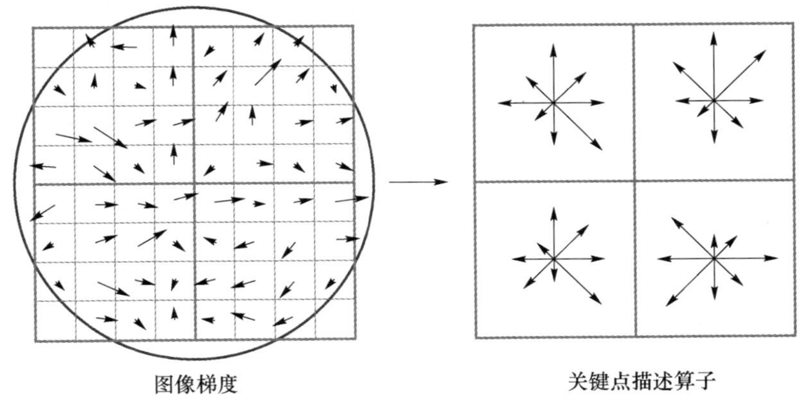

图 5.15　特征点的 32 维向量表示

此后在每 4×4 的小块上计算 8 个方向的梯度方向直方图，绘制每个梯度方向的累加值，即可形成一个种子点，如图 5.15 右边部分所示。此图中一个关键点由

2×2 共 4 个种子点组成，每个种子点有 8 个方向向量信息。这种邻域方向信息联合的思想增强了算法的抗噪能力，同时对于含有定位误差的特征匹配也提供较好的容错性。实际应用中，为增强匹配的稳定性，Lowe 建议对每个关键点使用 4×4 共 16 个种子点来描述，对于一个关键点就可以产生 128 个数据，即形成 128 维的 SIFT 特征向量。此时，SIFT 特征向量已经去除尺度变化、旋转等几何变换因素的影响，再将特征向量的长度归一化，即可进一步去除光照变化的影响。

5.2.2 椭圆邻域 SIFT 算子

5.2.2.1 构造原理

对于每一个特征点，SIFT 在一个圆形邻域内计算主梯度方向，该邻域的尺寸由特征点的尺度决定。然而，使用圆形邻域并不能较好地仿射变换不变性。例如，经过仿射变换后圆形邻域中的图像结构很可能变成椭圆区域，如图 5.16(a)与(c)所示。如果仍然使用圆形邻域，变换后的图像结构除了包含应有的区域外，还引入了破坏不变性计算的噪声区域，如图 5.16(b)所示。此时，变换前后的两个圆形邻域内存中不同的图像结构，采用圆形邻域不能获得稳定的主梯度方向。另外，椭圆邻域获得的图像结构与真实情况非常接近，在计算主梯度方向时更具有稳定性。因此，利用 C. L. Li 等提出的椭圆邻域方法对 SIFT 算子进行改进并用于标识识别[17]。

(a) 圆形邻域中的图像结构

(b) 仿射变换使得圆形邻域内图像结构发生改变

(c) 仿射变换后不改变图像结构的椭圆邻域

图 5.16 圆形与椭圆邻域(见彩图)

二阶矩矩阵常用于描述局部图像结构，利用梯度强度二阶矩矩阵描述点 x 局部邻域的梯度分布可以有效确定该邻域的形状，因此可利用梯度强度二阶阵来估计每个特征点的椭圆区域。鉴于仿射变换的不变性，需要在仿射高斯尺度空间中利用椭圆邻域代替圆形邻域进行二阶矩计算，该仿射高斯尺度空间可由非均匀高斯核卷积得到

$$g(x,\Sigma)=\frac{1}{2\pi\sqrt{\det\boldsymbol{\Sigma}}}\exp(-x^{\mathrm{T}}\boldsymbol{\Sigma}^{-1}x/2) \tag{5.50}$$

式中：$x \in R^2$；$\boldsymbol{\Sigma}$ 为对应尺度的对称半正定协方差矩阵。如果矩阵 $\boldsymbol{\Sigma}$ 等于单位矩阵乘上某个标量，则该式转化为均匀高斯核。

强度图像 $I(x)$ 的仿射高斯空间可以表示为

$$L(x,\boldsymbol{\Sigma}) = g(x,\boldsymbol{\Sigma}) * I(x) \tag{5.51}$$

式中：$*$ 表示图像卷积算子。

特征点 x 在非均匀高斯空间中的二阶阵 $\boldsymbol{\mu}$ 定义为

$$\boldsymbol{\mu}(x,\boldsymbol{\Sigma}_I,\boldsymbol{\Sigma}_D) = \begin{pmatrix} \mu_{11} & \mu_{12} \\ \mu_{21} & \mu_{22} \end{pmatrix} = g(x,\Sigma_I) * (\ \nabla L(x,\boldsymbol{\Sigma}_{\mathrm{D}})\ \nabla L(x,\boldsymbol{\Sigma}_{\mathrm{D}})^{\mathrm{T}}) \tag{5.52}$$

式中：$\boldsymbol{\Sigma}_I \in \mathrm{SPSD}(2)$ 为全局尺度 σ_1 的协方差矩阵；$\boldsymbol{\Sigma}_{\mathrm{D}} \in \mathrm{SPSD}(2)$ 为局部尺度 σ_{D} 的协方差矩阵；∇ 为梯度算子。

$$\nabla L(x,\Sigma_{\mathrm{D}}) = \begin{pmatrix} L_x(x,\Sigma_{\mathrm{D}}) \\ L_y(x,\Sigma_{\mathrm{D}}) \end{pmatrix} \tag{5.53}$$

式中：SPSD(2) 表示 2×2 对称正定矩阵的锥。

T. Lindeberg[18] 等设计了一种迭代程序自适应调整协方差矩阵，使得固定点的特征与下式中二阶矩紧密联系起来，若二阶矩矩阵在该条件下计算得到，则它对任意的仿射变换均具有相对的不变性。

$$\mu(x,\Sigma_{\mathrm{I}},\Sigma_{\mathrm{D}}) = M, \Sigma_{\mathrm{I}} = \sigma_{\mathrm{I}} M^{-1}, \Sigma_{\mathrm{D}} = \sigma_{\mathrm{D}} M^{-1} \tag{5.54}$$

假设二阶矩矩阵的行列式大于零并且目标点的信噪比足够显著，利用这种迭代程序可对目标点的椭圆仿射邻域进行评估。使用该方法对哈希算子产生的初始椭圆仿射邻域的形状进行估算，二阶矩矩阵的特征值表示目标点邻域内的两种主要信号变化，用来测量椭圆仿射邻域的形状。

为确保特征点椭圆邻域中样本点的恰当尺寸，利用目标点二阶阵产生的椭圆参数将椭圆邻域标准化为圆形。利用二阶矩 $\boldsymbol{M}^{-1/2}$ 的均方根可以将图像数据转化为标准结构，该矩阵可由 Cholesky 分解计算得到，每个样本点落在椭圆区域内的位置 x 即可转换为标准圆形区域中的位置 x'。

$$x' = \boldsymbol{M}^{-1/2} \tag{5.55}$$

基于这种标准化的圆形邻域可以设置 SIFT 特征点的主方向，确保仿射变换不变性，此时尺度最接近局部尺度 σ_{D} 的高斯平滑图像 L 由均匀高斯核卷积得到，在该平滑图像中所有的计算都在尺度不变的方式下进行。

利用像素差预先计算标准化圆形邻域中每个像素 $x'(x,y)$，梯度模值 $x'(x,y)$ 和梯度方向 $\theta(x,y)$ 如下：

$$m(x,y) = \sqrt{(\bar{L}(x+1,y) - \bar{L}(x-1,y))^2 + (\bar{L}(x,y+1) - \bar{L}(x,y-1))^2} \tag{5.56}$$

$$\theta(x,y) = \arctan2((\bar{L}(x,y+1) - \bar{L}(x,y-1))/(\bar{L}(x+1,y) - \bar{L}(x-1,y))) \tag{5.57}$$

类似于传统的 SIFT 算子,标准圆形区域中每个像素的梯度向量用来建立基于梯度模值和均匀高斯加权函数的梯度方向直方图。其中,最大的直方图统计值对应的方向定义为特征点的主梯度方向,据此改进的椭圆邻域 SIFT 算子获得更稳定的仿射变换不变性。

5.2.2.2 性能对比

设计一组对比实验,测试椭圆领域 SIFT 算子的改进效果。首先,采集数字标识、字母标识与汉字标识三组实验图像,如图 5.17 所示。

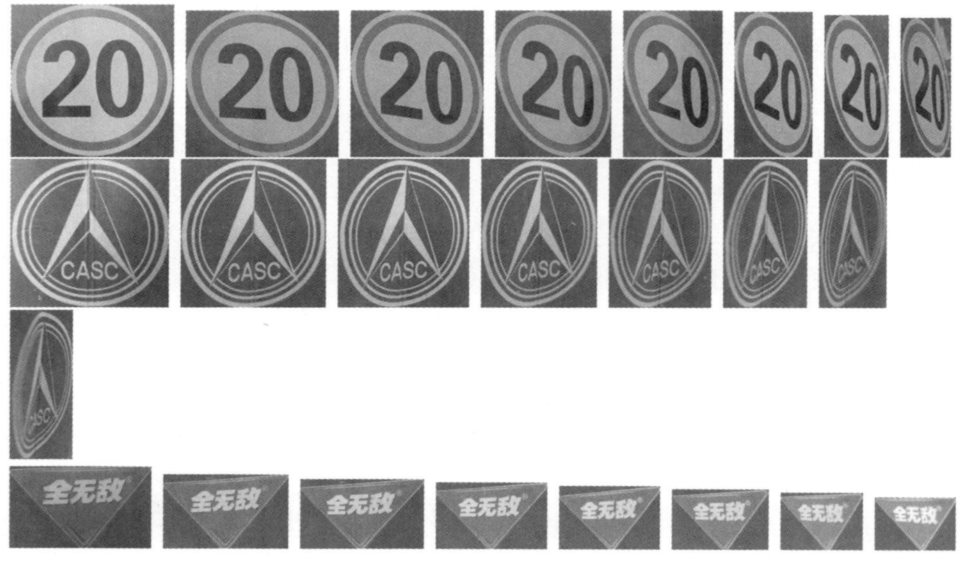

图 5.17 对比测试实验图像

观察图 5.17,其具有如下特点:① 每组共有 8 张图片,均采集于相同天气条件下的同一目标,分别以 0 至 7 编号;② 0 号图像基本没有三维失真,1 至 7 号图像三维失真的程度逐渐加大;③ 0 至 7 号图像的分辨力依次减小,避免分辨力提高产生新的特征点,确保图像总体质量逐渐降低;其中,三幅 0 号图像的分辨力分别为 (300×290)、(300×300) 与 (600×360);④ 三维失真包括仿射变化与模糊两种情况。利用圆形和椭圆领域 SIFT 算子分别提取三组图像的特征点,将三幅 0 号图像的两种 SIFT 特征点作为模板,分别与同组的其他图像进行特征匹配,具体匹配方法参见 5.2.3 节的普通匹配策略,最后得到圆形和椭圆领域 SIFT 算子对三组图像的匹配点数量统计,如图 5.18、图 5.19、图 5.20 所示。

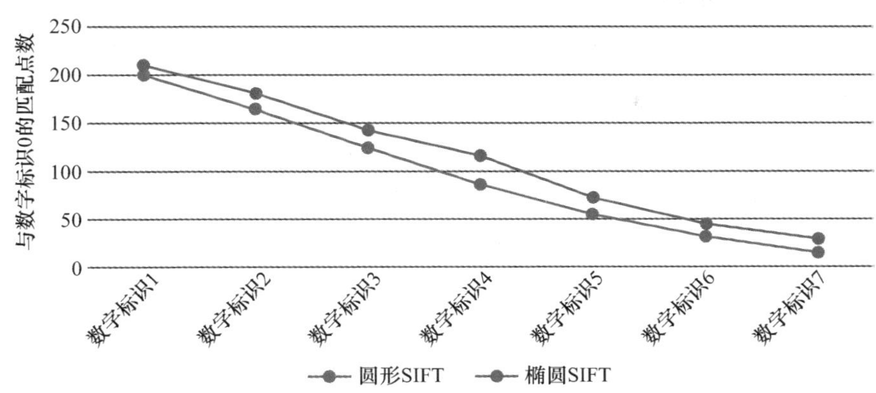

图5.18　数字标识图像得到的椭圆、圆形领域SIFT算子匹配点数量对比（见彩图）

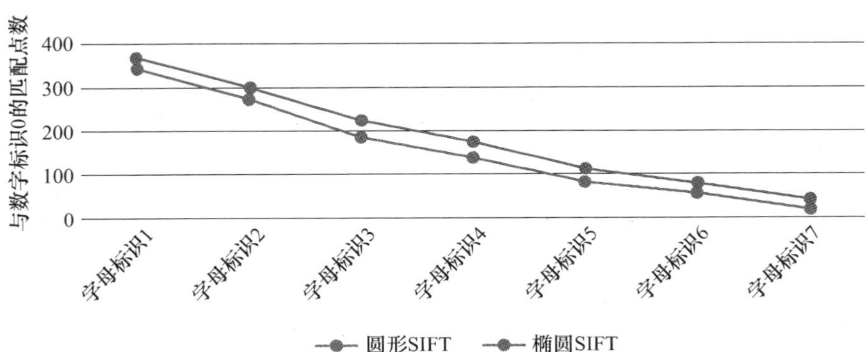

图5.19　字母标识图像得到的椭圆、圆形领域SIFT算子匹配点数量对比（见彩图）

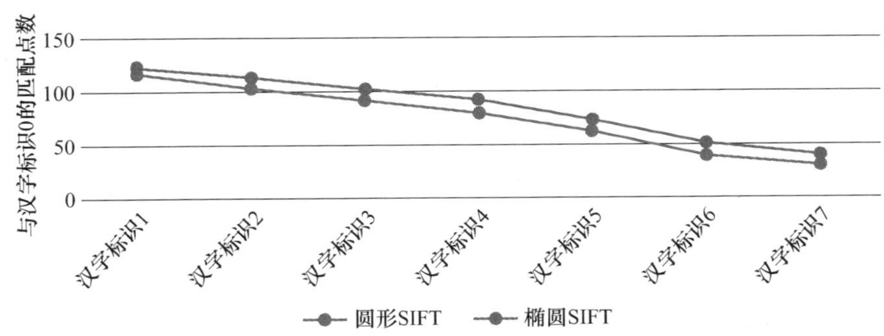

图5.20　汉字标识图像得到的椭圆、圆形领域SIFT算子匹配点数量对比（见彩图）

从三组统计图中能够发现，对于存在失真的每幅图像，椭圆领域SIFT算子的匹配点数量均大于圆形领域SIFT算子，这一结果有效地验证椭圆领域SIFT算子在应对三维失真方面的鲁棒性，理论与实践相互引证。其次，在三维失真程度逐步加大的过程中,两种算子匹配点数量的差值呈现出逐渐增大至顶峰,然后逐步缩小的特点,这说明在一定失真范围内椭圆领域 SIFT 算子的仿射变换不变性较圆形领域有较大提升,所提取的特征点更具有稳定性和可分辨性,从另一个方面进一步验证改进 SIFT 算子的合理性和有效性。当然,随着三维失真的进一步恶化,相比于圆形领域算子的优势也逐渐减弱,这是不可避免的。事实上,对于三维失真很小的图像,两种算子均能得到充分的特征点,只是这些特征点的稳定性对失真的敏感程度不同。

图 5.21 为两种算子对 0 号和 7 号标识图像的特征点提取情况,也能够初步解释这种不同的敏感程度。首先,两种算子对 0 号图像的特征点数量几乎是一样的,但对 7 号图像却能看出数量上的区别。实质上,即使在相同位置提取的特征点,其稳定性还是存在差异的,也就是说最终两种算子得到的匹配点数量差要大于提取特征点数量差。

(a) 圆形领域实例 (b) 椭圆形领域实例

图 5.21 圆形、椭圆形领域 SIFT 算子特征点提取实例(例中为 0 号与 7 号标识)(见彩图)

5.2.3　识别方法

对于具体的标识图像，SIFT 特征点的稳定性有所差别，需要的是那些重复性高、分辨力更强的特征点作为匹配的模板，因此有必要对标识的 SIFT 特征点进行聚类分析，这里以车牌汉字作为实例来介绍聚类过程[19]。

每个特征点由 128 维描述子、方向、尺度、位置四个要素组成，如图 5.22 所示，每个 SIFT 特征点标识为 $V(\text{des}, \text{ori}, \text{rat}, \text{pos})$。其中，des 为 128 维 SIFT 描述子，ori 为主梯度方向（$-\pi \leqslant \text{ori} < \pi$），$\text{rat} = h/s$（$s$ 为尺度），$\text{pos} = (f/W, e/h)$ 表示特征点相对位置的 2 维向量。针对每个车牌汉字，采集自然条件下的 100 副图像作为训练样本。

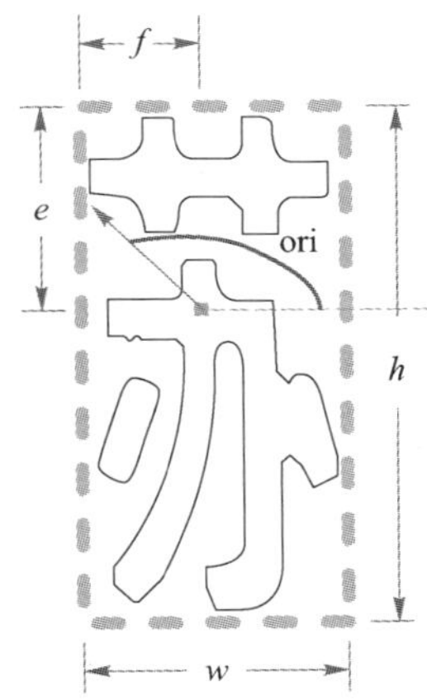

图 5.22　样本标识的特征点示意图（见彩图）

每个字符为尽量保留更多具有代表性的特征点，这些图像都是竖直的，具有很小的仿射变形，几乎无污染，光照均匀。提取每个字符的所有 SIFT 特征点，包括部分噪声点，利用一种叫相似性传递的方法进行特征聚类[20]。这种方法最突出的特点在于无需事先确定聚类数量，可由聚类过程自适应产生。

在相似性传递过程中需要定义样本的相似矩阵，首先要定义相似矩阵需要的距离度量规则。两个样本特征的 V^j 与 V^k 之间的距离定义为

$$d_{j,k} = \alpha \cdot D_\text{d} + \beta \cdot D_\text{o} + \gamma \cdot D_\text{r} + \delta \cdot D_\text{p} \tag{5.58}$$

式中：α、β、γ、δ 为常量权重因子，D_d、D_o、D_r、D_p 分别为 SIFT 描述子、方向、高宽比和位置的距离，分别定义如下

$$D_\text{d} = \frac{1}{\sigma}\sqrt{\sum_{i=1}^{128}(\text{des}_i^j - \text{des}_i^k)^2} \tag{5.59}$$

$$D_{\mathrm{o}} = \frac{1}{\pi} \cdot \min(|\mathrm{ori}^j - \mathrm{ori}^k|, 2\pi - |\mathrm{ori}^j - \mathrm{ori}^k|) \tag{5.60}$$

$$D_{\mathrm{r}} = \frac{1}{N} |\mathrm{rat}^j - \mathrm{rat}^k| \tag{5.61}$$

$$D_{\mathrm{d}} = \frac{1}{2} \sqrt{\sum_{i=1}^{2} (\mathrm{pos}_i^j - \mathrm{pos}_i^k)^2} \tag{5.62}$$

式中：σ 和 N 为确保 D_{d} 和 D_{r} 在(0,1)之间取值的归一化因子。

两个样本特征的 V^j 与 V^k 之间的距离相似性为

$$s_{j,k} = -(d_{j,k})^n \qquad n > 0 \tag{5.63}$$

在相似性传递中，相似性矩阵的对角线元素对样本有选择性，这将影响聚类的数量。一般来说，无需先验值，用两个输入相似性的均值来进行设置。

聚类后，需要选择和保存更具有代表性的特征点。对归于一类的特征点对应的图像数量进行统计，建立直方图。设置阈值 60 对特征点进行筛选，图像数量大于等于阈值的样本点被保留下来，如图 5.23 所示。据此形成汉字 SIFT 特征点模板，如图 5.24 所示。

假设 $D_{i,\min1}$ 与 $D_{i,\min2}$ 为第一和第二最近距离，如果 $D_{i,\min1}^2 < \sigma D_{i,\min2}^2$，$0 < \sigma < 1$，则这两个特征点可以看成是一对稳定的匹配特征点[21]。通常在识别对象和模板之间进行所有点的特征匹配，最终确定识别结果，图 5.25 为这种匹配策略的实例。然而，大量的实验数据表明这种匹配策略效率不高，三种稳定的匹配特征点即可确认。因此，我们设计了一种三点式中心匹配策略，如图 5.26 所示。待识别对象以几何中心为分界划分为 4 部分。对于每个部分一旦发现特征点，立即执行匹配，按从部分 1 到部分 4 的顺序，一旦确认三组匹配特征点，特征提取和匹配过程结束，输出识别结果。另外，如果不能获得至少 3 种匹配特征点，则对象为噪声区域。

扫描方式为图 5.26 中的箭头所示，图 5.27 为三点式中心匹配策略的识别实例。三点式中心匹配策略的算法设计如下：

(1) 从右到左，从下到上扫描区域 1，如果发现一个或无稳定匹配点，继续；

(2) 从左到右，从下到上扫描区域 2，如果发现一个或无稳定匹配点，继续；

(3) 从上到下，从右到左扫描区域 3，如果发现一个或无稳定匹配点，继续；

(4) 如果获得三组稳定的匹配点，转(10)，否则继续；

(5) 从上到下，从左到右扫描区域 4，如果发现一个或无稳定匹配点，继续；

(6) 如果获得三组稳定的匹配点，转(10)，否则继续；

(7) 如果未获得稳定匹配点，转(9)，否则继续；

(8) 继续扫描获得稳定匹配点的区域，如果发现第三组匹配点，转(10)，否则继续；

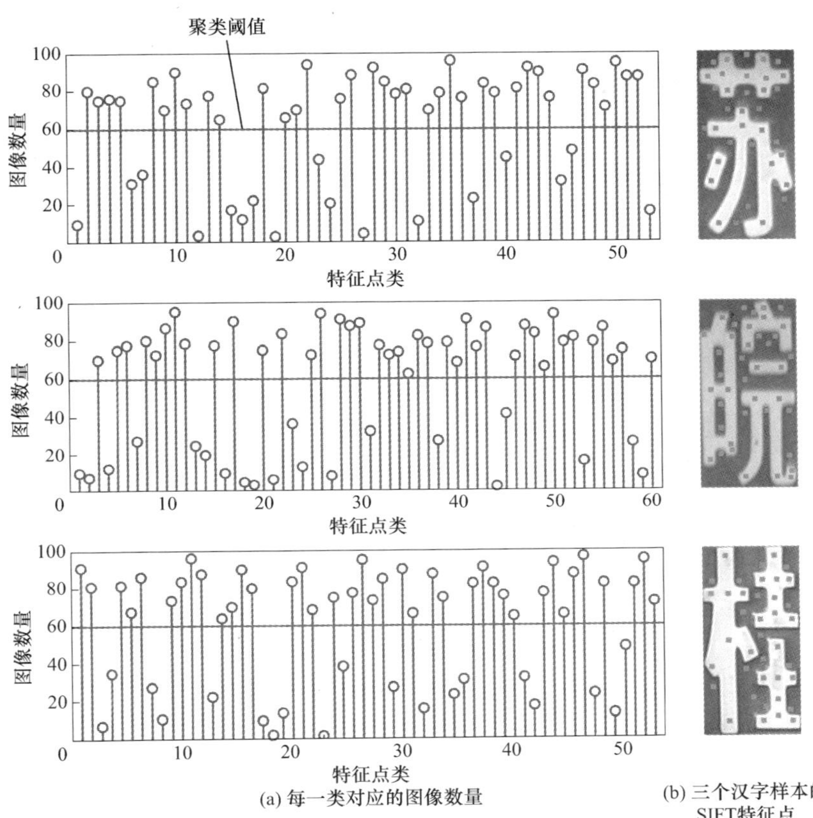

(a) 每一类对应的图像数量

(b) 三个汉字样本的SIFT特征点

图 5.23　特征点聚类(见彩图)

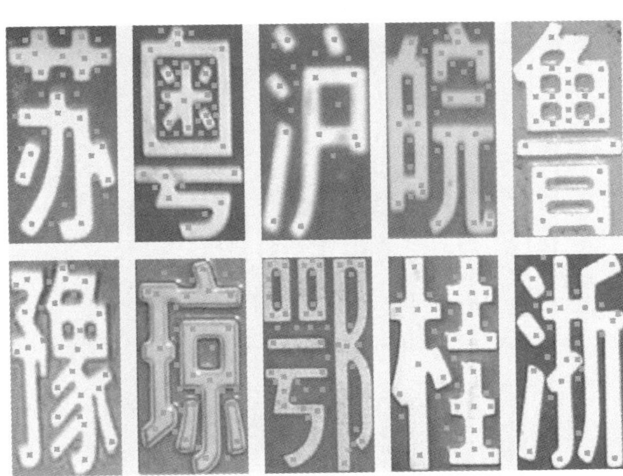

图 5.24　SIFT 特征点模板(见彩图)

图 5.25　所有匹配特征点的识别实例(见彩图)

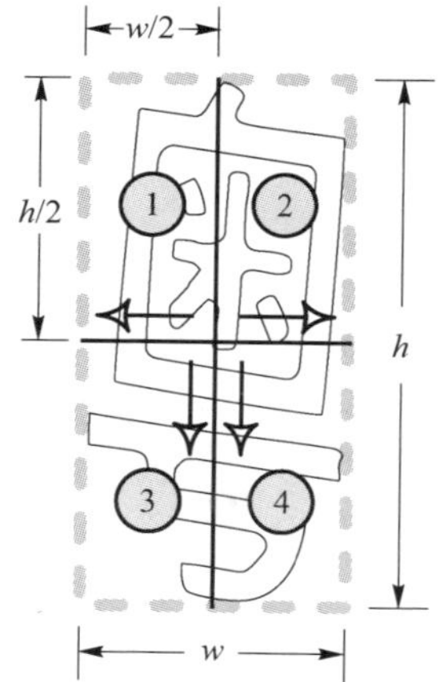

图 5.26　三点式中心匹配策略(见彩图)

(9) 待识别对象为噪声区域,输出结果;

(10) 待识别对象为目标区域,输出结果。

图 5.27　三点式中心扫描策略识别实例(见彩图)

5.2.4　实验测试

5.2.4.1　效果对比

为评估识别方法,采集包含 885 个汉字的目标图像,这些汉字车牌采用文献[7]中的定位方法提取,包含 754 个真实车牌和 131 个噪声区域。汉字由人工分割得到,尺寸在 30×54 到 112×200 之间。目标图像包含 1 个汉字,大多数不同程度地存在倾斜、复杂噪声、光照不均匀等情况,少数还存在污染、模糊、部分遮挡、字符残缺等情况。汉字识别成功率达到 97.2%,噪声区域识别成功率为 100%,总成功率达到 97.2%。污染和模糊等不利情况引起 21 个识别失败。

为评估三点式中心扫描策略的实时性,利用所有点的普通匹配策略和三点式普通匹配策略在同一数据集中进行识别实验,结果如表 5.4 所示。显然,三种策略的成功率一样,因为特征匹配结果与扫描过程无关,然而三种方式的执行效率具有较大的差异。三点式中心扫描策略的平均执行时间仅为 68ms(PC:Pentium IV at 2.4 GHz and 1 GB RAM;Tool:VC++6.0),明显低于其余二者。造成差别的原因在于:首先 SIFT 特征点的提取和匹配比较耗时,所有点的普通匹配策略产生最低的效率,平均执行时间达到 245ms。其次,三点式普通匹配策略需要提取所有的特征点,但仅需三个稳定匹配点,比前者缩短 87ms 的时间。事实上,三点式中心匹配策略仅需要提取更少的特征点,同时仅需三个稳定匹配点,最终获得最好的效率。

表 5.4　实验结果对比

	所有点的普通匹配策略	三点式普通匹配策略	三点式中心匹配策略
成功率/%	97.6	97.6	97.6
平均执行时间/ms	245	158	69

5.2.4.2　实例分析

为分析仿射变换对识别性能的影响,设计如下对比实验:选择成功识别的 100 个汉字字符,通过 4 种仿射变换得到四组数据,如图 5.28 所示。

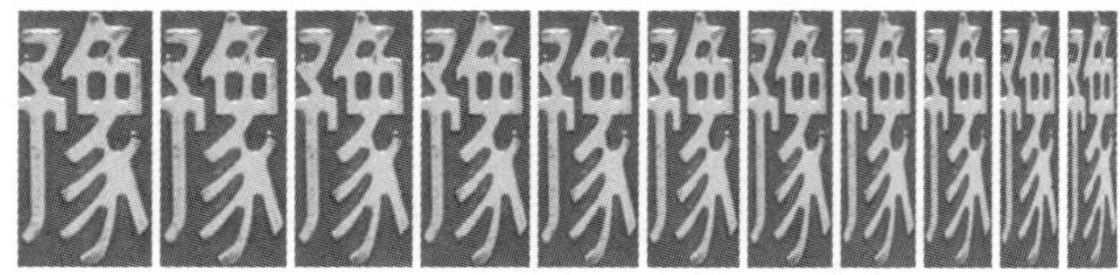

(a) 水平压缩

(b) 垂直压缩

(c) 顺时针旋转

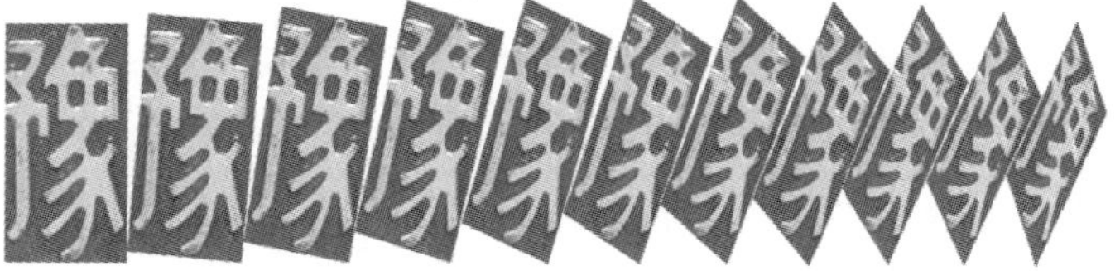

(d) 水平压缩与顺时针旋转

图 5.28　仿射变形样本

图 5.28 中的样本按照如下步骤获得:①按 6.25% 的步进水平压缩每幅图像,构成 10 个候选对象,根据不同的压缩比例得到 10 组候选对象,图 5.28(a)为一个样本;②按 6.25% 的步进垂直压缩每幅图像;③按 5°的步进顺时针旋转每幅图像;④按 6.25% 的步进水平压缩每幅图像,同时按 5°的步进顺时针旋转。类似地,得到如图 5.28(b)、(c)、(d)所示的其他三种类型,每种类型包含 10 组候选对象。以上述 4 种类型的图像为对象测试识别方法,得到图 5.29 所示的成功率变化曲线。

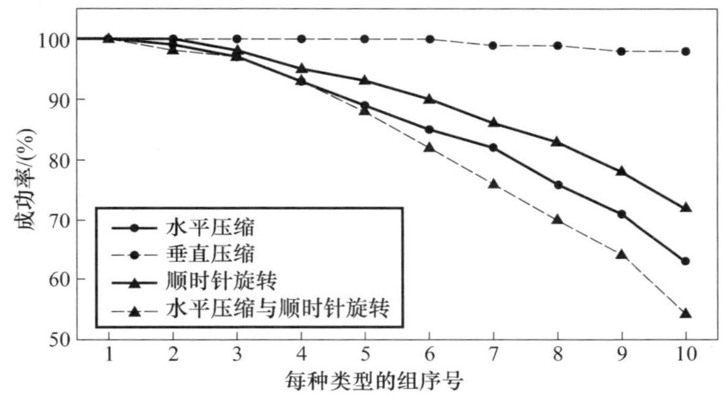

图 5.29　不同仿射变形的识别效果

显然,水平压缩对识别几乎没有影响,即使旋转 50°仍然识别成功,整个识别率达到 100%。然而,识别过程对水平压缩与旋转的组合非常敏感,也就是对三维变形较敏感,当压缩率达到 62.5%,旋转角度为 50°时,成功率仅为 55%。再者,字符宽度小于高度,同样压缩比例的情况下水平方向比垂直方向更容易得到好的识别效果。此外,每个类型的前五组对象均得到高于 90% 的成功率,说明识别过程还是能适应一定程度的仿射变换。值得注意的是,实际情况中也很少出现非常严重的仿射变形。

由于 SIFT 特征的局部描述特点和尺度不变性,复杂噪声和大尺度变化条件下仍然得到令人满意的识别效果。当引入字符周围的大量噪声时,识别效果几乎没受到影响,如图 5.30 所示。类似地,针对大尺度变化,得到如图 5.31 所示的效果。这两种情况的时间开销大幅增加,降低识别效率。

由于 SIFT 算子局部描述特点,大多数残缺字符和部分遮挡不会影响识别效果。此类情况中,一旦在部分字符中获得三组稳定的匹配点即可确保成功识别,如图 5.32、图 5.33 所示。

基于改进 SIFT 的识别方法对一定程度的污染和模糊也保持较好的鲁棒性,如果有足够的细节不被污染和模糊破坏,则仍然能够找到三组稳定的匹配点,如图 5.34、图 5.35 所示。事实上,也有一些严重的情况很难识别,如图 5.36 所示。

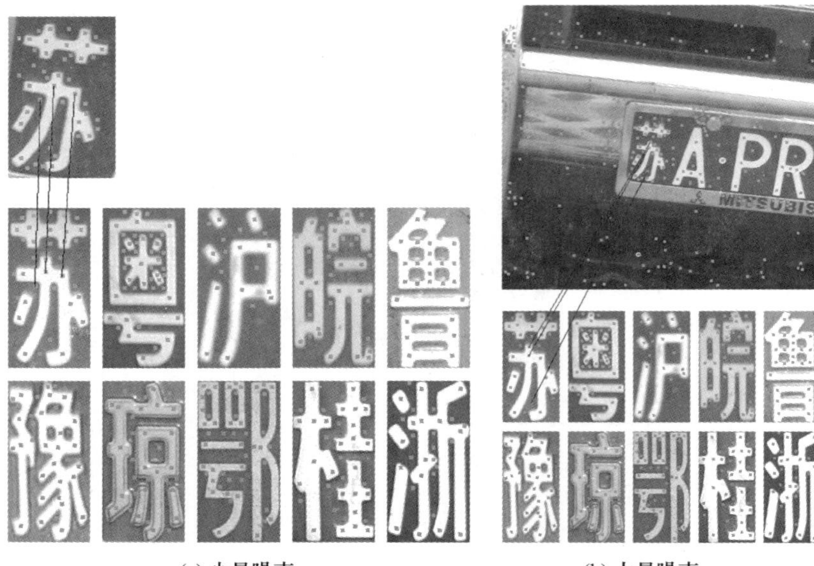

(a) 少量噪声　　(b) 大量噪声

图 5.30　背景噪声下识别例子(见彩图)

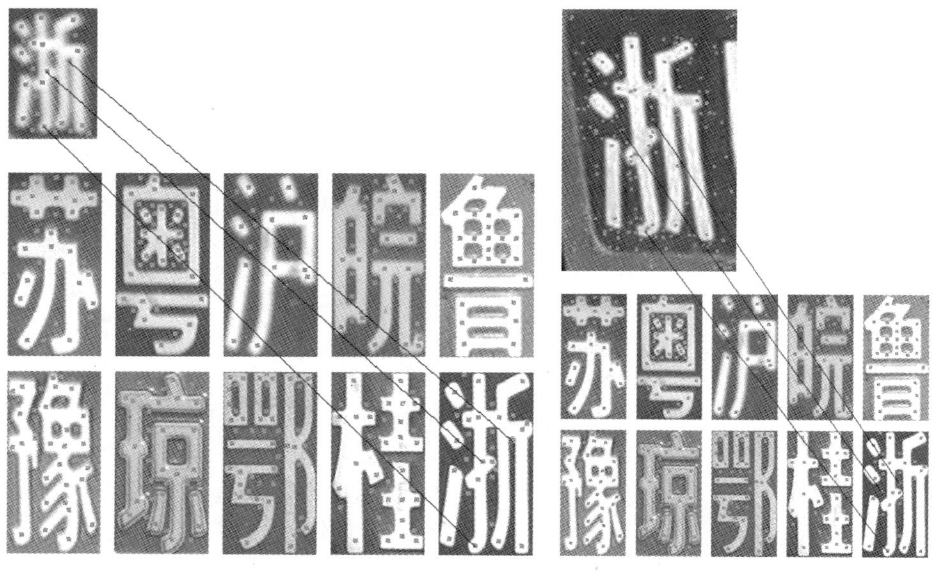

(a) 小尺寸　　(b) 大尺寸

图 5.31　尺度变化下的识别例子(见彩图)

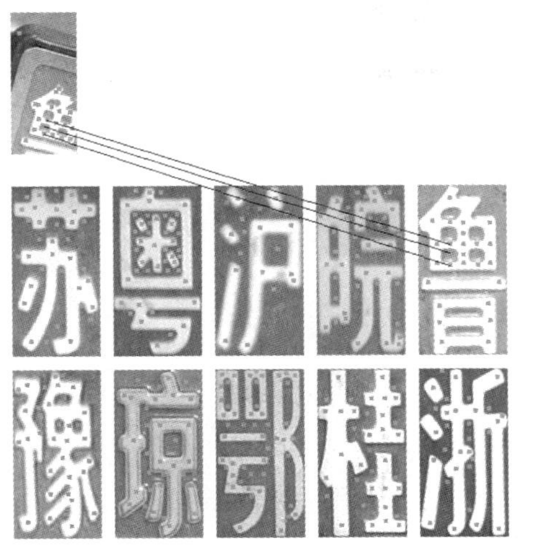

图 5.32　残缺字符下识别例子(见彩图)

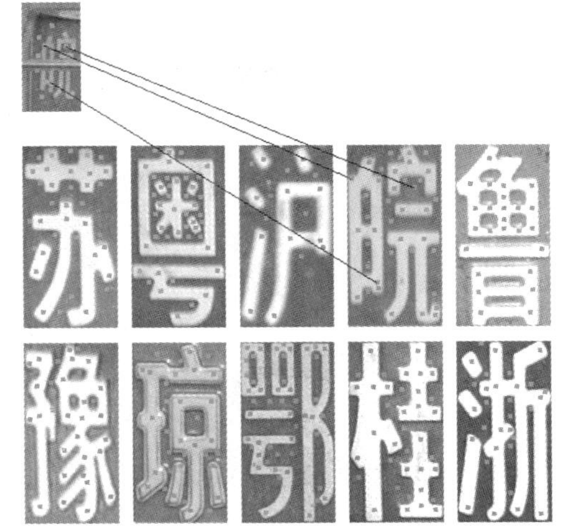

图 5.33　部分遮挡下识别例子(见彩图)

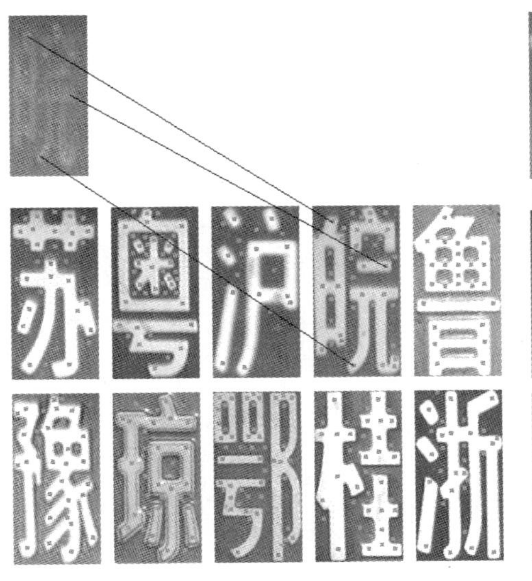

图 5.34　污染情况下识别例子(见彩图)

图 5.35　模糊情况下识别例子(见彩图)

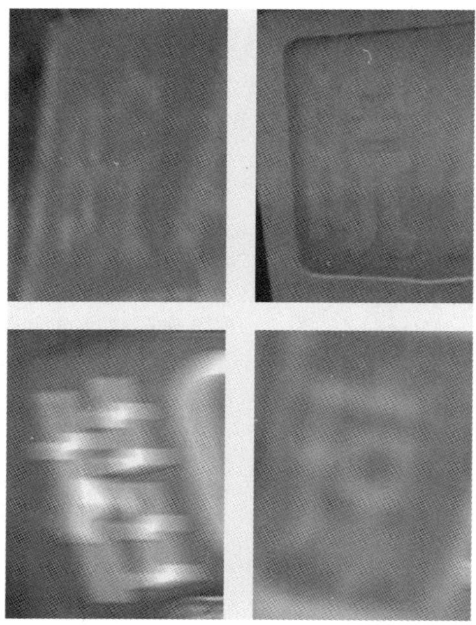

图 5.36 严重污染模糊条件下无法识别的例子(见彩图)

参考文献

[1] Wald G. The Receptors for Human Color Vision[J]. Science, 1964, 145(3636): 1007 – 1017.

[2] Yang X, Ling Y S, Li S, et al. Graying for Images with Color – discrete Characteristic[J]. International Journal for Light and Electron Optics, 2011, 122(18): 1633 – 1637.

[3] Jiao J B, Ye Q X, Huang Q M. A configurable method for multi – style license plate recognition [J]. Pattern Recognition, 2009, 42(3): 358 – 369.

[4] Chen X, Yang J, Zhang J. Automatic Detection and Recognition of Signs From Natural Scenes [J]. IEEE Transactions on Image Processing, 2004, 13(1): 87 – 99.

[5] Zheng D, Zhao Y, Wang Y. An efficient method of license plate location[J]. Pattern Recognition Letters, 2005, 26(15): 2431 – 2438.

[6] Hou P G, Zhao J, Liu M. A License Plate Locating Method Based on Tophat – bothat Changing and Line Scanning[J]. Journal of Physics: Conference Series, 2006, 48(1): 431 – 436.

[7] Yang X. Self – adaptive Model of Texture – based Target Location for Intelligent Transportation System applications[J]. International Journal for Light and Electron Optics, 2013, 124(19): 3974 – 3982.

[8] Yang X. Enhancement for Road Sign Images and Its Performance Evaluation[J]. International

Journal for Light and Electron Optics, 2013, 124(14): 1957 - 1960.

[9] 刘万军，姜庆玲，张闯．基于 CNN 彩色图像边缘检测的车牌定位方法[J]．自动化学报，2009, 35(12): 1503 - 1512.

[10] 刘思远，李在铭．复杂光照下的车牌定位技术研究[J]．电子测量与仪器学报，2005, 19(6): 93 - 97.

[11] Chang S L, Chen L S, Chung Y C. Automatic license plate recognition[J]. IEEE Transactions on Intelligent Transportation System, 2004, 5(1): 42 - 53.

[12] Yang X, Hao X L, Zhao G. License plate location based on trichromatic imaging and color - discrete characteristic[J]. International Journal for Light and Electron Optics, 2012, 123(16): 1411 - 1504.

[13] Coninx J. License Plate Mania [EB/OL]. [2011 - 6 - 30]. http//licenseplatemania. com.

[14] Lowe D G. Distinctive image features from scale - invariant keypoints[J]. International Journal of Computer Vision, 2004, 60(2): 91 - 110.

[15] Koenderink J J. The Structure of Images [J]. Biological Cybernetics, 1984, 50(5): 363 - 370.

[16] Lindeberg T. Seale - space theory: A basic tool for analyzing structures at different scales[J]. International Journal of Applied Statistics, 1994, 21(2): 224 - 270.

[17] Li C L, Ma L Z. A new framework for feature descriptor based on SIFT[J]. Pattern Recognition Letters, 2009, 30(5): 544 - 557.

[18] Lindeberg T, Garding J. Shape - adapted smoothing in estimation of 3 - D shape cues from affine deformations of local 2 - D brightness structure[J]. Image Vision Computing, 1997, 15(6): 415 - 434.

[19] Chen H L, Hu B, Yang X, et al. Chinese Character Recognition for LPR Application[J]. International Journal for Light and Electron Optics, 2014, 125(9): 5295 - 5302.

[20] Frey B J, Dueck D. Clustering by passing messages between data points[J], Science, 2007, 315(5814): 972 - 976.

[21] Wang Y, Ban X J, Hu B, et al. License plate recognition based on SIFT feature[J]. International Journal for Light and Electron Optics, 2015, 126(21): 2895 - 2901.

第 6 章

地/海面目标的空天一体图像合成属性侦察处理

现代信息化战争中的目标侦察，正越来越受到目标活动范围大、分布区域广、隐身能力强的挑战，尤其在远距离大范围精确打击军事行动中，对目标发现、定位和识别侦察提出了更高的要求。更先进的成像侦察手段日益受到人们的关注，多种侦察平台多种侦察数据的融合正成为目标侦察情报处理的发展趋势。为此，根据航天平台侦察范围广、效率高，航空平台侦察数据全、精度好以及高光谱成像侦察谱段多、准确度高等特点，将航空和航天图像进行融合处理生成新的空天一体图像，并针对空天一体图像及其因融合处理而形成的新属性进行侦察处理，以便检测识别目标尤其是地/海面目标。本章主要阐述地/海面目标的空天一体图像合成属性处理，对侦察图像合成属性处理的核心方法进行介绍，内容包括空天一体侦察图像融合建模仿真、侦察图像数据优化、图像合成属性分类，并以海背景目标为例，介绍了一种基于融合侦察图像来进行目标检测识别的具体方法。

6.1 空天一体侦察图像融合建模仿真

空天一体侦察图像融合建模仿真主要以航空高光谱数据为基础，结合航天多光谱遥感的相关参数，将航空高光谱图像中的地物目标进行空天一体映射变换到航天多光谱图像中，形成特定地物目标的航天多光谱融合模拟图像。本节从空天一体遥感图像融合变换出发，综合考虑航空和航天遥感对成像影响相关因素后，介绍了如何基于高/多光谱图像进行空天一体融合建模仿真。

如图 6.1 所示，空天一体侦察图像融合建模仿真将地物目标特征模型和探测器响应特征模型分别封装为两个“黑箱”，以比较容易获取的航空高光谱图像和航天多光谱图像分别代替目标三维特征模型和探测器响应特征模型，有效地减少对地物目标的三维建模和探测器响应建模的巨大工作量，并且仿真方法简便易行，可

根据实验需要自主设定模拟多种地物目标。

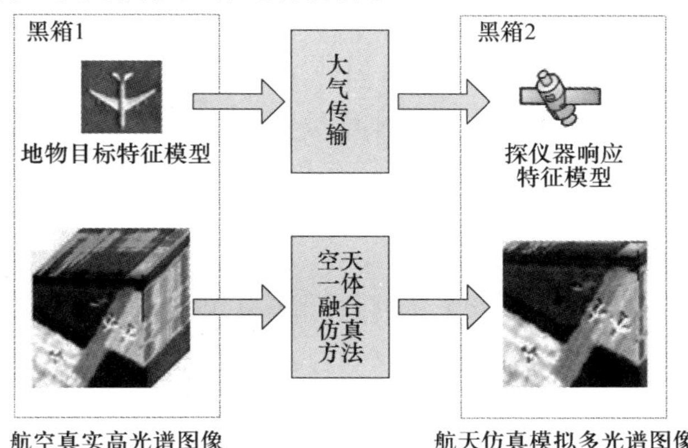

图 6.1　航天多光谱图像仿真方法与传统多光谱图像仿真方法原理对比(见彩图)

6.1.1　空天一体光谱维变换

由于各个航空航天遥感平台所处的空间位置不同,进入传感器的电磁辐射所经过的大气传输路径各不相同,因而大气层对电磁波传输的衰减影响也各不相同,如图 6.2 所示。在由航空遥感图像向航天遥感图像变换中,航空遥感平台以上到航天遥感平台以下的大气层的光谱透过率,直接影响到各遥感平台获取图像的光谱分布情况。航空遥感图像到航天遥感图像光谱维变换的基本原理如式(6.1)所示

$$\mathrm{DN\_space}(\lambda) = \mathrm{DN\_aero}(\lambda)\,T(\lambda) \tag{6.1}$$

式中:DN_space(λ)为航天遥感图像在光谱为 λ 波段的像元辐射强度(DN 值);DN_aero(λ)为航空遥感图像在光谱为 λ 波段的像元辐射强度(DN 值);$T(\lambda)$为航空遥感平台以上到航天遥感平台以下的大气层的光谱透过率。

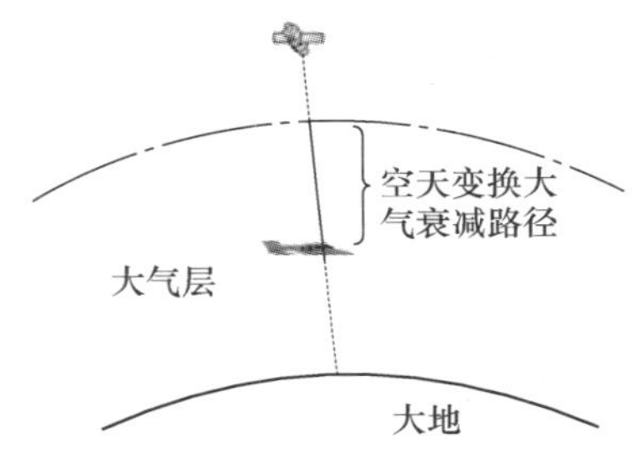

图 6.2　空天遥感大气辐射传输路径长短与平台位置关系图

借助 MODTRAN4 大气吸收散射计算软件，根据设定的相关参数对航空遥感平台以上到航天遥感平台以下的大气层光谱透过率 $T(\lambda)$ 进行定量计算。图 6.3 为计算得到的从 1km 高空到 100km（最外层大气）处的大气光谱透过率光谱曲线（由于大气程辐射在短波波段（0.45～2.5μm）和中远红外大气窗口波段对整个大气辐射传输的影响较小，因此忽略大气程辐射对光谱维变换的影响）。

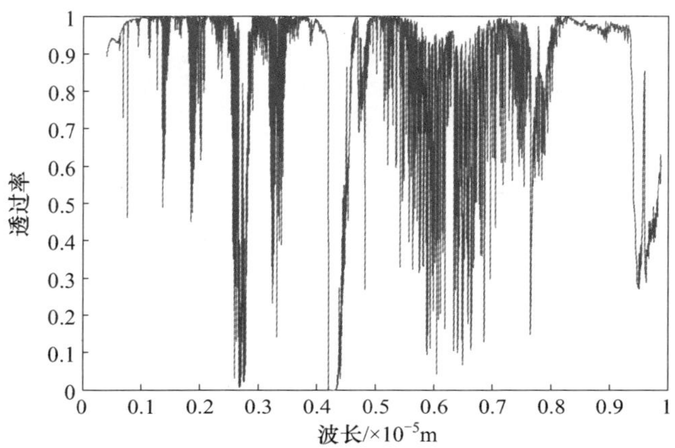

图 6.3　大气透过率光谱曲线（从 1km 到 100km，天顶角为 20°，大气能见度为 23km）

6.1.2　空天一体尺度空间变换

由于各种空天遥感平台的成像光谱仪视场和空间分辨力各不相同，同一地物目标在不同的遥感图像中的尺度也各不相同，因此，在利用航空遥感图像对航天遥感图像进行模拟时需要对地物目标进行尺度空间变换，这里提出了一种基于视觉仿生模拟的双线插值空天一体尺度空间变换方法。高斯尺度空间是一种模拟人眼视觉机理的理想数学模型。文献[1－3]证明：在一系列基于人眼视觉机理而提出的合理假设条件下，高斯核函数尺度变换能实现对目标由近及远模糊程度的最佳模拟。设多光谱图像中某一波段图像 $I(x, y)$ 的高斯尺度空间定义为 $L(x, y, t)$，该尺度空间可由参数为 t 的高斯核 $G(x, y, t)$ 与 $I(x, y)$ 卷积得到

$$L(x,y,t)=\begin{cases}G(x,y,t)*I(x,y) & t>0\\ I(x,y) & t=0\end{cases} \tag{6.2}$$

式中：

$$G(x,y,t)=\frac{1}{2\pi t}\mathrm{e}^{-(x^2+y^2)/2t} \tag{6.3}$$

式中：x，y，t 分别为 $L(x, y, t)$ 的像素位置坐标和尺度参数。尺度参数 t 为航天遥

感图像与航空遥感图像的空间分辨力的比值，随着尺度参数 t 逐渐增大，尺度空间中各尺度图像的模糊程度逐渐变大，能够模拟人在距离目标由近到远时目标在视网膜上的成像过程。

根据航空高光谱图像和航天多光谱图像的分辨力对相应的目标进行双线性插值运算，使其尺寸做相应的调整，从而获得模拟目标在低分辨力航天遥感平台上的成像结果，结果如图 6.4 所示。

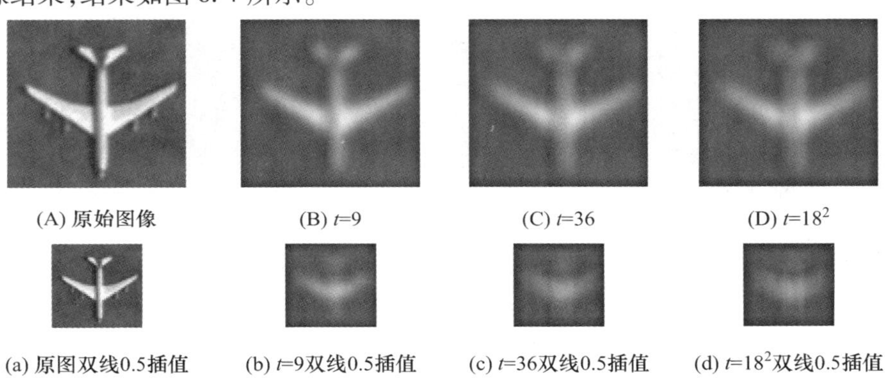

图 6.4　高斯核函数与双线插值变换结果

6.1.3　空天一体辐射强度变换

由于各种成像光谱仪获得遥感图像中表示辐射强度的 DN 值存在较大不同。在利用航空高光谱图像对航天多光谱图像进行模拟时需要对参与变换的特定地物目标的辐射强度做空天一体辐射强度变换。本小节将航天遥感图像和航空遥感图像中区段光谱特征（如，红、绿、蓝三个波段）较明确的一组对应目标点作为定标点，计算辐射比例系数，按辐射比例系数将航空遥感图像的辐射强度变换为对应航天遥感图像的辐射强度。

这里选取航天多光谱图像中白云和航空高光谱图像中白色飞机作为一组对应的辐射定标点，将白云和白色飞机在可见光波段辐射强度做等比例映射变换。选择航天多光谱图像中的绿色波段作为辐射定标基准波段（人眼对绿光最敏感），将此辐射强度比上航空高光谱图像中飞机样本均值中的绿色波段辐射强度（$\lambda = 550\text{nm}$），将此比值作为辐射强度变换系数 D_rate，再利用此辐射系数乘以尺度变换后飞机样本光谱，将其变换为航天多光谱图像辐射强度，完成空天一体辐射强度变换，如图 6.5 和图 6.6 所示。

辐射强度变换在具体应用时存在一定受限条件：①辐射强度变换主要应用于经过辐射定标的定量数据；对于未定标的原始数据，辐射强度变换属于一种相对变换，变换后数据会对定量遥感分析与应用带来一定误差；②在辐射定标点的选择上需要找到一组在全部或者部分波段光谱分布较为相似的目标作为定标点，这样可以有效地减小辐射强度变换的误差。

$$\frac{\mathrm{DN\_space}(\lambda)}{\mathrm{DN\_areo}(\lambda)} = D\_\mathrm{rate} \tag{6.4}$$

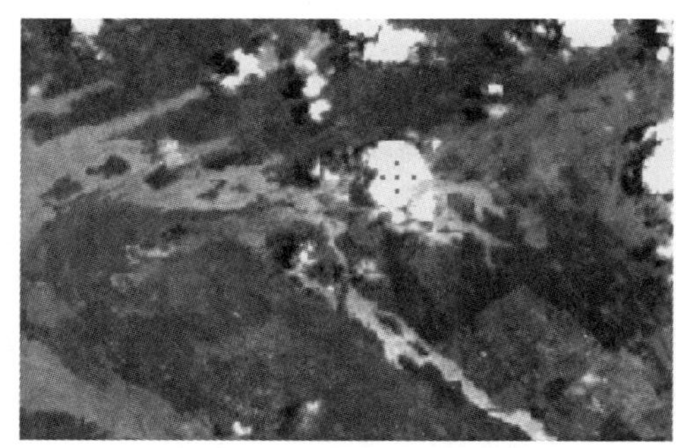

图 6.5　航天多光谱图像 RGB 彩色合成图（见彩图）

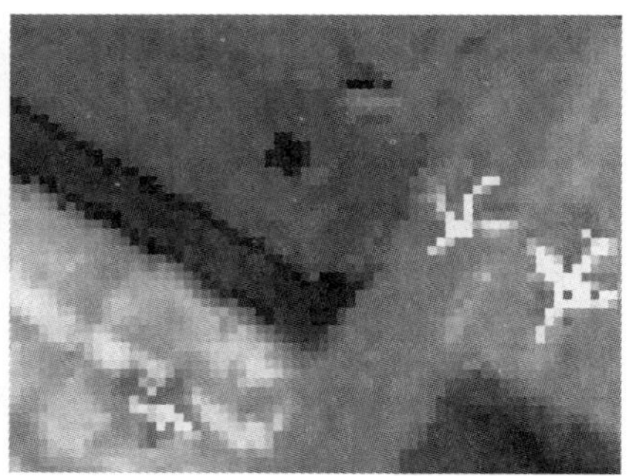

图 6.6　航空高光谱图像 RGB 彩色合成图（见彩图）

6.1.4　空天一体混合像素变换

在模拟航天遥感图像时，单个像素对应成像区域往往同时包含了目标和背景地物，这就产生了遥感图像的混合像素问题。根据航天遥感图像和航空遥感图像空间分辨力，本小节对航空遥感图像进行区域分块，分别计算各个分块区域的目标和背景比例系数，将此比例系数作为目标与背景地物光谱混合比例系数，完成遥感图像混合像素变换，结果如图 6.7 所示。

原始图像

目标区域图像

分割结果A
(seg_rate=18×20)

分割结果B
(seg_rate=23×23)

图 6.7　原始图像与目标区域分割结果

设航空高光谱图像横向和纵向空间分辨力分别为 row_aero_resolution 和 col_aero_resolution，航天多光谱横向和纵向空间分辨力分别为 row_space_resolution 和 col_space_resolution，图像分割力为 seg_rate，包括纵向和横向分辨力两部分。

$$\frac{\text{row\_space\_resolution}}{\text{row\_aero\_resolution}} = \text{row\_seg\_rate} \tag{6.5}$$

$$\frac{\text{col\_space\_resolution}}{\text{col\_aero\_resolution}} = \text{col\_seg\_rate} \tag{6.6}$$

图像分割力 seg_rate 的物理意义可以理解为：航空高光谱图像中 row_seg_rate × col_seg_rate 个像素区域将变换为航天多光谱仿真图像中的一个像素，在各个 row_seg_rate × col_seg_rate 区域中目标与背景所占比例系数即航天多光谱图像中目标地物光谱与背景地物光谱混合比例系数，图 6.7 中所得结果的混合系数如表 6.1所列。

表 6.1　混合系数计算结果

(a) 分割结果 A 各区域混合系数表

0	0.0437	0.6000	0.075	0
0.2167	0.0417	0.314	0.0333	0.469
0.0556	0.5944	0.8417	0.5889	0.61
0	0.0028	0.3528	0.0006	0
0	0	0.1571	0	0

(b) 分割结果 B 各区域混合系数表

0.087	0.0189	0.3875	0.0246	0.1130
0.035	0.4310	0.7335	0.4423	0.0870
0	0	0.2287	0	0

6.1.5　空天一体噪声变换

由于各种成像光谱仪的成像噪声水平各不同，为实现对遥感图像更加全面地仿真模拟，仿真图像的噪声应根据仿真模拟对象的噪声水平做相应的噪声变换。空天一体噪声变换主要分为两步：航天多光谱图像噪声提取和基于特征参量高斯噪声重建。

6.1.5.1　航天多光谱图像噪声提取

假设预测值 $\hat{x}_{i,j,k}$是航天多光谱图像在第 k 波段 (i, j) 坐标位置的像元的 DN 值，（这里用二维数组 (i, j) 表示像元空间位置）。为了同时考虑空间和光谱维的影响，对像素点 DN 值的估计值为

$$\hat{x}_{i,j,k} = \begin{cases} ax_{i,j,k+1} + cx_{p,k} + d & k = 1 \\ ax_{i,j,k-1} + bx_{p,k+1} + cx_{p,k} + d & 1 < k < N \\ ax_{i,j,k-1} + cx_{p,k} + d & k = N \end{cases} \tag{6.7}$$

式中：

$$x_{p,k}=\begin{cases}x_{i-1,j,k} & i>1\\ x_{i+1,j,k} & i=1\end{cases},\quad 1\leqslant i\leqslant W,1\leqslant j\leqslant H \tag{6.8}$$

式中:W、H 为图像高、宽;N 为总波段数。则残差

$$r=x-\hat{x} \tag{6.9}$$

即为每个像素点提取的噪声估计值。以期望 $\sum r^2=0$,则可按式(6.7)通过线性回归的方式得到 $x_{i,j,k}$ 的最优无偏估计量 $\hat{x}_{i,j,k}$,同时系数$[a,b,c,d]$也可通过最小化每个波段噪声方差的方式获得,即最小化 $S^2=\sum r^2$。第 k 波段将有 $M=W\times H-1$ 个方程参与该线性回归(首像元不参与回归),计算公式如下

$$\begin{aligned}&\boldsymbol{W}[a,b,c,d]^{\mathrm{T}}=x\\&\Rightarrow[a,b,c,d]^{\mathrm{T}}=W^{\mathrm{T}}(WW^{\mathrm{T}})^{-1}x\end{aligned} \tag{6.10}$$

式中:x 为该波段所有像元 $x_{i,j,k}$ 组成的向量;$\boldsymbol{W}$ 为向量$[x_{i,j,k-1},x_{i,j,k+1},x_{p,k},1]$组成的矩阵;$k$ 为常数;i,j 为变量。求得每个波段的系数后即可依此求高光谱图像噪声协方差矩阵,则第 k 波段的方差以及第 k 和 l 波段间的协方差计算公式分别为[4]

$$\sigma_k^2=\frac{\sum_{i=1}^{W}\sum_{j=1}^{H}r_{i,j,k}^2}{M-4},C_{\mathrm{kl}}=\frac{\sum_{i=1}^{W}\sum_{j=1}^{H}r_{i,j,k}r_{i,j,l}}{M-4}\qquad 1\leqslant k,l\leqslant N,(i,j)\neq(1,1) \tag{6.11}$$

6.1.5.2 基于特征参量高斯噪声重建

根据对多种成像光谱仪的分析,遥感图像的噪声通常为高斯噪声,结合前面提取的航天多光谱图像噪声参数 σ_k^2 和 C_{kl},构建基于高斯分布的三维噪声矩阵,将此高光谱噪声加入航空高光谱图像,完成空天一体噪声变换。

6.1.6 仿真分析

在本小节的仿真实验中,航空高光谱图像选用 AVIRIS 获取的美国圣迭戈某机场图像,其覆盖波长范围为 0.4 ~ 2.5μm,空间分辨力为 3.5 m。去掉水汽吸收与噪声较严重的波段,选取 189 个波段作为研究对象。航天多光谱图像选用 Landsat 7ETM + 获取的夏威夷基拉韦亚火山地区图像的前 6 个波段作为仿真数据的基底(7 波段为远红外波段 10.4 ~ 12.5μm,高光谱图像没有覆盖对应波段,暂不做模拟),其空间分辨力为 30m。

图 6.8 为航空高光谱遥感图像中飞机样本光谱曲线,仿真实验中所有样本光谱通过光谱维变换,得到从航天遥感平台观察飞机样本时飞机光谱分布情况。图

6.9 为飞机样本点(坐标:[32,64])经过大气衰减前后光谱分布对比情况。将飞机样本点做空天一体尺度空间变换,再将变换后得到的飞机样本光谱按航天多光谱图像的波段分布情况在对应波段上求均值,得到如图 6.10 所示的尺度空间变换后的飞机光谱曲线。图 6.11 为空天一体噪声变换中根据航天多光谱图像提取的相关参数重构的高斯噪声矩阵立体图。图 6.12 为空天一体辐射强度变换、混合像素变换和噪声变换后飞机样本光谱曲线分布。通过第二波段的白云辐射定标后飞机样本第二波段的 DN 值由高光谱图像中的 4745 变换为 204,与真实航天多光谱图像中第二波段的白云的 DN 值相同。再对定标后的飞机光谱进行混合像素变换和噪声变换即得到最终模拟仿真的飞机光谱曲线。图 6.13 为仿真模拟的航天多光谱图像第二波段图像($\lambda = 0.520.60\mu m$),图中分别为白色定标点、直接映射飞机样本和本小节方法空天一体变换后最终获得的目标像素点。

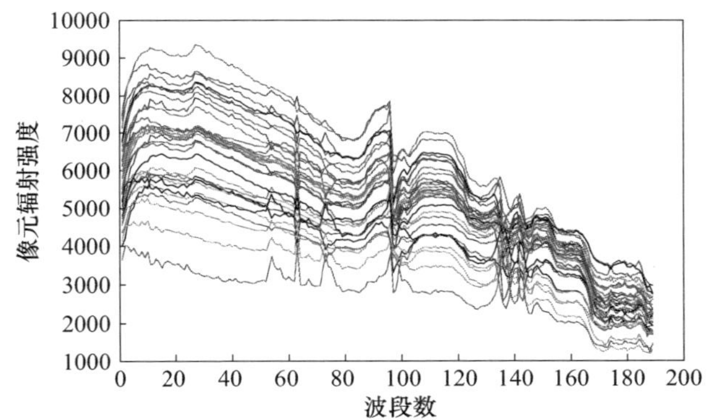

图 6.8　航空高光谱遥感图像飞机样本光谱曲线(见彩图)

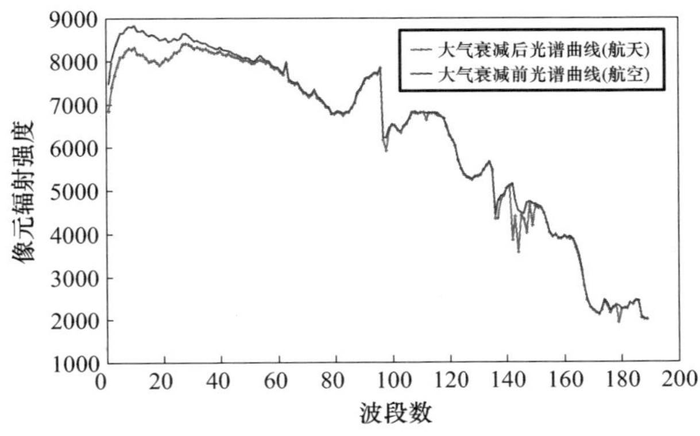

图 6.9　飞机样本点经大气衰减前后光谱分布对比(见彩图)

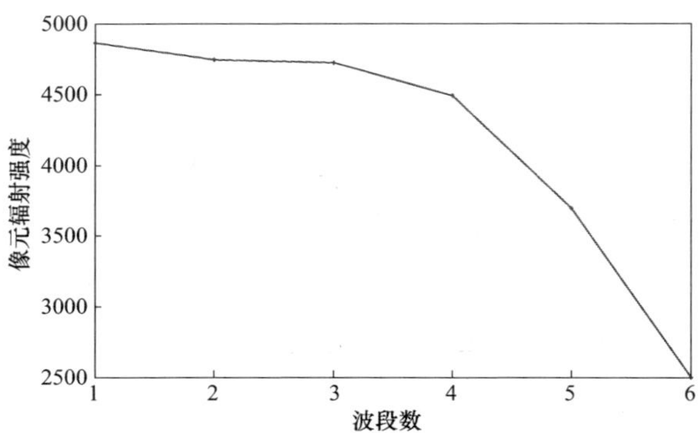

图 6.10　空天一体尺度空间变换后获得的飞机光谱曲线(尺度参数 $t=\frac{30}{3.5}=8.57$)

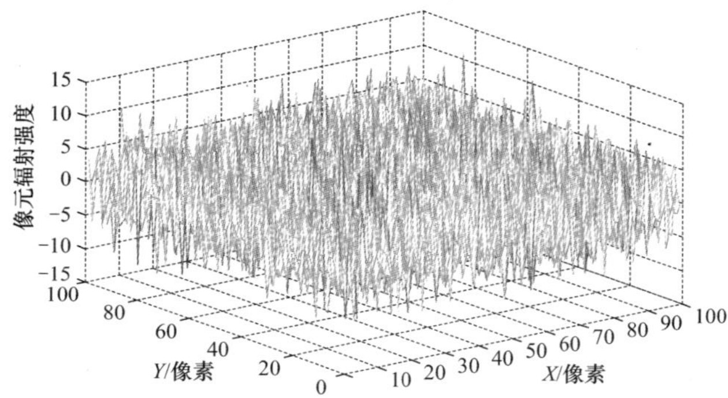

图 6.11　高斯噪声矩阵立体图(第二波段,$\sigma_k=3.7$)(见彩图)

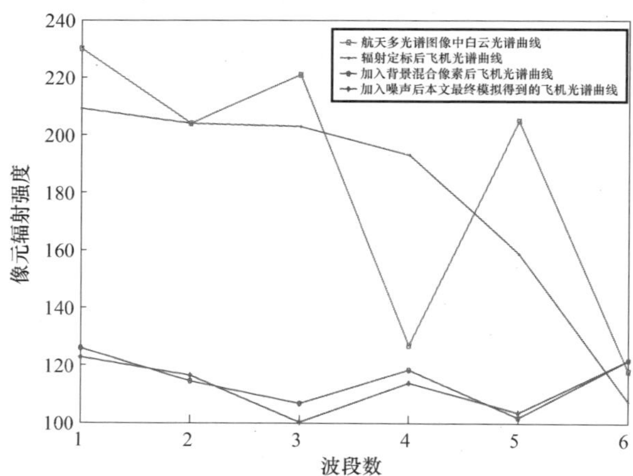

图 6.12　本小节实验中各个变换后得到的飞机光谱曲线($D\_rate=0.043$)(见彩图)

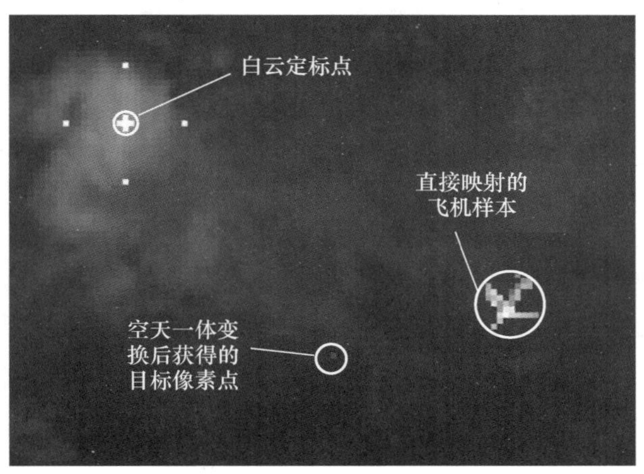

图 6.13　仿真模拟的航天多光谱图像(第二波段 0.52 ~ 0.60μm)(见彩图)

6.2　侦察图像的空 - 谱二维蚁群组合优化

目标的空天一体侦察图像数据冗余大,现有优化处理方法难以准确提取目标信息含量高的特征波段,而目标分类及识别中常常需要用到训练样本,如果训练样本中存在异质样本,将不能准确反映目标光谱特征,进而直接影响分类识别的精度。本节阐述了一种基于空 - 谱二维特征蚁群组合的数据优化方法,并通过两组仿真实验验证了所提方法的有效性。

6.2.1　空 - 谱二维特征蚁群组合优化

在监督分类中常常需要用到训练样本,而在选择训练样本时由于存在成像噪声和混合像素的影响,部分选中的训练样本并不能准确表征该类样本光谱特征,将此类样本称为异质样本[5]。在高维特征空间中异质样本通常分布在训练样本聚集空间的边缘位置,异质样本是高光谱图像中“同物异谱”的集中体现。如果以异质样本训练各种目标检测器或者分类器,实际上就将由成像噪声和混合像素造成的分选误差带入了检测器或者分类器中[6],影响到对侦察目标探测识别精度。样本空间分布特征优化是剔除训练样本中异质样本,优化样本特征空间分布的过程。通过对训练样本空间分布优化,可以消除特征空间中处于训练样本聚集空间边缘位置的异质样本对后续侦察数据处理的影响,提升分类识别算法对侦察目标检测识别的精度。

6.2.1.1 蚁群优化算法基本原理

蚁群优化算法是一种模仿蚂蚁觅食行为的群智能仿生优化算法[7]，具有自组织性、鲁棒性、正反馈、并行性的特点。为进一步说明蚁群优化算法的基本原理及数学模型，结合蚂蚁在食物源与巢穴之间的运动关系示意图（图6.14），对整个算法基本原理进行分析。在图6.14中，V_d 表示食物源，V_s 表示蚂蚁巢穴。在食物源和巢穴之间存在两条路径 E_1 和 E_2，路径长度分别为 L_1 和 L_2，其中，$L_1 < L_2$。虚拟蚂蚁记为 m_a。初始状态时，蚂蚁选择两条路径的概率相同，即 $p_1 = p_2 = 1/2$。当蚂蚁在食物和巢穴间往返多次时，各条路径上信息素开始发生变化。设路径 E_1 和 E_2 上信息素变为 τ_{a1} 和 τ_{a2}，对于任意一只从巢穴 V_s 出发的虚拟蚂蚁，其选择路径 E_1 的概率为 $p_1 = \dfrac{\tau_{a1}}{\tau_{a1} + \tau_{a2}}$，而其选择路径 E_2 的概率为 $p_2 = \dfrac{\tau_{a2}}{\tau_{a1} + \tau_{a2}}$。当路径上的信息素越多，虚拟蚂蚁选择该路径的概率越大。当蚂蚁获得食物后从食物源处返回时，由于信息素的挥发作用，路径上信息素分别变为 $\tau_{ai} = (1 - \rho_{ai})\tau_{ai}, i = 1, 2$，其中 $\rho_{ai} \in (0,1]$ 为信息素挥发系数，其值与蚂蚁经过该路径的时间成反比，与路径长度成正比（蚂蚁速度一定）。因此，在返回巢穴时，蚂蚁同样倾向于选择概率更大的那条路径。经过虚拟蚂蚁一次往返后，路径上信息将变为 $\tau_{ai} \leftarrow \tau_{ai} + \dfrac{Q}{l_i}$，其中 $i = 1, 2$，Q 为一大于零的常数。通过大量虚拟蚂蚁在食物源和巢穴之间多次往返运动，距离较短路径上信息素将越来越多，选择该路径的蚂蚁也将越来越多。从图6.14(d)中可以看到，经过多次往返后，在距离较远的路径 E_2 上的蚂蚁变得非常少，路径上的信息素浓度也非常低，大部分虚拟蚂蚁都选择了距离较近的最优路径 。

蚁群优化算法在实际应用时，各特征组合集相当于特征空间中多条可供选择的“路径”，每一条“路径”相当于特征空间中的一种解。该算法通过构建虚拟蚂蚁群体在特征空间搜索转移，最终形成最优路径并得到最优特征组合，即最优解，而蚁群中单个蚂蚁通过特征转移期望值和其他蚂蚁在特征空间留下的信息素选择各自转移路径[8]。

6.2.1.2 特征空间蚁群优化建模

根据上面介绍的蚁群优化算法基本原理，这里对光谱－空间两组维特征进行蚁群优化建模，设计两组蚁群分别在各自特征空间交替搜索寻找最优特征组合。为使整个蚁群优化算法统一，蚁群优化建模时将各种光谱维组合和样本组合统一抽象为特征组合或特征集并在特征空间进行蚁群优化建模，得到两组蚁群在特征空间中转移的通用公式。在蚁群优化算法建模中首先构建蚂蚁搜索转移所在的虚拟特征空间，假设 Z 为包含 W 个特征的原始数据集，即 $Z = \{z_1, z_2, \cdots z_W\}$，蚁群优

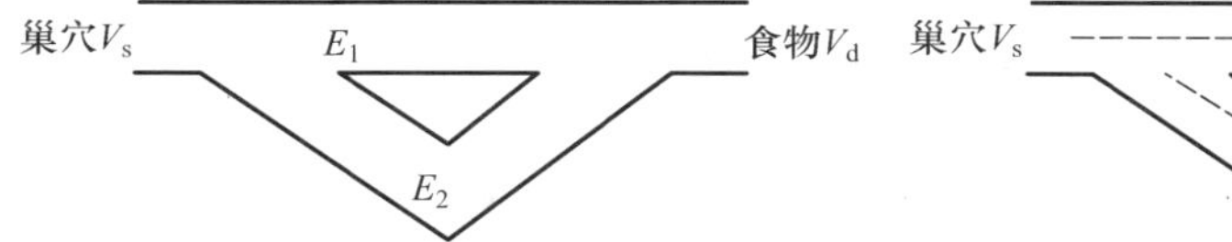

(a) 所有蚂蚁都在巢穴中，此时整个环境中没有信息素

(b) 找寻食物开始。初始时候，蚂蚁选择两条路径的概率相同，大约有50%的蚂蚁选择了最短路径(圆点表示)，另外50%的蚂蚁选择了最长路径(方点表示)

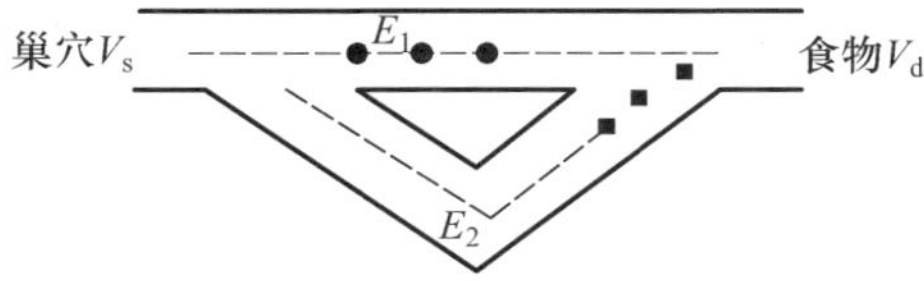

(c) 搜索到较短路径的蚂蚁最早达到食物源，因此，在返回时，再次选择较短路径的可能性就大

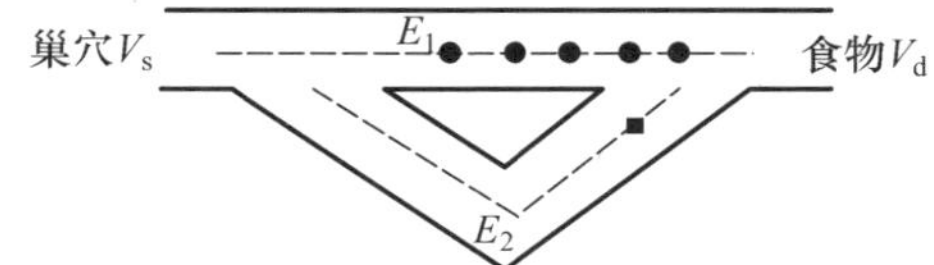

(d) 较短路径上的信息素浓度变得更强，从而蚂蚁选择这条路径的概率也增大。最后，由于较长路径上的信息素的蒸发,使得所有蚂蚁都将选择较短路径

图 6.14 蚂蚁在食物源与巢穴之间的运动示意图

化算法主要目标是找到 d 个特征组成的数据集 S,使得判别函数 J 达到极值点

$$J(S)=\max(\text{或}\ \min)[J(z_{i1},z_{i2},\cdots,z_{id})] \tag{6.12}$$

式中:$(z_{i1},z_{i2},\cdots,z_{id})\subseteq(z_1,z_2,\cdots,z_W)$,特征数据集可以是波段也可以是训练样本。

根据蚁群算法的基本原理,蚂蚁在特征空间转移过程中,各条路径上的信息素将随着蚂蚁的移动不断发生变化。设第 k 只蚂蚁 $\mathrm{Ant}_k(k=1,2,\cdots,m)$ 处于特征空间 z_i,蚂蚁 Ant_k 根据各条允许选择的路径信息素和期望值决定其转移到下一状态 z_j 的概率

$$p_{ij}^k(t)=\begin{cases}\dfrac{\tau_{aij}^{\alpha}(t)\eta_{ij}^{\beta}(t)}{\sum\limits_{s\in\mathrm{allowed}_k}\tau_{ais}^{\alpha}(t)\eta_{is}^{\beta}(t)} & j\in\mathrm{allowed}_k\\ 0 & \text{其他}\end{cases} \tag{6.13}$$

式中:$\mathrm{allowed}_k$表示蚂蚁 Ant_k 在下一步转移时允许选择的候选特征集,$\mathrm{allowed}_k=\{Z-\mathrm{tabu}_k\}$,$Z$ 为全集,tabu_k为禁忌表,表示蚂蚁 Ant_k 已经走过的特征状态;α 和 β 分别为信息启发系数和期望启发系数;$\tau_{aij}(t)$为信息素浓度;$\eta_{ij}(t)$为从特征 i 转移到特征 j 的期望函数,可表示为 $\eta_{ij}(t)=J_{ij}$,J_{ij}表示特征 i,j 之间的判别函数值。

对于任意蚂蚁 Ant_k,判别函数 J_{ij}越大,期望函数 η_{ij}越大,选择该路径的概率 $p_{ij}^k(t)$也就越大。蚂蚁在特征空间中转移时各条路径上信息素浓度 $\tau_{aij}(t)$也随之变化,当整个蚁群中每只蚂蚁都完成一次转移后,将各路径上的信息素浓度按下式

进行调整:

$$\tau_{aij}(t+1)=(1-\rho)\tau_{ij}(t)+\Delta\tau_{aij}(t)$$

$$\Delta\tau_{aij}(t)=\sum_{k=1}^{m}\Delta\tau_{aij}^{k}(t) \tag{6.14}$$

式中:ρ_a 为信息素挥发系数;$\tau_{aij}(t)$为第 t 次循环中路径(i,j)上信息素增量;$\tau_{aij}^{k}(t)$为第 k 只蚂蚁在该第 次循环中经过路径(i,j)时在该路径上留下的信息素:

$$\tau_{ij}^{k}(t)=\begin{cases}\dfrac{Q_s}{L_k} & 第\ k\ 只蚂蚁在本次循环中经过(i,j)\\ 0 & 其他\end{cases} \tag{6.15}$$

式中:Q_s 为一正常数,表示信息素总强度;L_k表示蚂蚁 Ant_k 在该次状态转移中走过路径的长度。

经过蚁群的多次迭代搜索后,基于最优判别函数 J 所对应得特征子集即为算法得出优化处理结果。

6.2.1.3 空-谱二维优化判别函数

传统蚁群优化算法通常只针对单一特征进行优化处理,而在许多高光谱图像处理中需要优化的特征可能不止一项,或者在优化处理时并不只是为了使某一项特征达到最优,而是在多项特征处于次优条件下,使系统综合处理结果达到最优。基于以上考虑,我们在蚁群算法基础上,将训练样本和光谱波段分别作为特征,进行蚁群组合优化,剔除异质样本和数据冗余波段,实现对高光谱图像的综合优化。这里首先构建两个种群的蚂蚁,分别在高光谱数据光谱维空间和样本分布空间交替搜索最大类间距波段组合和异质样本。相关参数和判别函数定义如下。

在光谱维优化方面,令 $\boldsymbol{x}_i$和 $\boldsymbol{x}_j$分别为第 i 波段和第 j 波段图像矢量,$\boldsymbol{x}_i=[x_{i1},x_{i2},\cdots,x_{iL}]^{\mathrm{T}}$,$\boldsymbol{x}_j=[x_{j1},x_{j2},\cdots,x_{jL}]^{\mathrm{T}}$,$L_{px}$为单波段图像的像素总数($L$=图像宽×图像高),后续符号中对应角标为 spectral。

在训练样本空间分布方面,将高光谱图像中训练样本点编号为 $1\cdots M_{spatial}$,样本总数为 $M_{spatial}$,令 y_i和 y_j分别为第 个样本和第 个样本的光谱维矢量,$i,j\in\{1\cdots,M_{spatial}\}$,$y_i=[y_{i1},y_{i2},\cdots y_{iN}]^{\mathrm{T}}$,$y_j=[y_{j1},y_{j2},\cdots,y_{jN}]^{\mathrm{T}}$,$N$ 为高光谱图像波段数,后续符号中对应角标为 spatial。

采用 Bhattacharya 距离作为光谱维判别函数

$$J_{BH-spectral}=\frac{1}{8}(\mu_2-\mu_1)^{\mathrm{T}}\left(\frac{\Sigma_1+\Sigma_2}{2}\right)^{-1}(\mu_2-\mu_1)+\frac{1}{2}\mathrm{In}\frac{|(\Sigma_1+\Sigma_2)2|}{|\Sigma_1|^{1/2}|\Sigma_2|^{1/2}} \tag{6.16}$$

在空间样本优选方面选用光谱夹角 SAM 作为判别函数

$$J_{\text{SAM-spatial}} = \arccos\left(\frac{\langle y_1, y_2 \rangle}{\| y_1 \| \ \| y_2 \|}\right) = \arccos\left(\frac{\sum_{n=1}^{N} y_{1n} y_{2n}}{\sqrt{\sum_{n=1}^{N} y_{1n}} \sqrt{\sum_{n=1}^{N} y_{2n}}}\right) \tag{6.17}$$

6.2.1.4　蚁群组合优化算法设计与实现

蚁群组合优化算法基本流程如图 6.15 所示，图中左边部分为光谱维优化流程，右边部分为样本空间优化流程。光谱维优化流程和样本空间优化流程中光谱维空间特征集（$X - S_{\max-\text{spectral}}$）和训练样本集（$Y - S_{\max-\text{spatial}}$）交替变化，当一类蚁群对某一特征进行优化时，另一类特征（光谱维数或训练样本集）相对固定，在此基础上计算该类特征的判别函数。

蚁群组合优化算法的具体步骤如下：

步骤 1：初始化参数 α_{spectral}、α_{spatial}、β_{spectral}、β_{spatial}、τ_{spectral}、τ_{spatial}，r_{spectral}、r_{spatial}，循环次数 $N_c = 0$，$N_{c_{\max}}$ 为系统最大总循环次数。令初始化信息量 $\tau_{aij-\text{spectral}}(0) = \text{const}$，$\tau_{aij-\text{spatial}}(0) = \text{const}$，且在初始时刻 $\tau_{aij-\text{spectral}}(0) = \tau_{aij-\text{spatial}}(0) = 0$，特征波段子空间大小为 M_{spectral}，训练样本总数为 M_{spatical}，$J_{\max-\text{spectral}} = 0$，$J_{\max-\text{spatial}} = 0$。

步骤 2：计算各波段之间的相关系数 r_{ij}，选择相关系数较小的波段构成候选波段集（通常而言，相关性较大的波段容易使算法陷入局部最优解，因此优先选择相关系数较小的波段），初始化异质样本比例系数 γ_s，初始时异质样本数为 0。

步骤 3：循环次数 $N_s = 1$。

步骤 4：光谱维蚁群优化循环。

步骤 4.1：令光谱维蚂蚁编号为 $k_{\text{spectral}} = 1$；

步骤 4.2：光谱维蚂蚁个体随机从一个特征波段 x_i 出发；

步骤 4.3：第 k_{spectral} 只光谱维蚂蚁按照式（6.13）计算特征波段 $\boldsymbol{x}_i$ 到特征波段 $\boldsymbol{x}_j$ 之间的状态转移概率 $p_{ij}^{k}(t)$，$\boldsymbol{x}_j \in \{X - S_{\text{spectral}}\}$；

步骤 4.4：根据状态转移概率选择候选波段（状态转移概率越大的波段被选中的概率越大），若搜索到的候选波段与蚂蚁出发时所处的特征波段 $\boldsymbol{x}_i$ 的相关系数小于相关阈值 r_{spectral}，则将该候选特征波段放入特征波段子集 $S_{k-\text{spectral}}$ 中，否则继续搜索下一个特征波段；

步骤 4.5：若特征波段子集 $S_{k-\text{spectral}}$ 中特征波段个数小于预设的提取波段数 K_{spectral}（在整个蚁群优化算法中取 $K_{\text{spectral}} = M_{\text{spectral}}$），光谱维蚂蚁继续搜索，否则向下执行；

步骤 4.6：利用去除异质样本后的各类训练样本（$Y - S_{\max-\text{spatial}}$）计算 $J_{k-\text{spectral}} =$

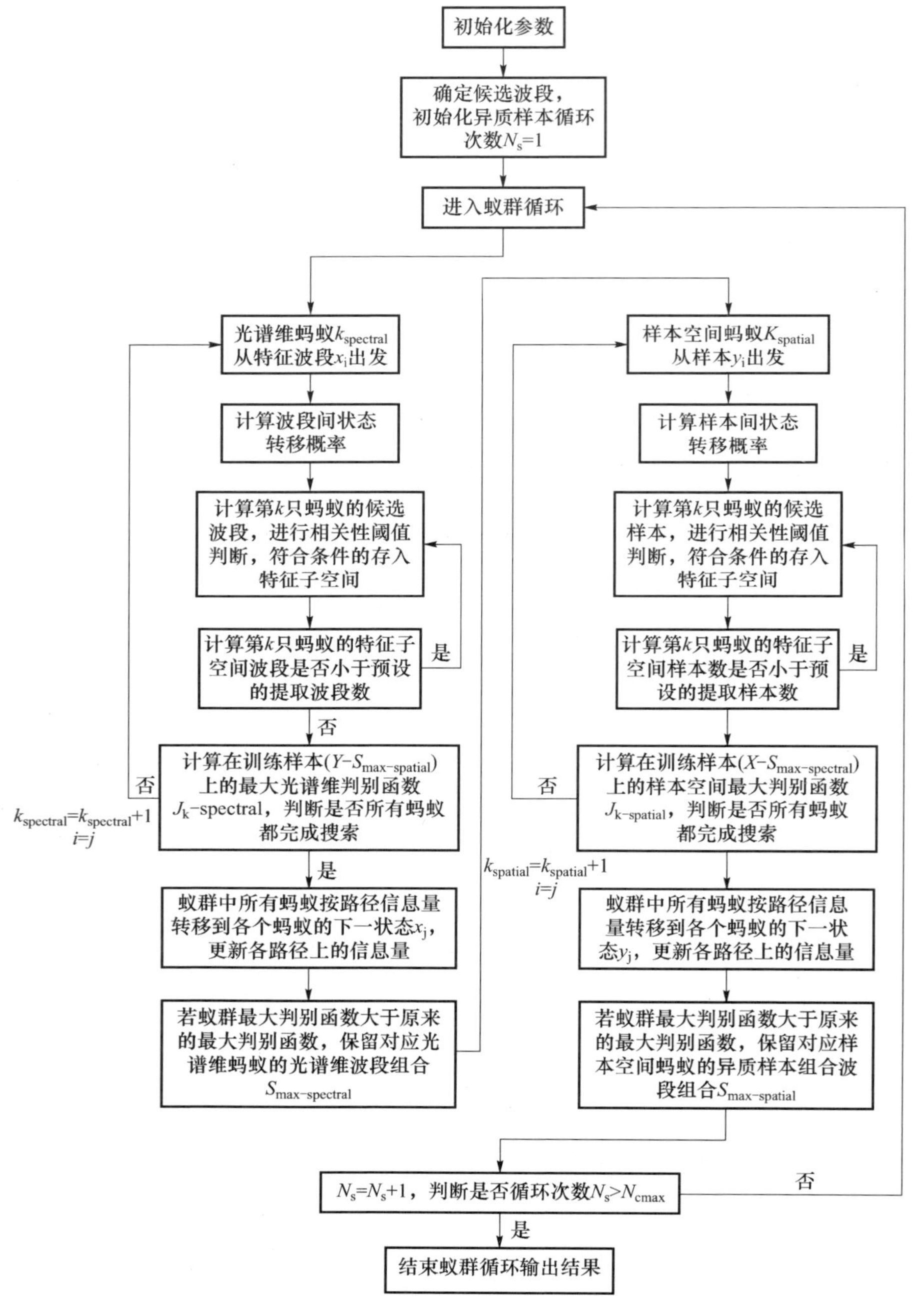

图 6. 15　蚁群组合优化算法流程图

$\max(J_{BH-spectral})$，若所有光谱维蚂蚁都完成搜索，则继续向下执行，否则 $k_{spectral} = k_{spectral}+1$ 转到步骤 4.3；

步骤 4.7：所有光谱维蚂蚁移动到各自的下一状态 $\boldsymbol{x}_j$，修改 $i=j$，并根据式(6.16)、式(6.18)更新各路径上的信息量，其中 $L_{k-spectral} = J_{k-spectral}$；

步骤 4.8：令蚁群最大判别函数 $J_{N_c-spectral} = \max(J_{k-spectral})$，若 $J_{N_c-spectral} > J_{max-spectral}$ 则令 $J_{max-spectral} = J_{N_c-spectral}$，保留对应光谱维蚂蚁的特征波段子集组合 $S_{max-spectral} = S_{k-spectral}$。

步骤 5：训练样本空间分布蚁群优化循环。

步骤 5.1：令样本空间蚂蚁编号为 $k_{spatial}=1$；

步骤 5.2：样本空间蚂蚁个体随机从一个训练样本 $\boldsymbol{y}_i$ 出发；

步骤 5.3：第 $k_{spatial}$ 只样本空间蚂蚁根据式(6.13)计算样本 $\boldsymbol{y}_i$ 到样本 $\boldsymbol{y}_j$ 的状态转移概率 $p_{ij}^k(t)$，$\boldsymbol{y}_j \in \{Y - S_{spatial}\}$；

步骤 5.4：根据状态转移概率选择候选样本，若候选样本与该训练样本之间的 $J_{SAM-spatial}$ 大于阈值 $r_{spatial}$，则把搜索到的这个候选样本存入样本子集 $S_{k-spatial}$ 中，否则选择下一个样本；

步骤 5.5：若样本子集 $S_{k-spatial}$ 中样本个数小于预设异质样本数 $K_{spatial}$($K_{spatial} = \gamma M_{spatial}$)，样本空间蚂蚁继续搜索，否则向下执行；

步骤 5.6：在当前光谱维空间($X - S_{max}$)中计算样本子空间 $S_{k-spatial}$ 的最大判别函数 $J_{k-spatial} = \max(J_{SAM-spatial})$ 值，若所有样本空间蚂蚁都完成搜索，则继续向下执行，否则 $k_{spatial} = k_{spatial}+1$，转到步骤 5.3；

步骤 5.7 所有样本空间蚂蚁移动到各自的下一状态 $\boldsymbol{y}_j$，修改 ，并更新各路径上的信息量，其中 $L_{k-spatial} = J_{k-spatial}$；

步骤 5.8：令蚁群最大判别函数 $J_{N_c-spatial} = \max(J_{k-spatial})$，若 $J_{N_c-spatial} > J_{max-spatial}$ 则令 $J_{max-spatial} = J_{N_c-spatial}$，保留对应蚂蚁的异质样本组合 $S_{max-spatial} = S_{k-spatial}$；

步骤 6：$N_s = N_s + 1$。

步骤 7：若循环次数 $N_s > N_{s_{max}}$，则结束循环，输出计算结果 $J_{max-spatial}$ 及其相应的特征波段子空间和 $J_{max-spatial}$ 及对应异质样本；否则清空特征波段子空间和异质样本并跳转到步骤 4。

6.2.2　仿真实验与分析

为分析蚁群组合优化算法的优化效果，本节分别开展单类蚁群优化仿真实验和蚁群组合优化仿真实验。在单类蚁群优化仿真实验中，首先固定其中一维特征，然后对另一维特征进行单类蚁群优化实验。在蚁群组合优化仿真实验中，则对光谱维和训练样本同时进行组合优化。

6.2.2.1 单蚁群优化仿真实验

首先利用单类蚁群循环对高光谱数据进行优化实验，对样本进行空间优化选择时，光谱维数不做改变；而对光谱维优化选择时，样本数目和位置不做改变。高光谱数据为 AVIRIS 扫描 Sandi ego 海军实验基地获得的图像，去除低信噪比和水汽吸收较严重的波段后剩余 189 个波段。图 6.16 为高光谱图像第 2 波段原始图像，图 6.17 为所选训练样本空间分布情况（白色区域为飞机区域，白色边框包围的灰色区域为跑道区域，白色带斜线区域为荒地区域），其中飞机样本 71 个、跑道样本 56 个、荒地样本 56 个。

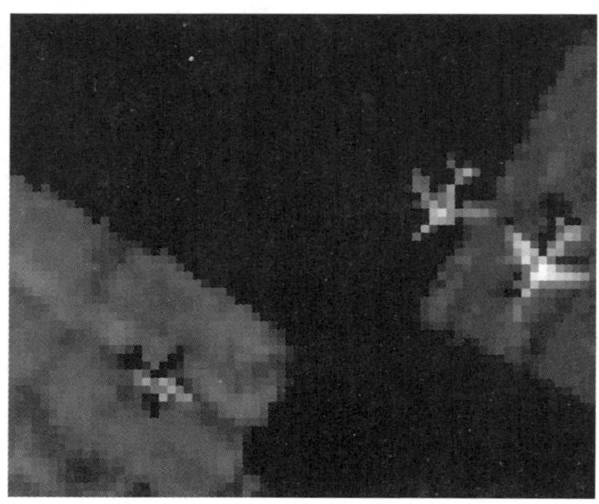

图 6.16　高光谱图像第 2 波段原始图像

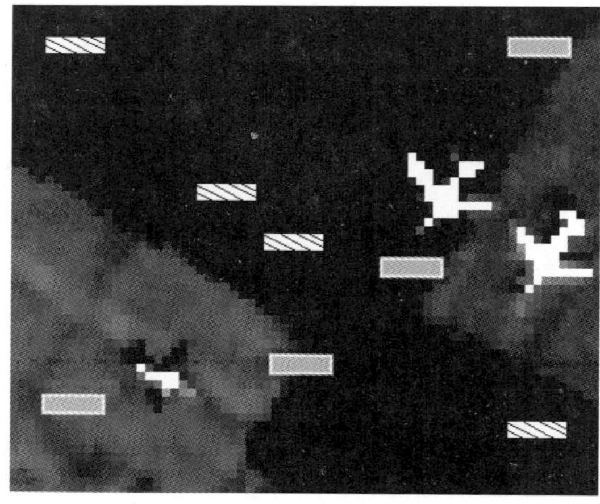

图 6.17　选取训练样本空间分布情况

图6.18为三类训练样本光谱曲线分布和蚁群算法搜索得到的飞机类异质样本空间分布和光谱分布情况，飞机类异质样本坐标为(21,48)、(21,56)和(26,67)。从图6.18中可以看出异质样本点主要为样本中目标飞机边缘的混合像素，此类混合像素作为训练样本扩大了目标类训练样本特征空间，使目标分类识别精确度下降。

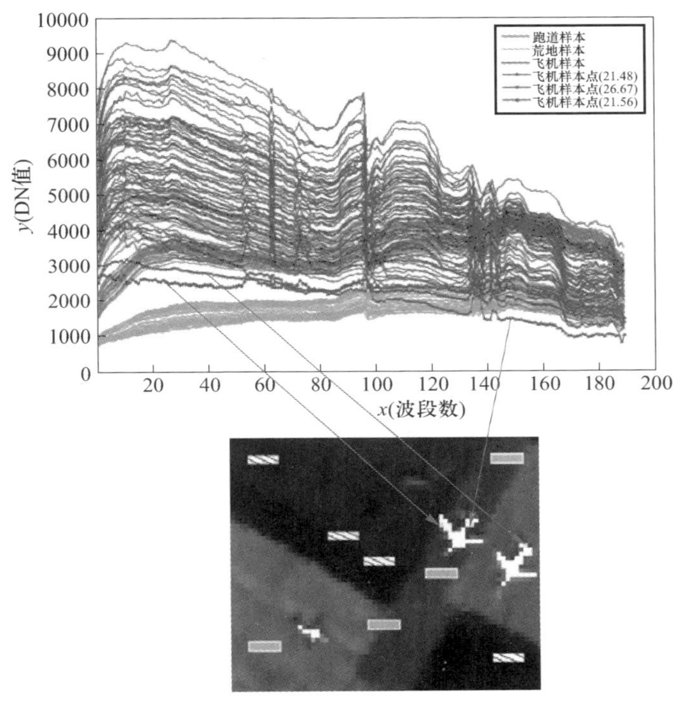

图6.18 三类训练样本光谱曲线分布和飞机类异质样本空间和光谱分布情况(见彩图)

在光谱维优化实验中，首先固定训练样本空间分布，再利用光谱维蚁群优化算法寻找最大类间距波段组合作为最优特征波段。表6.2为蚁群优化算法提取的最优特征波段分布情况，从表中可以看出，随着蚁群算法提取的波段数不同，算法优化后得到的波段组合也各不相同；随着提取波段数目的增加，各类样本间最大Bhattacharya距离也不断增加。

表6.2 蚁群优化算法提取的最优特征波段分布情况

提取波段数目 $K_{spectral}$	蚁群优化算法提取波段号(固定训练样本空间分布)	最大 $J_{BH-spectral}$
10	2、12、19、56、75、89、120、145、154、169	6.6650
15	1、2、5、47、60、62、63、93、98、115、122、124、132、133、135	8.3641

（续）

提取波段数目 K_{spectral}	蚁群优化算法提取波段号（固定训练样本空间分布）	最大 $J_{\text{BH-spectral}}$
20	1、2、6、29、39、64、78、80、85、88、109、114、121、148、150、154、162、166、172、183	10.2498
25	2、9、18、24、36、48、54、58、63、70、81、94、102、105、120、123、136、137、141、150、164、167、171、179、183	11.6833
30	4、7、14、17、30、31、40、48、54、60、62、63、76、83、86、91、96、98、108、114、121、124、132、139、149、153、165、170、175、183	13.3297

为进一步说明蚁群优化算法的优势，这里将蚁群优化算法与其他 4 种降维或波段提取算法 PCA、MNF、自适应子空间分解算法（ASD）和顺序浮动前向搜索算法（SFFS）进行比较，仿真实验中统一设定提取的波段数为 $K_{\text{spectral}}=10$。PCA 和 MNF 算法基于光谱维变换的降维提出算法，主要选择变换后信息含量较高的前 10 个波段作为提取波段；ASD、SFFS 和蚁群优化算法属于搜索类波段提取算法。对 5 种降维优化算法的评价标准主要采用信息熵[9]和最优索引因子（OIF）[10]。信息熵值越大，图像所包含的信息量越丰富，越有利于后期高光谱图像的分类识别；最优索引因子是对多波段组合图像综合信息量的衡量标准，OIF 越大，图像组合所含信息量越多。最优索引因子的表达式为

$$\text{OIF}=\frac{\sum_{i=1}^{p}\sigma_{\text{b}i}}{\sum_{i=1}^{p}\sum_{j=i+1}^{p}|r_{ij}|} \tag{6.18}$$

式中：$\sigma_{\text{b}i}$为第 i 波段的标准差；r_{ij}为任意两波段 i、j 之间的相关系数。

5 种算法优化后提取波段信息熵分布情况如图 6.19 所示。从图中可以看出 PCA 算法降维后的高光谱图像所含信息量整体不高，并且起伏较大，部分波段信息熵较小，信息丢失严重，提取波段信息量整体不够稳定。MNF 算法提取前三个波段信息熵较好，并且同样存在着提取波段信息量变化较大的问题，特别是提取的第 9 波段，信息熵接近 5.0，信息提取效果不够理想；ASD 算法、SFFS 算法和蚁群优化算法提取的波段信息熵比较稳定。相对而言，蚁群优化算法提取的波段的信息熵分布（带菱形点的曲线）高于其他两条曲线，说明蚁群优化算法提取的波段信息熵既稳定又含有较大的信息量，是一种比较好的降维优化算法。

5 种算法提取的波段组合的最优索引因子如表 6.3 所列。由于高光谱图像中相关的多波段图像经过 PCA 和 MNF 变换后成为不相关的多波段图像。OIF 的计算式中的分母将趋于零，整个 OIF 值趋于无穷大，不具参考意义，因此重点将蚁群

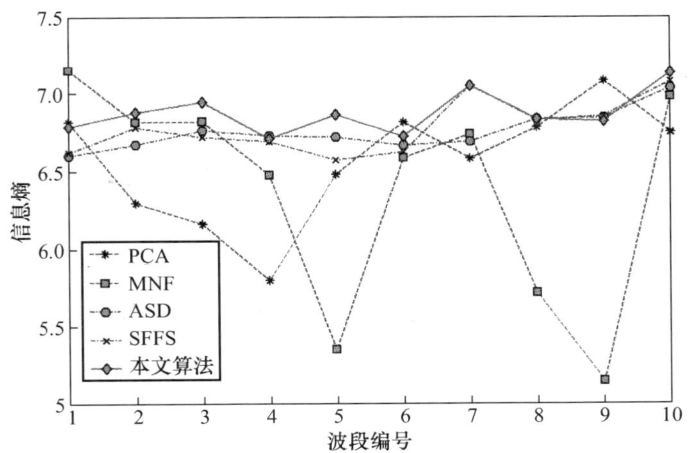

图 6.19　5 种算法优化后提取波段信息熵分布情况(见彩图)

优化算法与 ASD 算法、SFFS 算法的 OIF 值进行比较。

表 6.3　三种算法提取的波段组合的最优索引因子

优化算法	ASD	SFFS	蚁群优化算法
OIF	0.2503	0.2477	0.2611

从表 6.3 中可以看出,蚁群优化算法提取的波段组合 OIF 大于 ASD 算法和 SFFS 算法,蚁群优化算法提取的波段组合在低维空间所含信息量更大,是一种比较好的降维优化算法。

6.2.2.2　蚁群组合优化仿真实验

由单蚁群优化仿真实验可知,蚁群优化算法在降维优化方面效果较好,这里采用蚁群组合优化算法对高光谱图像的光谱维和训练样本同时进行组合优化。在仿真实验中,由于评价两组特征的综合优化效果还没有统一标准,这里采用以一种经典分类算法的分类结果来间接衡量蚁群组合优化算法的综合优化效果:利用同一分类算法将蚁群组合优化算法优化结果与其他算法优化结果及未优化的高光谱数据样本同时进行分类实验,对比其分类精度,分类精度越高说明前期算法的优化效果越好,反之,则说明优化算法效果越差。此外,对于图像合成属性侦察而言,对侦察图像的优化处理也是为服务于后续目标分类识别算法,以达到提高目标分类识别精度的目的,因此采用分类识别精度来间接对比衡量各算法优化效果是比较合理可行的。

实验中选取的五种算法分别是基于支持向量机(SVM)的高光谱图像分类算法(原始数据未优化处理直接通过 SVM 分类)、基于 PCA 降维优化和支持向量机

(PCA - SVM)的高光谱图像分类算法、基于马尔科夫(Markov)样本优化和支持向量机(MK - SVM)的高光谱图像分类算法、基于流行学习降维优化[11]和支持向量机(Isomap - SVM)的高光谱图像分类算法以及本节中所提出的基于空 - 谱二维特征蚁群组合优化和支持向量机(ACO - SVM)的高光谱图像分类算法,将经典的基于支持向量机的高光谱图像分类算法作为基础算法,对5种算法进行对比分析。

训练样本分布如图6.17所示,检验样本分布如图6.20所示(图中白色区域为飞机区域,灰色区域为跑道区域,白色带斜线区域为荒地区域),其中飞机样本125个,跑道样本334个,荒地样本244个。使用蚁群组合优化算法对光谱维特征和样本空间分布进行组合优化,其中相关参数设置如下:$\rho_a=0.1$,$\alpha_{spectral}=1$,$\alpha_{spatial}=1$,$\beta_{spectral}=2$,$\beta_{spatial}=2$,$\tau_{aij-spectral}(0)=1$,$\tau_{aij-spatial}(0)=1$,$\gamma_s=2\%$,$\gamma_{s_{spectral}}=0.97$,$\gamma_{s_{spatial}}=0.8$,两组蚂蚁种群的蚂蚁数分别为:$m_{spectral}=m_{spatial}=20$,蚂蚁最大循环次数$N_{s_{max}}=40$,预计提取的目标波段数$K_{spectral}=10$,SVM的核函数采用多项式核函数。

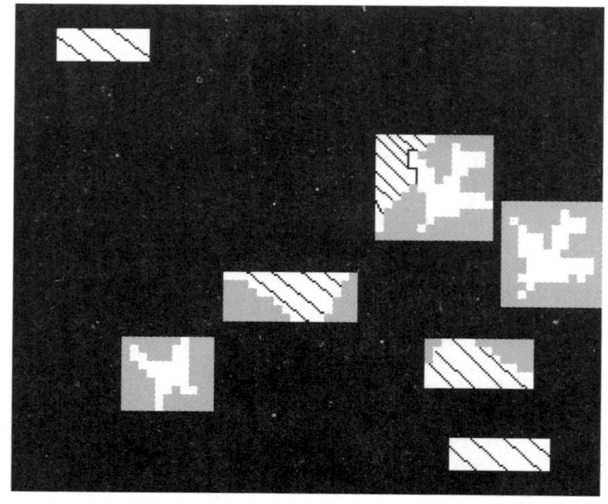

图6.20 检验样本分布

表6.4为蚁群算法空 - 谱组合优化后获得的波段分布情况。通过优化/降维在原始光谱图像中提取较有代表性的10个波段,保留了高光谱数据图像的最优特征组合,降低了后期高光谱图像分类的运算量。

表6.4 蚁群组合优化算法空 - 谱组合优化所获波段分布情况

组合优化后新波段编号	1	2	3	4	5	6	7	8	9	10
原始图像波段号	2	7	23	63	78	87	98	118	131	157

图6.21所示为空 - 谱组合优化后获得飞机异质样本点分布情况,图中带 * 号白色像素点为计算得到的异质样本点,异质样本点坐标分别为(21,48)、(21,56)

和(30,64),通过对训练样本中异质样本的筛选,降低了“噪声”样本点对分类器的影响,使训练样本能更加准确地反映目标特征,有助于改善后续算法的分类精度。

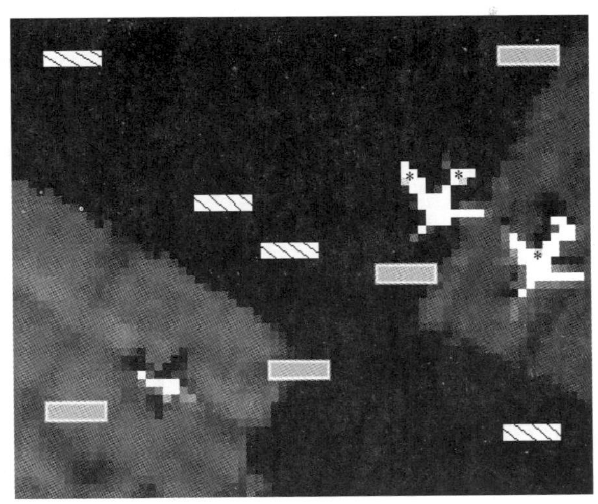

图6.21　组合优化后获得飞机异质样本点分布情况

图6.22为未优化的SVM和ACO-SVM对飞机目标分类时样本点与支持向量点的二维散点分布。从图中可以看出:蚁群算法对光谱维和训练样本点的优化实际上拉大了各个训练样本类在特征空间中的距离,有利于SVM算法找到能准确划分目标和背景的各个支持向量点。

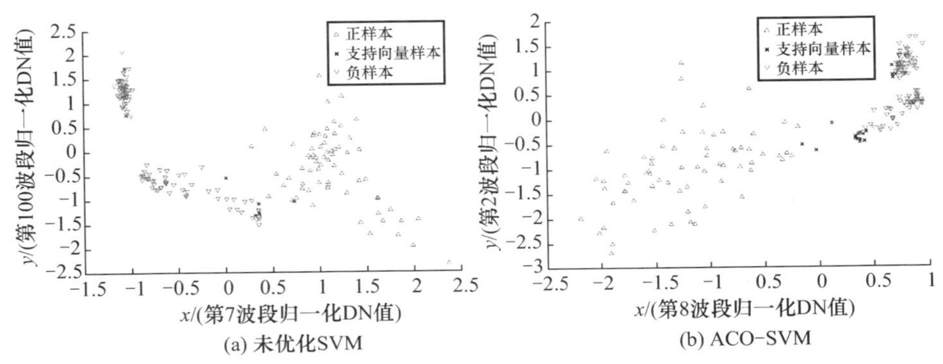

图6.22　飞机目标分类时样本点与支持向量点的二维散点分布

图6.23~图6.27分别为5种算法对飞机、跑道和荒地的分类结果图像,表6.5为5种算法的分类效果比较表。从图6.23~图6.27和表6.5可以看出,

SVM、MK－SVM 和 ACO－SVM 三种算法都能较准确地分类大部分像素点，但分类精度各不相同。PCA－SVM 算法分类效果较差，因为 PCA 变换后图像信息主要反映图像方差大小，分类算法不能区分飞机、跑道和荒地像素。未优化的 SVM 算法分类噪声点较多，因为训练样本中的异质样本已经将"噪声"带入到分类算法中，同时过多光谱数据冗余也影响到分类的准确性。Isomap－SVM 算法首先使用流行学习方法中的等距映射算法（Isomap）对高光谱图像进行降维，然后使用 SVM 进行分类，结合图表可以看出，Isomap－SVM 对飞机目标分类效果较好，对跑道和荒地分类效果较差，这主要是由于 Isomap 降维后弱化了高光谱图像中跑道和荒地类目标的光谱特征。MK－SVM 算法的训练样本是通过马尔科夫模型对纯目标样本进行转移变换后得到的，样本能较好地反映各类目标基本特征，但光谱维上没有得到优化，存在一定误分类点。本节所提出的算法 ACO－SVM 分类结果如图 6.27 所示，ACO－SVM 能较为准确地分类各类目标像素。从表 6.5 中可以看出，ACO－SVM 算法总分类精度达到 95.45% 且 Kappa 系数 0.9252 均高于其他 4 种分类算法。由此可见，空－谱二维特征蚁群组合优化方法对高光谱目标分类算法的分类精度确实有较大的提升，是一种在高光谱图像特征波段提取与训练样本优化方面同时具有较好效果的组合优化方法。

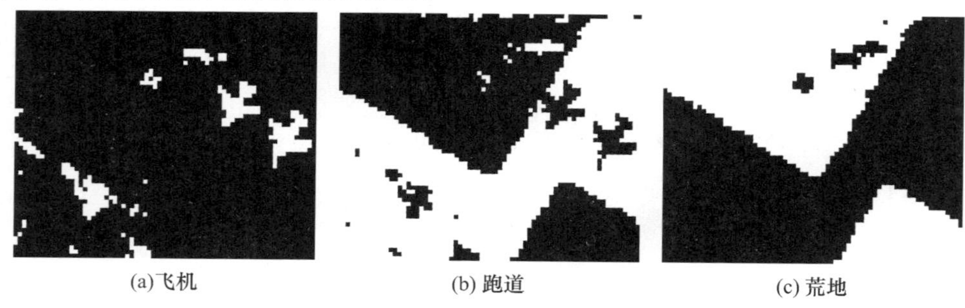

图 6.23　SVM 分类算法对三类目标分类识别结果

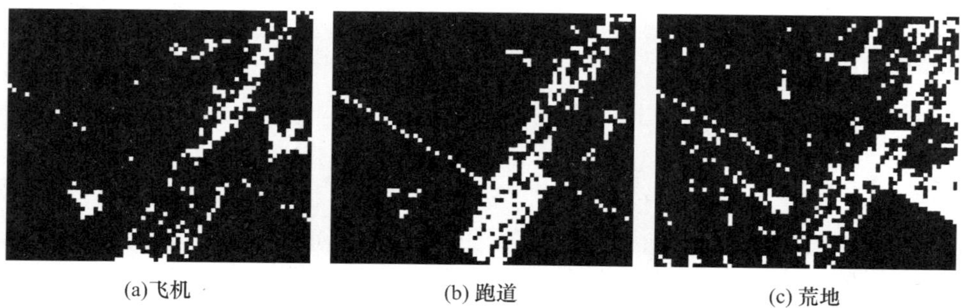

图 6.24　PCA－SVM 分类算法对三类目标分类识别结果

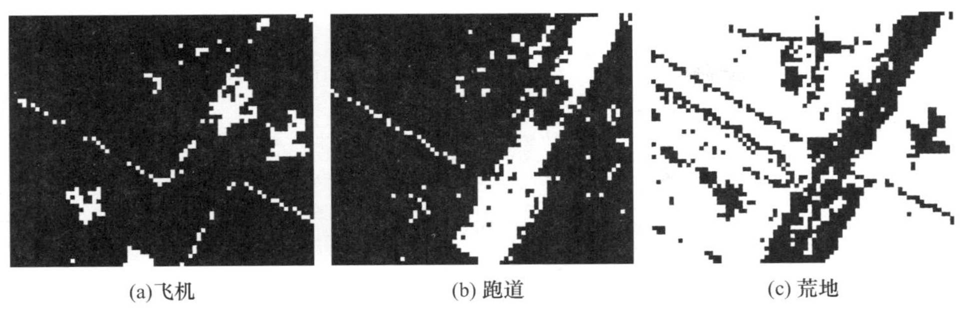

(a)飞机 (b) 跑道 (c) 荒地

图 6.25 Isomap - SVM 分类算法对三类目标分类识别结果

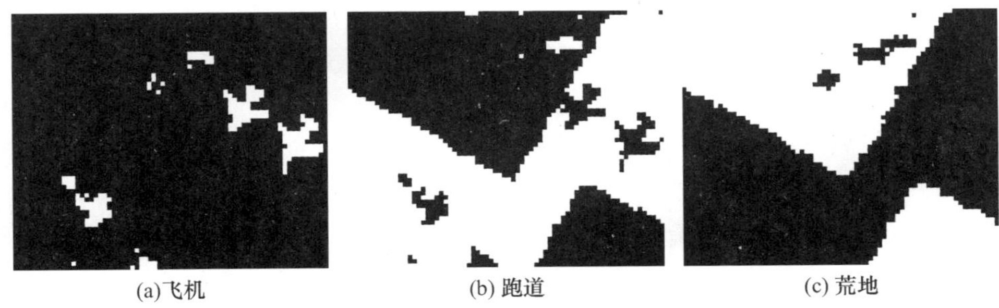

(a)飞机 (b) 跑道 (c) 荒地

图 6.26 MK - SVM 分类算法对三类目标分类识别结果

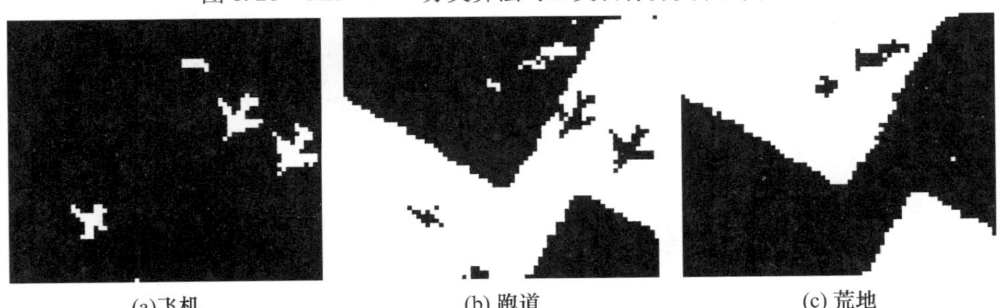

(a)飞机 (b) 跑道 (c) 荒地

图 6.27 ACO - SVM 分类算法对飞机、跑道和荒地的分类识别结果

表 6.5 5 种算法分类效果比较

	种类	SVM	PCA - SVM	Isomap - SVM	MK - SVM	ACO - SVM
分类精度	飞机	99.20%	72.00%	92.00%	99.20%	96.80%
	跑道	87.43%	21.26%	25.15%	89.22%	95.81%
	荒地	97.54%	0.41%	85.25%	96.72%	94.26%
	平均值	94.72%	31.22%	67.47%	95.05%	95.62%
	总精度	93.03%	23.04%	57.89%	93.60%	95.45%

（续）

	种类	SVM	PCA - SVM	Isomap - SVM	MK - SVM	ACO - SVM
虚警率	飞机	36.00%	38.40%	44.80%	24.00%	8.00%
	跑道	1.20%	4.19%	4.19%	0.90%	9.28%
	荒地	0%	34.84%	77.05%	1.64%	3.28%
	平均值	12.40%	25.81%	42.01%	8.85%	6.85%
	总虚警率	6.97%	20.91%	36.70%	5.26%	6.97%
Kappa 系数		0.8910	0.1773	0.4129	0.9005	0.9252

6.3 侦察图像的人工免疫网络分类

侦察图像监督分类可以精确发现和识别与训练样本或先验特征模板具有最大相似度的同类目标点或像素点，因此侦察图像分类在目标侦察数据处理中具有重要地位。本节介绍侦察图像的人工免疫网络分类原理，在智能化的人工免疫网络模型基础上，利用非线性核函数将高光谱训练样本映射到高维空间，完善人工免疫网络目标样本核空间相似性分选方法，降低人工免疫网络识别样本所需的抗体数量，提高人工免疫网络对侦察目标的分类识别精度和运算速度。

6.3.1 人工免疫网络建模与核空间映射

6.3.1.1 生物免疫网络原理

自然免疫系统通常由免疫细胞、蛋白质和保护组织组成。当外来细菌、病毒（即通常所称的抗原 ag）入侵机体组织时，免疫系统首先通过外层保护组织在物理层面上阻止这些细菌、病毒进入机体组织，而对于入侵到体内的抗原机体组织的 B 细胞或者 B 淋巴细胞开始分泌与入侵抗原相对应的抗体进行细胞免疫。根据克隆选择原理对这一过程简单描述如下[12]：当抗原出现时，B 细胞首先识别抗原中与其自身亲和度最高的抗原，这些识别了抗原的 B 细胞开始进行克隆繁殖。在克隆繁殖过程中，由于受到各种抗原的刺激，新生 B 细胞开始产生变异，最后经过多代繁殖和变异后，B 细胞趋于成熟，转化为最终的抗体——血浆细胞。而部分拥有高抗原亲和度并且比较活跃的 B 细胞逐渐转化为记忆细胞，记忆细胞拥有更长的生命周期，当下一次有相似抗原入侵时，它能快速做出反应，产生相应抗体。

为进一步解释免疫系统记忆和学习能力，Jerne 又提出免疫网络原理，与前面的克隆选择不同，免疫网络假设免疫系统中不仅存在抗体与抗原之间的亲和识别

作用,抗体与抗体间也存在一定相互识别作用,如果抗原 ag 被抗体 ab_1 识别,而抗体 ab_2 能识别抗体 ab_1,抗体 ab_3 能识别抗体 ab_2,通过以上抗体间的正向激励传播,抗体 ab_3 就能通过 ab_2 和 ab_1 实现对抗原 ag 的识别。抗原和抗体的相互作用如图6.28所示,通过抗体之间的负向抑制传播,可以有效地减少相似抗体数量,使抗体保持在适当的数量范围,最终抗体群体趋于稳定,而这些稳定下来的抗体转化为记忆抗体,记忆抗体能有效地覆盖整个抗原空间,实现对所有抗原的识别。

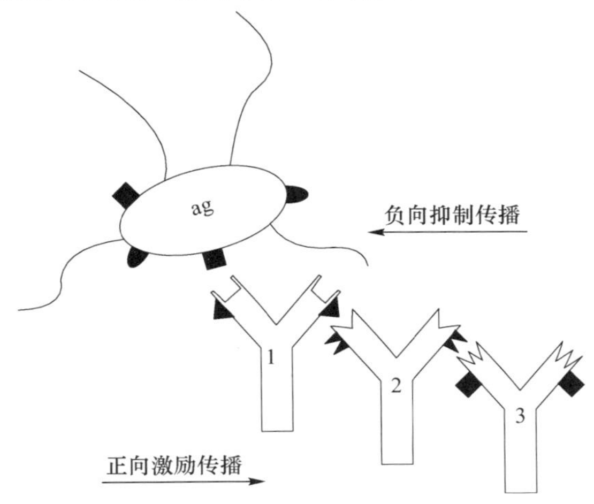

图6.28 抗原和抗体相互作用原理

6.3.1.2 人工免疫网络基本要素建模

人工免疫网络主要由抗原、抗体和变异抗原组成。在人工免疫网络初始化时,输入免疫网络的抗原主要为各类已知目标样本的光谱向量,当抗体训练完成以后,利用人工免疫网络进行目标分类识别时,输入抗原主要为高光谱图像中未知类别的各个像素点或样本点的光谱向量,输出为各个抗原所属类别。变异抗原是人工免疫训练过程中产生的未成熟的抗体。对抗原、抗体和变异抗原按表6.6、表6.7、表6.8进行建模,其具体结构如下。

对模型结构中相关参数和概念做如下说明:抗原所属类 ag. c 和抗体大类号 ab. c 代表抗原和抗体所属的种类 c,抗体小类号 ab. cc 为同一大类光谱中不同小类的编号,ag. $\boldsymbol{V}$ = {ag. v_1, ag. v_2, …, ag. v_N} 为抗原光谱向量,ag. $\boldsymbol{W}$ = {ag. w_1, ag. w_2, …, ag. w_N} 为抗体中心光谱向量,N 为高光谱图像波段数。

在目标分类中,$\boldsymbol{W}$ 决定了抗体 ab 的光谱空间位置,σ_{ab} 决定了抗体 ab 的识别范围。抗体群 AB 中各个抗体 ab 都有各自对应的识别半径 σ_{ab}。本节中用 AB_c 表示人工免疫系统中大类号同为 c 抗体 ab. c 群体,$c \in C = \{1, 2, \cdots, n_c\}$,$n_c$ 为抗体的总类别数，对于抗体群 $AB=\{AB_1 \cup AB_2 \cup \cdots AB_{n_c}\}$。抗体群 AB 中各个抗体 ab 对各自识别半径内的抗原 ag 进行识别，同时为了减少抗体 ab 数量，训练后最终保留的抗体应尽可能多地识别抗原 ag，最终实现抗体群 AB 对整个抗原特征空间的覆盖。为了区分抗原是否已经被抗体识别，避免重复识别情况发生，在抗原模型中引入抗原识别标签 ag. r

表 6.6　抗原模型结构表

抗原模型结构：
ag. num：抗原序号 1…n
r：抗原识别标签
c：抗原所属类
$\boldsymbol{V}$：抗原光谱向量

表 6.7　抗体模型结构表

抗体模型结构：
ab. num：抗体序号 1…n
c：抗体类号
cc：抗体小类号
$\boldsymbol{W}$：抗体中心光谱向量
σ_{ab}：抗体识别半径

表 6.8　变异抗原模型

mu. num：变异抗原序号 $1\cdots n_B$
c：变异抗原大类号
cc：变异抗原小类号
$\boldsymbol{V}$：变异抗原光谱向量
$\boldsymbol{W}$：变异抗原中心光谱向量
σ_{ab}：变异抗原识别半径
m：变异抗原识别数

$$\text{ag. }r=f(\text{ag. }\boldsymbol{V},\text{ab. }\boldsymbol{W})=\begin{cases}1 & T=K(\text{ag. }\boldsymbol{V},\text{ab. }\boldsymbol{W})-\text{ab. }\sigma_{ab}>0\\0 & \text{其他}\end{cases} \tag{6.19}$$

式中：$K(\cdot)$为核函数，$K(\text{ag. }\boldsymbol{V},\text{ab. }\boldsymbol{W})-\sigma>0$ 表示抗原 ag 在抗体 ab 的识别半径内，即抗原 ag 被抗体 ab 所识别，抗原识别标签 ag. $r=1$，反之，ag. $r=0$。

6.3.1.3　核空间映射

根据人工免疫网络非线性核空间映射必要性分析，以核函数 $K(x,y)$代替内积运算 $x^{\mathrm{T}}y$ 实现对传统人工免疫网络模型的核空间映射。借鉴支持向量机数据处理的基本原理使用类似于广义线性判别函数的方法，通过核函数 $K(x,y)$将抗原光谱映射到高维空间，在高维空间对抗原光谱相似比较，完善了免疫网络中训练抗体和分类识别抗体的方法，克服了非线性光谱造成的线性不可分问题。

目前，几种常见的核函数有

（1）多项式核函数

$$K(x,y)=(x^{\mathrm{T}}y+1)^d \tag{6.20}$$

式中：d 为多项式核函数的阶数。

（2）径向基核函数 RBF

$$K_r(x,y)=\exp\left(-\frac{\|x-y\|^2}{r^2}\right) \tag{6.21}$$

式中：r 为控制半径。

（3）神经网络核函数

$$K(x,y)=\frac{1}{1+\exp(vx^{\mathrm{T}}y-a)} \tag{6.22}$$

式中：v 和 a 均为常数。

6.3.2　人工免疫网络训练与侦察图像分类

抗体对各类抗原的识别过程是人工免疫网络训练及目标分类的重要环节。结合图6.29和图6.30对此识别过程简要说明，图6.29为二维特征空间中抗原初始分布情况，$AG_1=\{ag \mid ag_{num}=1,2,\cdots,6\}$ 属于第1类抗原，$AG_2=\{ag \mid ag_{num}=7,8,\cdots,11\}$ 属于第2类抗原。假设通过训练后首先获得抗体 ab_{11}，及其识别半径 σ_{ab1}，抗体 ab_{11} 的下标中第一位为大类号，第二位为小类号，抗体 ab_{11} 完成对同类抗原 ag_1，ag_2，ag_3，ag_4 的识别，并将 $ag_1\cdots ag_4$ 的识别标签 r 修改为1，不再参加后续训练。通过多次训练抗原 $ag_1\cdots ag_{11}$ 全部被生成的抗体识别，训练结束，得到抗体 ag_{11}，ag_{12}，ag_{21}，ag_{22}（图6.30），其中，ab_{11} 和 ab_{12} 属于抗体群 AB_1，ab_{21} 和 ab_{22} 属于抗体群 AB_2。

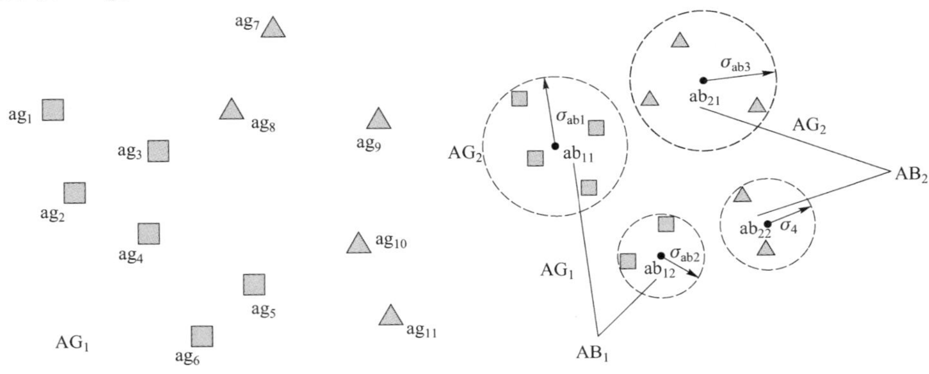

图6.29　抗原初始分布

图6.30　抗原被识别后抗原和抗体分布情况

利用人工免疫网络对目标进行分类主要包括三个步骤：样本选择及人工免疫网络初始化、人工免疫网络训练、目标分类。

1）样本选择与人工免疫网络初始化

将高光谱图像中若干个已知类别区域设为感兴趣区域（ROI），形成训练样本抗原AG，其中，ag为单个抗原，$ag\in AG$。对属于同类抗原进行编号 $ag.c\equiv c\in C=\{1,2,\cdots,n_c\}$，$n_c$ 为ROI中包含的抗原总类数。对所有抗原 $ag.\boldsymbol{V}$ 在光谱维上进行归一化，并将其识别标签 $ag.r$ 设为0。由于初始化时并无抗体产生，设抗体总类别数 $n_c=0$。

2）人工免疫网络训练

完成抗原选择和初始化后，人工免疫网络通过训练抗原生成对应抗体，对于任意 c 类抗原 AG_c 按以下 6 个训练步骤循环直到生成的抗体 AB_c 能识别所有抗原 AG_c，其具体流程如图 6.31 所示。

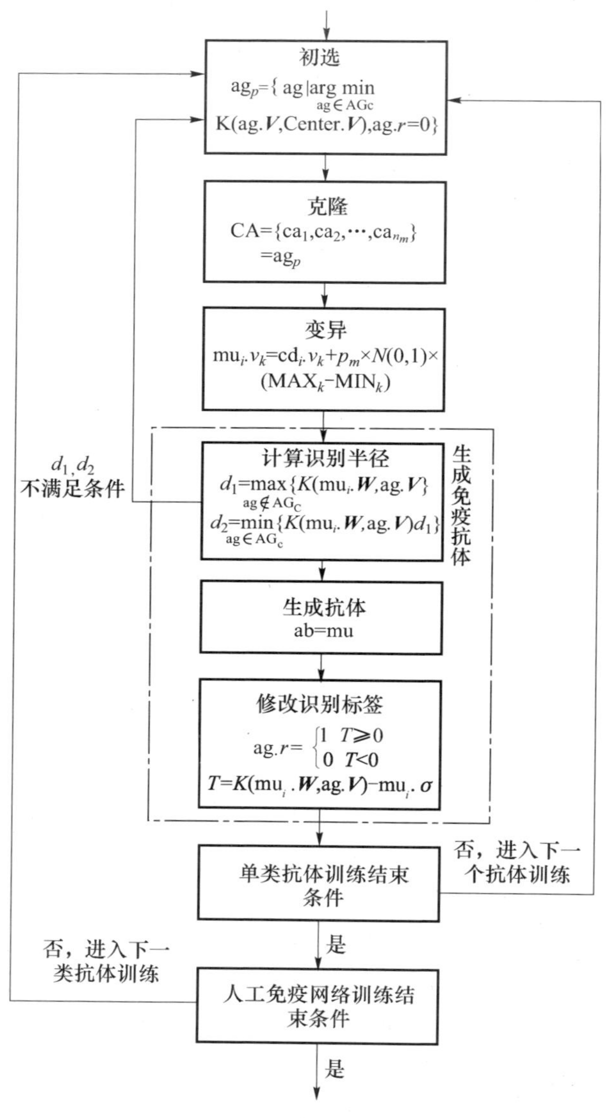

图 6.31　人工免疫网络训练流程图

步骤 1 初选：选择 ag_p 为初选抗原，ag_p 为到中心向量 Center. $\boldsymbol{V}$ 距离最小的抗

原，即

$$ag_p = \{ ag \mid \arg \min_{ag \in AG_c} ED(ag.\boldsymbol{V}, Center.\boldsymbol{V}), ag.r = 0 \} \tag{6.23}$$

$$Center.\boldsymbol{V} = \frac{\sum_{j=1}^{n} ag.\boldsymbol{V}}{n} \tag{6.24}$$

式中：n 为 AG_c 中抗原数；ED(·)为欧几里得距离。

步骤 2 克隆：对初选抗原进行克隆复制，生成克隆抗原组 CA，$CA = \{ ca_1, ca_2, \cdots, ca_{n_m} \}$，$n_m$ 为初选抗原所属类的总抗原数。

步骤 3 变异：将 CA 中的抗原按一定变异概率 p_m 进行变异，生成变异抗原组 $MU = \{ mu_1, mu_2, \cdots, mu_{n_m} \}$，变异抗原是连接抗原和抗体的重要桥梁。初始状态下变异抗原小类号 cc 为 0；变异抗原识别数 m 为 0；变异抗原中心光谱 mu. $\boldsymbol{W}$ 为空数组；识别半径 mu. $\sigma = 0$。变异处理按式(6.28)进行，主要改变变异抗原光谱向量 $mu_i.\boldsymbol{V}$，$mu_i.\boldsymbol{V} = \{ mu_i.v_1, mu_i.v_2, \cdots\cdots mu_i.v_{N_b} \}$，其中

$$mu_i.v_k = ca_i.v_k + p_m N(0,1)(MAX_k - MIN_k) \tag{6.25}$$

式中：MAX_k 和 MIN_k 为抗原群体第 k 波段的最大值和最小值，N(0,1)为服从(0,1)高斯分布的随机数。变异概率 p_m 可以根据具体高光谱图像进行调整，调整区间一般在(0,0.3]。当抗原光谱差异较大时，变异概率取值较大；反之，则取值较小。

步骤 4 生成免疫抗体：在完成抗原初选、克隆和变异以后，开始进入免疫抗体的生成阶段。免疫抗体生成按以下三个步骤进行。

步骤 4.1 计算识别半径：将变异抗原组中的各个变异抗原 mu 作为候选抗体，将变异抗原光谱 mu. $\boldsymbol{V}$ 复制到变异抗原中心光谱 mu. $\boldsymbol{W}$，即

$$mu_i.\boldsymbol{W} = (mu_i.w_1, mu_i.w_2, \cdots, mu_i.w_{N_b})^T = (mu_i.v_1, mu_i.v_2, \cdots, mu_i.v_{N_b})^T \tag{6.26}$$

取变异抗原识别半径 mu. σ_{ab} 为

$$mu_i.\sigma_{ab} = (d_1 + d_2)/2 \tag{6.27}$$

$$d_1 = \max_{ag \in AG_c} \{ K(mu_i.\boldsymbol{W}, ag.V) \} \tag{6.28}$$

$$d_2 = \min_{ag \in AG_c} \{ K(mu_i.\boldsymbol{W}, ag.V) > d_1 \} \tag{6.29}$$

式中：K(·)为核函数，根据核函数的性质可以知道，在光谱空间中 $mu_i.\boldsymbol{W}$ 和 ag. $\boldsymbol{V}$ 距离越近，$K(mu_i.\boldsymbol{W}, ag.\boldsymbol{V})$ 的值越大。根据免疫网络基本原理，AB_c 应该识别训练抗原中属于第 c 类的所有抗原，但不能识别任何非 c 类的抗原。为满足这个条件，选择所有非 c 类的抗原中，核空间相似度最大的抗原作为外边界点，d_1 为最外

边界抗原与变异抗原核空间距离，它起到限定外边界，阻止其他非同类抗原参与训练的作用。在第 c 类抗原中寻找与变异抗原核空间相似度最小的抗原作为同类抗原最大内边界点，通过核空间距离 d_2 确定同类抗原最大识别内边界，而条件 $d_2 > d_1$ 保证了变异抗原仅识别同类抗原。结合式(6.28)和式(6.29)，最终达到生成抗体尽可能多的识别同类抗原的基本目标。

步骤 4.2 生成抗体：获得各个变异抗原中心光谱向量 mu.$\boldsymbol{W}$ 和识别半径 mu.σ 后，利用变异抗原重新对同类抗原 $\mathrm{AG_c}$ 中进行识别，分别记录各个变异抗原识别数 m_i，修改变异抗原结构中变异抗原识别数 $\mathrm{mu}_i.m = m_i$。在所有变异抗原中选择变异抗原识别数 $\mathrm{mu}_i.m$ 最大的变异抗原作为新生成抗体，将变异抗原相关参量赋给抗体模型，形成新生抗体 ab。抗体小类号 ab.cc = ab.cc + 1。c 类抗体总数 $\mathrm{n_B^c} = \mathrm{n_B^c} + 1$。

步骤 4.3 修改识别标签：利用新生抗体 ab 重新对 $\mathrm{AG_c}$ 进行识别，抗原的识别标签 ag.r 按式(6.30)和式(6.31)进行修改：

$$\mathrm{ag}.r = \begin{cases} 1 & T \geqslant 0 \\ 0 & T < 0 \end{cases} \tag{6.30}$$

$$T = K(\mathrm{mu}_i.\boldsymbol{W}, \mathrm{ag}.\boldsymbol{V}) - \mathrm{mu}_i.\sigma_{\mathrm{ab}} \tag{6.31}$$

步骤 5 单类抗体训练结束条件：如果 c 类所有抗原 $\mathrm{AG_c}$ 都被抗体识别，对该类抗体的训练结束，获得的 c 类所有抗体 $\mathrm{ab} \in \mathrm{AB_c}$，即 $\mathrm{AB_c} = \{\mathrm{ab}_j \mid j = 1, \cdots, n_{\mathrm{B}}^{\mathrm{c}}\}$，则转到步骤 6。如果 c 类仍有抗原 ag 未被抗体识别，则转到步骤 1，重新进行生成抗体训练。

步骤 6 人工免疫网络训练结束条件：当所有种类抗原 $\mathrm{AG_c} = \{\mathrm{ag.c} \mid \mathrm{c} = 1, \cdots, n_{\mathrm{c}}\}$ 全部被抗体识别时，人工免疫网络完成对抗体群的训练，整个人工免疫网络训练结束；反之，令 c = c + 1，转到步骤 1，开始对下一类抗体群 $\mathrm{AB_c}$ 进行训练。

3）侦察图像目标分类

人工免疫网络训练结束后进入目标分类阶段。此时输入免疫网络的抗原光谱向量 ag.$\boldsymbol{V}$ 为侦察图像中未知类像素点归一化处理后的光谱向量；抗原种类 ag.c = 0；抗原识别标签 ag.r = 0。人工免疫网络首先检验抗原是否被识别，如果未被识别，根据式(6.30)利用 $\mathrm{AB_c}$ 中的抗体 ab 对抗原进行识别，其中，$T = K(\mathrm{ab.W}, \mathrm{ag}.V) - \mathrm{ab}.\sigma_{\mathrm{ab}}$。如果抗体能识别抗原，则 ag.c = ab.c，修改识别标签 ag.r = 1。如果抗体 ab 不能识别抗原，则利用下一个抗体对抗原 ag 进行识别，直到遍历所有抗体为止。如果所有抗体均不能识别此抗原，则认为整个免疫系统不能识别此抗原，令 ag.r = 1，ag.c = 0。当所有抗原都经过人工免疫网络识别后，人工免疫网络输出侦察图像各个像素点的分类情况。

6.3.3 仿真实验

6.3.3.1 仿真实验一

实验一所用数据为青海湖地区的高光谱图像,在分类实验中选择湖面、植被和荒地作为研究对象,将此三类地物标记为感兴趣区域。图6.32为训练样本和检验样本分布情况,其中湖面类目标像素1171个,植被类目标像素169个,荒地或沙地类目标像素681个,其分布如图6.32(a)所示。检验样本主要通过肉眼观察并结合当地地质资料确定,其中湖面类目标像素3896个,绿色植被区域像素545个,荒地或者沙地区域像素2287个,其分布如图6.32(b)所示。

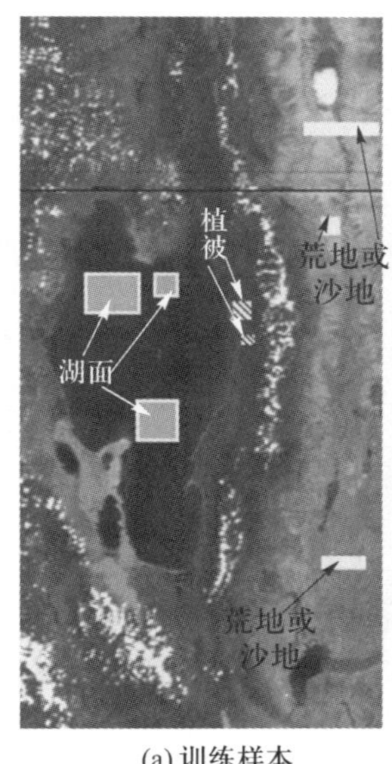

(a) 训练样本

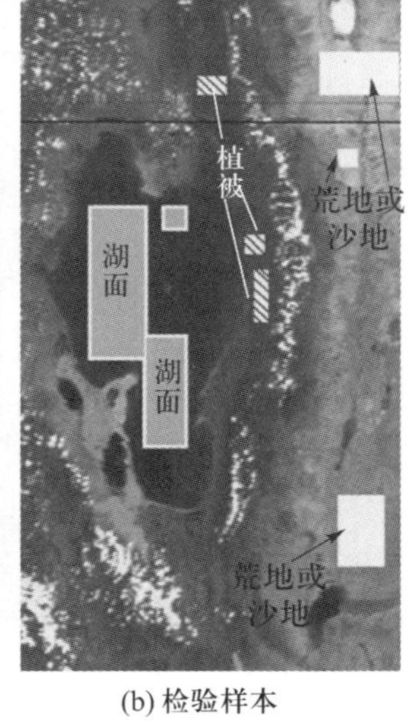

(b) 检验样本

图6.32 CMODIS青海湖高光谱图像样本分布情况(见彩图)

训练样本约占总检验样本的30%,以训练样本集训练SVM、SVDD、AIN和K-AIN等分类算法,SVM、SVDD和K-AIN选择RBF核为核函数,$\gamma_s=0.8$,K-AIN和AIN变异概率$p_m=0.15$。图6.33(a)、(b)、(c)分别为本节所提出的人工免疫网络分类算法(K-AIN)对湖面区域、植被区域和荒地或沙地区域的分类结果,各图中白色像素点为算法检测到的各类目标点,图6.34(a)~(e)则分别为SAM、CEM、SVM、SVDD和AIN算法对湖面区域的分类结果,仿真实验中所使用的6种算法对其他类目标分类精度情况如表6.8所列。

结合分类结果可以看出:在六种高光谱侦察图像分类对比实验中,对湖面区域

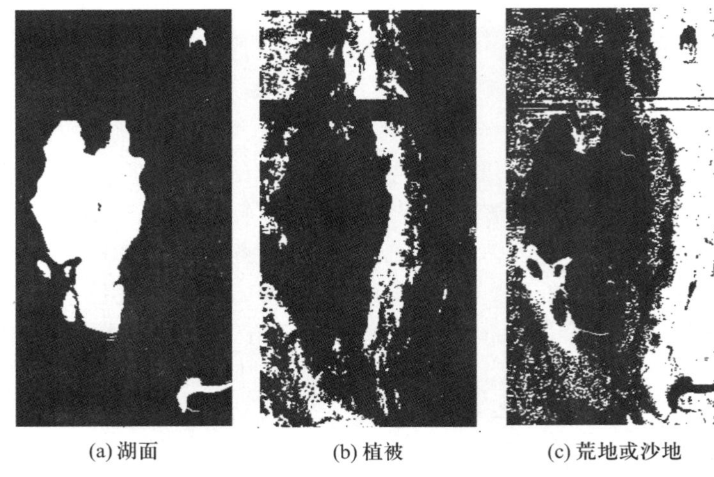

(a) 湖面　(b) 植被　(c) 荒地或沙地

图 6.33　K－AIN 对 3 类区域分类结果

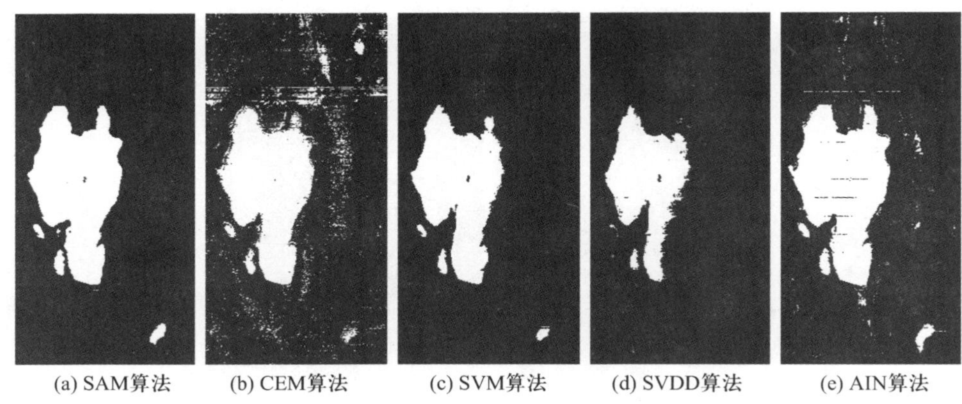

(a) SAM算法　(b) CEM算法　(c) SVM算法　(d) SVDD算法　(e) AIN算法

图 6.34　其他 5 种算法对湖面区域分类结果

的分类精度最高，而对荒地或沙地的分类精度较低；SAM 算法对湖面分类效果较好，但对荒地的分类精度较差；CEM 算法基本能覆盖整个湖面区域，但算法对噪声较敏感，许多噪声较大像素点未能被正确识别；为 SVM 算法对湖面区域的分类结果。

由对比表 6.9 可知，SVM 算法对三类目标分类效果较为稳定，但 SVM 对训练样本要求较高，一般难以找到种类齐全且数量足够的样本来充分训练分类器，并且 SVM 算法主要应用于二分类问题，通过寻找两类样本之间的最大分类间隔来实现目标分类，对于多分类问题，分类效果并不理想，因此在分类结果图中出现了一些因错误分类而产生的噪声点。SVDD 也是一种基于支持向量的分类方法，此算法总

表 6.9　青海湖地区 6 种算法分类精度对比表

	种类	SAM	CEM	SVM	SVDD	AIN	K – AIN
分类精度	湖面	100%	100%	99.49%	93.81%	98.82%	100%
	植被	98.90%	85.69%	88.07%	94.68%	99.63%	97.80%
	荒地	88.85%	47.18%	93.22%	75.30%	93.97%	98.86%
	平均值	95.92%	77.62%	92.87%	87.93%	97.47%	98.89%
	总精度	96.12%	80.89%	96.43%	87.59%	97.24%	99.44%
Kappa 系数		0.9316	0.6844	0.9366	0.8041	0.9510	0.9896
时间/s		11.13	1.61	4.33	3.02	96.54	21.76

体分类精度不高,湖面边缘浅水区域像素丢失较为严重,这主要是由于 SVDD 算法分类时只用到单类目标作为训练样本,没有负样本支持,对变化较大的同类目标分类识别效果并不理想。AIN 算法和本节所提出的 K – AIN 算法都以经过人工免疫网络训练获得抗体,再以此抗体对各像素点分类识别。可以看出,通过核空间映射后的人工免疫网络在分类识别的总体精度、Kappa 系数和算法运算时间等方面都优于未改进的基于内积的人工免疫网络算法。由于 AIN 算法使用内积运算进行相似性测量,未进行核空间映射,部分像素点被抗体错误地识别为同类目标,因此产生了较多的噪声点,而 K – AIN 算法将高光谱数据进行核空间映射变换,较好地抑制了此类噪声点,提高了算法分类精度。

人工免疫网络通过抗体对图像进行识别和分类,训练后得到的免疫抗体主要由两部分参数构成:抗体中心光谱 ab. $\boldsymbol{W}$ 和抗体识别半径 ab. σ_{ab}。图 6.35 为 AIN 算法和 K – AIN 算法训练获得的湖面类抗体中心光谱 ab. $\boldsymbol{W}$ 分布的情况,图 6.35(a)中的 36 条曲线和图 6.35(b)中的 9 条曲线分别表示通过人工免疫网络训练后得到的各个抗体中心光谱 ab. $\boldsymbol{W}$ 的光谱分布。图 6.36 为 AIN 算法与 K – AIN 算法各个抗体的识别半径 ab. σ_{ab}分布情况,直方图中各柱条的高度表示抗体识别半径 ab. σ_{ab}的大小,图 6.36(b)中黑色并带白色斜线的柱条所代表的抗体识别半径对应于图 6.36(b)中带“ * ”号虚线所代表抗体中心光谱曲线,它们属于同一抗体的识别半径 ab. σ_{ab}与中心光谱 ab. $\boldsymbol{W}$。

从图 6.35 和 6.36 可知,AIN 算法需要 36 个抗体才能完成对湖面样本空间的覆盖,而通过核空间映射后仅仅需要 9 个抗体即可实现对湖面样本的识别,这主要是因为通过核空间映射后,抗体的识别半径实际被放大,因此,K – AIN 算法能用较少的抗体识别整个样本群,大大减小算法的运算时间(见表 6.8 时间对比一栏)。

图 6.37 为湖面训练样本、检验样本和抗体中心光谱 ab. $\boldsymbol{W}$ 的光谱分布情况,

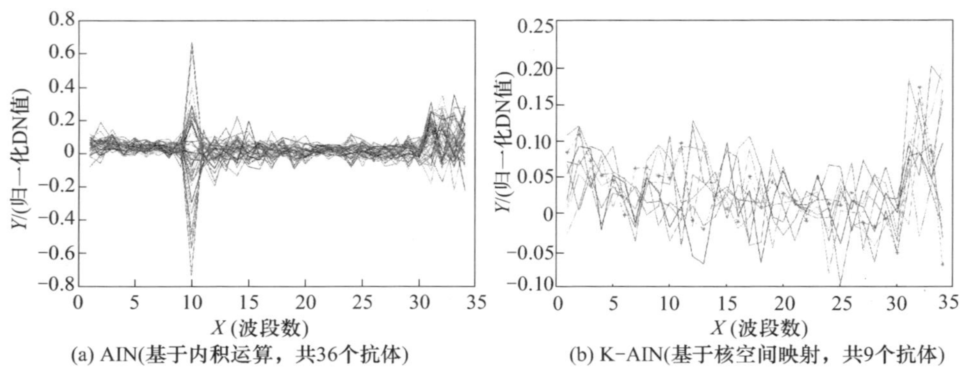

(a) AIN(基于内积运算，共36个抗体)
(b) K-AIN(基于核空间映射，共9个抗体)

图 6.35 两种算法训练获得的湖面类抗体中心光谱 ab. **W** 的光谱分布（见彩图）

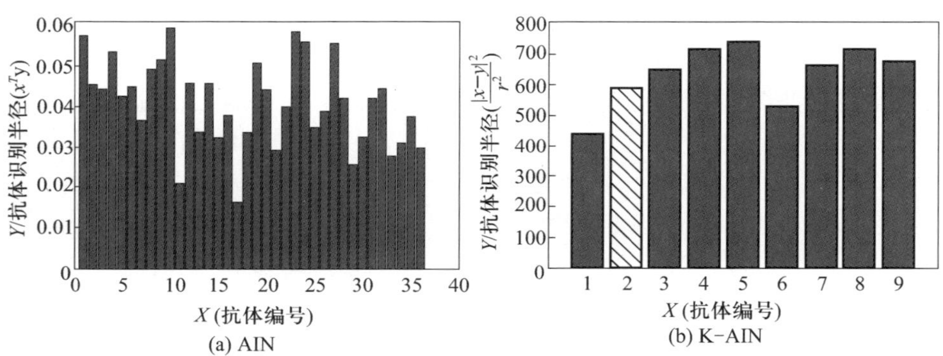

(a) AIN
(b) K-AIN

图 6.36 两类算法训练获得的各个抗体识别半径 ab. σ_{ab}分布情况

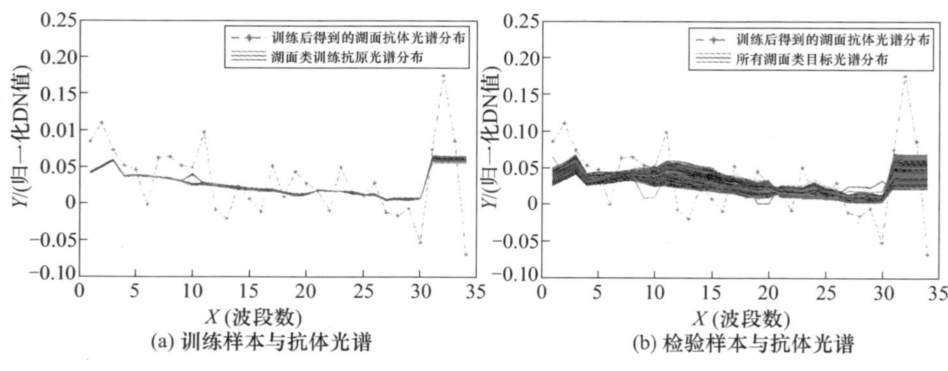

(a) 训练样本与抗体光谱
(b) 检验样本与抗体光谱

图 6.37 两类样本与抗体光谱分布情况（K－AIN）（见彩图）

反映了抗体中心光谱与训练样本及检验样本在光谱维空间中的相对位置关系。抗体中心光谱 ab. **W** 由对应的训练样本经过人工免疫网络训练产生，抗体中心光谱

在湖面样本光谱维空间附近起伏变化，根据抗体识别半径 ab. σ，对检验样本光谱进行分类与识别。

6.3.3.2　仿真实验二

实验二所用数据为 AVIRIS 获取的 Indiana Pine 高光谱图像，剔除低信噪比和水汽吸收较严重的波段后剩余 188 个波段。在侦察图像中选取三类目标作为分类研究对象，分别是：树林、干草地和大豆地。训练样本如图 6.38 所示（灰色白框区域为 Woods，共 290 个训练样本；白色带斜线区域为 Hay，共 110 个训练样本；白色区域为 Soybeans，共 168 个训练样本）。Woods 检验样本 1294 个，Hay 检验样本 489 个，Soybeans 检验样本 968 个。K – AIN 算法对 Indian Pine 高光谱图像的分类结果如图 6.39 所示。表 6.9 为利用 SAM、CEM、SVM、SVDD、AIN 和 K – AIN 6 种算法对三类地面目标进行分类实验后得到的分类精度对比表。

图 6.38　AVIRIS 高光谱图像训练样本分布（见彩图）

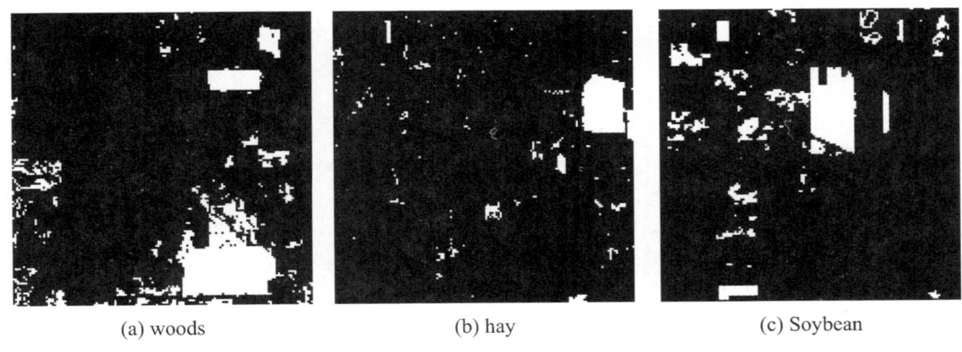

(a) woods　(b) hay　(c) Soybean

图 6.39　K – AIN 算法对 Indian Pine 高光谱图像分类结果

表 6.10 AVIRIS 高光谱图像分类精度对比表

	种类	SAM	CEM	SVM	SVDD	AIN	K - AIN
分类精度	树林	93.82%	63.21%	99.69%	74.96%	98.22%	97.99%
	干草地	82.82%	57.87%	99.80%	47.03%	89.16%	99.80%
	大豆	94.52%	41.84%	84.19%	63.95%	99.17%	99.17%
	平均值	90.39%	54.31%	94.56%	61.98%	95.52%	98.99%
	总精度	92.11%	54.74%	94.26%	66.12%	96.95%	98.73%
Kappa 系数		0.8827	0.4450	0.9031	0.5797	0.9510	0.9797
时间/s		1.99	1.43	1.53	1.42	22.60	10.89

从图 6.39 和表 6.10 可看出，对于 Indiana Pine 高光谱图像，SAM 算法的分类效果一般，Kappa 系数在 0.88 左右；CEM 算法分类效果较差，存在大量误分类噪声点。对基于支持向量的两种分类算法而言，SVM 算法分类效果较好，而基于单分类的 SVDD 算法分类效果较差，这主要是由于高光谱图像光谱维数较大，在没有负样本的支持下依靠单类正样本训练分类器难以在高维空间中准确识别目标。AIN 算法和 K - AIN 算法对 Indiana Pine 高光谱图像的分类精度都高于其他 4 种算法。就 AIN 和 K - AIN 两种算法而言，经过核空间映射后的 K - AIN 算法的总分类精度比 AIN 算法高 1.78%，Kappa 系数高 0.0287，并且 K - AIN 算法分类所需的抗体更少，运算时间上 K - AIN 算法要比 AIN 算法少 11.51s。

根据实验结果及以上分析可以得出，基于非线性核空间映射人工免疫网络的目标分类方法将核空间映射方法应用到了人工免疫网络中，分类效果优于多种高光谱目标分类算法，并且该算法在分类精度和分类时间上均优于传统的未改进的 AIN 算法，实现对高光谱目标的高精度识别。基于非线性核空间映射人工免疫网络的目标分类算法在基于空天高光谱侦察图像的目标侦察处理技术中的应用将有效提高目标侦察探测能力，实现对高光谱目标数量、位置分布及类别属性等情报信息的有效提取。

6.4 侦察图像的 kNNS 分类

为进一步对侦察图像中与检测结果同类的目标进行探测与识别，需要对高光谱侦察图像进行目标聚类分析，发现侦察图像中相似目标点，形成初步分类结果，为后续目标精确分类提供优质训练样本和基础数据。本节介绍一种基于自适应 C 互等比标准差测度（AC - std）和 kNNS 的目标聚类方法，该方法是将测度准则与自适应调整算法结合后应用到 kNNS 算法中，改进传统的 kNNS 算法，提升其分类识

别精度。

6.4.1　样本比例与聚类特征

为分析高光谱图像中各类样本集光谱曲线特征，分别在 AVIRIS 获取的美国 Indian Pine 高光谱图像、美国 Sandi ego 海军实验基地高光谱图像和神舟 3 号 CMODIS 光谱仪获取的青海湖地区高光谱图像中各选取 3 类地面目标作为研究对象，图像中各类地面目标分布情况及光谱曲线分布分别见图 6.40 ~ 图 6.42。Indian Pine 高光谱图像为剔除低信噪比和水汽吸收较严重的波段后剩余的 188 个波段，如图 6.40 所示，灰色白框区域为树林，白色带斜线区域为干草地，白色区域为大豆。Sandi ego 海军实验基地高光谱图像为去除低信噪比和水汽吸收较严重的波段后剩余的 189 个波段，如图 6.41 所示，灰色白框区域为跑道，白色带斜线区域为荒地，白色区域为飞机。CMODIS 青海湖地区高光谱图像为中国科学院空间科学与应用研究总体部提供的神舟 3 号中分辨力光谱仪（CMODIS）扫描的青海湖地区的遥感图像（正样，0B 级科学数据产品），图像覆盖可见光到远红的 34 个波段，如图 6.42 所示，灰色白框区域为湖面，白色带斜线区域为植被，白色区域为荒地。

(a) 样本分布情况

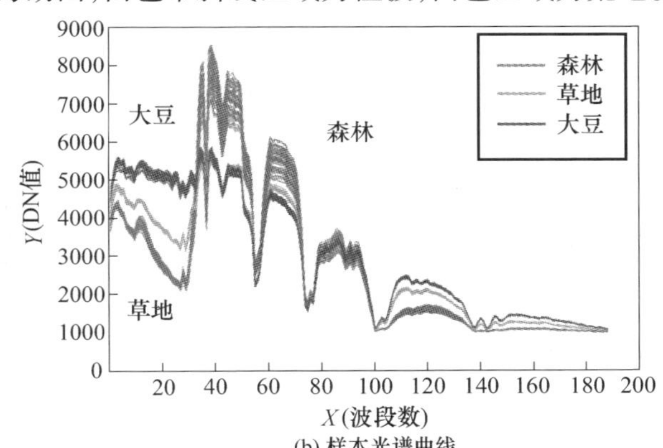

(b) 样本光谱曲线

图 6.40　Indian Pine 高光谱图像中地物样本灰度图和光谱曲线（见彩图）

通过对图 6.40 ~ 图 6.42 的研究，可发现在高光谱图像中同类样本和非同类样本的光谱曲线具有如下特点：

（1）在以波段数为横轴的光谱空间中同类样本光谱曲线通常成“束”状聚集分布；

（2）同类样本在光谱空间中光谱曲线变化趋势基本相同，光谱曲线大致成等比例分布；

（3）不同种类样本在光谱空间中可以根据其光谱曲线的位置和形状加以鉴别。

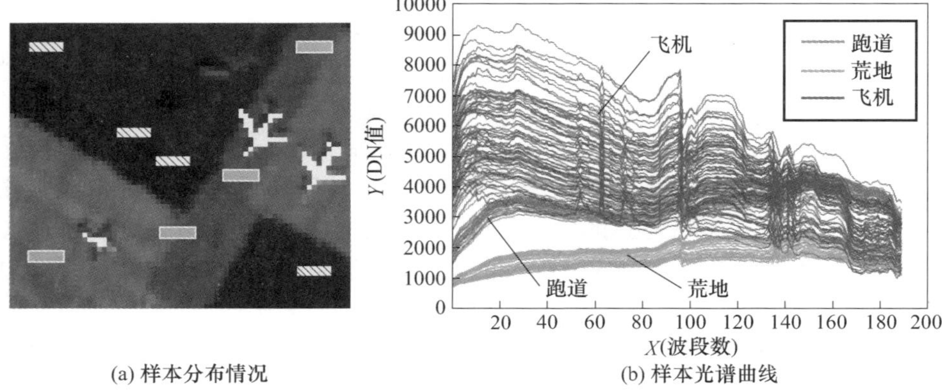

(a) 样本分布情况　　(b) 样本光谱曲线

图 6.41　Sandi ego 海军实验基地高光谱图像中地物样本灰度图和光谱曲线(已去除异质样本点)(见彩图)

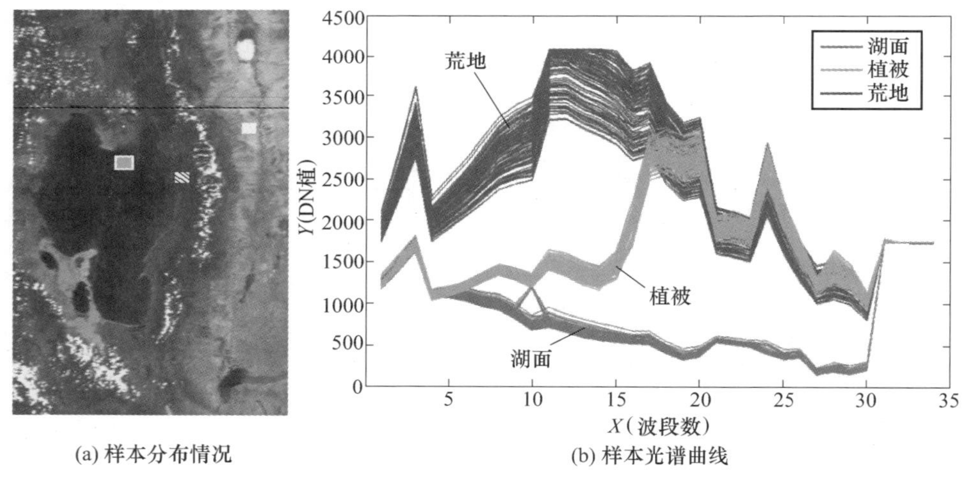

(a) 样本分布情况　　(b) 样本光谱曲线

图 6.42　青海湖地区高光谱图像中 3 种地物样本灰度图和光谱曲线(见彩图)

通过上述分析可知高光谱图像中同类样本在各个波段上存在较强的等比分布特性,同类样本光谱簇呈聚类分布。根据以上特性构造 C - 互等比标准差度量准则,利用光谱曲线的等比 - 聚类特性对高光谱图像中的各类样本进行聚类识别。

6.4.2　自适应 C - 互等比标准差测度

6.4.2.1　C - 互等比标准差测度基本原理

根据对高光谱同类样本光谱特性的分析,结合模式识别的基本原理,提出了一

种全新的距离测度准则：C－互等比标准差测度（C－std）。该距离测度根据高光谱样本光谱簇的分布特性而提出，在高光谱图像目标识别、分类和相似性度量方面都有着巨大应用价值。

设 p 维高光谱样本点 $\boldsymbol{X}$、$\boldsymbol{Y}$，其中 $\boldsymbol{X}=\{x_1,x_2,x_3,\cdots,x_p\}^{\mathrm{T}}$，$\boldsymbol{Y}=\{y_1,y_2,y_3,\cdots,y_p\}^{\mathrm{T}}$，$x_i$ 和 y_i 为高光谱图像中第 i 波段 DN 值，高光谱样本点 $\boldsymbol{X}$ 和 $\boldsymbol{Y}$ 的 C－互等比标准差可以表示为

$$d_{\mathrm{C-std}}(\boldsymbol{X},\boldsymbol{Y})=C^{\alpha}(\boldsymbol{X},\boldsymbol{Y})\times\mathrm{std}\left[\frac{\boldsymbol{X}}{\boldsymbol{Y}}\right]\times\mathrm{std}\left[\frac{\boldsymbol{Y}}{\boldsymbol{X}}\right] \tag{6.32}$$

式中：$\mathrm{std}\left[\frac{\boldsymbol{X}}{\boldsymbol{Y}}\right]$ 表示 $\frac{\boldsymbol{X}}{\boldsymbol{Y}}=\left\{\frac{x_1}{y_1},\frac{x_2}{y_2},\frac{x}{y_3},\cdots,\frac{x_p}{y_p}\right\}^{\mathrm{T}}$，向量标准差 $C^{\alpha}(\boldsymbol{X},\boldsymbol{Y})$ 的具体计算公式为

$$C^{\alpha}(\boldsymbol{X},\boldsymbol{Y})=\sum_{i=1}^{p}\left[\frac{|x_i-y_i|}{|x_i+y_i|}\right]^{\alpha} \tag{6.33}$$

C－互等比标准差测度中的 $C^{\alpha}(\boldsymbol{X},\boldsymbol{Y})$ 项主要反映样本光谱曲线的空间位置，而 $\mathrm{std}\left[\frac{\boldsymbol{X}}{\boldsymbol{Y}}\right]\times\mathrm{std}\left[\frac{\boldsymbol{Y}}{\boldsymbol{X}}\right]$ 项主要反映样本光谱曲线之间的相似程度或光谱变化趋势。

6.4.2.2　实验数据可分性分析

为验证 C－互等比标准差测度在同类样本与非同类样本之间的可分性，利用图 6.40～图 6.42 中的各类训练样本进行 C－互等比标准差测度的样本分类实验。实验中首先将样本进行编号，构成样本矩阵 $\boldsymbol{M}=\{X_1,X_2,\cdots X_i,Y_{i+1},Y_{i+2},\cdots Y_{i+j},Z_{i+j+1},Z_{i+j+2},\cdots,Z_{i+j+k}\}$，其中 $\boldsymbol{X}$、$\boldsymbol{Y}$ 和 $\boldsymbol{Z}$ 分别表示三类样本，i、j、k 分别为 X、Y、Z 三类样本的个数，C－互等比标准差测度的参数 α_{m} 及分割阈值 τ_{g} 通过自适应调整算法获得。分别计算每个样本与其他样本之间的 C－互等比标准差，即可得到 $(i+j+k)\times(i+j+k)$ 的 C－互等比标准差系数矩阵 $\boldsymbol{W}$，其结构示意图如图 6.43 所示，矩阵 $\boldsymbol{W}$ 中的第 m 行 n 列的元素表示编号为 m 和 n 的两个样本之间的 C－互等比标准差。

根据 C－互等比标准差的基本原理，同类样本之间的 C－互等比标准差较小，而非同类样本之间的 C－互等比标准差较大。为便于观察，将 C－互等比标准差系数矩阵 $\boldsymbol{W}$ 乘以 －1，以立体图形式表示，如图 6.44（a）、6.45（a）和 6.46（a）所示。从图中可以看出，同类样本之间的 C－互等比标准差较小，C－互等比标准差乘以 －1 后，在立体图中显示为正方形的突出平面；而非同类样本的 C－互等比标准差较大，在立体图中显示为下陷的不规则矩形区域。为进一步说明 C－互等比标准差测度在同类样本与非同类样本之间的可分性，用自适应调整算法计算得到分割阈值 T，将系数矩阵 $\boldsymbol{W}$ 进行二值化，得到图 6.44（b）、6.45（b）和 6.46（b）。

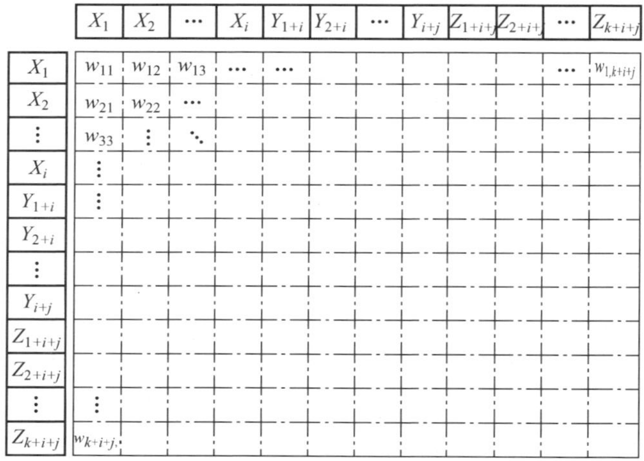

图 6.43　系数矩阵 **W** 结构图

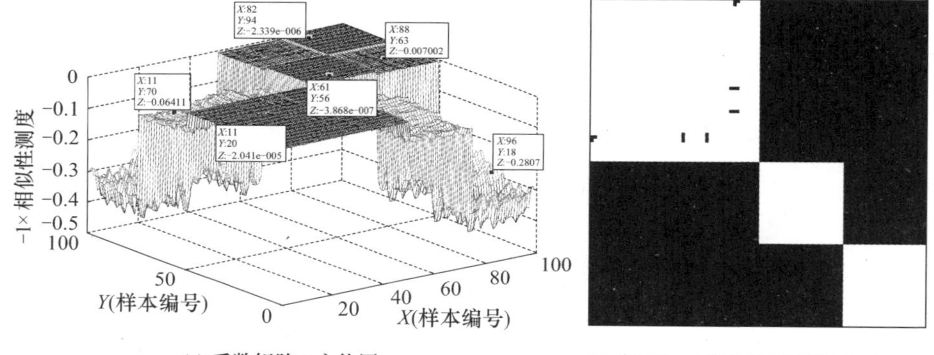

(a) 系数矩阵 *W* 立体图　　(b) 自适应阈值分割后结果(T=−0.0021)

图 6.44　Indian Pine 高光谱图像训练样本 C－互等比标准差计算结果(见彩图)

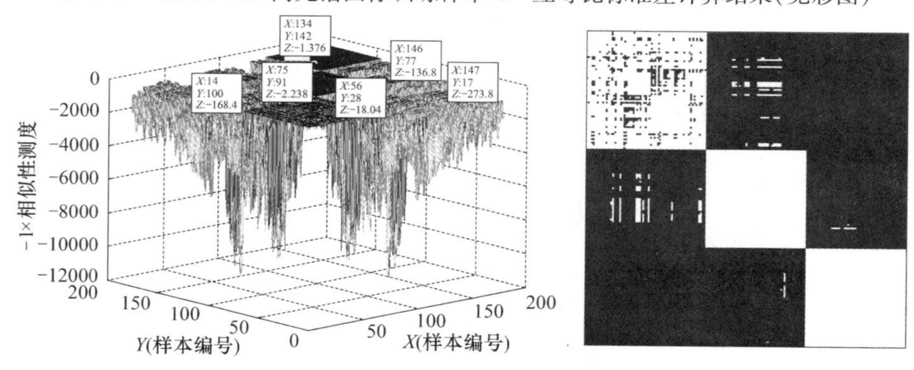

(a) 系数矩阵 *W* 立体图　　(b) 自适应阈值分割后结果(T=−54.51)

图 6.45　Sandi ego 高光谱图像训练样本 C－互等比标准差计算结果(见彩图)

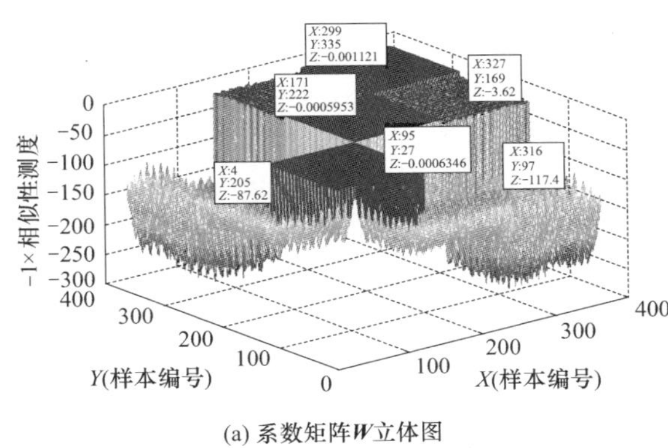

(a) 系数矩阵W立体图

(b) 自适应阈值分割后结果(T_g=-1.362)

图 6.46 青海湖地区高光谱图像训练样本 C－互等比标准差计算结果(见彩图)

从图 6.44～图 6.46 可见,在同类样本编号区域,由于 C－互等比标准差较小,乘以－1 后在立体图中为较大值,经阈值分割后置为 1(白色区域);非同类样本的 C－互等比标准差较大,乘以－1 后在立体图中为较小值,阈值分割后置为 0(黑色区域)。根据阈值分割结果可以统计得出同类地物 C－互等比标准差识别精度结果,如表 6.11 所列。

表 6.11 同类地面目标阈值分割后识别精度表

分类 参数	第 1 类地面目标	第 2 类地面目标	第 3 类地面目标
Indian Pine 高光谱数据	99.28%(树林)	100%(干草地)	100%(大豆)
Sandi ego 高光谱数据	87.57%(飞机)	100%(跑道)	100%(荒地)
青海湖高光谱数据	100%(湖面)	100%(植被)	100%(荒地)

6.4.2.3 $\alpha - T_g$ 参数自适应调整算法

在 C－互等比标准差测度的表达式中 $C^{\alpha}(X,Y)$ 项是光谱曲线的空间位置的反映,而分割阈值 T 的选择直接决定被认定为同类样本的最大类间距离,因而参数 α 和 T 的选择对整个 C－互等比标准差测度的识别精度有着重要影响。为使 C－互等比标准差测度的参数设置能根据各种高光谱图像自适应调整,以最大化已知类训练样本总分类精度为条件,设计了一种 $\alpha - T_g$ 参数自适应调整算法,算法基本步骤如下:

步骤 1:初始化 α 参数,令 $\alpha=0$,候选 α 参数集 $\alpha_h \in [0,5]$;

步骤 2:计算已知类训练样本的 C－互等比标准差测度,得到 C－互等比标准差系数矩阵 $\boldsymbol{W}$;

步骤 3:将系数矩阵 $\boldsymbol{W}$ 转换为图像,进行 0－255 灰度级变换;

步骤 4:利用最大类间方差法求取分割阈值 T_g(最大类间方差计算公式及分割

阈值见式(6.37)和式(6.38));

步骤5:根据分割阈值计算各已知类训练样本的总识别精度;

步骤6:α 是否历遍所有候选参数集 α_h,否,则 $\alpha=\alpha+\Delta\alpha$,转到步骤2;

步骤7:选择最大总分类精度时所对应的 α 值及分割阈值 T_g 作为算法输出结果。

最大类间方差法原理为:以某一灰度值为基准,将灰度图像划分为大于或等于此灰度值和小于此灰度值的两类像素,分别求出两类像素的均值和两类像素间的方差。当选取的灰度值使划分的两类像素点之间的类间方差最大时,此灰度值即分割阈值。两类像素间的类间方差可表示为

$$\sigma_{st}(i)=n_1(i)n_2(i)[v_1(i)-v_2(i)]^2 \tag{6.34}$$

式中:$n_1(i)$ 为灰度大于或等于 i 的像素的数目;$n_2(i)$ 为灰度小于 i 的像素的数目;$v_1(i)$、$v_2(i)$ 分别为它们的平均值。

$$T=\text{argmax}[\sigma(i)] \tag{6.35}$$

式中:T_g 为分割阈值;T 为使 $\sigma_{st}(i)$ 取最大值时所对应的灰度值 i。

6.4.3 基于自适应 C-互等比标准差的 kNNS 算法

6.4.3.1 kNN 算法基本原理

kNN 算法是一种改进型最近邻域算法(NN),kNN 算法以类比学习的非参数分类技术为基础,以未知样本邻域范围内最邻近的 k 个已知类别样本点的类别预测未知样本所属类别。kNN 分类基本原理如图 6.47 所示,在一定的特征空间中,存在已知类别分别为 a 和 b 的方形和三角形两类训练样本。对于未知类别圆形样本,将该圆形样本表示为和已知类训练样本相同的特征向量,再计算圆形样本与每个训练样本之间的相似性测度距离。选取与圆形样本在特征空间中最邻近的 k 个训练样本构成圆形样本的 k 最近邻类群,在 k 最近邻类群中,如果类别为 a 的方形样本数量多于类别为 b 的三角形样本数量,则将圆形待分类样本分到 a 类,反之则将其分到 b 类。邻域样本范围 k 的选择通常跟距离测度或相似性测度准则有关,因此邻域样本范围 k 的选取也至关重要。如果邻域样本范围 k 取值过小,则 kNN 算法将不能充分表征

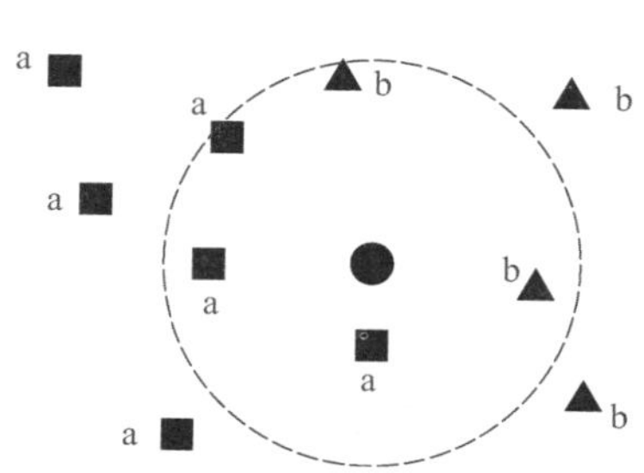

图 6.47 最近邻域分类原理图($k=5$)

未知类样本的邻域特征空间；如果邻域样本范围 k 取值过大，则会使许多非相关的样本点进入 k 最近邻类群，从而导致算法的分类识别精度下降。

kNN 算法基本步骤如下：

步骤1：根据已知训练样本及训练样本类标号构建总训练样本集 $\text{total\_}M=\{M_1,M_2,\cdots,M_q\}$，其中，$M_i=\{m_{1i},m_{2i},m_{3i},\cdots,m_{N_i},m_{ni}\in R^p\}$ 为类别标号为 i 的所有训练样本集，总训练样本集 $\text{total\_}M$ 共包含 q 类样本，其中单个样本 m_{ni} 的类别已知。未知类别样本为 m_0。将训练样本和未知样本都表示为同样的特征向量。选择的特征向量为光谱维向量。

步骤2：初始化邻域样本范围 k，参数 k 的选择通常根据多次实验后结合相关经验确定。

步骤3：计算未知类别样本 m_0 与已知类别的训练样本集 $\text{total\_}M$ 中各个训练样本的相似性测度，选取最邻近的 k 个样本构成最近邻类群，相似性测度通常选用欧里几里得距离。

步骤4：根据 k 最近邻类群中训练样本的类别预测未知样本 m_0 的类别。设 $\{m'_1,m'_2,m'_3,\cdots,m'_k\}$ 为与样本 m_0 距离最近的 k 个训练样本。寻找最近邻类群 $\{m'_1,m'_2,m'_3,\cdots,m'_k\}$ 中占最大数量的同类训练样本，将其类别标号赋予样本 m_0 作为其类别。如果存在多个类别的训练样本同为最大数量，则可将欧几里得距离的倒数作为权值，对训练样本加权后再确定样本 m_0 的类别。具体加权方法如下

样本 m_0 的 k 个邻近训练样本的权值 $\boldsymbol{W}(m_0,C_j)$ 可以表示为

$$\boldsymbol{W}(m_0,C_j)=\sum_{i=1}^{k}\text{Pa}(m'_i,C_j)w(m'_i,C_j) \tag{6.36}$$

式中：C_j 为训练样本 m'_i 所属的类标号；$w(m'_i,C_j)=\dfrac{1}{d(m_0,m'_i)}$ 为 m_0 被分到近邻点 m'_i 所属类别 C_j 的权值；$C_j=\{1,2,\cdots,q\}$；$\text{Pa}(m'_i,C_j)$ 为

$$\text{Pa}(m'_i,C_j)=\begin{cases}1 & m'_i\text{属于 }C_j\text{类}\\0 & m'_i\text{不属于 }C_j\text{类}\end{cases} \tag{6.37}$$

完成 k 最近邻类群中所有样本的权值计算以后，将总权值最大类的标号赋予样本 m_0。

6.4.3.2　基于自适应 C-互等比标准差的 kNNS 算法

传统的 kNN 算法通过计算未知分类样本与 k 个最近邻点之间的相似距离判断样本所属的类别，在数据描述方面较为简单，不需要大量数据对分类器进行训练，对于所使用的数据要求不高，鲁棒性较强。但是 kNN 算法在多分类问题和样本数据在特征空间中不规则分布时，仅依靠 k 个邻域样本点得到的分类识别结果

的准确性较低。高光谱图像中同类样本在高维空间中通常呈聚类分布如图 6.48 所示，每个数据点可以由与其邻近的若干个样本点以特定的线性重构系数进行重构或近似重构，根据此原理在传统 kNN 算法的基础上进行相关的改进就可得到 kNNS 算法。kNNS 算法分别计算未知样本与各类已知类训练样本的距离相似度。在各类训练样本中分别选择 k 个邻近样本对未知样本进行重构，根据未知样本与各类训练样本的重构误差大小来衡量未知样本与对应类别的吻合度，有效地减少了 k 最近邻类群中非同类邻域样本距离过近或非同类邻域样本数量过多而造成的误分类情况，较传统的 kNN 算法具有更强的鲁棒性和分类识别精度。

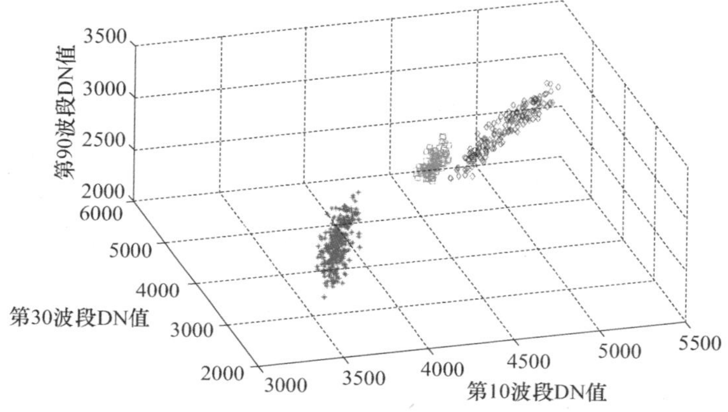

图 6.48　Indian Pine 高光谱图像训练样本三维散点图(见彩图)

对于第 q 类样本数据集 $M_q = \{m_1, m_2, m_3, \cdots, m_N, m_i \in R^p\}$，在此数据集 M_q 中寻找与未知类别样本点 m_0 在自适应 C－互等比标准差测度下的 k 个局部近邻点，将其记为 $\{m'_1, m'_2, m'_3, \cdots, m'_k\}$，利用这 k 个局部近邻点的线性重构 m_0：

$$S(m'_1, m'_2, \cdots, m'_k) = \left\{ \sum_{i=1}^{k} \omega_i m'_i \,\middle|\, \sum_{i=1}^{k} \omega_i = 1, \omega_i \geqslant 0 \right\} \tag{6.38}$$

式中：$S(m'_1, m'_2, \cdots, m'_k)$ 为 m_0 的重构函数；ω_i 为近邻样本 m'_i 的权值系数。

通过最小化 m_0 与对应的重构函数之间自适应 C－互等比标准差测度，将此最小值作为重构误差 d_{kNNS}

$$d_{\text{kNNS}} = \operatorname{argmin} d_{\text{C-std}} \left(m_0, \sum_{j=1}^{k} \omega_j m'_j \right) \tag{6.39}$$

重构误差 d_{kNNS} 表示未知类样本与同类或非同类样本在特征空间中的相似距离，重构误差 d_{kNNS} 越小，说明未知类样本与该类训练样本集的距离越近，与该类训练样本集的相似程度也就越高，该未知样本属于此类别的概率就越大。

设 $L_{\text{total}} = \{l_i, l_i \in [1,2,3,\cdots,q]\}_{i=1}^{\text{total\_}N}$ 为总训练样本数据集 total_M 对应的类别

标签,其中,total_N 为总训练样本数。对于未知类别样本点 m_0,基于 AC－std 的 kNNS 算法的具体步骤如下:

步骤1:计算 m_0与训练样本集 total_M 中各个已知类别的样本点自适应 C－互等比标准差,找出每类样本点中与 m_0近邻的 k 个样本点集合$\{m_i, l_i \in [1,2,3,\cdots,q]\}_{j=1}^{k}$;

步骤2:根据式(6.42)计算未知样本 m_0与每类样本集中的 k 个最邻近样本之间的重构误差$\{d_{\text{kNNS}}^{(l)}, l \in [1,2,\cdots,q]\}$;

步骤3:选择最小重构误差 $d_{\text{kNNS}}^{(l)}$,若 $d_{\text{kNNS}}^{(l)}$小于识别阈值 T_θ,则将其对应的样本类别 l_i作为样本 m_0的分类识别结果,反之,则认为不能识别未知样本类别。

$$l_0^* = \text{argmin} d_{\text{kNNS}}^{(l_i)}, \text{且 } d_{\text{kNNS}}^{(l_i)} < T_\theta \tag{6.40}$$

式中:l_0^* 表示对样本 m_0所属类别 l_0的估计。

结合图6.49和图6.50对kNNS算法的优势进行比较说明。在图6.49、图6.50中,存在未知类别的圆形样本和已知类别的方形样本和三角形样本,其中已知样本类别分别为a和b。设左右两个实线圆圈范围分别表示类群a和类群b在特征空间中的分布范围。从图中可知,未知样本应该属于类群a,但是根据kNN算法基本原理,未知样本将被误分类到类群b($k=5$,在邻域半径 r 内,三角形样本数量大于方形样本数量)。在采用kNNS算法对未知样本进行分类时,算法分别对两个类群进行重构,分别获得一个十字形重构样本和一个菱形重构样本,计算两个重构样本与未知样本的距离 l_1和 l_2,由于 $l_1 < l_2$,圆形样本被正确分类到类群a。由此可见,相对kNN算法而言,使用kNNS算法对未知样本进行分类识别将具有更高的准确性。

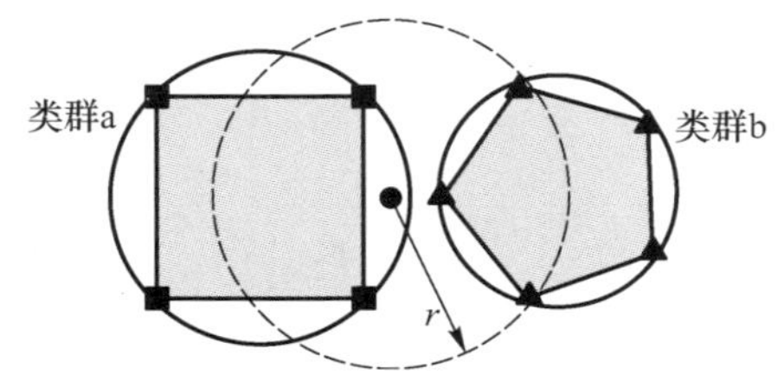

图6.49　kNN算法分类识别原理

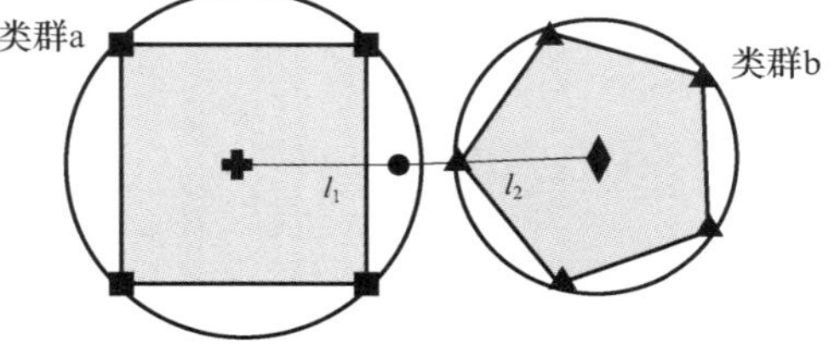

图6.50　kNNS算法分类识别原理

6.4.4　仿真实验

基于自适应C－互等比标准差和kNNS的高光谱图像目标聚类方法是一种对同类样本目标的扩展聚类搜索方法,其有效性直接反映为识别目标类别的正确性。为对算法分类识别的正确性进行验证,将基于自适应C－互等比标准差和kNNS

目标聚类算法(AC-std+kNNS)、基于欧氏距离的分类算法(ED)、K-Means 聚类算法、基于光谱夹角的分类算法(SAM)、基于支持向量机分类算法(SVM)、基于自适应 C-等比标准差的分类算法(AC-std)和基于欧几里得距离和 kNNS 的(ED+kNNS)等 7 种算法进行对比实验。

实验数据所用的高光谱数据分别为:美国 Indian Pine 高光谱图像和 Sandi ego 海军实验基地高光谱图像、青海湖地区高光谱图像。

算法运行环境为:Windows XP,CPU 主频 2.5GHz,内存 2G。

3 组高光谱数据所对应的训练样本分布如图 6.40、图 6.41 和图 6.42 中的图(a)所示,各类检验样本数量如表 6.12 所示,检验样本分布如图 6.51(a)、(b)、(c)所示。

表 6.12 高光谱图像各类检验样本数量情况(单位:个)

	第 1 类地面目标	第 2 类地面目标	第 3 类地面目标
Indian Pine 高光谱数据	1294(树林)	489(干草地)	968(大豆)
Sandi ego 高光谱数据	125(飞机)	334(跑道)	244(草坪)
青海湖高光谱数据	3896(湖面)	545(植被)	2287(荒地)

1)仿真实验一

利用 Indian Pine 高光谱图像将 7 种算法进行对比实验。实验中选择树林(Woods),干草地(Hay-windrowed)和大豆地(Soybeans-notill)3 类典型地物作为主要研究对象。所用算法对 3 类地物的目标聚类结果如图 6.52(a)、(b)和(c)所示,7 种算法对高光谱图像的分类精度结果见表 6.13。

表 6.13 七种算法对 Indian Pine 高光谱图像的分类精度

	种类	ED	K-Means	SAM	SVM	AC-std	ED+kNNS	AC-std+kNNS
分类精度	树林	84.85%	81.22%	93.66%	99.69%	98.22%	99.61%	99.30%
	干草地	76.89%	79.55%	82.62%	99.80%	93.46%	100%	100%
	大豆	32.13%	31.61%	94.52%	83.68%	80.06%	71.28%	93.80%
	平均值	64.62%	64.13%	90.27%	94.39%	90.58%	90.30%	97.70%
	总精度	64.89%	63.47%	92.00%	94.07%	90.99%	89.71%	97.49%
Kappa 系数		0.5626	0.5519	0.8812	0.9002	0.8670	0.8396	0.9602

结合仿真实验一的分类结果图和分类精度表可以看出,ED 算法分类精度普遍较低,特别是对于大豆地其分类精度只有 32.12%,这是因为欧几里得距离仅仅根据各光谱维向量的差值大小度量各类样本之间的相似度,对于光谱差异较大的多类样本很难实现准确分类识别。K-Means 聚类算法由于没有使用到训练样本的先验信息,其分类精度也不高,对于大豆地其分类精度只有 31.61%,在精确分

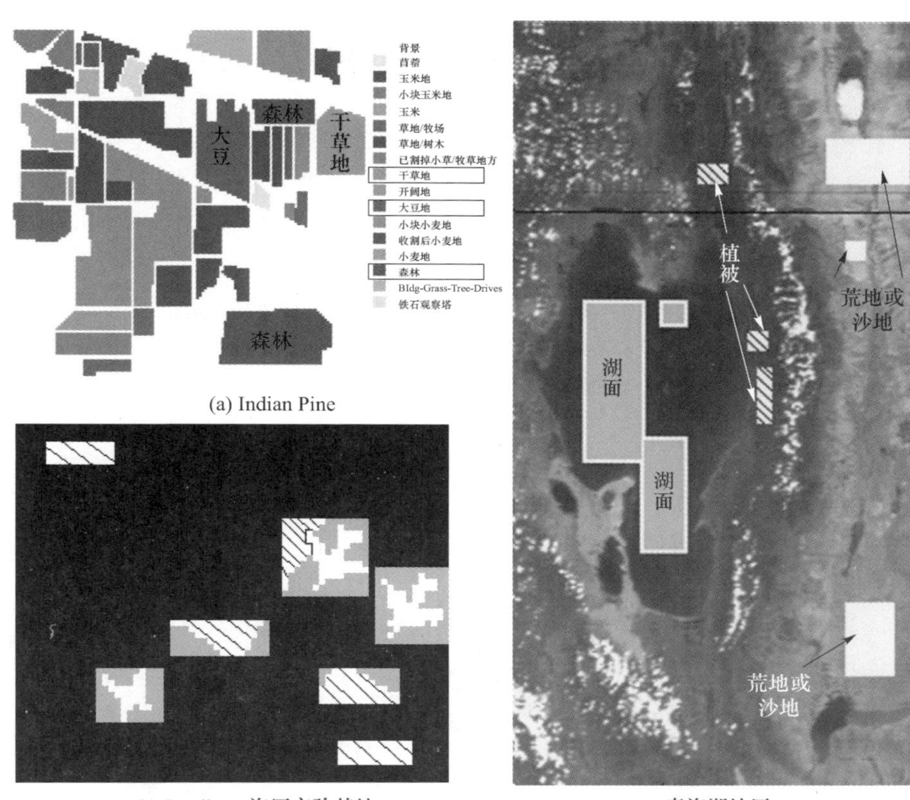

(a) Indian Pine

(b) Sandi ego海军实验基地

(c) 青海湖地区

图 6.51　3 类地区高光谱检验样本分布情况(见彩图)

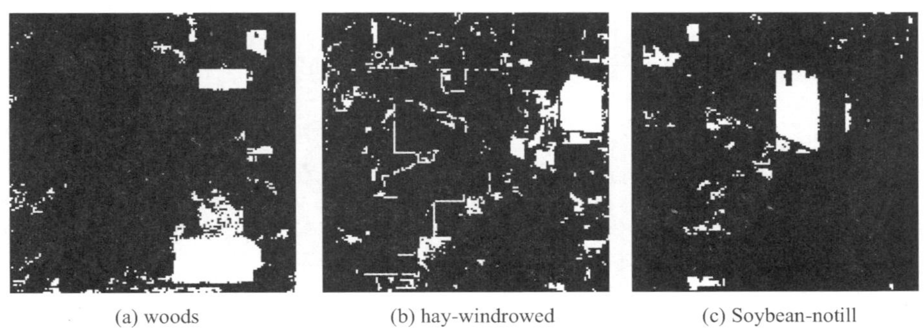

(a) woods　(b) hay-windrowed　(c) Soybean-notill

图 6.52　AC - std + kNNS 算法对 Indian Pine 图像中 3 类地物的分类结果

类识别方面该算法应用价值有限。SAM 算法和 SVM 算法总分类精度在 90% 左右,基本上能实现各类目标主体区域的识别,但对目标区域边缘和细节处分类识别准确性较差。AC - std 算法的总分类精度为 90.99%，Kappa 系数为 0.8670，其分类精度优于 ED 算法，略低于 SAM 和 SVM 算法。由此可见，在 Indian Pine 高光谱图像中自适应 C - 互等比标准差测度的分类识别效果优于欧几里得距离，而略差于 SAM 和 SVM 算法。ED + kNNS 算法将欧几里得距离应用到 kNNS 算法中，属于传统的未改进 kNNS 算法，从表 6.13 中可知，ED + kNNS 算法较 ED 算法的分类精度有较大改善，总分类精度达到 89.71%，略低于 AC - std 算法。

基于自适应 C - 互等比标准差测度和 kNNS 的目标聚类算法将自适应 C - 互等比标准差测度应用到 kNNS 算法中，提高了算法分类识别的整体精度，其分类精度优于其他 6 种算法，分类结果图能较为准确地反映各类目标的真实分布情况。

2）仿真实验二

实验二利用 Sandi ego 海军实验基地的高光谱图像将 7 种算法进行对比实验。分类实验以飞机、跑道和荒地 3 类典型地物作为感兴趣目标，提出的算法对 3 类地物的目标聚类结果如图 6.53（a）、（b）和（c）所示，7 种算法对高光谱图像的分类精度结果见表 6.14。

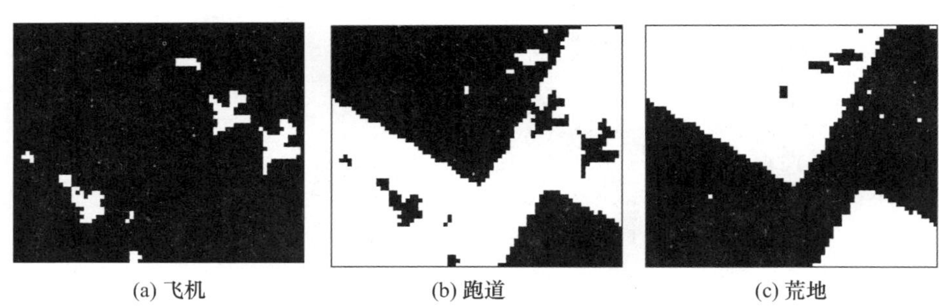

(a) 飞机　　(b) 跑道　　(c) 荒地

图 6.53　AC - std + kNNS 算法对 Sandi ego 图像中 3 类区域的分类结果

表 6.14　7 种算法对 Sandi ego 高光谱图像的分类精度

	种类	ED	K - Means	SAM	SVM	AC - std	ED + kNNS	AC - std + kNNS
分类精度	飞机	50.40%	46.40%	95.20%	98.40%	93.60%	87.20%	98.40%
	跑道	88.62%	86.83%	87.43%	88.02%	88.92%	85.93%	88.92%
	荒地	99.59%	98.77%	98.36%	98.36%	99.59%	99.59%	99.59%
	平均值	79.54%	77.33%	93.66%	94.93%	94.04%	90.91%	95.64%
	总精度	85.63%	83.78%	92.60%	93.46%	93.46%	90.90%	94.31%
Kappa 系数		0.7055	0.6785	0.8785	0.8970	0.8986	0.8561	0.9104

7 种算法对荒地样本点的识别效果整体较好，对跑道类样本分类识别精度相对较低，在 87% 左右，而对于飞机类样本，各个算法分类识别效果各不相同。基于 ED 的分类算法和 K－Means 聚类算法对飞机类样本分类识别精度较低，ED 算法为 50.40%，K－Means 聚类为 46.40%；传统的基于 ED 的 kNNS 算法对样本的分类效果一般，分类精度为 87.20%；而 AC－std 算法和 SAM 算法的分类精度在 93%～95% 左右，SVM 算法和提出的算法对飞机类样本的分类精度较好，都在 98% 以上。

结合图 6.53(b) 中飞机光谱曲线和跑道光谱曲线空间分布情况，可以得出呈现以上各种算法对各类地物样本分类精度优劣不同的主要原因是：在以横轴为波段数的光谱空间中，飞机类样本光谱簇所覆盖的空间较大，而跑道类样本光谱簇空间几乎全部被飞机样本的光谱簇空间所覆盖，但两类样本光谱簇的光谱曲线变化趋势各不相同，对这种不同点 ED 算法并不能准确加以区分，而 SAM、SVM 和 AC－std等算法能较好地识别光谱曲线此类差异。

3）仿真实验三

实验三所用数据为 CMODIS 扫描青海湖地区获得的高光谱图像，以 7 种算法进行分类对比实验。实验选择湖面、植被区和荒地或沙地区域作为主要研究对象。提出的算法对 3 类地物的目标聚类结果如图 6.54(a)、(b) 和 (c) 所示，7 种算法对高光谱图像的分类精度结果见表 6.15。

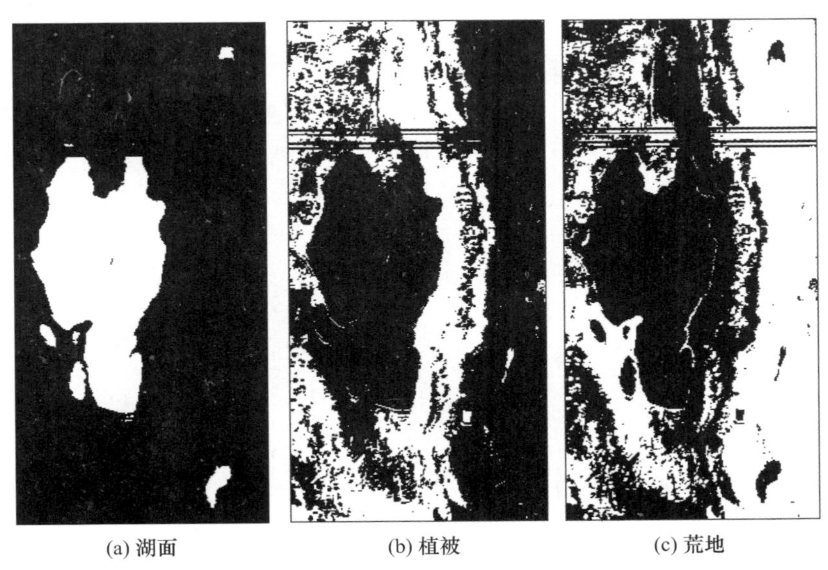

(a) 湖面　　(b) 植被　　(c) 荒地

图 6.54　AC－std＋kNNS 算法对青海湖地区图像 3 类地物的分类结果

表 6.15　7 种算法对青海湖地区高光谱图像的分类精度

	种类	ED	K - Means	SAM	SVM	AC - std	ED + kNNS	AC - std + kNNS
分类精度	湖面	100%	99.74%	100%	99.20%	98.67%	97.87%	100%
	植被	99.63%	98.35%	98.53%	86.61%	99.82%	99.82%	100%
	荒地	62.40%	61.96%	88.11%	92.79%	96.72%	95.06%	99.96%
	平均值	87.34%	86.68%	95.55%	92.87%	98.40%	97.58%	99.99%
	总精度	87.19%	86.79%	95.84%	96.00%	98.10%	97.07%	99.99%
Kappa 系数		0.7911	0.7850	0.9268	0.9293	0.9660	0.9484	0.9997

通过对实验三的分类结果图和分类精度表进行分析可知，由于 CMODIS 成像光谱仪成像质量较高，各类地面目标光谱曲线空间分布交叠区域较少，因此，除 ED 算法外，其他 6 种算法对 3 类地面目标的分类识别精度都普遍较高。ED 算法和 K - Means算法对荒地的分类效果较差，许多样本未能准确识别；SAM 算法对荒地的分类效果一般，但相对于 ED 算法有较大的提高，精度达到 86.11%；SVM 算法对植被分类效果相对较差，分类精度只有 86.61%；基于 AC - std 的分类算法对 3 种地物的分类精度都在 96% 以上，优于 ED、SAM、SVM 和 ED + kNNS 算法；将 AC - std加入到 kNNS 算法中以后，对高光谱图像中与训练样本同类的各个像素点的分类识别精度进一步得到提高。由此可见，提出的基于 AC - std 和 kNNS 的目标聚类算法确实实现了同类样本的精确扩展聚类或分类。相对于传统 kNNS 算法，AC - std + kNNS 算法对同类样本的分类识别精度有较大的提高，总分类精度优于在高光谱图像目标分类识别中常用的 ED、K - Means、SAM 和 SVM 等算法。

仿真结果表明，所提出的基于自适应 C - 互等比标准差和 kNNS 的目标聚类算法优于多种目标聚类和分类识别方法，该方法可以对高光谱侦察图像中的各类目标精确识别及分类，在面向目标侦察的高光谱数据处理中有着重要的应用价值。

6.5　海背景目标的合成属性检测

航天遥感成像能够大范围获取地面海面目标信息，提供目标和背景的大量光谱和图像数据，但是对于以海面为背景的水面、浅水下、海洋上空的运动小目标，绝大部分图像数据都对应的是背景，目标数据很少。所以，基于航天遥感图像对这类小目标进行检测存在很大困难。本节以海背景目标检测为背景，探讨航空航天遥感图像有效融合检测目标的问题，提出了一种运用三维高斯 - 马尔科夫随机场(GMRF)模型和 D - S 证据理论相结合，将航空遥感图像与航天遥感图像分别通过三维 GMRF 检测器，得到航空航天图像目标检测结果，然后根据 D - S 证据理论对

空天图像检测结果进行决策层次的融合,最终实现基于空天侦察图像的目标检测,实现空天遥感成像的优势互补和检测信息融合处理,有效地提高目标检测精度和准确度。

6.5.1　融合原理

基于三维 GMRF 的目标检测算法首先假设遥感图像服从 GMRF 分布,根据加性数据模型和目标检测二元假设模型,将遥感图像中背景杂波视为服从多元高斯分布的随机信号,将目标光谱看作确定性信号。然后将遥感图像中各样本点在光谱-空间三维邻域范围内的像素点展开为列向量作为对应样本点的特征向量,以此特征向量构造广义似然比检测算子对异常目标进行检测。从观测向量中估计目标与背景。三维 GMRF 模型认为遥感图像的主体背景模型变化较小,在局部邻域上数据统计特征变化不明显,并且作为观测向量的各个马尔科夫窗口彼此独立[13-15]。与 RX 算法相比,三维 GMRF 算法避免了矩阵求逆的复杂运算,最后将得到的逆矩阵表达式应用到单边检测模型中实现异常检测。基于三维 GMRF 检测算法解决了传统异常检测算法对图像空间信息利用率不高和算法分类精度低的问题,在遥感图像目标检测与发现,特别是在海背景目标航空航天遥感探测中有着重要作用。

利用 D-S 证据理论对航空遥感图像检测结果和航天遥感检测结果进行信息融合。首先对基于 D-S 证据理论的信息融合方法进行建模,将航空遥感图像检测结果和航天遥感图像检测结果分别作为两条证据。对于这两条证据融合可以有两种方法:直接融合和基于准确性的融合方法。直接融合相当于认为航空遥感图像和航天遥感图像的检测结果具有同等权重,即具有相同重要性和可靠性。这样的假设通常不太合理,特别是在个别检测器受到严重干扰时将其检测结果直接进行 D-S 证据融合反而会降低整个空天融合目标检测方法的性能。实际应用中,基于三维 GMRF 的目标检测算法对航空航天遥感图像或不同的目标的探测发现识别的精确度各不相同,对空天遥感图像检测结果的准确性存在一定差异。因此这里主要采用基于准确性的融合方法对空天遥感图像检测结果进行信息融合。基于准确性的 D-S 融合方法能根据主观经验和各种检测算法对目标的检测精度,给各条证据赋予一定的权重,此权重为各种检测器准确性的反映。基于准确性的 D-S 融合方法是在综合考虑空天遥感图像、检测目标和算法性能的基础上进行的信息融合方法,因此利用基于准确性的 D-S 融合方法能有效地提高空天融合目标检测技术的准确性、可靠性和抗干扰能力。

6.5.2 算法设计

在 D－S 证据理论的基础上对空天融合检测模型的相关参数及处理步骤定义如下[16]：设识别框架 $\Theta=\{H_0,H_1\}$，其中，H_0表示未发现目标，H_1表示发现目标，航空成像遥感系统和航天成像遥感系统对于识别状态 H_0的决策信度为 B_{10}、B_{20}。航空成像遥感系统和航天成像遥感系统对于识别状态 H_1的决策信度为 B_{11}，B_{21}。对于各个目标检测系统的准确性采用系统识别概率 P_{ri}，$i=\{1,2\}$ 。检测器性能越好，对目标的发现识别概率越高，其对于系统的识别概率越大。将航空或航天遥感成像系统是否发现目标的决策信度定义为 B_{i1}、B_{i0}，$i=\{1,2\}$，分别乘以系统识别概率 P_{ri}得到新的决策信度 B'_{i1}，B'_{i0}，对于剩余决策信度 $1-B'_{i1}-B'_{i0}$赋予全集 Θ[17]。利用 D－S 证据融合理论将航空遥感图像目标检测结果和航天遥感图像目标检测结果进行信息融合，得到最终的空天融合检测决策信度 B_1、B_0。其基本步骤如下：

（1）将基于航空遥感图像的三维 GMRF 检测器和基于航天遥感图像的三维 GMRF 检测器的决策信度 B_{i1}、B_{i0}分别乘以系统识别概率 P_{ri}，得到新的决策信度 B'_{i1}、B'_{i0}，其中，$B'_{i1}=P_{ri}B_{i1}$，$B'_{i0}=P_{ri}B_{i0}$。

（2）将基于航空遥感图像的三维 GMRF 检测器和基于航天遥感图像的三维 GMRF 检测器的结果分别作为一条证据。决策信度 B'_{i1}，B'_{i0}分别为识别状态 H_1 和 H_0 的基本信任分配函数 $m_i(H_1)$、$m_i(H_0)$，全集 Θ 的基本信任分配函数为 $m_i(\Theta)=1-B'_{i1}-B'_{i0}$。

（3）在同一识别框架 Θ 中存在两批证据 A 和 B，其分别对应基本概率赋值函数 $m_1(\mathrm{A})$和 $m_2(\mathrm{B})$，根据 Dempster 提出的证据合成原理，得到两批证据 A 和 B 经 D－S 证据合成后的系统综合基本概率赋值函数

$$m(\mathrm{A})=\begin{cases}\dfrac{\sum\limits_{\mathrm{A}_i\cap \mathrm{B}_i=\mathrm{A}} m_1(\mathrm{A}_i)m_2(\mathrm{B}_j)}{1-K} & A\neq\Phi\\ 0 & A=\Phi\end{cases}\tag{6.41}$$

式中：

$$K_{\mathrm{D-S}}=\sum_{A_i\cap B_i=\Phi} m_1(A_i)m_2(B_j)\tag{6.42}$$

式中：$K_{\mathrm{D-S}}$通常被称为证据冲突额度，从而根据式(6.41)进行证据融合，获得 D－S 证据融合后的决策信度 $B_1=m(H_1)$，$B_0=m(H_0)$。

（4）比较 D－S 融合后的决策信度，根据式(6.43)得出融合检测结果，其中 $\eta_{\mathrm{D-S}}$为检测阈值。

$$(B_1 - B_0) \underset{H_0}{\overset{H_1}{\gtrless}} \eta_{D-S} \tag{6.43}$$

基于三维 GMRF 与 D - S 证据理论的空天融合目标检测算法能够改善单独基于航天或航空遥感图像的传统目标检测算法的探测概率和虚警概率。算法的基本流程如图 6.55 所示。

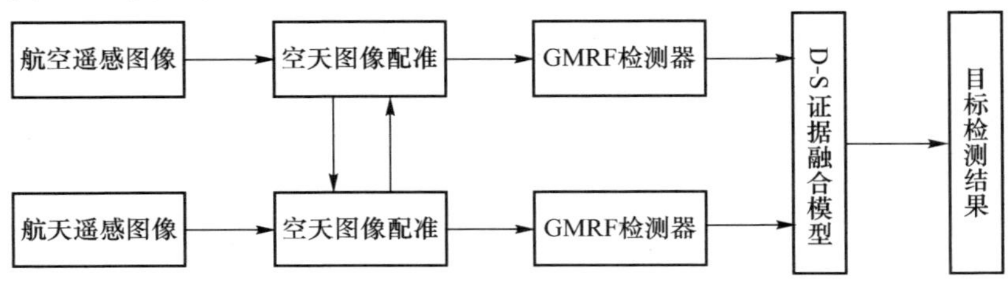

图 6.55　基于三维 GMRF 与 D - S 证据理论的空天融合检测算法基本流程

在图 6.55 中，空天融合目标检测中所用的航空遥感图像和航天遥感图像，可以来自不同的平台或不同传感器，这样输入整个检测系统的图像信息含量更加丰富，更有利用目标检测识别。但是由于同时相、同地区的航空和航天图像一般难以同时获得，因此可以在已知航空遥感图像的基础上，进一步采用空天一体图像融合建模仿真方法得到对应的航天遥感图像，再以此两幅图像进行空天融合目标检测。

在空天 D - S 证据融合模型中，航空和航天图像通过单个三维 GMRF 检测器的目标识别概率 P_{ri} 可以根据主观经验或算法的检测精度进行赋值。在三维 GMRF 检测器的检测结果图中各像素点的值为 GMRF 统计距离，将此统计距离进行归一化处理后作为各个像素点位置上有无目标时的决策信度 B_{i1}、B_{i0}，以此完成 D - S证据融合模型中各初始参数赋值。

6.5.3　仿真实验

实验数据为 AVIRIS 获取的美国 Sandi ego 海军实验基地遥感图像，其航天遥感图像通过空天转换仿真与建模方法变换得到[18,19]。实验目的为对图像中的飞机目标点进行检测，发现图像中的飞机目标，确定飞机目标的位置坐标。因此实验中只对遥感图像中飞机目标分布比较明确的区域进行检测。图 6.56(a)中黑色多边形内的区域为算法检验区域，检验区域内的小多边形区域表示待检测的飞机样本点。整个检验区域二值化标定后其分布情况如图 6.56(b)所示。对飞机样本点的二值化标定后其分布情况如图 6.56(c)所示，其中背景像素点 4522 个，小飞机样本点 190 个。

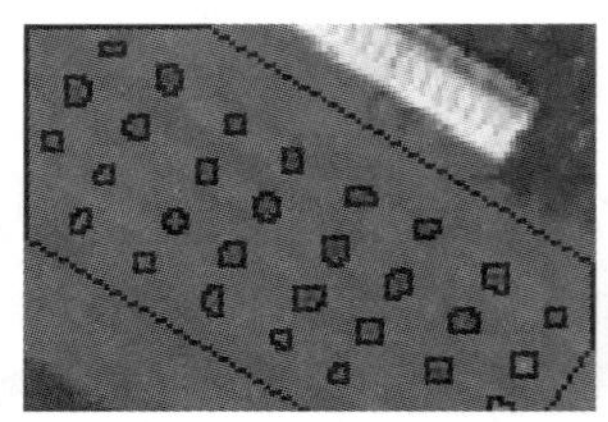
(a) 检验区域和飞机样本分布情况

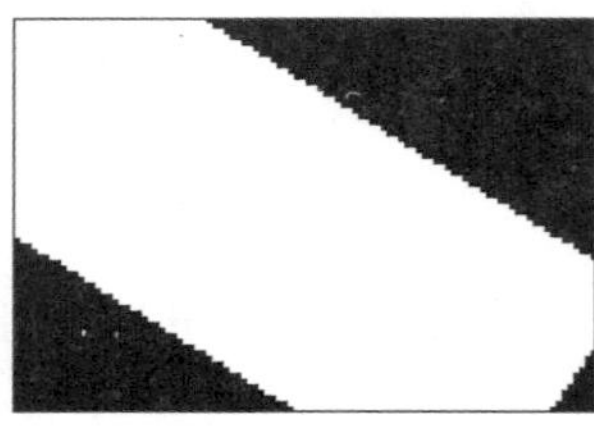
(b) 二值化标定后的检验区域分布情况

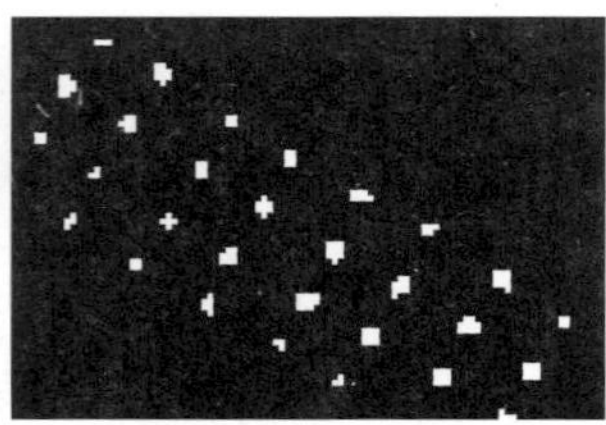
(c) 二值化标定后的飞机样本点分布情况

图 6.56 被检测目标分布图

根据空天融合检测算法基本方法和流程将航空遥感图像通过三维 GMRF 检测器的结果和航天遥感图像通过 GMRF 检测的结果按 D－S 证据理论进行决策融合,以此达到对飞机目标精确检测的目的。

实验中设基于航空图像的 GMRF 算法的识别概率 $P_{r1}=0.97$,基于航天图像的 GMRF 算法的识别概率 $P_{r2}=0.90$。在空天图像目标检测 D－S 证据融合中,将归一化的 GMRF 统计距离作为有无目标时的决策信度 B_{i1}、B_{i0}。由于航空和航天图像的 GMRF 统计距离图存在一定的尺度差异和背景杂波干扰,因此需要对 GMRF 统计距离图进行相关修正:

1) 尺度差异修正

航空遥感图像经过 GMRF 检测算法获得的 GMRF 统计距离图如图 6.57 所示,航天遥感图像经过 GMRF 检测算法获得的 GMRF 统计距离图如图 6.58 所示。由于航天遥感图像的 GMRF 统计距离图像的尺度为 25×35,而航空遥感图像的 GMRF 统计距离图像的尺度为 70×100。为使两幅图像的各像素点能一一对应,这里将航天遥感图像的 GMRF 统计距离图像进行双三次插值修正,将其尺度放大到 70×100,以实现 D－S 证据融合前各像素点对应决策信度配准。修正后的 GMRF统计距离图像如图 6.59 所示。

2) 背景杂波修正

从图 6.59 可以发现航天遥感图像的 GMRF 检测结果图像的左下角和右上角的非检测区域内存在较大的背景杂波干扰,在对应的 GMRF 统计距离图像中显示为较高的突出峰。此部分区域的突出峰主要因固定了检测算法背景窗口而引起,并且部分区域处于遥感图像的非检验区内,因此为了减小此类背景杂波对目标检测精度的影响,将此部分的 GMRF 距离统一置为 0,以消除背景杂波的影响。去除背景杂波后的 GMRF 统计距离如图 6.60 所示。

根据此前的空天图像目标检测 D－S 证据融合方法计算得到空天遥感图像融合检测算法在有无目标时的决策信度分别为 B_1、B_0,其对应的基本概率分布如图

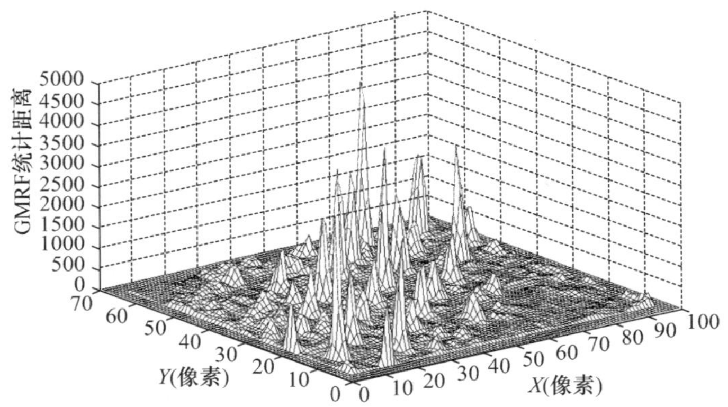

图 6.57　航空遥感图像 GMRF 统计距离图

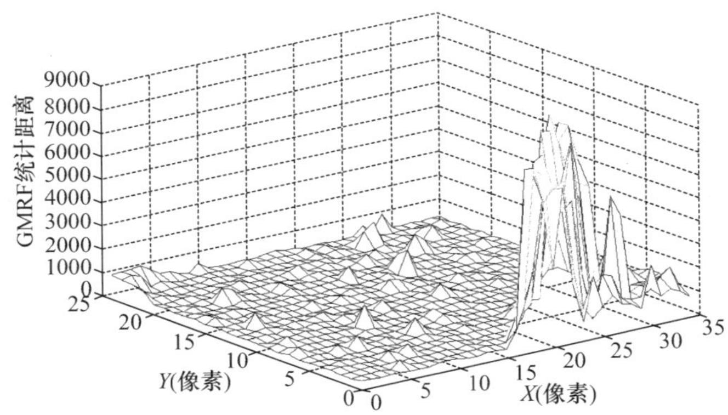

图 6.58　航天遥感图像 GMRF 统计距离图

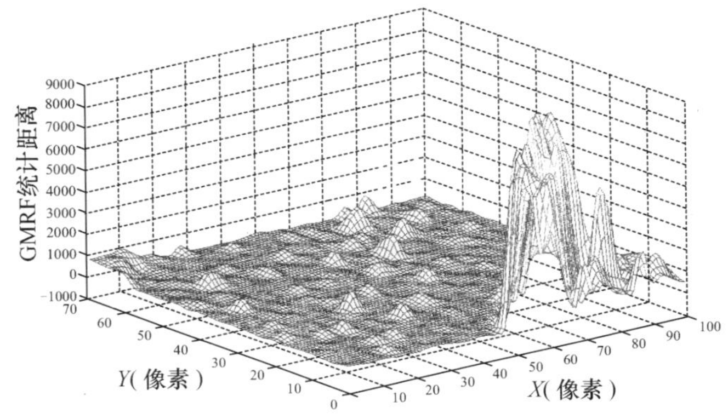

图 6.59　航天遥感图像双 3 次插值后的 GMRF 统计距离图像

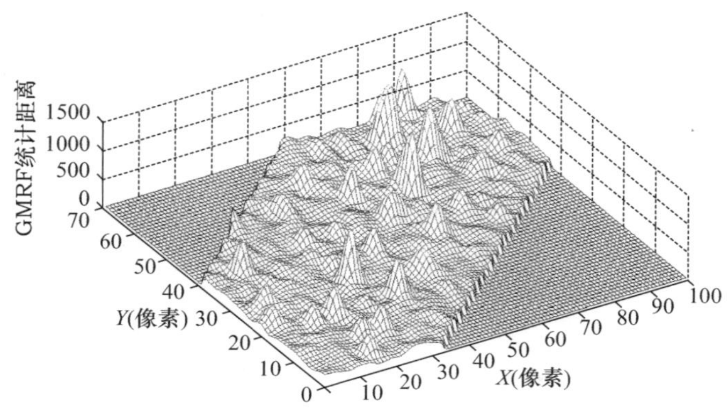

图 6.60　去除非检验区的背景杂波后的 GMRF 统计距离图像

6.61 和图 6.62 所示。通过设定不同的检测阈值即可计算得到基于三维 GMRF 和 D－S 证据理论的空天融合目标检测结果。为验证算法的有效性,这里采用 ROC 曲线来对本算法与 RX 算法、自适应匹配滤波(AMF)和正交子空间投影(OSP)三种经典目标检测算法进行对比实验,对目标检测的 ROC 曲线如图 6.63 所示。

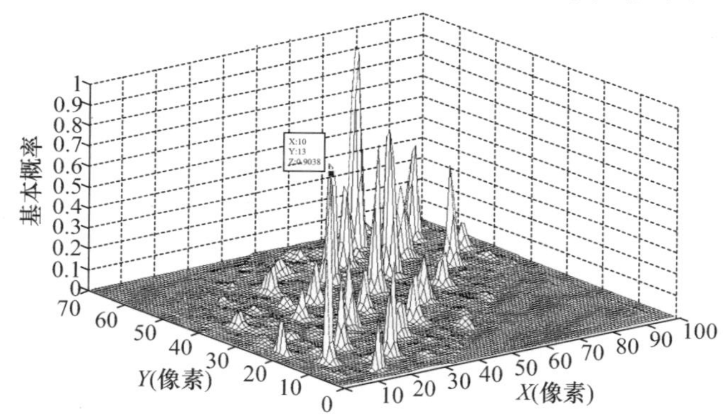

图 6.61　D－S 证据融合后目标存在时(H_1)的基本概率

从 ROC 曲线图中可以看出通过 D－S 证据融合后的空天融合目标检测算法在 ROC 曲线在整个坐标空间的分布更偏左上角,该算法整体性能优于单独的基于航空遥感图像或航天遥感图像的 GMRF 目标检测算法。图 6.64 为基于 GMRF 和 D－S 证据理论的空天融合目标检测算法在检测概率为 0.935,虚警概率为 0.037 时对飞机样本点的检测结果图。

通过此节的理论分析和空天融合目标检测实验可以得出:基于三维 GMRF 和 D－S 证据理论的空天融合目标检测算法对目标检测性能整体优于对比算法。空天融合目标检测算法将空天遥感图像的目标检测结果以像素为单元进行决策融

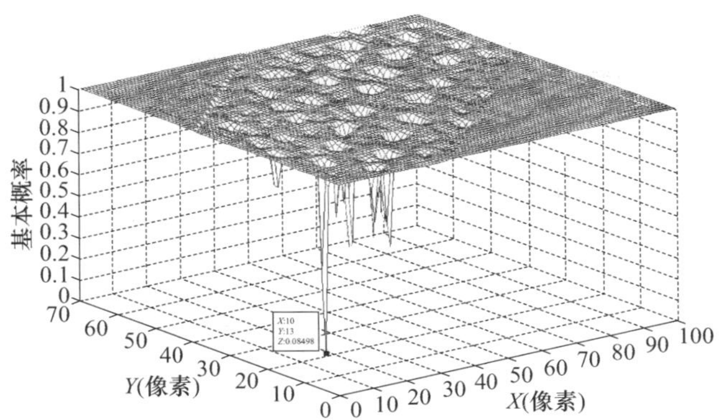

图6.62 D-S证据融合后目标不存在时(H_0)的基本概率

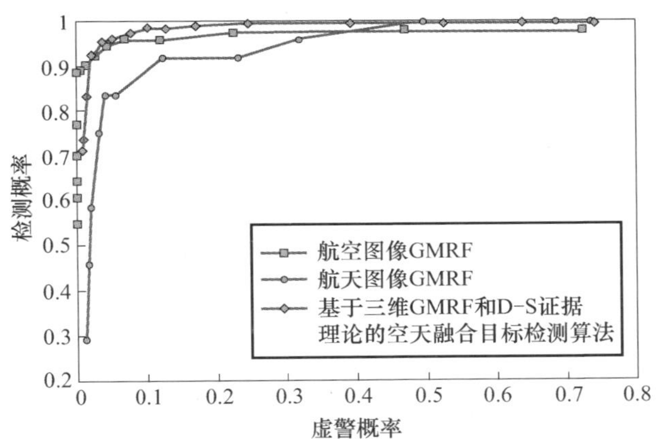

图6.63 基于GMRF和D-S证据理论的空天融合目标检测算法ROC曲线

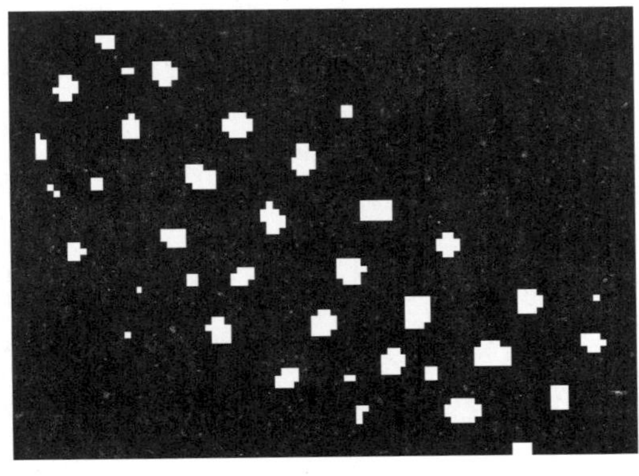

图6.64 基于GMRF和D-S证据理论的空天融合目标检测算法检测结果图(检测概率:0.935,虚警概率:0.037)

合,实现了空天遥感图像优势互补及对目标的精确探测。从目标检测算法 ROC 曲线可以看出,空天融合目标检测算法在相同虚警率条件下能达到更高的目标检测概率。在多种目标检测算法对比中,空天融合目标检测算法的 ROC 曲线处于最左上角,其整体算法优于其他对比算法。从检测结果图还可以看出,空天融合目标检测算法的检测结果与飞机目标的真实分布较为相近,目标检测准确性优于单独基于航天或航空图像的三维 GMRF 目标检测算法。

参考文献

[1] Koenderink J. J. The structure of images[J]. Biological Cybernetics,1984,50:363 – 370.

[2] Lindeberg T. Scale – space theory:a basic tool for analyzing structures at different scales[J]. Journal of Applied Statistics,1994,21(2):224 – 270.

[3] 陈冰,赵亦工,李欣. 基于高斯尺度空间的末制导目标跟踪方法[J]. 兵工学报,2009,30(5):561 – 566.

[4] 罗菊花,黄文江,顾晓鹤,等. 基于 PHI 影像敏感波段组合的冬小麦条锈病遥感监测研究[J]. 光谱学与光谱分析,2010,30(1):184 – 187.

[5] Ritter G X, Urcid G. A lattice matrix method for hyperspectral image unmixing [J]. Information Sciences, 2011, 181(10):1787 – 1803.

[6] Wang L G, Deng L Q. Hyperspectral imagery classification aiming at protecting classes of interest [C]. 2009 WRI World Congress on Computer Science and Information Engineering(CSIE), 2009, 7: 144 – 147.

[7] Mathieu F, Benediktsson J A, Chanussot J, et al. Spectral and spatial classification of hyperspectral data using SVM and morphological profiles[J]. IEEE Transactions Geoscience Remote Sensing, 2008, 46(11): 3804 – 3814.

[8] 周爽. 蚁群算法在高光谱图像降维和分类中的应用研究[D]. 哈尔滨:哈尔滨工业大学, 2010: 32 – 34.

[9] Zhang B, Sun X, Gao L R, et al. Endmember extraction of hyperspectral remote sensing images based on the ant colony optimization algorithm [J]. IEEE Transactions on Geoscience and Remote Sensing, 2011, 49(7): 2635 – 2646.

[10] Zhang Y, Zhang J P, Jin M, et al. Adaptive subspace decomposition and classification for hyperspectral images[J]. Chinese Journal of Electronics, 2000, 9(1): 8288 – 8296.

[11] Peng H C, Long F, Ding C. Feature selection based on mutual information criteria of max – dependency[J]. IEEE Transactions on Pattern Analysis and Machine Intelligence, 2005, 27(8): 1226 – 1238.

[12] 尹继豪,王义松. 高光谱遥感影像中最佳谱段的快速选择方法[J]. 遥感信息, 2010, 3: 3 – 6.

[13] Hunt B R, Cannon T M. Nonstationary assumptions for gaussian models of images[J]. IEEE Transactions on Systems, Man, and Cybernetics, 1976, 12(6): 876 - 882.

[14] 王斯博. 高光谱图像奇异目标检测技术研究[D]. 哈尔滨：哈尔滨工业大学，2010.

[15] Moura J M F, Balram N. Recursive structure of noncausal Gauss - Markov random fields[J]. IEEE Transactions on Information Theory, 1992, 38(2):334 - 354.

[16] 杨风暴，王肖霞. D - S 证据理论的冲突证据合成方法[M]. 北京：国防工业出版社，2010.

[17] 孙即祥. 现代模式识别[M]. 长沙：国防科技大学出版社，2002.

[18] 顾有林，张冬英，易维宁，等. 基于航空图像的航天光学遥感器成像的仿真[J]. 系统仿真学报，2008，20(14)：3730 - 3732.

[19] 肖青，李敏. 机载光学图像至卫星光学图像转换方法研究[J]. 北京师范大学学报(自然科学版)，2007，43(3)：234 - 240.

[20] Jerne N K. The immune system[J]. Scientific American, 1973, 229(1):52 - 60.

[21] 陈善静,胡以华,孙杜娟,等. 基于高/多光谱图像空天一体融合仿真方法[J]. 物理学报，2013,62(20)：2042011 - 2042018.

[22] 陈善静，胡以华，石亮，等. 基于空 - 谱二维蚁群组合优化 SVM 的高光谱图像分类[J]. 光谱学与光谱分析，2013，33(8)：2192 - 2197.

[23] 陈善静，胡以华，孙杜娟，等. 基于非线性核空间人工免疫网络的高光谱遥感图像分类[J]. 红外与毫米波学报，2014，33(3)：289 - 296.

[24] Chen S J, Hu Y H, Xu S L, et al. The k - Nearest - Neighbor Simplex Based on Adaptive C - Mutual Proportion Standard Deviation Metric for Target Clustering of Hyperspectral Remote Sensing Imagery[J]. Journal of Applied Remote Sensing. ,2014, 8(1):083578 - 1 - 083578 - 18.

[25] 陈善静. 基于空天高光谱图像的 * * * * 技术研究[D]. 合肥：解放军电子工程学院，2011.

① 文献[20]参考本书未引用,仅为扩展阅读。

② 文献[21]~[25]为本章各节内容的小论文。

缩略语

AB	Antibody	抗体
AC – std	Adaptive C – mutual Standard Deviation	自适应 C – 互等比标准差测度
ACO – SVM	Ant Colony Optimization – Support Vector Machine	蚁群组合优化与支持向量机
AD	Analog Digital Converter	模数转换
AG	Antigen	抗原
AIN	Artificial Immune Network	人工免疫网络
AMF	Adaptive Matched Filter	自适应匹配滤波
AOM	Acousto – optical Modulators	声光调制器件
APD	Avalanche Photo Diode	雪崩光电二极管
ASD	Adaptive Subspace Decomposition	自适应子空间分解算法
AVIRIS	Airborne Visible Infrared Imaging Spectrometer	机载可见光/红外成像光谱仪
BPA	Basic Probability Assignment	基本概率赋值
CCD	Charge – Coupled Device	电荷耦合元件
CEM	Constrained Energy Minimization	约束能量最小化分类器
CMODIS	Chinses Moderate – resolution Imaging Spectroradiometer	中分辨力成像光谱仪
D – S	Dempster/Shafer	D – S 证据理论
DFB	Distributed Feedback	分布反馈式
DIAL	Differential Absorption Lidar	差分吸收激光雷达
DN	Digital Number	数字值
DOG	Difference of Gaussian	高斯差分
ECDL	External – Cavity Diode Lasers	外腔调谐半导体激光器
ED	Euclidean Distance	欧几里得距离
EDFA	Erbium – doped Optical Fiber Amplifier	掺铒光纤放大器

EMD	Empirical Mode Decomposition	经验模式分解法
GMRF	Gauss – Markov Random Field	高斯 – 马尔科夫随机场
HSI	Hue, Saturation, Intensity	色调,色饱和度和亮度模型
HSV	Hue, Saturation, Value	色调,色饱和度和明度模型
ICAO	International Civil Aviation Organization	国际民用航空组织
IMF	Intrinsic Mode Function	本征模函数
K – AIN	Kernel Mapping Artificial Immune Network	核空间人工免疫网络
KNN	k – Nearest Neighbor	k – 最近邻
KNNS	k – Nearest Neighbor Simplex	k – 最近邻单纯形
KTP	Potassium Titanium Phosphate	磷酸钛氧钾
LO	Local – Oscillator	本振光
LOG	Laplacian of Gaussian	高斯拉普拉斯
MK – SVM	Markov – Support Vector Machine	马尔科夫与支持向量机
MNF	Minimum Noise Fraction	最小噪声分离
MOPA	Master Oscillator Power Amplifier	主控振荡器的功率放大器
MUSCL	Monotonic Upwind Scheme for Conservation Laws	守恒定律的单调迎风格式
NASA	National Aeronautics and Space Administration	美国太空总署
OIF	Optimum Index Factor	最优索引因子
OPO	Optical Parametric Oscillator	光学参量振荡器
OSP	Orthogonal Subspaces Projection	天交子空间投影
PBS	Polarizing Beam Splitter	偏振分束器
PCA	Principal Component Analysis	主成分分析
PID	Proportion Integral Derivative	比例 – 积分 – 导数控制器
PMC	Polarizing Maintaining Coupler	保偏耦合器
PMT	Photomultiplier Tube	光电倍增管
PPI	Plan Position Indicato	平面位置显示
PPP	Pulse Pair Processing	脉冲对处理
PZT	Piezoelectric Ceramic Transducer	压电陶瓷
QUICK	Quadratic Upwind Interpolation	二次迎风插值
RBF	Radial Basis Function	径向基核函数
RGB	Red, Green, Blue	红绿蓝颜色模型

RHI	Range Height Indicator	距离高度显示器
RMS	Root Mean Square Error	根均方误差
ROC	Receiver Operating Characteristic Curve	受试者工作特征曲线
ROI	Region of Interest	感兴趣区域
RX	Reed Xiaoli	RX 异常检测算法
SAM	Spectral Angle Mapping	光谱角制图算法
SFFS	Sequential Floating Forward Search	顺序浮动向前搜索算法
SIFT	Scale Invariant Feature Transform	尺度不变特征变换
SNR	Signal to Noise Ratio	信噪比
SNR	Signal – Noise Ratio	信噪比
SVDD	Support Vector Data Description	支持向量数据描述
SVM	Support Vector Machine	支持向量机
VAD	Velocity Azimuth Display	速度方位显示
VAP	Velocity Azimuth Processing	速度方位处理
VVP	Volume Velocity Processing	体积速度处理

内容简介

目标衍生属性光电侦察技术是一种通过光电手段获取目标附属部分或由目标附带产生或目标特征合成，且反映其本质特征的衍生属性来进行目标探测、识别、跟踪和监视等的新型目标侦察方法。围绕着其概念内涵、基本原理和技术实现，本书分4个部分共6章进行系统探讨。第1部分着重介绍目标衍生属性提出的背景、概念内涵、产生与分类以及典型的目标衍生属性光电侦察方法；第2部分着重论述空中运动目标衍生属性的激光侦察，涉及大气风场扰动、尾涡和大气成分扰动3种衍生属性；第3部分系统阐述目标载体逆反射和标识两种衍生属性的可见光成像侦察；第4部分则针对图像合成属性侦察的关键，重点探讨地/海面目标的空天一体图像合成属性侦察处理问题。

本书既适合从事光电探测、目标侦察、战场监视、图像处理等领域的研究人员阅读和参考，也可作为有关专业高年级本科生和研究生的参考书。

Photoelectric reconnaissance Technology on derived attributes of targets is a new target reconnaissance and monitoring method to detect, identify, track and monitor a target by photoelectronic means of acquiring derived attributes that reflect the essential features of target attachment parts or those generated from the target or synthesized by target features. Based on the concept, connotation, basic principle and technical realization, this book is divided into four parts comprising six chapters in total for systematical discussion. Part one mainly introduces the background, concept, connation, generation and classification for the proposal of derived attributes of targets and typical reconnaissance methods for derived attributes of targets. Part two emphasizes laser reconnaissance on derived attributes of aerial moving targets, involving three derived attributes, i. e. disturbance of atmospheric wind fields, trailing vortexes and disturbance of atmospheric components. In Part three, the visible imaging reconnaissance on two derived attributes including retroreflection and identification of target carriers is systemically elaborated. Based on the key points of reconnaissance on image synthetic attributes, the last part mainly discusses the processing of synthetic attributes of integrated aerospace images of targets on the ground and sea surfaces.

This book can be used as a reference for researchers engaged in the fields of photoelectric detection, target reconnaissance, battlefield surveillance and image processing and as a reference book for senior undergraduates and postgraduates in relevant majors.

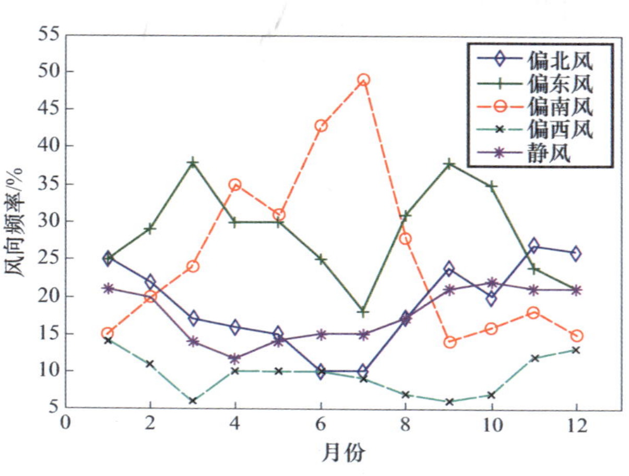

图 2.2　合肥近 30 年来各月各风向频率统计图

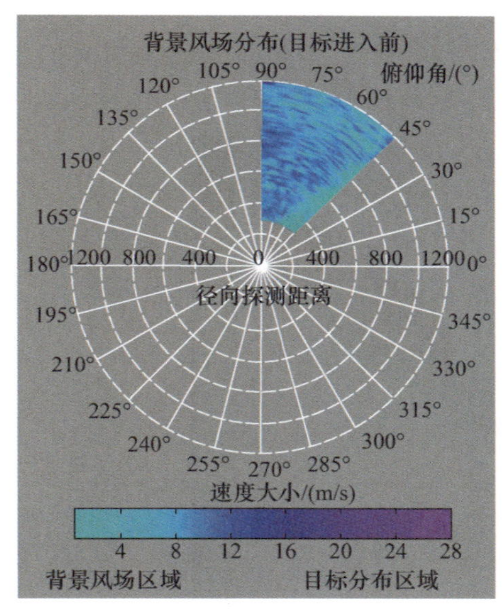

(a) 目标经过前

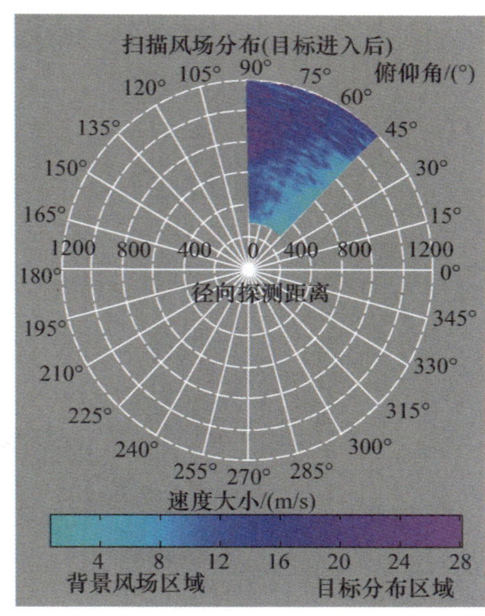

(b) 目标经过后

图 2.6　运动目标经过前后的风场分布示意图

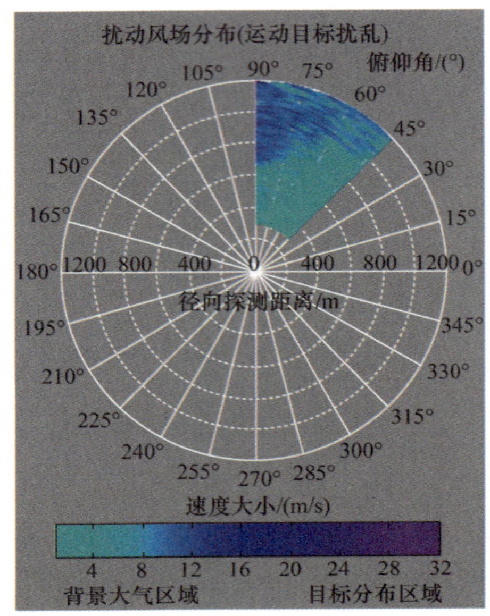

图 2.7　经运动目标扰动的扰动风场分布示意图

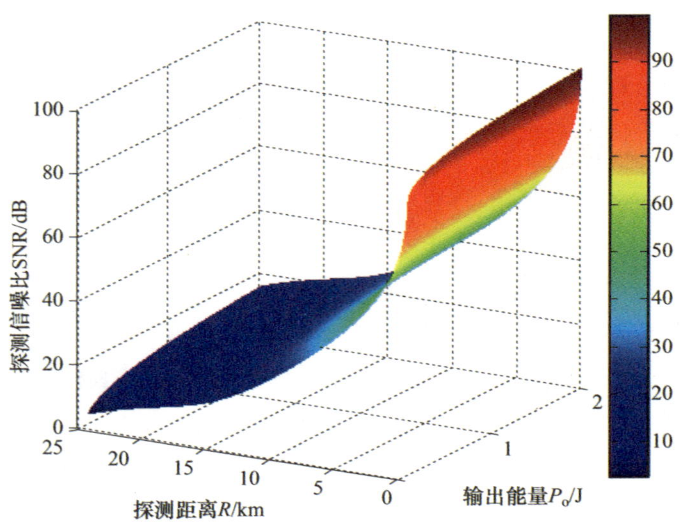

图 2.9　风场扰动探测信噪比随探测距离和输出能量的变化关系图

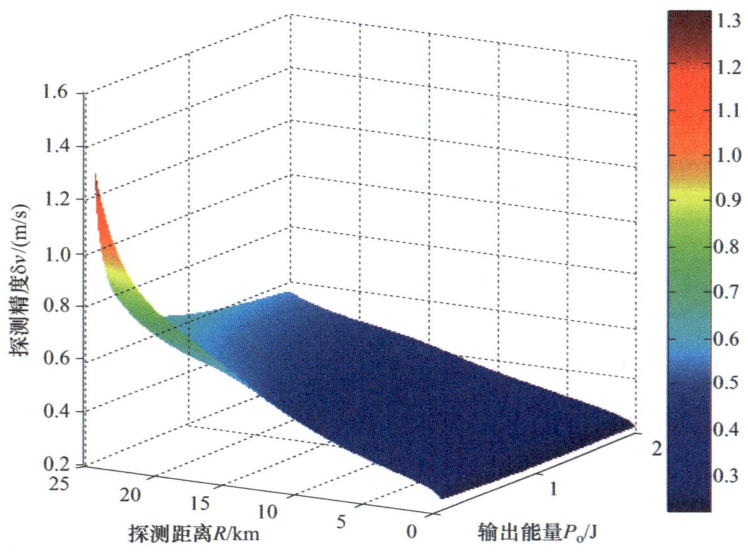

图 2.10　风场扰动激光探测精度随探测距离和输出能量的变化关系图

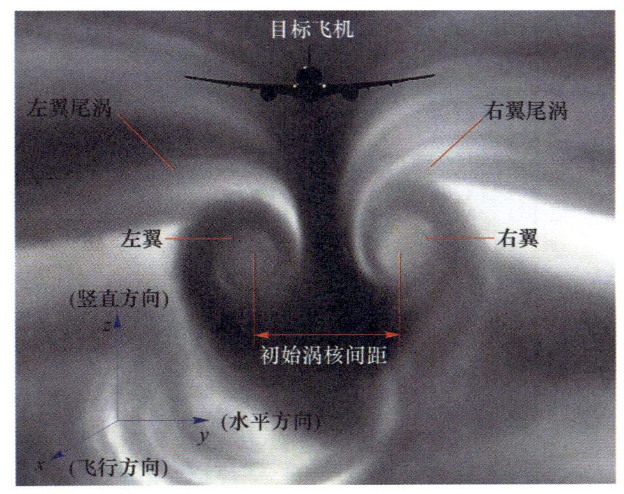

图 2.13　某民航客机的尾涡剖面照片

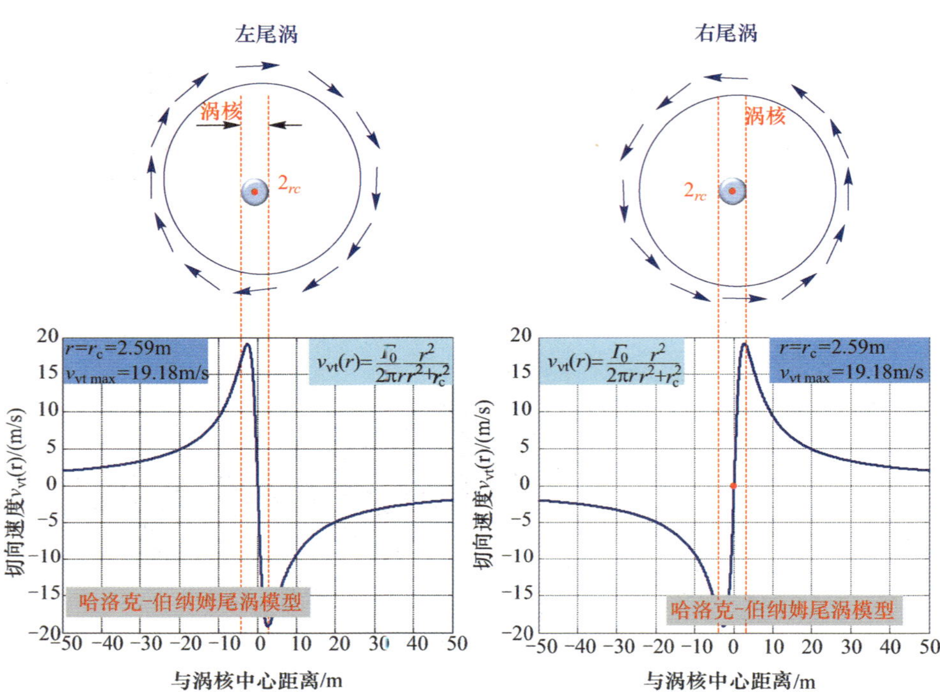

图 2. 15　飞机机翼生成的左、右尾涡旋转示意图

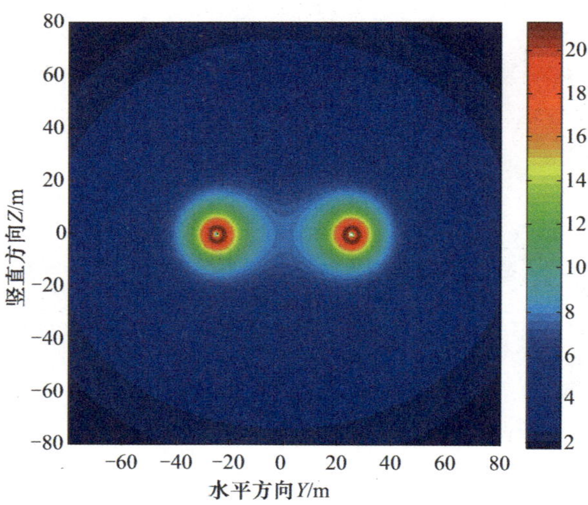

图 2. 16　A340 尾涡剖面的切向速度等值线图

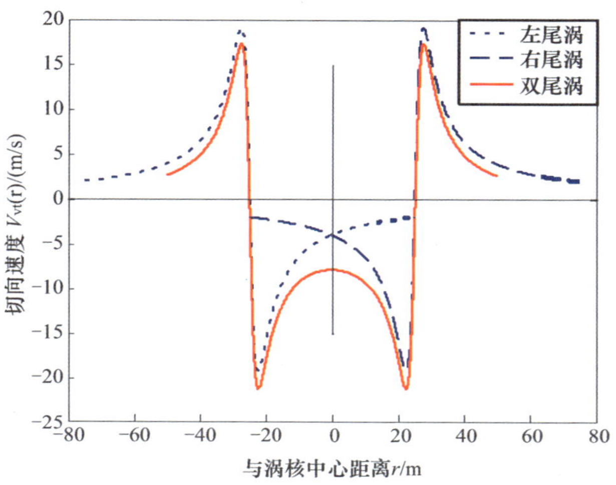

图 2.17　A340 尾涡剖面的切向速度分布曲线

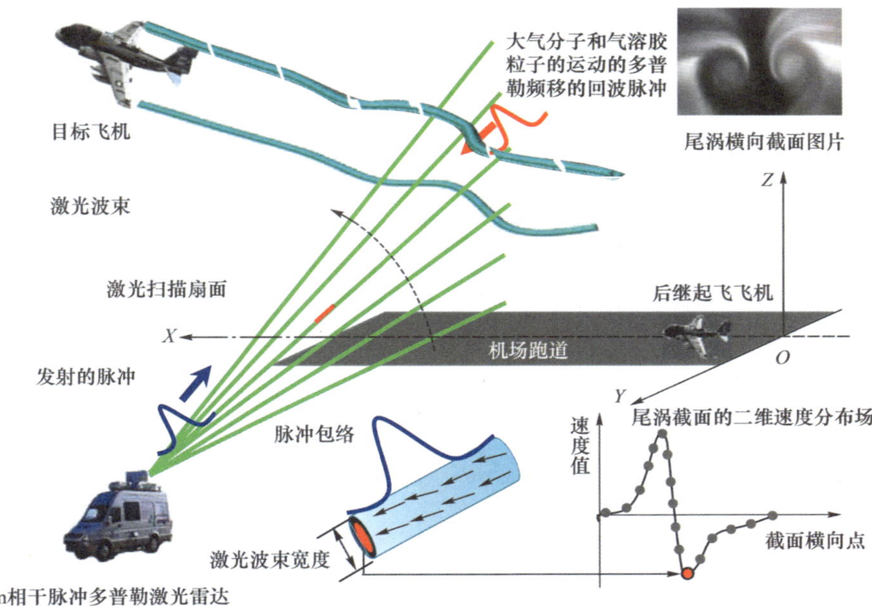

图 2.19　尾涡扰动场相干多普勒激光探测原理示意图

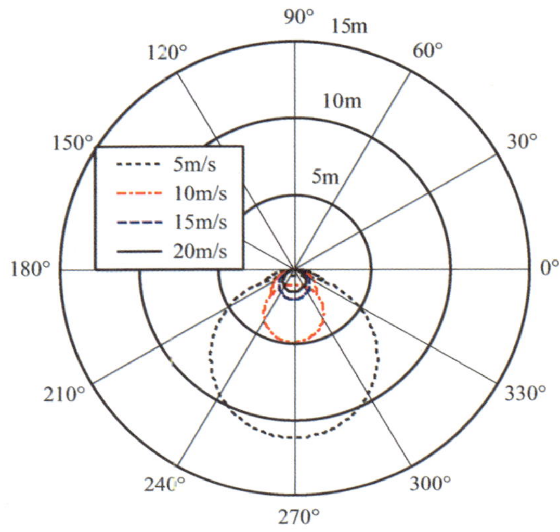

图 2.22　空客 A340 的等径向速度分布曲线

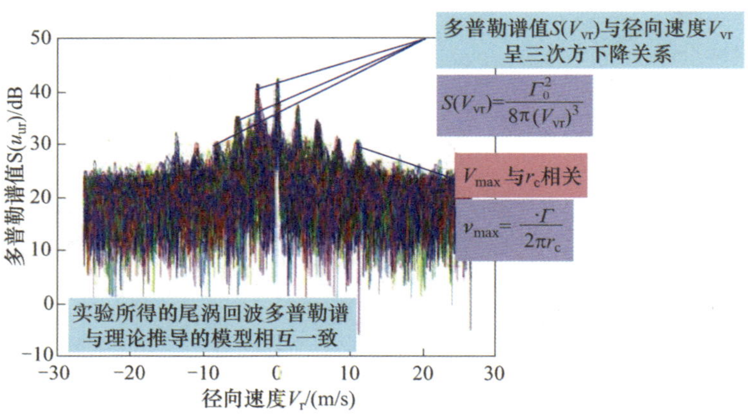

图 2.25　Thales 公司用雷达实测获取的尾涡回波多普勒谱

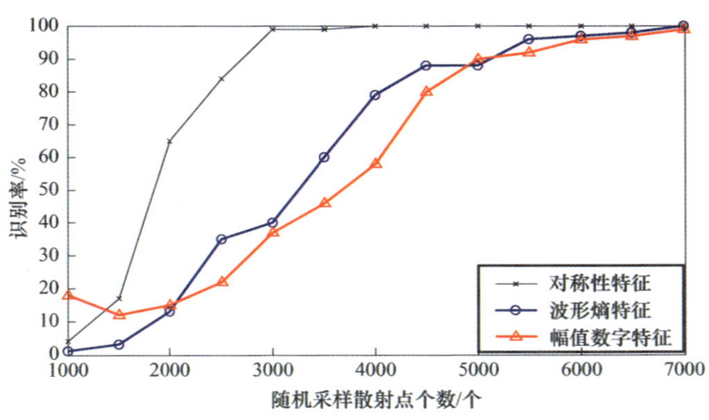

图 2.29　多普勒谱特征识别率与随机采样散射点个数间关系曲线

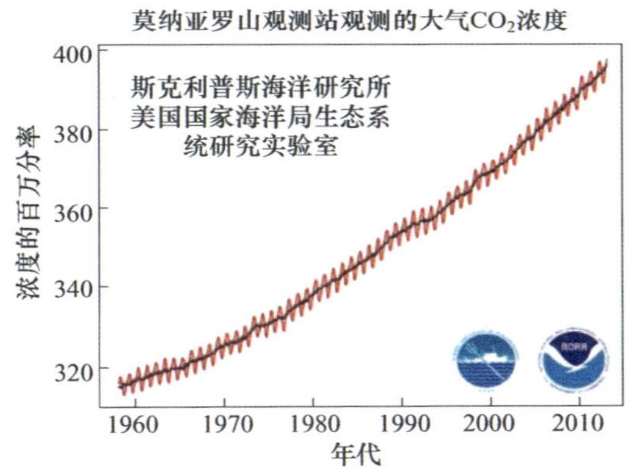

图 3.1　大气 CO_2 年平均浓度的增长情况

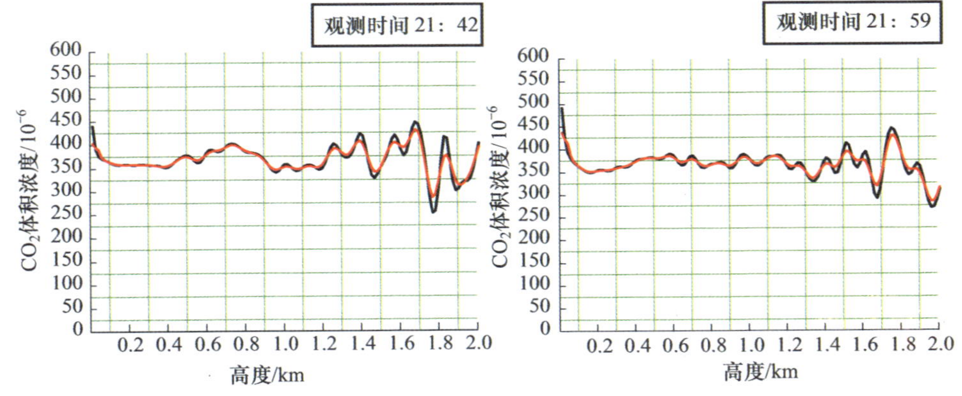

图 3.5　拉曼散射雷达实验测得合肥地区的 CO_2 浓度

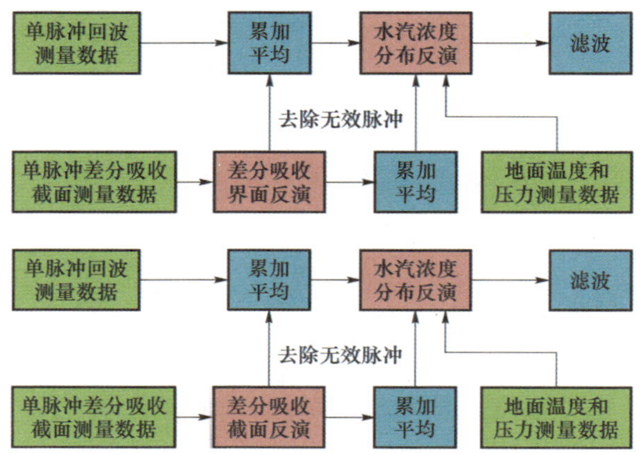

图 3.24 水汽浓度反演计算流程

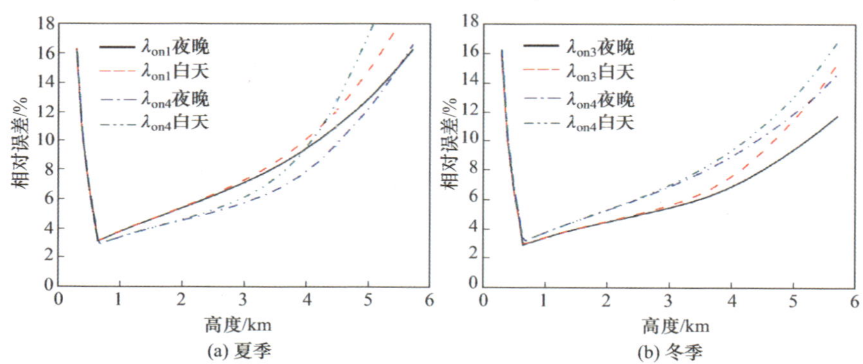

图 3.30 上海地区不同季节不同高度上水汽浓度探测相对误差的仿真结果

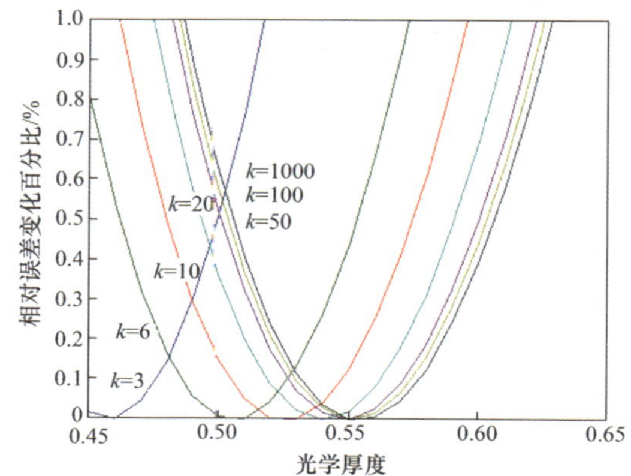

图 3.38 相对误差变化百分比随光学厚度 τ_1 值的变化曲线

(a) 可见光

(b) 近红外光

图 4.11　车牌的逆反射

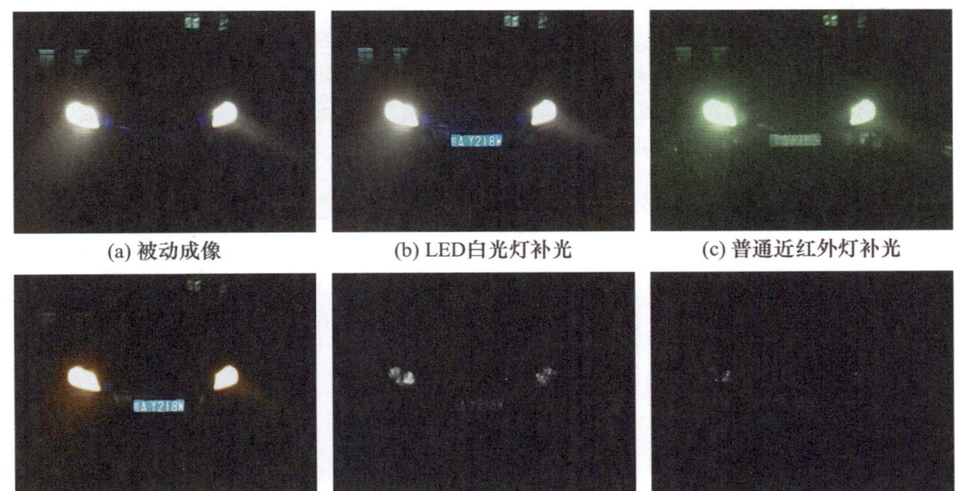

(a) 被动成像　(b) LED白光灯补光　(c) 普通近红外灯补光

(d) 普通闪光灯补光　(e) 红光窄带主动成像　(f) 近红外窄带主动成像

图 4.18　夜晚车大灯直射条件下的成像效果

(a) 武器标识

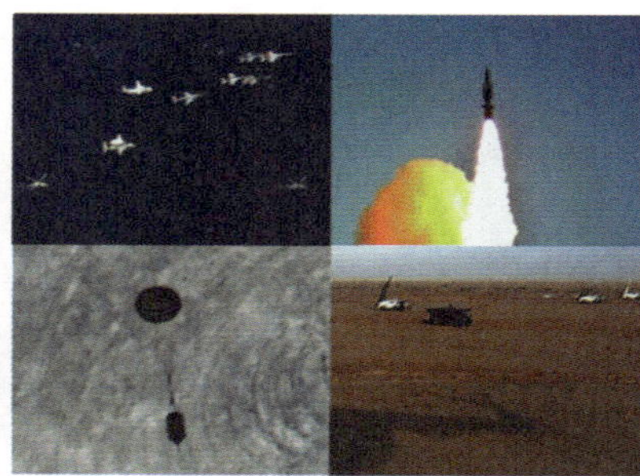

(b) 小目标

(c) 交通标志

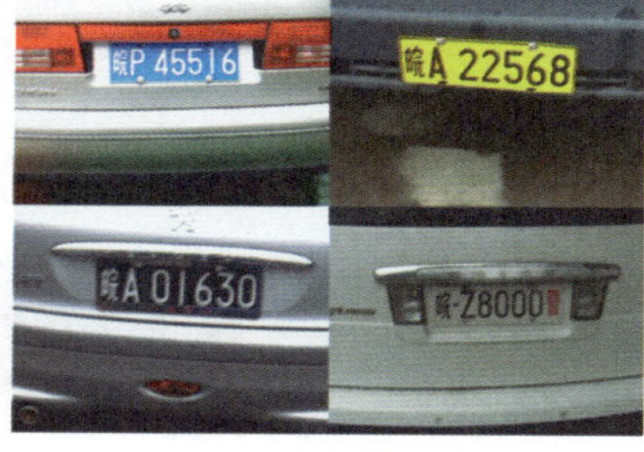

(d) 车牌

图 5.3 具有颜色分立特征的彩色图像

(a)彩色图像

(b)加权平均法

(c)颜色分立特征法

图 5.5 夜晚弱光照条件下车牌的灰度化效果

(a)彩色交通标志　(b)颜色分立特征法　(c)颜色分立特征法和Otsu

(d)加权平均法　(e)加权平均法和Otsu

图 5.6　Otsu 阈值分割效果图

图 5.7　同视场的光照变换仿真样本图(从左至右透过率依次递减)

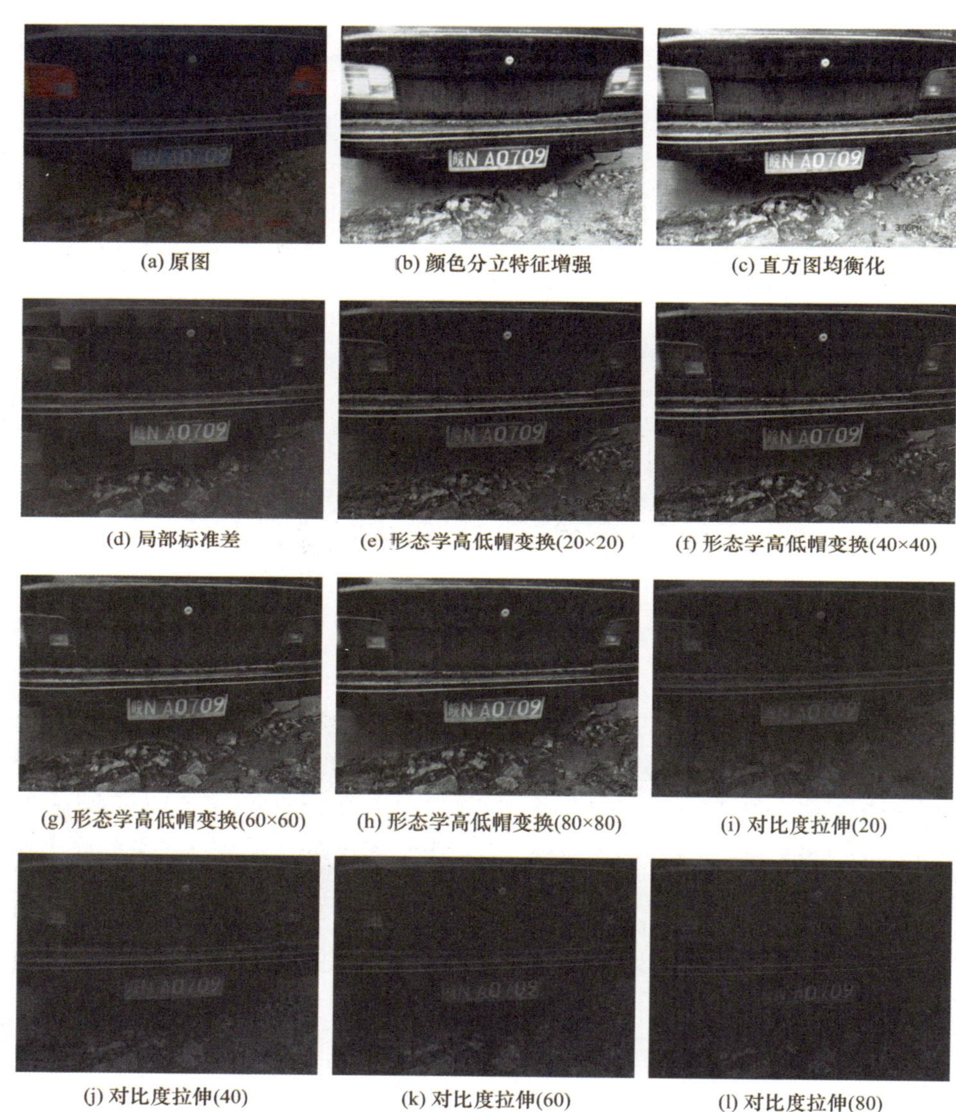

(a) 原图　(b) 颜色分立特征增强　(c) 直方图均衡化

(d) 局部标准差　(e) 形态学高低帽变换(20×20)　(f) 形态学高低帽变换(40×40)

(g) 形态学高低帽变换(60×60)　(h) 形态学高低帽变换(80×80)　(i) 对比度拉伸(20)

(j) 对比度拉伸(40)　(k) 对比度拉伸(60)　(l) 对比度拉伸(80)

图 5.10　增强实验样本

(a) 原图

(b) 颜色分立特征边缘提取法

(c) 2 次颜色分割法

图 5.11　曝光过度的彩色边缘提取

(a) 原图

(b) 颜色分立特征边缘提取法

(c) 2次颜色分割法

图 5.12　曝光不足的彩色边缘提取

(a) 圆形邻域中的图像结构

(b) 仿射变换使得圆形邻域内图像结构发生改变

(c) 仿射变换后不改变图像结构的椭圆邻域

图 5.16　圆形与椭圆邻域

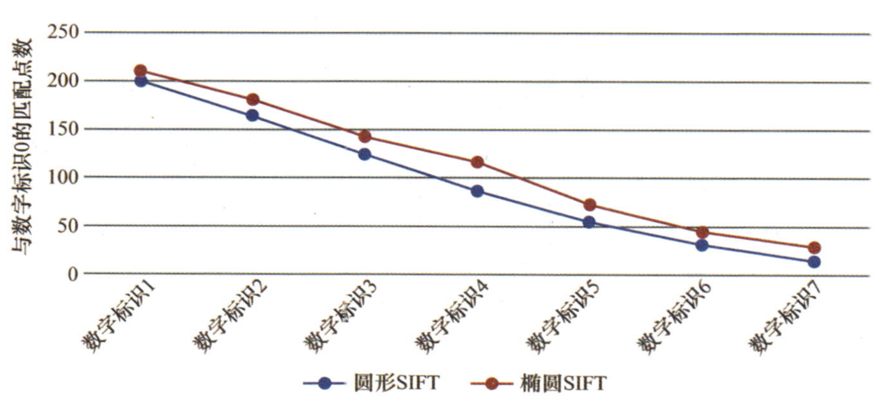

图 5.18　数字标识图像得到的椭圆、圆形领域 SIFT 算子匹配点数量对比

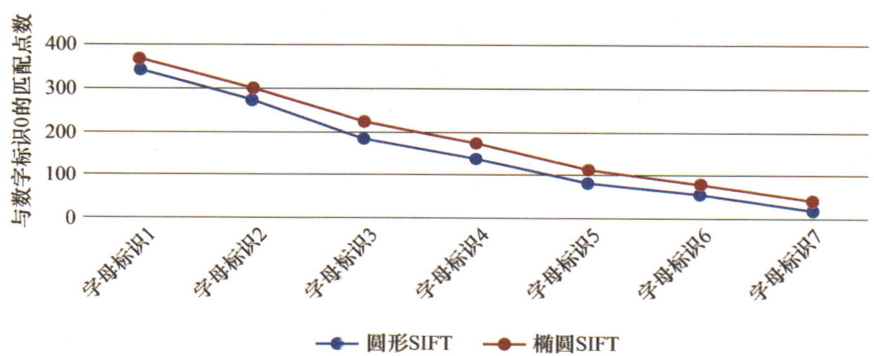

图 5.19　字母标识图像得到的椭圆、圆形领域 SIFT 算子匹配点数量对比

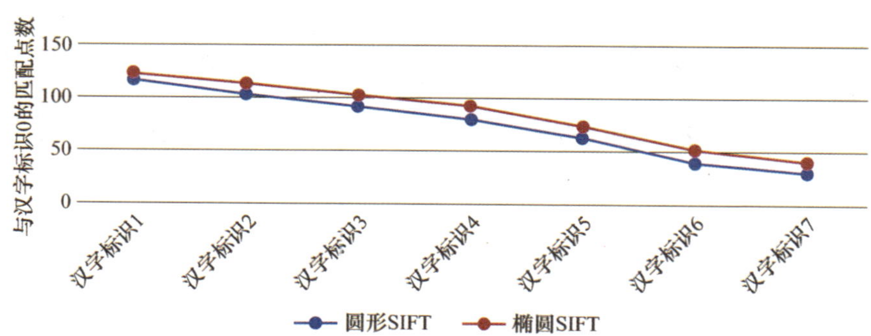

图 5.20　汉字标识图像得到的椭圆、圆形领域 SIFT 算子匹配点数量对比

图 5.21　圆形、椭圆形领域 SIFT 算子特征点提取实例（例中为 0 号与 7 号标识）

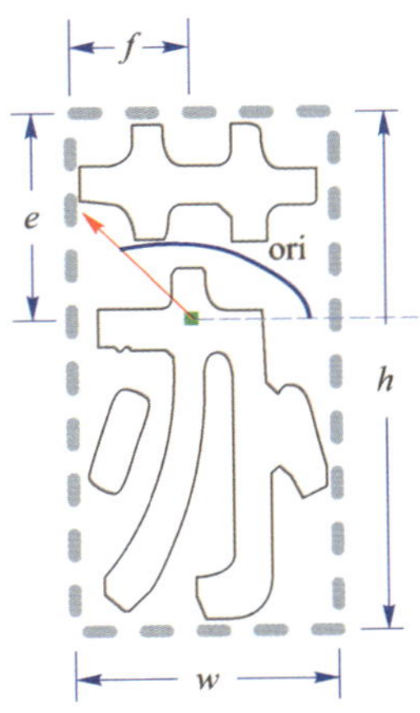

图 5.22　样本标识的特征点示意图

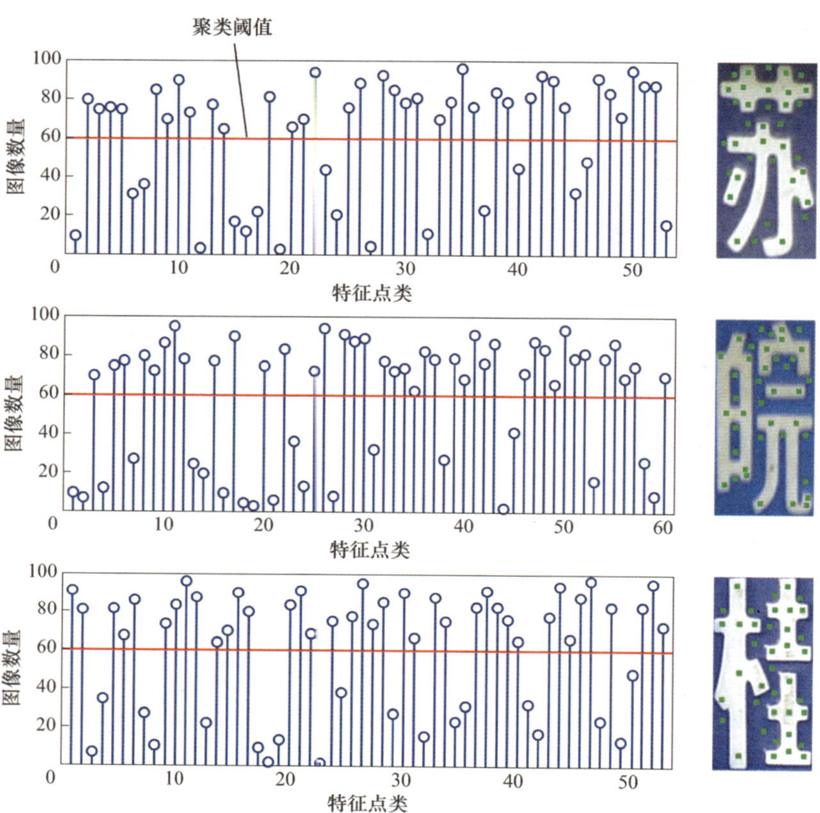

图 5.23 特征点聚类

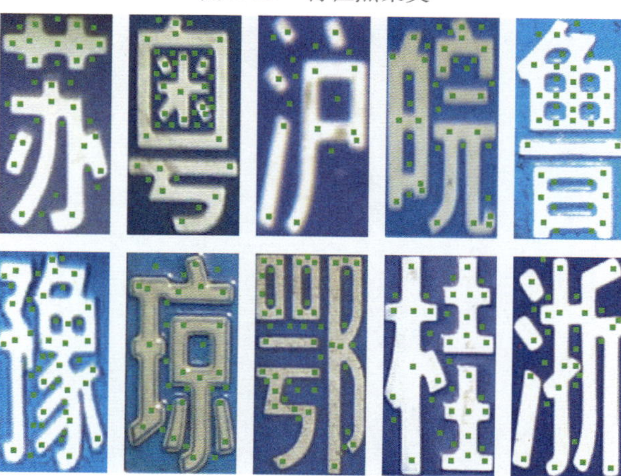

图 5.24 SIFT 特征点模板

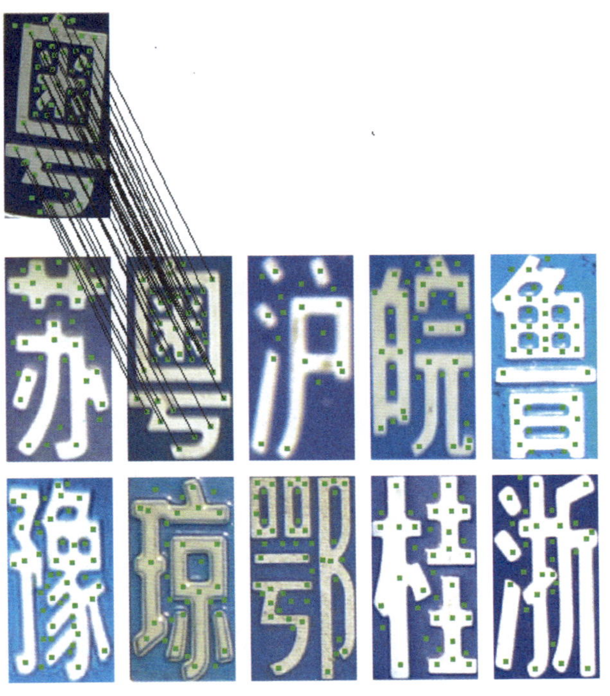

图 5.25　所有匹配特征点的识别实例

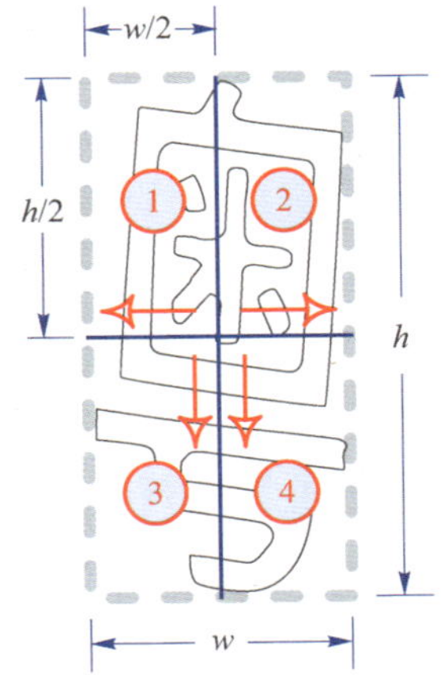

图 5.26　三点式中心匹配策略

图 5.27　三点式中心扫描策略识别实例

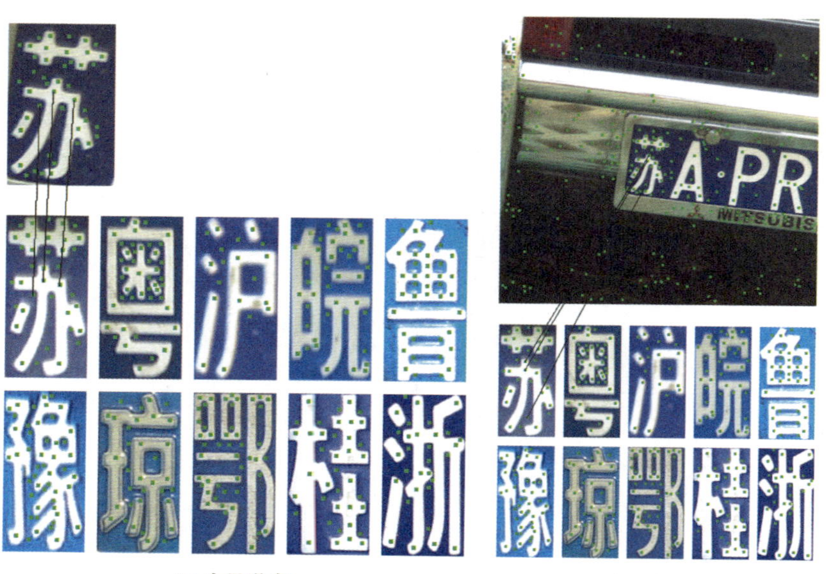

(a) **少量噪声**　　(b) **大量噪声**

图 5.30　背景噪声下识别例子

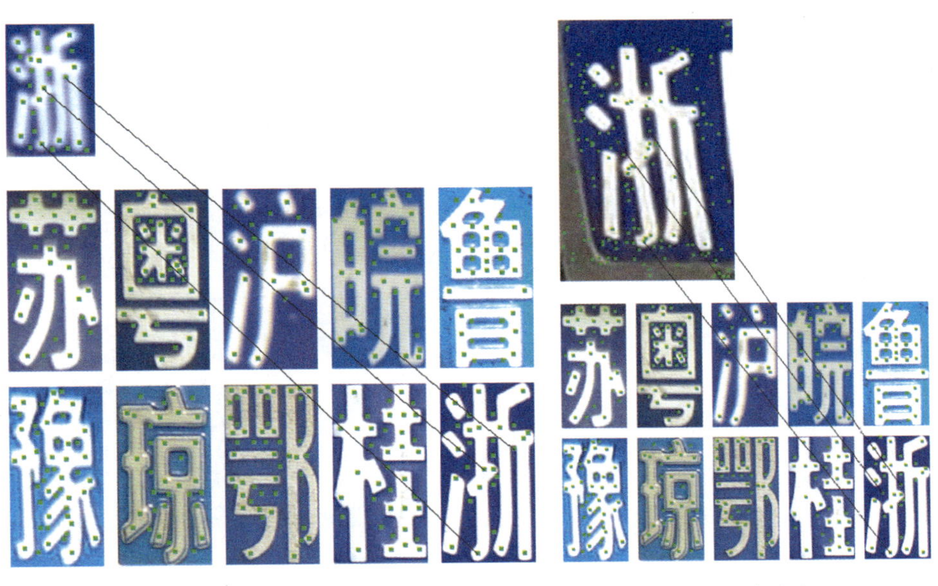

(a) 小尺寸　　　　(b) 大尺寸

图 5.31　尺度变化下的识别例子

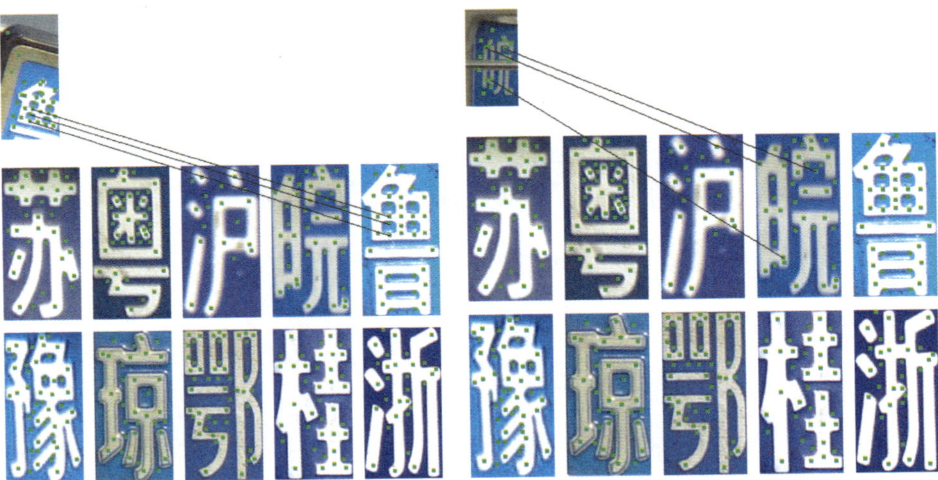

图 5.32　残缺字符下识别例子　　　　图 5.33　部分遮挡下识别例子

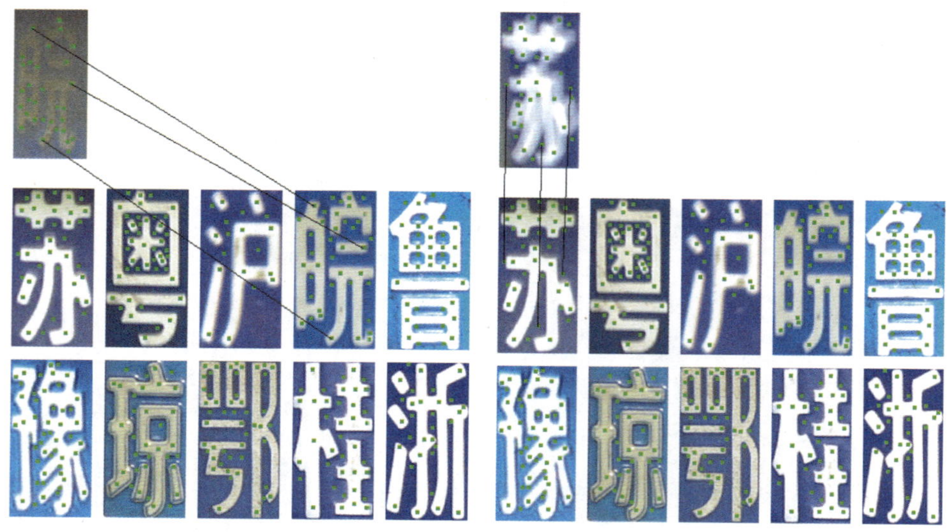

图 5.34　污染情况下识别例子　　　　图 5.35　模糊情况下识别例子

图 5.36　严重污染模糊条件下无法识别的例子

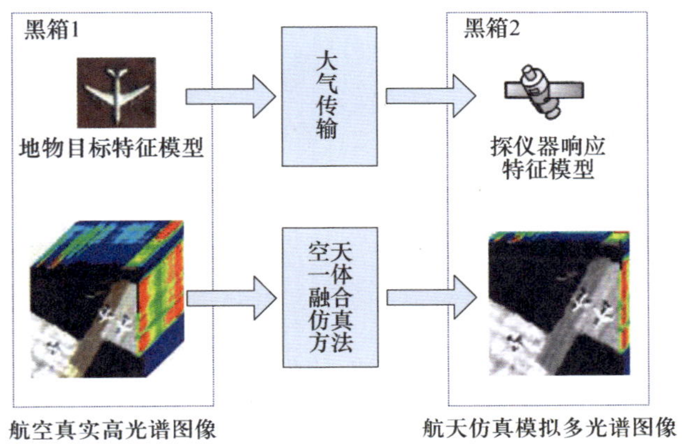

图 6.1　航天多光谱图像仿真方法与传统多光谱图像仿真方法原理对比

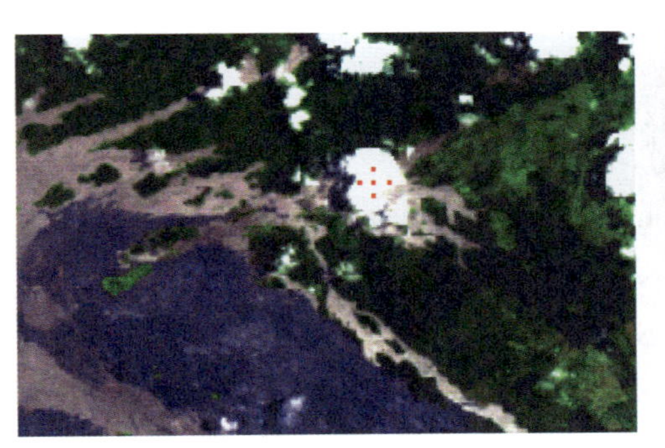

图 6.5　航天多光谱图像 RGB 彩色合成图

图 6.6　航空高光谱图像 RGB 彩色合成图

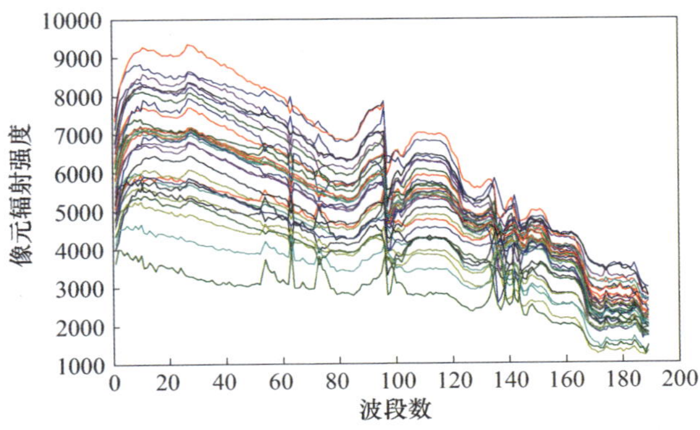

图 6.8　航空高光谱遥感图像飞机样本光谱曲线

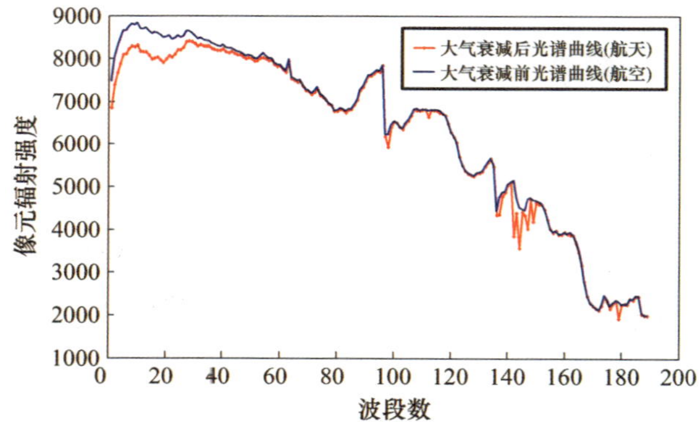

图 6.9　飞机样本点经大气衰减前后光谱分布对比

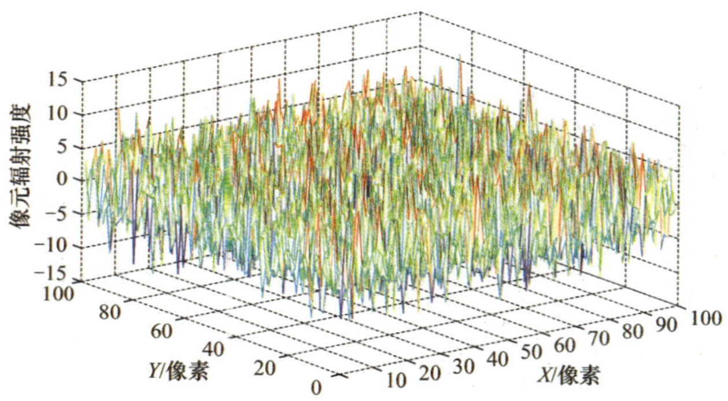

图 6.11　高斯噪声矩阵立体图(第二波段,$\sigma_k = 3.7$)

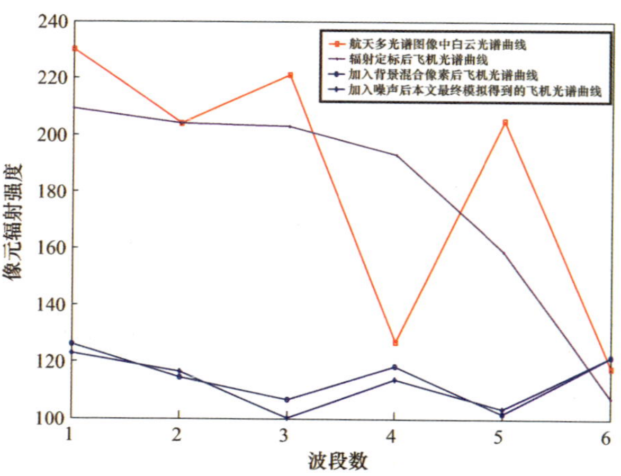

图 6.12　本小节实验中各个变换后得到的飞机光谱曲线($D\_rate = 0.043$)

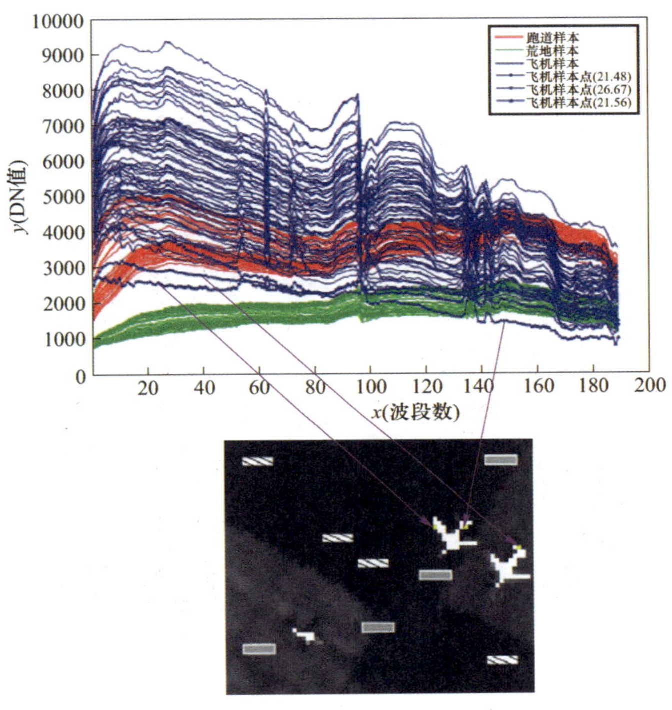

图 6.18　三类训练样本光谱曲线分布和飞机类异质样本空间和光谱分布情况

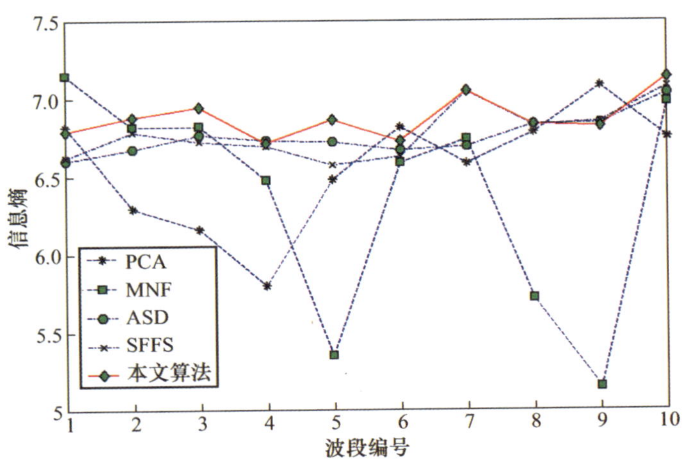

图 6.19　5 种算法优化后提取波段信息熵分布情况

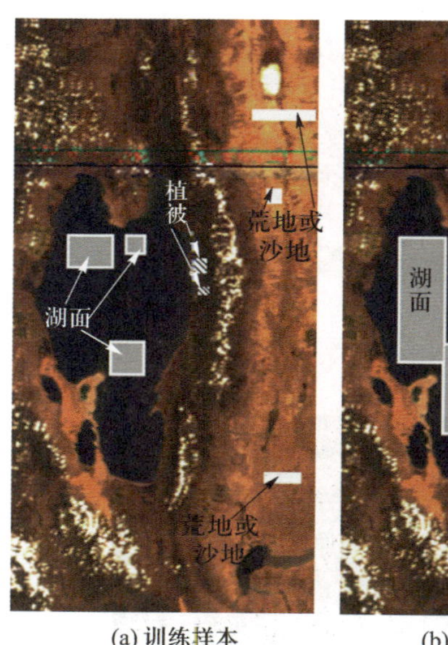

(a) 训练样本

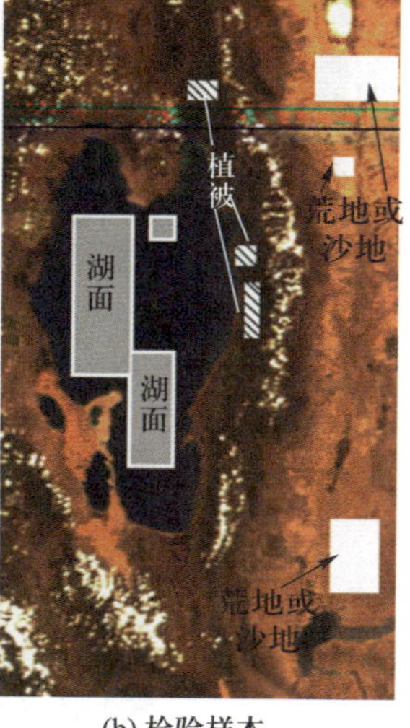

(b) 检验样本

图 6.32　CMODIS 青海湖高光谱图像样本分布情况

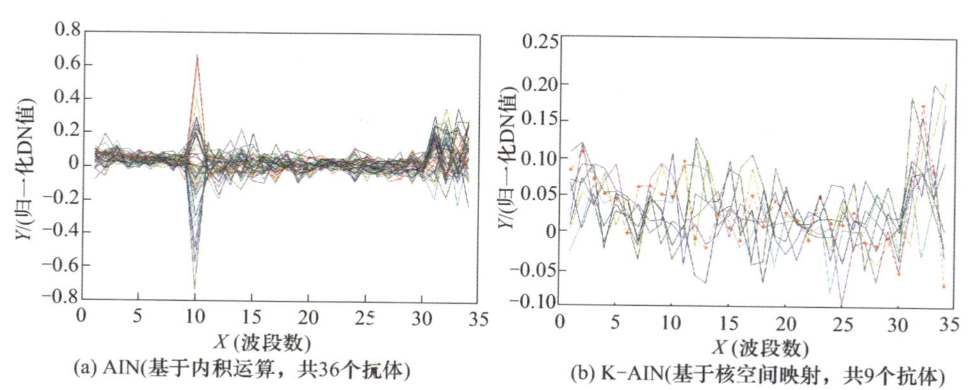

(a) AIN(基于内积运算，共36个抗体)　(b) K-AIN(基于核空间映射，共9个抗体)

图 6.35　两种算法训练获得的湖面类抗体中心光谱 ab. $\boldsymbol{W}$ 的光谱分布

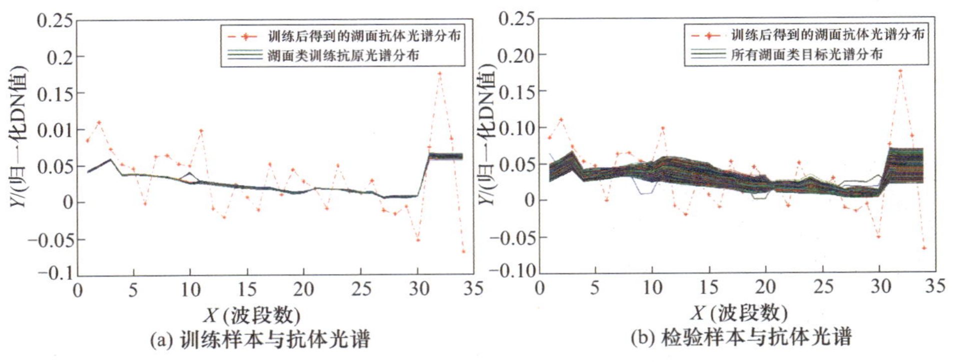

图 6.37　两类样本与抗体光谱分布情况(K - AIN)

图 6.38　AVIRIS 高光谱图像训练样本分布

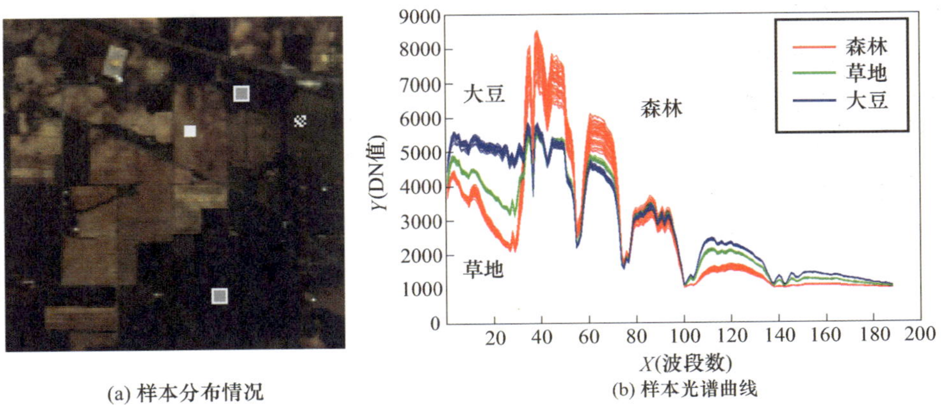

图 6.40　Indian Pine 高光谱图像中地物样本灰度图和光谱曲线

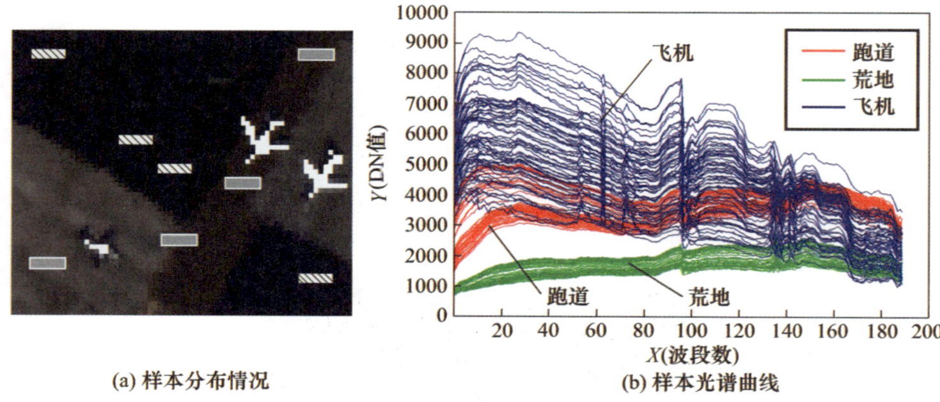

(a) 样本分布情况

(b) 样本光谱曲线

图 6.41 Sandi ego 海军实验基地高光谱图像中地物样本灰度图和光谱曲线(已去除异质样本点)

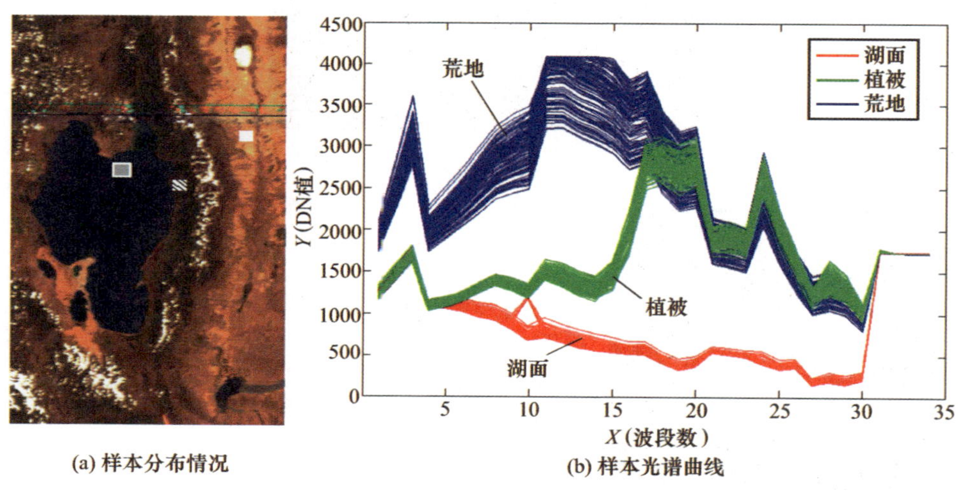

(a) 样本分布情况

(b) 样本光谱曲线

图 6.42 青海湖地区高光谱图像中 3 种地物样本灰度图和光谱曲线

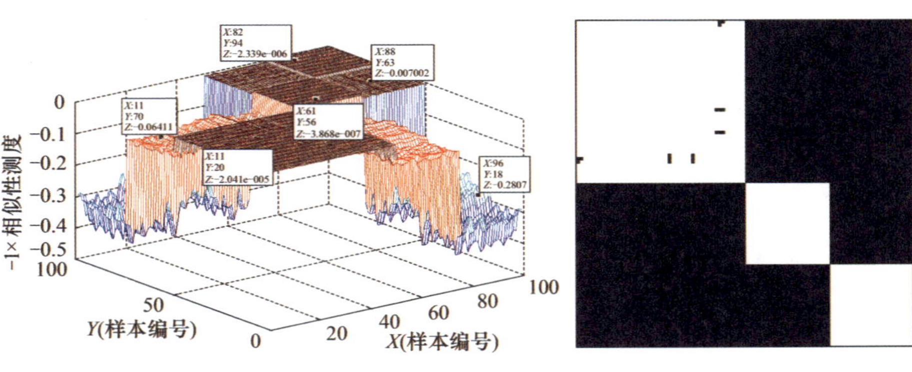

(a) 系数矩阵W立体图　　(b) 自适应阈值分割后结果(T=-0.0021)

图 6.44　Indian Pine 高光谱图像训练样本 C－互等比标准差计算结果

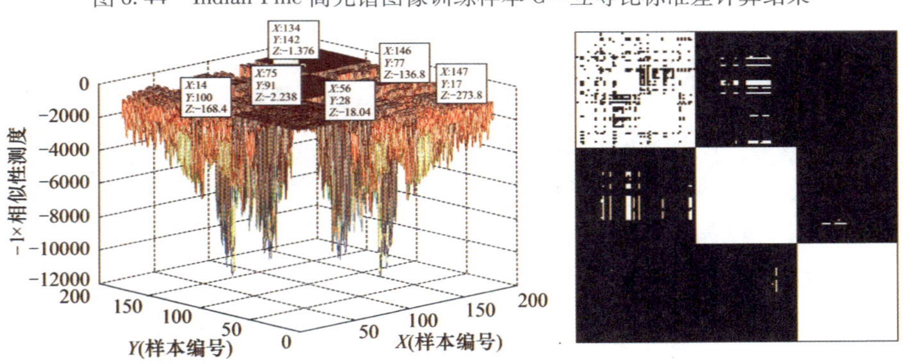

(a) 系数矩阵W立体图　　(b) 自适应阈值分割后结果(T=-54.51)

图 6.45　Sandi ego 高光谱图像训练样本 C－互等比标准差计算结果

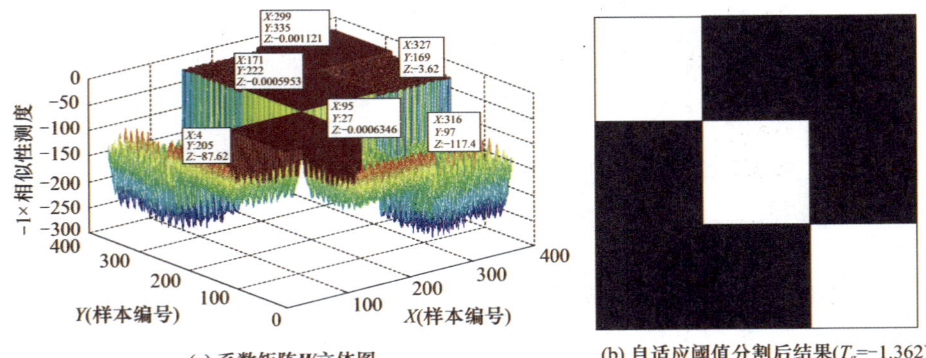

(a) 系数矩阵W立体图　　(b) 自适应阈值分割后结果(T_g=-1.362)

图 6.46　青海湖地区高光谱图像训练样本 C－互等比标准差计算结果

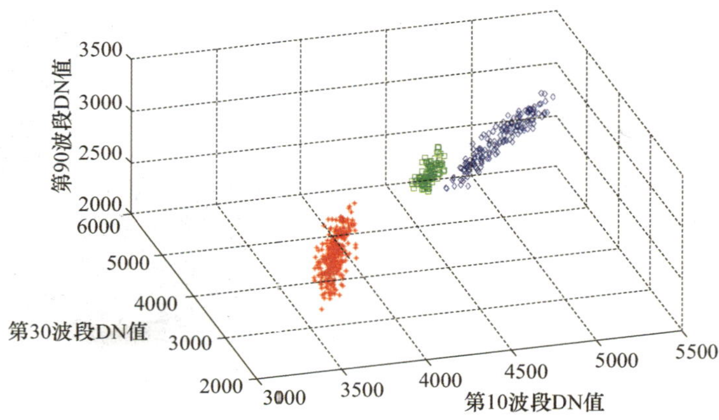

图 6.48　Indian Pine 高光谱图像训练样本三维散点图

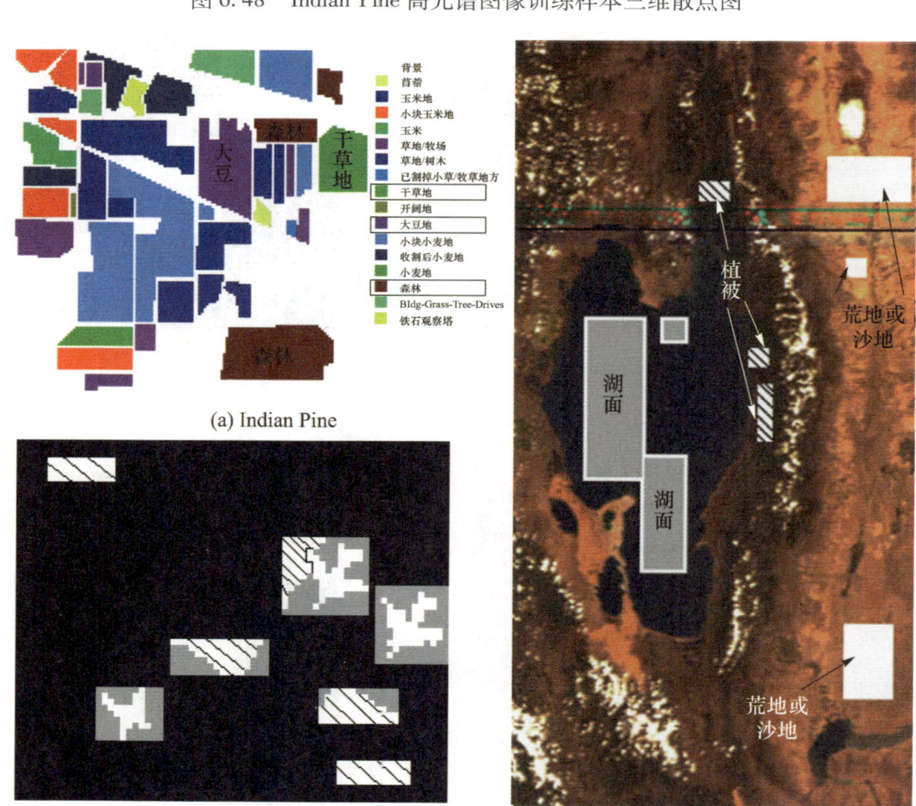

图 6.51　3 类地区高光谱检验样本分布情况